Caspar Wilhelm Sieveking
Ernst Friedrich Sieveking

Von Liverpool bis Göttingen
Studienjahre 1852 – 1857

Wilhelm.

Friedrich.

Caspar Wilhelm Sieveking
Ernst Friedrich Sieveking

Von Liverpool bis Göttingen
Studienjahre 1852 – 1857

Briefe zweier Hamburger Brüder

Bibliografische Information der Deutschen Nationalbibliothek
Die Deutsche Nationalbibliothek verzeichnet diese Publikation
in der Deutschen Nationalbibliografie; detaillierte bibliografische
Daten sind im Internet über http//dnb.dnb.de abrufbar

Herausgeber: Hans Ulrich Sieveking
Leverkusen 2021

Umschlagbild: Stadtansicht von Göttingen um 1820

Frontispiz: Signaturen

oben: Caspar Wilhelm Sieveking im Brief vom 18.5.1857
unten: Ernst Friedrich Sieveking im Brief vom 4.10.1852

Titelseite: Stadtansicht von Hamburg um 1850
Binnenalster

Rückseite: Briefmarke des Königreichs Hannover von 1855
(Franco 1 Gutegroschen)

Herstellung und Verlag: BoD – Books on Demand, Norderstedt

ISBN: 9783752603750

Inhalt

Vorwort des Herausgebers

In der Mitte des 19. Jahrhunderts waren Briefe das einzige Kommunikationsmittel, um über weitere Entfernungen in Kontakt zu treten, und Briefeschreiben war eine Hochkultur und eine auch gern erfüllte Pflicht.

Die verzweigte Familie des Senators *Friedrich Sieveking* (1798-1872) war vor allem in Hamburg und im benachbarten Altona ansässig und eng in das Geflecht bürgerlicher Familien eingebunden. Es gab zahlreiche Verwandte, die in der Nähe wohnten und auch ohne Post schnell erreichbar waren. Andererseits war Hamburg als Handels- und Hafenstadt auch nach außen orientiert, und es gab viele Kontakte zu anderen Ländern. Entfernte sich dann ein Familienmitglied von Hamburg, als Kaufmann, Ingenieur oder Student (es gab noch keine Hamburger Universität), so entstanden umfangreiche Korrespondenzen. Die Briefe wurden allseits erwartet und unter den Familienmitgliedern ausgetauscht, manchmal auch gesammelt.

Ein Beispiel liefert das vorliegende Briefkonvolut aus den fünfziger Jahren des 19. Jahrhunderts von *Caspar Wilhelm* und *Ernst Friedrich Sieveking*, den jüngsten Söhnen des Senators. Dieser schätzte offenbar die Briefe und hob sie in beschrifteten Umschlägen auf. Auch die kommenden Generationen verwarfen sie nicht, so dass sie jetzt im Hamburger Staatsarchiv behütet werden können.

Für die Familie des Senators waren diese politisch ruhigen Jahre eine Zeit des Umbruchs und des Generationswechsels. Die sechs Kinder waren (gerade) erwachsen und strebten in alle Richtungen:

Der älteste Sohn, *August,* wurde Käpitän und machte monatelange Überseereisen. Der zweite Sohn, *Johannes,* wurde Ingenieur und war im Begriff, nach Indien auszuwandern (wo er später beim Eisenbahnbau beschäftigt war). Die älteste Schwester, *Henriette,* war mit dem Kaufmann *Lorenz Meyer* verheiratet, der in Liverpool eine Firma im Zusammenhang mit der Betreuung deutscher Auswanderer nach Übersee unterhielt; er musste 1855 liquidieren und kam mit seiner gewachsenen Familie nach Hamburg zurück – zur Freude der Eltern. Das Nesthäkchen, *Eleonore (Lolly),* heiratete 1855 den Theologen *Friedrich Oldenberg,* starb jedoch im gleichen Jahr bei der Geburt ihres Sohnes. Alle diese Ereignisse spiegeln sich wider in den 130 Briefen, die *Wilhelm* und *Friedrich* an die Eltern und Geschwister schrieben, nachdem sie 1852 zum ersten Mal Hamburg verlassen hatten und im Begriffe waren zu studieren. In den folgenden sechs Jahren konnten sie, mit Unterbrechungen, nur schriftlich mit der Familie kommunizieren.

Bis dahin hatte die Familie in verschiedenen Wohnungen in Hamburg (Brandsende, Welckerstraße) und in den vierziger Jahren in Ritzebüttel gewohnt, einer Hamburger Exklave bei Cuxhaven, die umschichtig von einem Hamburger Senator (Amtmann) regiert wurde. Dahin war der Vater versetzt worden, nachdem er 1837 seine erste Frau, *Louise (v. Hennings),* die Mutter aller seiner Kinder, verloren und 1839 *Fanny Hanbury* geheiratet hatte. Dies ist die liebevoll adressierte „Mutter" in der Hälfte der Briefe.

Das Elternhaus scheint sehr harmonisch gewesen zu sein, und die Sehnsucht, dahin zurück zu kommen und im engen Kontakt mit Eltern und Geschwistern zu bleiben, wird häufig in den Briefen der Studenten geäußert.

Das Wenige, das über die Jugend von *Friedrich* und *Wilhelm* bekannt ist, recherchierte und beschreibt *Hans Joachim Schröder* in der Biografie „Ernst Friedrich Sieveking" (Lit. 2, S. 13 ff): Die Brüder waren offenbar seit ihrer Kindheit eng verbunden, wie es auf einem gemeinsamen Gemälde der beiden von *Ferdinand Flor* (1845) sichtbar wird, und besuchten zusammen das Hamburger Johanneum (in der gleichen Klasse?). Von *Martin Joseph Haller*, einem gleichaltrigen Mitschüler, stammt eine farbige Schilderung des Schullebens in dem die Lehrer *Ullrich* (Griechisch) und *Bubendey* (Physik, Mathematik) eine besondere Rolle spielten. Dabei werden die Brüder Sieveking immer in einem Atemzug genannt (Lit. 3, S. 64 ff):

„Meine Eltern suchten, einen Umgang mit Wilhelm und Fritz zu fördern, die schon damals als Musterknaben galten. Vielleicht deshalb fühlte ich mich von ihnen nicht angezogen. Meine Intimität mit ihnen ist viel späteren Datums."

Nach glanzvollem Abitur zu Ostern 1852 (der 15-jährige Friedrich hatte in allen acht Fächern „sehr gut") begleitet der Vater die beiden Söhne im September nach England, wo sie zunächst die Londoner Verwandtschaft besuchen. In Liverpool, in der Familie ihrer Schwester *Henriette,* verbringen die Brüder ein halbes Jahr, um Englisch zu lernen und sich fortzubilden. Wöchentliche Briefe nach Hause sind verlangt, und detaillierte Schilderungen des Alltagslebens einer frommen deutschen Familie in England werden pünktlich geliefert (Kap. 1).

Wilhelm und Friedrich studieren die ersten fünf Semester in Göttingen (Kap. 2-7), wo schon der Vater, der Onkel *Karl Sieveking,* der Großvater *August von Hennings* und der Urgroßvater *Johann Albert Hinrich Reimarus* studiert hatten. Die Universität war vom englischen König *Georg II.* 1734 gegründet worden. Um 1855 hat Göttingen etwa 10.000 Einwohner mit 1.000 Studenten und gehört zum Königreich Hannover, das vom blinden *König Georg V.* regiert wird. Erst 1856 wird Göttingen an das noch lückenhafte Eisenbahnnetz angeschlossen, vorher musste man mit der Postkutsche anreisen.

Wilhelm ist begeisterter Medizinstudent und hört Collegs bei berühmten Professoren wie *Wöhler* (Chemie), *Weber* (Physik) und *Henle* (Medizin), Friedrich muß sich erst zur Jurisprudenz durchringen, da er auch großes historisches Interesse hat, und hört bei Kapazitäten wie *Franke* (Jura) und *Waitz* (Geschichte). Gemeinsam wird das Colleg des Philosophen *Lotze* besucht. Die Brüder nehmen eine Wohnung mit Bedienung durch die Zimmerwirtin und treten der Burschenschaft Brunsviga bei.

Im fünften Semester geht vor allem von Friedrich der Wunsch aus, die Universität zu wechseln; den Eltern gegenüber stellt er lange fachliche Erwägungen an, ein Hauptmotiv scheint aber auch der Umzug eines engen Studienfreundes nach Leipzig zu sein, dessen Abschied von Göttingen Friedrich schmerzt, wie er es seinem privaten Tagebuch (II) anvertraut. Ihn besucht er in Leipzig und bereitet den Wechsel vor, dem auch Wilhelm zustimmt – trotz seines Vorurteils gegen die „verkommene sächsische Hauptstadt" (Kap. 7).

In Leipzig (Kap. 8) beziehen die Brüder mit Friedrichs Studienfreund eine großzügige Etage mit schönem Blick auf den Augustusplatz und leben gesellschaftlich zurückgezogener als in Göttingen. So können sie sich auf das Studium konzentrieren, wobei Wilhelm von *Prof. E.H. Weber* in die ärztliche Praxis eingeweiht wird und Friedrich Collegs z.B. bei dem berühmten *Prof. Albrecht* hört, einem der „Göttinger Sieben" im (jetzt freiwilligen) Exil.

Im siebten Semester (Kap. 9) zieht Friedrich, dem es in Leipzig nicht mehr gefällt, nach Jena, während Wilhelm in Leipzig bleibt, wo er die Praxiserfahrungen vertieft.

Das abschließende Semester (Kap. 10) vereint die Brüder wieder in Göttingen, wo sie für die Abschlussprüfungen lernen und ihre Doktorarbeiten anfertigen. Hier blühen die alten Kontakte wieder auf, und auch neue enstehen. Durch die Hamburger Familie und auch Lehrer des Johanneums hatten die Brüder viele Empfehlungsschreiben an Professoren erhalten, die sie (zuweilen widerwillig) nutzten und die ihnen viele Türen öffnen.

Das Beziehungsgeflecht durch Verwandtschaft und Freunde wird in der ganzen Korrespondenz deutlich. Selbst auf der großen Ferienreise nach Österreich, die sie nach dem dritten Semester mit kleinem Ränzel und zum Teil zu Fuß absolvieren, gibt es Stützpunkte: Schließlich treffen sie in Meran nahe Verwandte und verbringen dort ein paar Tage *en famille* (Kap. 5).

Das Examen bedrückt Wilhelm mehr als Friedrich, der sich um den Bruder sorgt, über den Verlauf seiner eigenen Prüfung aber kaum ein Wort verliert. Nach dem Studium (Kap. 11) verbringt Wilhelm noch einige Monate in Berlin zur Fortbildung bei dem bekannten Ophthalmologen *Prof. Graefe*.

Schließlich vermittelt der Vater den beiden Doktoren eine Anstellung in Hamburg, Friedrich bei einem bekannten Advokaten, Wilhelm im Allgemeinen Krankenhaus St. Georg. Nachdem sie sich etabliert haben, heiraten beide im Jahr 1863 Töchter aus ihren Kreisen und gründen große Familien (Kap. 12). Bis zu ihrem Tod bleiben sie in Hamburg.

In ihren Briefen präsentieren sich die anfangs kaum 16- und 18-Jährigen ihren Eltern gegenüber als dankbare und strebsame Kinder (Schlussfloskeln: „Dein treuer/gehorsamer Sohn", „In kindlicher Liebe") und offenbaren ausführlich ihre zum großen Teil sehr reifen Gedanken, Pläne und Gefühle – auch wenn dies nicht für alle gilt, wie Friedrichs Tagebuch zeigt. Ihre – ähnlichen – Anschauungen sind geprägt von christlichem Idealismus; mehrfach berichten die Brüder von Kirchgang und theologischen Gesprächen. Beide Brüder möchten an sich arbeiten, Arroganz und Egoismus ablegen und selbstständiger werden, was ihnen auch im spielerischen Umgang mit der Eltern- und Professorengunst zu gelingen scheint.

Personen, denen sie begegnen, werden sehr kritisch beschrieben, sie legen Wert auf Bildung, Geistesschärfe und Seelentiefe und lehnen materielles Denken und Eitelkeit ab. Dabei schätzt Friedrich besonders die Frische und Lebendigkeit von Freunden – und möchte seine eigene Kälte ablegen. Während des ganzen Studiums leben die Brüder in einer reinen Männerwelt von Kommilitonen und Professoren, deren Töchter recht distanziert betrachtet werden. Eine innige Beziehung haben sie aber zu den Schwestern, insbesondere zu *Lolly*, deren Tod sie sehr erschüttert.

Die meist vierseitigen, eng geschriebenen Briefe sind von den Brüdern während der Studienzeit abwechselnd etwa im 14-Tagesrhythmus verfasst, ergänzen sich inhaltlich und sind sehr ausführlich. Das Schreiben scheint auch Spaß gemacht zu haben, und es gibt sehr amüsante und witzige Passagen. Der Stil ist bei beiden kunstvoll, die Sätze sind lang und verschachtelt, fast maniert; wegen ihrer konzentrierten Gedankenführung wurden die Texte trotz ihrer Weitschweifigkeit nur wenig gekürzt.

Die Handschriften der Brüder sind ähnlich: kleine Buchstaben in Kurrentschrift mit engem Zeilenabstand; Wilhelm schreibt, vor allem am Ende der Studentenzeit, etwas größer und plastischer als Friedrich. Die Briefe werden offenbar direkt ins (Un-)Reine geschrieben (s. Abb. 38), enthalten jedoch praktisch keine Fehler oder Korrekturen, bei Wilhelm häufig Semikolon, bei Friedrich Gedankenstriche. Bei der Transkription wurden Rechtschreibung und Zeichensetzung etwas modernisiert und vereinheitlicht, im Ganzen aber beibehalten.

Das Postwesen der damaligen Zeit war komplex, wie die vielen Stempel der Poststationen auf manchen Briefen zeigen. Das Porto war gewichtsabhängig, weshalb sehr dünnes Briefpapier verwendet wurde und Umschlag und Textseite häufig eine Einheit bildeten. Obwohl in Hannover gerade Briefmarken eingeführt wurden (s. Rückseite), sind in dieser Korrespondenz keine frankierten Umschläge erhalten. Die Übermittlung der Briefe zwischen Göttingen und Hamburg per Postkutsche oder Bahn erfolgte rasch, innerhalb von zwei Tagen – beliebig lange brauchten Briefe der Brüder *August* und *Johannes* aus Übersee.

Die Frage der unterschiedlichen Landeswährungen in Hamburg, Hannover, Sachsen, Preußen bei Geldanfragen und Kostenerwägungen wurde nicht im Einzelnen recherchiert. Nebeneinander werden Reichstaler (im Studienbuch), (Courant-)Mark, Louisd'or, Gutegroschen etc. meist in heute nicht mehr geläufigen Abkürzungen bezeichnet, in der Transkription wurde, wenn die Währung nicht klar war, „T" oder „M" eingesetzt.

Verfasser und Adressaten der Briefe

Verfasser: die Söhne (um 1857):

Abb. 1 Ernst Friedrich Sieveking   Abb. 2 Caspar Wilhelm Sieveking
(1836-1909)   (1834-1917)

Adressaten: die Eltern (um 1865):

Abb. 3 Fanny Sieveking, geb. Hanbury   Abb. 4 Friedrich Sieveking
(1795-1888)   (1798-1872)

1. Prolog in England: Bei Schwester und Schwager: 1852/1853

1.1. London, Dienstag, den 29.9.1852 [Friedrich]

Liebe Mutter,

Nachdem wir hier einigermaßen zur Ruhe gekommen, ist es doch billig das Erste, daß Ihr Lieben zu Hause von unseren Erlebnissen Nachricht bekommt; ein ziemlich heftiger Regen, der hoffentlich bald nachlassen wird, aber doch fürs erste einen weiteren Spaziergang unmöglich macht, erleichtert diesen Entschluß, dem sich hier sonst nur gar zu vieles in den Weg stellen würde.

Nachdem wir noch zuletzt am Freitagabend einen Abschiedsblick auf die hellen Fenster geworfen hatten, wo ihr Beiden einsam zurückgeblieben waret, brachte der Kutscher uns in gemächlichem Droschkenpferdschritt nach dem Landungsplatze, wo *Countess of Lonsdale* schon rauchte. Es war dieses insofern angenehm, als der Übergang so viel einfacher war, zeigte aber den Nachteil an, daß wir mehr oder weniger Vierfüßler zu Begleitern haben sollten. Wirklich war das Deck vor und hinter dem Schornstein dermaßen von Schafen und Ochsen eingenommen, daß es nur mit Mühe möglich ward, einen mit Stroh und hin und wieder Mist bedeckten Weg zum Quarter Deck und der Cajüte zu finden. Bereitwillige Kofferträger „besorgten" das Gepäck sehr prompt, so daß wir in aller Ruhe unsere künftige Behausung in Augenschein nehmen konnten. Die lokale Einrichtung war, wie auf allen größeren Dampfschiffen jetzt, höchst elegant und bequem, vortreffliche Sofas, Spiegel etc. Die menschliche Bevölkerung verriet schon in gewissem Grade, daß es bald spät werden würde, wenigstens schien die Unterhaltung zwischen einer gesetzten, rot- und vollbackigen Dame in tiefer Trauer und ihrem jungen Gefährten nicht mehr lebhaft zu sein, und ein einzelner Herr mit blondem gekräuseltem Haar, spitzer Nase und auffallend errötetem Gesicht, der seinen Platz jenem Paar gegenüber eingenommen hatte, war zweifelsohne schon in lebhaftem Träumen begriffen. Etwas belebter war ein anderer Teil der Cajüte, der, wie ich vermute wenigstens, von einer zusammengehörenden Partie Juden, mit der sich einige andere Personen vermischt hatten, angefüllt war. Hauptbestandteile der jüdischen Familie waren Vater, Mutter und Tochter, von denen einer noch weniger Englisch verstand als der andere; bei der Besorgung des Gepäcks brachte der Vater außer einigen unverständlichen Redensarten auch viel von „de tings" vor, was ihm noch dazu offenbar schwer abging, während die englischen Kenntnisse der weiblichen Familienmitglieder sich der Hauptsache nach auf „yes" beliefen, welcher Partikel nie ohne ein sehr lächelndes Nicken vorgetragen ward. Allmählich ward es auch unter diesen stiller, und es traten zwei Herren von entschieden englischer Physiognomie herein, der ältere mit schwarzem Haupt- und Barthaar, stumpfer Nase, grinsendem Mund und pockennarbigem Gesicht, der jüngere ein schon ziemlich ausgebildeter *gentleman* mit feinen Zügen, glänzendem schwarzen Haupthaar, beide in lebhaftem Gespräch, das mir aber seiner Rapidität halber nicht ganz verständlich war. Sie setzten sich höchst energisch auf das uns zunächst liegende Sofa nieder, belebten sich mit *brandy & water* und fuhren fort, die einzigen Redner zu sein, bis sich ein dritter *gentleman* von feinem, gewandtem

11

und gedrehtem Äußeren zu ihnen gesellte, der bald das Recht des Vortrags für sich allein in Anspruch nahm. Außer einigen Bemerkungen über die Schiffseinrichtung etc. ward ich aus wenigem klug, weil er zu rabbelnd und undeutlich sprach; aus der Stimmung seiner Zuhörer ging hervor, daß er ihnen höchst interessant war.

Unter diesen Verhältnissen ward die Uhr 10½, was für die beiden zuletzt genannten Herren das Zeichen zum Aufbruch war, sie trennten sich von ihrem Freund, und alles war still wie zuerst. Wir gingen hinauf, der Mond glitzerte herrlich in der spiegelglatten Elbe und erleuchtete Schiffe und Ufer einigermaßen. Aus den Schornsteinen der gegenüberliegenden Kupferschmelze schlugen rote und weiße Flammen hervor, die sich im Wasser spiegelten, dann und wann plätscherte ein Boot oder klapperten die Räder eines *steamers*. Solcher Anblick erweckte manche angenehme Erinnerungen an Fahrten in Neumühlen und auf der Alster.

Abb. 5 Elbe unter Hamburg (um 1860) bei Neumühlen mit Dampfer und Segelschiffen
(Landhaus, gebaut um 1840 für Schiller, ging 1872 an C.H. Donner)

Um 11 sollte das Schiff abgehen, und das Läuten des Hafentors zeigte an, daß es schon an der Zeit war. Auch hatten sich mehr andere *steamers*, die um dieselbe Zeit wegfahren sollten, schon in Bewegung gesetzt und schwirrten um uns herum. Endlich ward es lebendig auf dem Schiff; die Taue, welche es hielten, wurden gelöst, und es mochte etwa 11½ sein, als wir uns unmerklich in Bewegung setzten. Schon fing ein allmählich stärker werdender Nebel an, die Luft und das Verdeck zu feuchten, wogegen indessen respective *pilot & wild cat* vortrefflich schützten, die Gaslampen Hamburgs traten immer weiter zurück, und wir glitten am wohlbekannten Altonaer Hafen entlang hinunter. Die zu befolgende Richtung ward immer dem steuernden Matrosen vom Captain laut zugerufen und von diesem erwidert. Ein einziger Passagier gesellte sich so spät zu uns, von dem nur ein weitumhüllender Mantel, weiß und grüner *shawl* und eine sehr verdrehte englische Aussprache bemerkbar waren. Die Unterhaltung war unbedeutend, der Zeit und Witterung angemessen. Hoppes Badekarren waren das Letzte, wovon wir den Abend Abschied nahmen, bei *Emma* [Godeffroy?] schien schon alles dunkel, ebenso bei *Pogges* (oder bei uns, oder eigentlich Euch). In der Cajüte angelangt, wurden wir bald mit Eröffnung der Nachtsäcke und Herausnahme des Notwendigen fertig und hatten, nachdem die Unannehmlichkeiten des Hineinkletterns in eine sehr niedrige Koje überstanden waren, einen gesunden Schlaf bis etwa 6 oder 7 Uhr.

Wir schienen die ersten zu sein, und sogar hatten die Matrosen auf ein so zeitiges Erscheinen der Passagiere nicht gerechnet, da alles in Scheuertätigkeit war, d.h. eine unzählige Menge Eimer wurden ausgeschüttet und der Inhalt mit bürstenartigen Loiwagen [Schrubber] fortspediert. Der Mate, ein kleines buckliges Geschöpf, dessen Gesichtszüge an *Victorum Gries* erinnerte, führte dabei eine sehr scharfe Kontrolle trotzdem, daß die Sonne wieder ziemlich klar schien, waren doch Spuren vom gestrigen Nebel zu sehen; die Folgen waren deutlich genug, denn, statt daß wir Helgoland in Sicht hatten, lagen wir noch um 6 etwas unterhalb Brunshausen vor Anker und hatten uns nun erst eben wieder in Bewegung gesetzt. Die Alte Liebe [Cuxhaven] hatten wir also noch vor uns.

Allmählich füllte sich das Vordeck mit teilweise noch unbekannten Passagieren, die Dielen wurden trocken, die Sonne warm, das Befinden *comfortable*. Um 9 zeigte der geschäftige Stuart an, *breakfast is ready*, und man hatte Muße, die ganze Gesellschaft der anderen Cajüte, die an einem ziemlich langen und mit Spitzen vollgepfropften Tisch Platz genommen hatte, in Augenschein zu nehmen. Erstens war die genannte Judenfamilie teilweise entschwunden, zwei Damen, die aber eigentlich keine Jüdinnen zu nennen waren, bildeten die einzigen Gäste. Der grinsende Engländer, der spitznasige dto. saßen still wie gestern. Ein kleiner blondbärtiger, freundlicher Mann mit blauen Brillen in goldener Einfassung war eine neue Erscheinung, ebenso ein kleiner Engländer, dessen Gesichtszüge schwer zu beschreiben sind, der aber später auf Deck mit einer grauen Mütze, abends einem auch grauen Röckchen sich zeigte. Der letzte Unbekannte war ein sehr würdiger Engländer namens *Capt. Carr*, wie wir nachher erfuhren, mit braun- und schwarzgrauem kurzen Backenbart, wenig, aber sorgfältig gehaltenem grauen Kopfhaar, schönen Zähnen und überhaupt von feinem Äußeren. Während eine Herde dienstfertiger Wesen sich mit Tellerabtragen, Präsentieren und unaufhörlichem Fragen (*some more tea, Sir?, tea or coffee, Sir? do you take some more, Sir?* etc. etc.) beschäftigten, entspann sich eine wenig sagende Unterhaltung, die besonders von *Capt. Carr* bald auf Englisch, bald auf Deutsch, was er für einen Fremden ausgezeichnet gut sprach, geführt wurde. Dann und wann mischte sich der Grinsende mit hinein, auch der Blaubebrillte.

13

Wie man sich nach dem Frühstück bis zum Essen, das erst um 2 Uhr bevorstand, beschäftigte, kannst Du Dir leicht denken. Die Sonne machte bald den Oberrock flüssig, der bis dahin gewissenhaft angewendet war, und natürlich hielten wir drei uns fast nur auf dem Vordeck auf. Der Graumütz war der erste, mit dem eine englische dauernde Unterhaltung zu Stande kam; er drückte seine Verwunderung über unsere Fertigkeit in der Sprache aus, ein Kompliment, das übrigens nur als Lückenbüßer gebraucht ward und wenig sagen will, wie ich schon bemerkt habe. Man sprach einiges, was sich an das benachbarte Land anknüpfte.

Die Elbe war herrlich ruhig, dann und wann ein schönes Schiff, an dem wir vorbeifuhren, selbst der holländische Dampfer, *de Stoomvaart*, ward eingeholt, alle Passagiere wurden herauf gelockt, und ihnen zeigte sich die eine der beiden letztgenannten Damen als sehr redselig und wißbegierig. Sie war nämlich eine Schweizerin aus Genf, sprach geläufig nur Französisch, doch auch verständlich Deutsch, was sie mit ihrer Begleiterin praktizierte, und ging nun nach Cheltenham zu einer Bekannten, wie sie sagte, um das Englische zu studieren; freilich war dazu wenig Hoffnung, da sie in der Aussprache noch so weit zurück war, daß es nur mit Mühe auszumachen war, ob Cheltenham oder Chatham oder wer weiß was das Ende ihrer Reise sein sollte. Da sie noch nie die See gesehen oder wenigstens befahren hatte, so war ihr jetzt jedes Schiff Veranlassung zum Entzücken, und sehr freute sie sich an jeder Mitteilung, die ihr dann immer Gelegenheit gab, ihre eigene Unerfahrenheit überflüssig viel zu beklagen. Natürlich war viel von bestehender Seekrankheit die Rede, wo sie dann sehr energisch redete: „*il faut lutter autant que possible*" etc.

Um 12 Uhr war endlich Cuxhaven erreicht, die alten bekannten Gegenden wurden natürlich beständig, schon von Altenbruch aus, mit dem Fernrohr verfolgt, der Turm war sehr klar zu sehen, die Alte Liebe [Abb. 6], Badehaus, Leuchtfeuer etc., alles unverändert. Nachdem zwei Herren aufgenommen waren, setzten wir die Fahrt, und speziell das französische Gespräch, eifrig fort. Eine Flotte von ungefähr 50 Segeln, die mit günstigem Winde in See ging, meistens Schoner von verschiedenen Nationen, machten den guten Alten viel Freude; die Segel glänzten wirklich schön im Sonnenschein und waren noch lange sichtbar. Nach und nach verlor sich der Hafen in der Ferne, das kalte Bad, Döse, Duhnen gingen vorüber, nach einer Weile erschien Neuwerk und begleitete uns lange.

Um 2 präzise ward den Anforderungen des Magens reichlich Genüge geleistet, indessen zeigten sich bei einigen schon Spuren von Seekrankheit. Die Begleiterin der Französin war, soviel ich weiß, die erste, die, nachdem sie vergeblich an irgendeinem Platze eine ruhige Lage gesucht hatte, sich hinlegen mußte, blaß, wie Schnee. Nicht lange, so folgte ihr die Schweizerin, die noch lange beständig von *lutter, balancement, mal de mer* etc. geredet und durch Auf- und Abgehen, Sitzen, Stehen, kurz, alles Mögliche sich bis dahin zu retten versucht hatte. Wilhelm spürte, obgleich die See sehr ruhig war und nur ganz niedrige, aber sehr lange Wellen mit leise gekräuselten Wellchen bedeckt, dem Schiff eine schwankende Bewegung mitteilten, doch auch eine Empfindung, nahm am Mittagessen nur halb teil und legte sich etwas nieder. Die beiden in Cuxhaven aufgenommenen Herren hatten sich gleich hingelegt, um der Krankheit vorzubeugen, wurden aber dennoch gründlich elend. Alle anderen Passagiere waren an die See gewöhnt, und da Papa und ich uns straff hielten, so dauerte die Unterhaltung fort.

Abb. 6 Cuxhaven, Alte Liebe (um 1900)

Es erschien jetzt zuerst der Wunderling von gestern abend wieder, den ich bis dahin vermißt hatte – in Kürze werde ich mitteilen, was sich aus seinen langen Vorträgen entnehmen ließ. Er war von wohlhabender Familie, sein Vater nach dem Tod der Mutter ein sonderbarer Kauz, der sich wenig um den Sohn bekümmerte. Bis 1839 war er Apotheker gewesen, hatte sich dann aber philosophisch-religiösen Ideen hingegeben und war eine Art Reiseprediger geworden. Braunschweig war seine Heimat, in London hatte er Frau und Mutter und hatte sich schon seit 10 Jahren da aufgehalten und seine Grundsätze vorgetragen. Da er nur unvollkommen Englisch sprach, so mochte ihm das schwer genug werden, selbst auf Deutsch war sein Vortrag ziemlich unterbrochen. Was die Grundsätze dieses Mannes selbst angeht, so sind sie zu zahlreich und zu unklar, um alle wiederholt zu werden. In 17 Fragen und Antworten hatte er sich über die menschliche Seele eine seltsame Klarheit verschafft; als Beispiel diene, was er vom Leben der Seele nach dem Tode redete, im Grunde nämlich das Prinzip der allmählichen Vervollkommnung, begründet durch Analogie von Raupe, Puppe, Schmetterling; ferner: erster Aufenthalt der Seele in den Planeten, zweitens in der Region der Fixsterne, drittens in der Milchstraße, die er unter dem vom Thron Gottes ausgehenden Licht, von Daniel erwähnt, versteht. Natürlich keine Hölle, kein getrennter Himmel, auch war verdächtig, daß er nie Christum erwähnte und darauf bezüglichen Fragen sehr auswich. Er tat sich viel auf seine Fähigkeit, Definitionen zu geben, zu Gute und beanspruchte deshalb seine überragende Autorität. Trotz dieser Abnormitäten war der Mann merkwürdig und achtungswert, da er wirklich nachgedacht und eine große Ruhe gewonnen hatte. Tadelnswert war nur im höchsten Grade sein Eifer, diese Ansichten ohne Rücksicht auf die Gesellschaft vorzutragen, und zwar ohne Ende, bis aller Widerspruch beseitigt war. Natürlich kam alles am Ende wieder auf dasselbe hinaus, was mich zuletzt bewog, dergleichen Gespräche mit ihm zu vermeiden. Es wäre fast schief gegangen, als er am folgenden Tage einige Tadelsworte über die katholische Religion äußerte, denn es zeigte sich dabei, daß jener Grinsende ein irischer Katholik war, dieser fing gleich Feuer, und der Wortwechsel drohte sehr lebhaft zu werden. Der Mr. Preacher lenkte etwas ein, unterhielt sich aber nachher noch lange mit seinem Gegner – das Resultat war, daß dieser auf eine höchst unangenehme Weise nachher beständig über jenen spottete und lächelte. Weitere Einzelheiten wirst Du mir schenken, da schon so das Papier viel zu klein und die Zeit zu kurz ist.

Bemerkenswert war außerdem noch der *Capt. Carr*, der viele interessante Mitteilungen zu machen hatte. Er war früher in der Marine gewesen, hatte fast alle Häfen der Welt gesehen unter anderem 73 mal die Reise über die Nordsee gemacht. Er war in Irland Gutsbesitzer, hatte bis 1848 im Lauenburgischen ein Gut besessen, dasselbe aber Zeitverhältnissen halber verkauft und in Australien Besitzungen erworben. Er fungierte jetzt als Beaufsichtiger der australischen Colonien in England, hatte über die Goldminen einen Bericht abgestattet, wußte von unglaublich vielem Bescheid und war sehr freundlich im Ratgeben. Der kleine Blonde war aus Angeln, hieß *Petersen*, war in St. Thomas etabliert, wohin er auch dieses Mal ging, und hatte gleichfalls manches mitzuteilen. Dieses waren die Hauptgegenstände der Mitteilungen, vieles andere muß übergangen werden.

Sonntagmorgen war viel ruhiger, Wilhelm, vollkommen recreiert, hielt sich den ganzen Tag vortrefflich, bald erschienen auch die Damen wieder. Um 11 hielt der Prediger einen Vortrag, der im Ganzen inhaltslos war, in mäßigem Englisch. Gegen Abend erschienen rechts die ersten Lichter an der Norfolk'schen Küste (Lowestoft), ganz spät Margate in Kent. Der herrliche Mond hielt lange oben, noch nach dem Abendessen, was, glaube ich, um 7 war. Wilhelm führte bis nach 12 eifrige Unterredung mit dem Braunschweiger, um 12 gingen Papa und ich zur Ruhe, W. etwas später.

Papa schreibt beiliegenden Brief mit unserer einzigen Feder, wir haben sehr große Eile, da wir heute, Mittwoch, bei *Eduard Sieveking* draußen essen sollen und der Brief heute noch weg muß. Kaum habe ich so viel Zeit des Morgens erübrigen können, da ein beständiges Treiben war. Nur kurz die Notiz, daß wir Montag um 11 ankamen, nur 2 sh. Zoll zu bezahlen hatten, da ein pfiffiger Marin uns durchbrachte. Aber der Papa treibt sehr. Mehr nächstens.

Dein Friedrich

1.2. Liverpool, Montag, den 4. Oktober 1852 [Friedrich]

Liebe Mutter,
Erst nach 5 Tagen ist wieder ein Augenblick der Ruhe gekommen, der wie billig dazu genutzt werden soll, den neulich so plötzlich abgeschnittenen Faden wieder

aufzunehmen. Wenn die Berichte auch von einem etwas älteren Datum beginnen, so wirst Du doch hoffentlich vorlieb nehmen, zumal Du ja weißt, wie es auf eiligen Reisen zugeht. Der letzte Brief endete, glaube ich, mit der Nacht vom Sonntag auf Montag in seinem ausführlichen Teil. Halb und halb hatte ich am Abend gehofft, ein sich leise zeigender Nebel werde das Einlaufen des Dampfbootes in die Themse während der Nacht verhindern, damit wir von beiden Ufern von Anfang an einen Begriff bekämen. Indessen war von keinem Anhalten die Rede, sogar behauptete der Capitän, daß wir *came along very quickly*.

Viel war doch wohl nicht verloren, denn der Himmel war trüb und die Ufer sehr eintönig und uninteressant, nämlich hart am Fluß niedriges eingedeichtes Vorland, hier und da mit Häusern und kleinen Dörfern bedeckt, dahinter, halb im Nebel verborgen, waldige Anhöhen und Landsitze. Auch blieb die Menge der Schiffe, die wir nach den Beschreibungen erwartet hatten, zuerst hinter unserer Erwartung zurück, wenn sie gleich die auf der Elbe übertrafen. Daß das Frühstück den Tag um 8 statt um 9 genossen wurde, zeigte das bald zu erwartende Ende der Reise. Gravesend war der erste bedeutende Ort am rechten Ufer mit ansehnlichen Gebäuden in angenehmer Lage; mehrere Zolloffiziere nahmen vom Schiff Beschlag, indessen waren sie sehr wenig sichtbar, noch weniger lästig. Die Themse war nachgrade ziemlich schmal geworden, der Strom war günstig und so ging das Schiff trotz der vielen Windungen ziemlich schnell hinauf. Woolwich und Greenwich folgten schnell aufeinander, jenes mit dem Artilleriearsenal, dieses mit einem kolossalen Invalidenhaus.

Die Schiffe auf dem Fluß nahmen reißend zu, nach mehreren abgetakelten Linienschiffen konnte man sich einen Begriff von solchem Ding machen. Ganz neu waren aber die unzähligen Dampfboote, welche mit unglaublicher Geschwindigkeit, eines dicht hinter dem anderen, zwischen den Schiffen und Böten hindurchglitten, dann an einer Fähre stillhielten, ihre Passagiere absetzten und gleich mit neuen gefüllt wieder zurück oder auch vorwärts gingen. Das Wetter war inzwischen ziemlich heiter geworden, so daß die Themse einen höchst amüsanten Anblick gewährte. Etwas entfernter waren Teile der ungeheuren Docks sichtbar, wo Mast an Mast dicht gedrängt war. Ich kann aber, weil die Mitteilungsweise durch Schreiben nun ja doch einmal immer mangelhaft ist, nicht bei allem so ausführlich verweilen; ein ungefähres Bild nicht bloß von den äußeren Erlebnissen, sondern auch den Eindrücken wirst Du hoffentlich construieren können.

Um 11 Uhr Hamburger Zeit mögen wir in London bei dem Catharinedock in der Nähe des Towers angekommen sein, Personen und Gegenstände wurden gleich ins *customhouse* eine Treppe hoch befördert, man fragte nach unseren Pässen, natürlich genügte der eine vollkommen. Inzwischen wurde in einem anstoßenden großen Saale das Gepäck der Reisenden der Reihe nach untersucht, den Kniffen eines Beteiligten, der unseren Namen kannte, gelang es, unsere Koffer einem wohlwollenden Beamten vorzulegen, der nach unbedeutender Untersuchung keine weitere Schwierigkeiten machte, so daß wir sehr bald alles in eine Droschke spedieren konnten. Wir nahmen von unseren Begleitern Abschied und fuhren zuerst nach *Eduard Sieveking*.

Abb. 7 Eduard Sieveking (1790-1868) und Louisa Sieveking, geb. Meyer (1789-1861)

Da der Weg ziemlich weit, durch die halbe City nämlich, führte, so ließ sich auf den Plätzen und Straßen, die einem vor Augen kamen, schon ziemlich auf das Aussehen der ganzen Stadt schließen. Die Jahreszeit, in der noch viele wenigstens unter den Vornehmeren auf dem Lande waren, da auch das Parlament nicht saß und auch wohl die Vorstellungen, die ich nach den Berichten über Londons Großartigkeit mitbrachte, mochte dazu beitragen, daß der Eindruck zwar grandios aber nicht überwältigend war. Das Benehmen des Volks complet wie in Hamburg, vielleicht alles etwas geschwinder und geschäftiger, dieselben Physiognomien, dieselben Manieren, auch die Straßen an sich und die Häuser durchaus dieselben, nur viel schwärzer und in der City natürlich nicht so elegant wie in manchen Teilen Hamburgs. Das einzig Absonderliche ist eine Unzahl Wagen, Droschken, Cabriolets, die, wie auf dem Fluß die kleinen Dampfboote, mit enormer Geschicklichkeit und für Hamburger ungewohnter Schnelle hin- und hergaloppierten. An einigen Orten, z.B. in Cheapside, war das Gedränge so stark, daß, trotzdem die Straße sehr breit war, doch vielleicht alle 10 Minuten ein Stillstand stattfand. Unmöglich ist es, alles, was das Bild vollständig machen kann, Bazare, Läden, Ausrufer etc., zu schildern, nur in London selbst kannst Du Dir davon einen Begriff machen.

Eine enge Gasse führte uns nach Skinners Place, wo schon an der Türe „E. Sieveking" prangte. [Vetter] *Ami* empfing uns oben, sehr wenig verändert, nur mit halbem Backenbart bewaffnet und etwas ausgebildeterer Gestalt, [Onkel] *Eduard* selbst schien sehr tätig zu sein, so daß wir den Besuch möglichst abkürzten und nur noch über die von *Ami* vorgesehenen Wohnungen uns näher erkundigten. Ein *boardinghouse*, 6 Goldensquare Regentstreet, bei einer *Mrs. Saunders*, wo außer Wein alles für 9 sh per Tag à Mann zu haben war, ward auserlesen. Die Mrs. selbst war indeß nicht vorhanden, ihre Haushälterin, *Miss Coxen*, fungierte als Wirtin. Mit uns zogen jene beiden Passagiere, die in Cuxhaven an Bord gekommen waren, in dieselbe Wohnung.

Der eine, Sohn des jetzigen [Ritzebüttler] Amtmannes *Hartung*, der bis dahin eine Commis-Stelle in Bordeaux eingenommen hatte und nach London gegangen war mit der Absicht, sich in der Sprache zu vervollkommnen und womöglich eine Stelle zu finden und sein Glück zu machen. Er war mit unzähligen Empfehlungsbriefen versehen, schien aber schon von vorne herein nicht sehr erwartungsvoll. Freilich gestalteten sich seine Aussichten nicht sehr lockend, wenn Anerbietungen gemacht wurden, waren sie nicht plausibel, und als wir London verließen, schienen seine Aussichten ganz zu Ende.

Der andere Hausgenosse war ein Braunschweiger Ökonom oder Gutsbesitzer, der sein Gut verkauft hatte und in England *farms* besehen, einen Terrier acquirieren und, wenn beides fehlschlagen sollte, wenigstens in London gewesen sein wollte. Das Wunderliche war, daß es kein Wort Englisch oder Französisch verstand, was ihm, wenn er allein gewesen wäre, schlimm hätte bekommen können. So viel möglich, nahm unser Papa sich seiner an, führte ihn mit uns umher, so daß er bis zu unserer Abreise allerlei zu sehen bekam und sich ziemlich durchschlug.

Um die Einleitung zu beschließen, noch eine kurze Angabe der häuslichen Verhältnisse, die speziell auf Deinen Hausgeist berechnet ist. Eine Stube in der zweiten Etage mit der Aussicht auf den freien Platz diente Papa als Schlafzimmer und überhaupt als temporärer Aufenthaltsort während des Tags. Eine Treppe höher unser Zimmer, hart daran stoßend die unserer beiden Gefährten. Des Morgens um 8¾ Frühstück, um 1½ von Rechtswegen *lunch* – höchst mager –, um 6¼ Mittagessen, letzteres durchaus befriedigend mit Tee oder Kaffee nach Belieben beschlossen. Wir 5 waren mit obiger Miss, die beiläufig früher nicht häßlich gewesen sein mag, und einem *long legged Scotchman, Mr. Hoarse*, der alteingebürgerter Gast zu sein schien, allein. Erst Donnerstag mittag präsidierte *Mrs. Saunders in person*, ein wohl ausgedehntes Frauenzimmer, ihr zur Seite ein kahlköpfiger Schweizer aus Basel, Herr *Bernoully*, der sehr gut Deutsch sprach. Wenn ich noch hinzufüge, daß das Wetter bis auf einen halben Tag Regenschauer uns immer günstig war, so bleibt nur noch übrig, was wir gesehen haben, zu beschreiben; mehr als irgend etwas anderes muß das aber kurz geschehen, da Ähnliches ja in allen Reisebeschreibungen steht.

Das erste war der Zoologische Garten in Regentsgarden, der am Montag für 6 d, den halben Preis, zu sehen war und wirklich sehr gut ausgestattet ist; Giraffen, Elefanten etc. etc. Der Botanische Garten sehr hübsch angelegt, doch wenig Blumen, selbst in den Treibhäusern, wo freilich eine *victoria regia*. Dem Rat unserer Miss zufolge ward am Abend das Polytechnische Institut in Augenschein genommen, ein Gebäude, in dem alle Arten Modelle von Dampfmaschinen, Schiffen und viele interessante Kleinigkeiten ausgestellt waren, außerdem verschiedene *lectures* z.B. über die australischen Golddistrikte.

Den folgenden Tag durch St. James Park nach Westminster Abbey, wo die Monumente fast aller bisherigen Könige und Königinnen mit vielen berühmten Adligen des Mittelalters und der neueren Zeit sowie die Statuen von ausgezeichneten Staatsmännern der letzten Jahrzehnte vereinigt waren und, mit dem herrlichen imposanten Bau der Kirche und den köstlichen Glasmalereien verbunden, einen tiefen Eindruck machten. In Westminster Hall zuerst links vom Eingang die alte Gerichtshalle, in der *Karl I*, dem *Earl of Strafford* usw. das Todesurteil gesprochen, dann das *House of Commons*, leider wegen der Ferien ganz mit Tüchern verhängt; auffallend einfach war die Einrichtung, das Zimmer so klein, daß gewiß nicht alle Mitglieder zusammen darin Platz haben können, der Stuhl des *speakers* ein simpler grüner Lehnsessel ohne Tisch vor, zu den Seiten die Bänke, so daß die hinteren immer etwas höher als die dem mittleren Gang zunächst liegenden; in diesem Gang vor den Bänken der Minister auf der einen, der vornehmsten Parlamentsmitglieder auf der andern Seite ein Tisch mit zwei grünen und silbernen Kästen um Papiere aufzunehmen, und zwei Klammern, in welche die *mace* gelegt ward. Von den Galerien war eine für Zuschauer bestimmt. Das *House of Lords* war leider nicht zu sehen.

Das *lunch* ward vortrefflich durch zwei Dutzend Austern, die in Hungerford Market sehr lockend ausgestellt waren, ersetzt. Von der Höhe der St. Pauls-Kuppel in der Mitte der City war ein kleiner Überblick über die Stadt möglich, nur war ein großer Teil leider in Dunst gehüllt, doch konnten wir uns zum Augenblick Glück wünschen, da die Sonne erst eben durchgebrochen war und die Dünste rasch vor sich her trieb. Du kannst Dir denken, mit welcher Freundlichkeit der liebe Papa uns alles Mögliche zu Gefallen tat, überall mit uns herumstieg und alles, was irgend anging, zu ermöglichen suchte. Es gelang nicht mehr, den Tower zu sehen, da es schon 4 war. Am Abend sahen wir King Lear in einem kleinen Theater, mäßig gut gegeben, das englische Publikum schien sehr leicht zum Beifall zu verleiten zu sein; jedes Schimpfwort rief wenigstens gewaltiges Lachen und jede Emphase großes Klatschen hervor

Mittwoch morgen das Britische Museum mit griechischen, römischen, ägyptischen, syrischen Antiquitäten, sowohl der Kunst angehörig als naturhistorischer Art, famos ausgestattet. An ein erschöpfendes Besehen war natürlich nicht zu denken. Den Abend brachten wir auf Stamford Hill bei *Sievekings* ganz gemütlich im engsten Kreise zu, da außer uns nur noch [Vetter] *Ami* zu Tische da war. Die Frau war etwas leidend, [Onkel] *Eduard* aber sehr fidel. Von [Vetter] *Gustav* sahen wir fast nichts, nur im Vorbeigehen den ersten Tag auf dem Kontor.

Der Donnerstag ging ganz auf einen Spaziergang nach Hydepark, wo noch Trümmer des Ausstellungsgebäudes zu sehen waren, so daß man von der Arealausdehnung wenigstens einen Begriff erhalten konnte [Londoner Weltausstellung von 1851], und eine Expedition nach Kew Gardens hin. Letztere liegen etwas westlich von London, 40 min per Eisenbahn, und zeichnen sich durch prachtvolle Bäume und Rasen, ein großartiges vielleicht 70' hohes Palmenhaus und ein vortrefflich angeordnetes Museum der verschiedensten Nutzpflanzen als Hölzer, Getreide, Flachs etc. sowie merkwürdige Produkte auswärtiger Länder aus.

Am Freitag ward erst [Vetter] *Edward Sieveking*, Dr. und Frau, ein Besuch abgestattet, die sich sehr wohl befinden; das Kind kam nicht zum Vorschein, soll aber auch gut gedeihen. Der Doktor ist mit literarischen und praktischen Berufsarbeiten sehr beschäftigt, ein Pröbchen von ersterem gab er uns *en famille* mit, worin er Versorgung armer Kranker mit Wärterinnen empfiehlt. Dann zu Eisenbahn in ¼ Stunde nach Greenwich, wo 1) eine Portion Chops verzehrt, zweitens das Invalidenhaus und 3) die Sternwarte besehen ward. Die alten Kerle waren gerade beim Mittagessen und schienen sehr behaglich sich zu befinden. Allerdings war auch das Gebäude etwas Großartiges, ein Saal war mit teilweise sehr guten Bildern von Seehelden usw., wo natürlich *Nelson* eine Hauptrolle spielte, verziert; unter Glas war auch *Nelson*s Weste, die er in der Schlacht bei Trafalgar trug, mit Blut bedeckt, und in einem andern Kasten seine Uniform in der Schlacht bei Abukir zu sehen!

Nach Woolwich brachte uns ein Dampfschiff, aber leider schon zu spät, da das Arsenal nur bis 4 geöffnet war. Der Abend ward ruhig zugebracht, indem zwischen *Bernoully, Mr. Hoarse, Mrs. Saunders* und Papa eine Partie Whist zustande kam. Im großen *sitting room* war es auch so einmal gemütlich. Noch bis Mitternacht nahm das Spielen uns in Anspruch, so daß wir den anderen Morgen füglich hätten ausschlafen können. Doch dauerte, wie es an Reisetagen geht, der Schlaf nicht lange, weshalb die Zeit bis zum Frühstück sehr lang wurde.

Nachdem endlich alles geordnet war, ging es an den Bahnhof und um 10 mit einem Expreß von London ab. Über das, was gewöhnlich auf Fahrten Stoff zum Erzählen gibt, ist nicht viel zu sagen, denn erstens war die umgebende Landschaft sehr einförmig, obgleich immer hübsch, nämlich wunderschöne grüne Wiesen mit Hecken und Bäumen abwechselnd, nur selten eine weidende Herde und in der Nähe der Stationen mehrfach stattliche Kathedralen und Kirchen sowie adlige Besitze.

Desgleichen bot die Gesellschaft zu wenig Betrachtungen Anlaß; es war zuerst eine Dame mit Säugling, der beständig wimmerte, in unser Coupé gestiegen, gleicherweise aber später durch ein ältliches Paar ersetzt, das sehr bald zu lesen anfing, d.h. die Dame las zuerst sehr beharrlich, später von etwas Einnicken unterbrochen, im *Edinburgh Review*, glaube ich, dagegen beschäftigte sich der Mann, ein würdiger Alter, mit Aufschneiden eines von den *Times* abgedruckten Memoirs des *Duke of Wellington*, das er mir nachher zu lesen gab. Nach fast 7-stündiger Fahrt kamen wir hier an, unbelästigt von den vielfach getadelten Mängeln der engl. Eisenbahnen, allerdings brauchten wir auch nie Wagen zu wechseln, und ein dienstfertiger *cabdriver* deponierte uns *quite safely* in 25 Churchstreet, Everton.

Lorenz und *Henriette* hatten uns noch nicht erwartet, freuten sich aber herzlich, überhaupt will ich diesmal nur soviel sagen, daß das Leben famos gemütlich ist. *Henriette* scheint etwas zugenommen zu haben, *Lorenz*, fürchte ich, mutet sich etwas zu viel zu, obgleich er immer kreuzfidel ist. Das kleine Geschöpf [Louise] nach wie vor allerliebst, steht ganz fix, freilich mit Anfassen, geht auch schon am Stuhl etwas vorwärts. Über Einrichtung unserer Stube, Lebensart, Beschäftigung, Stadt usw. nächstens mehr

von Deinem mit viel Liebe an Dich, *Lolly* und alle Lieben zu Hause denkenden
Friedrich

Daß *Henriette*, *Wilhelm* und ☾ [Louischen] herzlich grüßen, versteht sich, von *Lorenz* und Papa setze ich es voraus.

Ich denke mir, Papa wird nächsten Montag wieder bei Euch sein. NB. von nun an ist unsere Adresse fixiert. Adieu!

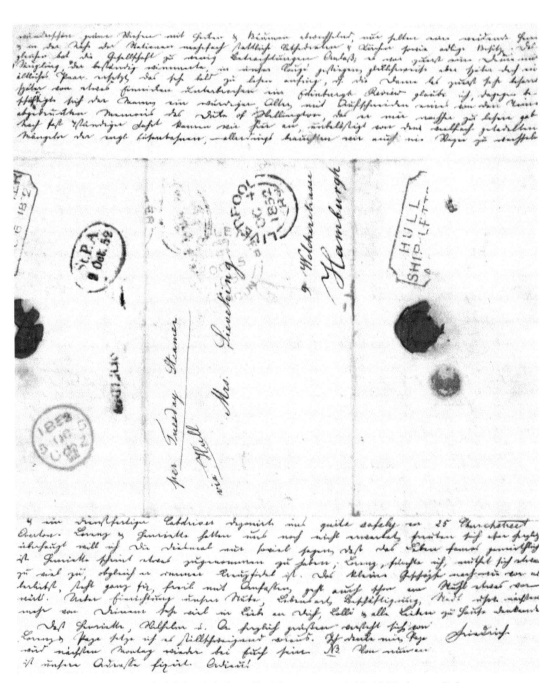

Abb. 8 Friedrichs Brief an die Mutter vom 4.10.1852, letzte Seite
(Umschlag mit diversen Stempeln, u.a. von Liverpool und Hull)

1.3. Liverpool, den 13. Oktober 1852 [Friedrich]

Liebe Lolly,

Wenn sich meine Gedanken sonst auch viel mit allem beschäftigen, was in der Heimat zurückgeblieben, so ist es doch selbstverständlich, daß Du in dieser Zeit besonders berücksichtigt wirst, da ja der 17. Oktober und mit ihm das zweite Jahr Deines zweiten Jahrzehnts herannaht. Es ist, so viel ich mich erinnern kann, das erste Mal in 16 Jahren, daß wir diesen Tag nicht zusammen waren und ich nicht Dich persönlich beglückwünschen konnte. [...]

Dein neuliches Brieflein kam den 9. glücklich in unsere Hände und hat Papa noch getroffen, der erst Montag abgereist ist. Zuvörderst habe ich von dem Ende unserer Wanderschaft noch einiges nachzuholen.

Lorenz und *Henriette* waren just bei Tische, als unsere Droschke vorfuhr und der Kutscher vernehmlich an die Türe klopfte, während wir den Schlag öffneten. Das Willkommen war natürlich beiderseits sehr herzlich und war ein guter Anfang von dem, was bis jetzt, so auch hoffentlich bis zu Ende, uns wenigstens zur Freude und zum Nutzen gereichen wird.

Lorenz macht eigentlich einen etwas überarbeiteten Eindruck, d.h. nur äußerlich; hoffentlich wird er im Winter, wo sein Geschäft nicht so seine ganze Zeit einnimmt, sich erholen. Von Herzen ist er ganz der Alte, wunderbar lieb und freundlich, herzlich, gemütlich, dabei doch fest und sicher Mann der Ordnung und des Gehorsams, nur etwas zu sehr in seine *business* vergraben oder vertieft, indem es äußerlich wenigstens wenn nicht alle, doch manche Interessen verdrängt; allerdings kann man sich denken, daß ihm seine Auswanderer sehr am Herzen liegen; laufen gute Nachrichten über Zufriedenheit seiner Expedierten oder dgl. ein, so ist er über die Maßen fidel, von ca 9½ des Morgens bis abends 6 ist er in der Stadt mit ihnen beschäftigt und läßt sich keine Mühe verdrießen, selbst gibt er seinen Mitarbeitern das vortrefflichste Beispiel, was *Döbereiner* z.B. mir neulich selbst erzählte. Mit wie warmer Teilnahme er alles, was in seinem Wege liegt, verfolgt und begleitet, mit wie herzlicher Liebe er Weib und Kind hegt, ist nicht nötig, Dir zu sagen. Schade, daß er so gewaltig beschäftigt ist.

Henriette hat etwas zugenommen, scheint darüber außerordentlich *content* zu sein, ihre unglaublich ruhige und friedliche Lebensart tut ihr ohne Zweifel gut, auch hat sie die glückliche Eigenschaft, sich in alles leicht zu finden, so daß sie einen Tag wie den anderen verlebt, damit will ich keineswegs sagen, daß sie in sich nicht manches tiefe Interesse trägt, daß sie nicht ein sehr warmes und reges Herz hat, nur tritt das weniger hervor, und gehört sie nicht zu denen, welche ihr Herz immer auf den Lippen haben und nur von sich zu reden wissen. Ein stilles, dem Anschein nach zerstreutes, fast möchte ich sagen teilnahmsloses Wesen steht damit im engsten Zusammenhang, ein längerer Umgang läßt das im rechten Lichte erkennen. Daß ihr Kind sie vornehmlich beschäftigt, ist erklärlich und von je auch schon aus ihren Briefen zu sehen; überhaupt geben diese ein vollständiges Bild von ihrem ganzen Wesen; das beste Beiwort, das ihnen gegeben werden kann, ist gewiß das, was der alte *Senator Meyer* von ihnen sagte: allerliebst.

Von Kleinchen wird Papa auch noch erzählen, ihre Entwicklung ist sehr regelmäßig und höchst erfreulich, besonders ist es ein Segen, daß sie gewissermaßen die häuslichen Interessen konzentriert, da alle natürlich um sie sich bekümmern, so ist sie der Mittelpunkt unserer „Familie" und fesselt jeden an diese Gemeinschaft. Sind die Hausgenossen so, so kannst Du Dir denken, wie annehmlich das Leben unter ihnen ist; ich weiß nicht, ob Du von der Lebensweise, der Tageseinteilung einen bestimmten Begriff hast.

Des Morgens früh um 6 läßt *Lorenz*'s Stimme sich schon hören, gewöhnlich war er bis jetzt der Erste im Hause, doch macht Wilhelm schon einen guten Anfang, und gewiß sollen die Morgenstunden im Winter ihr Gold nicht umsonst im Maul haben. Um 7½ etwa, bisweilen später – Du siehst, gefährlich ist die Frühe hier nicht –, wird mit Cacao und Brot gefrühstückt, darauf gemeinschaftlich mit dem Dienstboten ein Gesang, ein Capitel aus der Bibel und die jedesmaligen Sprüche für den Tag aus der „Dreifältigen Schnur" [1845], die Du ja auch kennst, gelesen, und endlich gebetet. Dies Gebet, vom Hausvater selbst, vor und mit allen Hausgenossen, das Kindlein eingeschlossen, ist auch ein herzliches Zeichen der durchgehend hier herrschenden Einigkeit, des Friedens, der innigen Gemeinschaft aller. Auch die entfernten Teuren werden durch die Fürbitte unsichtbar mit in diesen Kreis gezogen – so daß diese Versammlung wirklich immer aufs Neue wohltut und erfreut.

Abb. 9 Valentin Lorenz Meyer (1859)   Abb. 10 Henriette Meyer, geb.Sieveking
(1817-1901)   (1826-1883)

Jeder geht dann seinen Geschäften nach, d.h. *Lorenz* schreibt gewöhnlich noch etwas und geht dann hinunter zur Stadt. *Henriette* scheint mir, sich sehr viel mit der Kleinen herumzutreiben, gibt dann, wenn es der Regel nach geht, bis 1 Unterricht, worauf dann Frühstück und entweder Spaziergang oder Vorlesen oder getrennte Beschäftigung resp. mit Kindchen folgte. Gewöhnlich, bis jetzt wenigstens, wird um 6 gegessen, wieder geschrieben, gearbeitet etc., bis das Abendessen zwischen 9 und 10 wieder alle vereinigt und der eigentliche Tag, wie er erst eröffnet, so jetzt durch eine Andacht abgeschlossen wird – nur wird abends ein Psalm gelesen. Daß am Abend wieder solche geistliche Vereinigung stattfindet, ist sehr segensvoll, schon dadurch, daß jeder Tag als ein Ganzes abgeschlossen wird und ein jeder hingeleitet wird, seine Handlungen, seine Fehler recht zu begreifen und sich auf den folgenden Tag vorzubereiten. Gewöhnlich dauert das Zusammensein dann noch ein wenig, man spricht über dies und jenes, ist auch hin und wieder, <u>manchmal auch bedeutend</u> müde.

Auswanderer sind im ganzen Haupt-Konversationsgegenstände; neulich kam ein von ziemlich vielen Auswanderern unterschriebenes Zeugnis für die reelle Expedition aus New York hier an, was *Lorenz* zu vielfachem Hurrahrufen und anderen Freudenbezeugungen Anlaß gab; man kann nicht lassen, sich daran recht mitzufreuen. Doch hätte ich eigentlich noch jenen Hausgenossen erwähnen sollen, von dem *Henriette* schon damals schrieb – ein junger Mann von 18 Jahren aus Minden, blondes Haar, helle Augen, breite Lippen, gutmütiges Äußeres und entsprechendes Inneres: Name: *Leunig*. Wegen einer etwas durch Lispeln beschwerten Sprache und wegen Gedankenbeschaffenheit nimmt er nicht viel am Gespräch teil, läßt sich auch weiter nicht sehen, als daß er morgens langsam mit Pantoffeln oder Schuhen, die durch ein vergangenes Fußübel veranlaßt sind, sich an den Frühstückstisch begibt, in Ruhe sein Teil zu sich nimmt und dann Briefe schreibt oder Rechnungen aufmacht etc., alles ohne aus der Fassung zu kommen; gelegentlich kommt er nicht sehr rasch aus der Stelle, so daß man Lorenz wohl einen gewissen Wunsch des Gegenteils anmerken kann. Solche Menschen sind dann immer herzlich gut und gehören durchaus zur Classe der „lieben Leute", möglich, daß solches Element wegen der Ruhe, die es mitteilt, nicht unheilsam ist.

Ich habe dir so vielleicht von den inneren und äußeren Verhältnissen ein Bild entworfen, Näheres kommt von selbst im Laufe der Zeit. Als wichtig muß aber noch hinzugefügt werden, daß nach manchen fruchtlosen Anfängen jetzt so ziemlich regelmäßig, freilich nur in *Lorenz'* Gegenwart, englisch conversiert wird: das Unbequeme und Eigentümliche dieser Sache verliert sich schnell, und es ist gewiß eine gute Übung. Überhaupt, was den Hauptzweck unseres hiesigen Aufenthaltes betrifft, so bin ich darüber voll der besten Hoffnungen. Allerdings ist es uns bis jetzt immer noch nicht gelungen, einen Privatlehrer zu finden. Der Reverend *Mr. Baylee*, von dem, wie Du vielleicht erinnerst, jene Papiere über das Birkenhead College waren, die wir den Abend draußen in Neumühlen hatten, ward zuerst von uns aufgesucht, erteilte aber nichts Gewisses, sondern gab nur einige Titel nützlicher Bücher, was immerhin sehr freundlich war. Sein College, in dem er uns herumführte, ist natürlich, wie schon aus jenen Zetteln ersichtlich war, nichts für uns; junge Theologen werden herangebildet, ältere geübt und Knaben in den ersten classischen Semestern unterrichtet. Dabei herrscht im Ganzen dieser englische Geist, der mich immer an eine staubige Bibliothek erinnert und für den Deutschen etwas Abweisendes hat. *Mr Howson*, Principal der *Liverpool Collegiate Institution,* ist schon ein anderer Kerl, war wenigstens mit praktischen Ratschlägen bei der Hand. Allerdings ist seine *middle school*, die er vorschlug, wohl auch nicht das Richtige, denn nach dem Katalog, den er uns lieferte, stellte sie eine Art

Realschule, wie die Hamburger, vor, wo allerdings manches Englische zu lernen wäre. Über Privatlehrer gab es bis jetzt nur ungenügende Auskunft, jedenfalls ist er ein fixer, wohlwollender Kerl, der einem vielleicht wird nützlich sein können. Ich verspreche mir viel von einer Leihbibliothek, die für dieses College eingerichtet ist und viele englische Klassiker mit vortrefflichen anderen Werken enthält. Anderswo ist solches Institut nirgens in Liverpool anzutreffen, blos lumpige *circulating libraries* sind vorhanden mit drittehalb elenden Romanen. Man sieht daran schon, wie alles von Handelsinteressen überwogen wird.

Die Stadt ist dergestalt auch recht grund-langweilig; natürlich keine Merkwürdigkeiten, keine großartigen Gebäude, außer Kirche, Stadthaus, die indessen auch nicht sehr merkwürdig sind; an sich ist der Ort häßlich, selbst der Verkehr in den Straßen kann dem nicht auffallen, der London gesehen hat. Der Hafen ist das einzig Schöne, d.h. enorme Docks mit unzähligen Masten; der Fluß aber ist sehr amüsant, Dampfboot an Dampfboot den ganzen Tag, dabei herrliche Schiffe und unmittelbare Aussicht auf die See. Wenn auch nicht so belebt wie die Themse, so macht die größere Ausdehnung in Weite und Länge doch angenehmen Eindruck, die weite See ist immer wundervoll. Das Land in der Umgegend ist überall schön, meist Wiesen, doch hier auch ziemlich viel Ackerland und Dörfer. […]

So sind wir denn jetzt noch auf Privattätigkeit beschränkt, und geht diese gut von statten. Aus *Göthes* Leben wird fleißig übersetzt und mit einem englischen Exemplar verglichen, was vortrefflich übt, das erste Buch ist schon beendet. Solange wir noch keinen Zutritt zu jener Leihbibliothek haben, müssen wir uns mit den Büchern, die in unserem Besitz sind, begnügen; dazu gehört z.B. eines, *Uncle Tom's Cabin* genannt, das die Sklavenverhältnisse Amerikas beschreibt; von der Verbreitung dieses Buches kannst Du Dir einen Begriff dadurch machen, daß es in Amerika in 120.000 oder gar 150.000 Exemplaren und hier in 7 verschiedenen Ausgaben von 6d – 4sh 6d circuliert. Mit einem verwandten: *the white slave* wird es für 1sh in jedem *stationer shop* angezeigt, und darunter: *These are the leading books oft he age!* Natürlich ist solche Lektüre nur zeitweilig und wird später bloß zum Amüsement dienen, wenn nur erst wieder die Historiker wieder anmarschieren. Ich lese *Henriette* jetzt *Miltons Lost Paradise* vor, neulich ein Stück von *Shakespeare*, das geht leider nur langsam von statten, auch kommen wir nicht regelmäßig dazu. Das Sprechen muß noch die Hauptsache tun, und das wird sich gewiß noch machen. Über das Studium anderer neuer Sprachen bin ich mir noch nicht im Klaren, das Französische soll aber wenigstens vorgenommen werden. Jedenfalls muß gearbeitet werden, und das wird es auch, obgleich der Winter sehr kurz ist. So viel diesmal, im Lauf der Zeit sollst Du und Ihr Alle mehr erfahren.

Solltet Ihr die liebe *Tante Sophie* sehen, so grüßt sie doch herzlich, desgl. alle Lieben. Was machen die *Poels*? Habt Ihr noch zusammen vergnügte Stunden in Neumühlen, und wird Montags noch gekaffeet und gelesen? […]

Schließlich noch von Wilhelm die Botschaft, daß er bis jetzt die auswärtige Korrespondenz zu besorgen gehabt hätte, aber nächstens von sich hören lassen würde.

Behalte in gutem Angedenken,
Deinen Friedrich

1.4. Liverpool, den 20. Oktober 1852 [Wilhelm]

Lieber Papa,

Obgleich wir hier mit unseren Angelegenheiten noch durchaus nicht völlig in Ordnung sind, so halte ich es doch für meine Pflicht, Dir wenigstens das mitzuteilen, worin wir weitergekommen sind, umso mehr, da ich weiß, wie es Dich bei Deiner Abreise etwas drückte, daß sich noch nichts Bestimmtes hatte einrichten lassen, und wie Du überhaupt gern recht viel von Deinen Kindern hörst. Am dunkelsten steht es bis jetzt noch mit dem englischen Lehrer. *Lorenz* ist bei *Howson* vorgewesen und hat ihm das Unverschämte von *headmaster's* Forderung vorgetragen. Der meinte, es sei auch seiner Ansicht nach zu viel gewesen, doch hätte er es für seine Pflicht gehalten, einen so tüchtigen Mann wenigstens vorzuschlagen; übrigens wolle er sich nach einem anderen umsehen. Am anderen Tage schickt er ein Billet, worin er einen jüngeren Lehrer aus seiner *middle-school*, einen *Mr. Cox*, vorschlägt, der die Stunde nur 2 s 6 nehmen wollte und eigentlich 4 Abende unbesetzt sei. Bei genauerer Berechnung aber ergibt sich, daß dieser noch 25 % mehr fordert, wie der erste, bei dem die Stunde 2 s zu stehen käme; wir haben daher in diesem Punkte noch nichts abgemacht, jedoch eine Aussicht auf fortzusetzende Unterhandlungen offen gehalten, ob sich vielleicht *headmaster* auf eine verhältnismäßig geringere Summe bei Verminderung der Stundenzahl einläßt oder aber andere mit sich handeln läßt. Vielleicht aber wäre es ebenso gut, diesen Plan ganz aufzugeben, da uns von allen Seiten versichert wird, es würde sehr schwer für uns sein, einen passenden Mann zu finden.

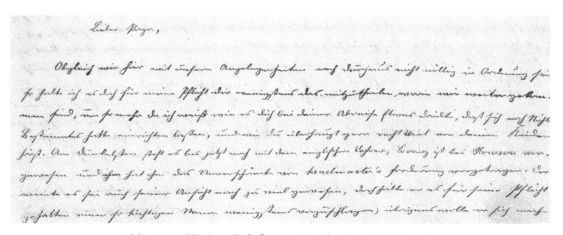

Abb. 11 Wilhelms Brief vom 20. Oktober 1852 (Anfang)

Namentlich ist auch *Hirsch*, der Ende voriger Woche endlich zurückgekehrt ist, der Ansicht. *Lorenz* war Montag bei ihm, trug ihm die Sache vor, und da *Hirsch* uns selbst kennen zu lernen wünschte, so suchten wir ihn gestern nachmittag in seinem etwa 5 Fuß breiten und 10 Fuß langen Arbeitszimmer bei der deutschen Kirche auf. Nachdem wir ihn schon Sonntag als einen sehr guten Prediger kennen gelernt hatten, machten wir auch jetzt eine sehr vorteilhafte Bekanntschaft mit seinem Umgang. Von Angesicht ist er nichts weniger als schön; ein dickes etwas rötliches Gesicht mit bedeutend gebogenen Gesichtsvorsprüngen ist durch einen langen blonden Lockenwust gekrönt; seine schönen Augen sind beständig durch die Brille sichtbar, dagegen malt sich in ihrer Umgegend, namentlich auf der hohen Stirn, ein sehr anziehender Ernst, der auch gleich aus seinem ganzen Wesen hervortritt. Eine sehr langsame Sprache, die fortwährend einen pathetischen Charakter hat, wie sie sich bei den Juden oft findet, und die namentlich beim Kanzelredner unangenehm ist, hängt damit zusammen. Dabei ist er die Liebe und Freundlichkeit selbst, zugleich von der größten Bescheidenheit und Einfalt und von unermüdlicher Tätigkeit in seinem Amte. *Hirsch* meinte, es käme für unsere Zwecke fast ganz allein auf Selbststudium an; um recht in den Geist der englischen Sprache einzudringen, dazu könnte uns so ein Mann vom College nichts nützen; er könnte uns wohl sagen, was grammatisch recht, was unrecht wäre, aber auf das Tiefere einzugehen vermöchten sie nicht, und solche würden sich in Liverpool nicht leicht finden lassen. Dagegen würde es sehr zweckdienlich sein, möglichst viele Vorlesungen zu besuchen und zu lesen; Übungen im Schreiben hielt er anfänglich für nicht so wichtig, doch gab er es nachher auch zu; um eine möglichst vollständige Kenntnis der englischen Literatur zu erlangen, riet er uns, es auf chronologischem Wege zu unternehmen und ganz von vorn anzufangen. Da die Engländer kein eigentliches Leitbuch in der Literaturgeschichte besäßen, so könnte es eine Art Chrestomathie [Lesebuch mit Textauszügen] richten, wie er sie besäße. Damit es uns nicht an Büchern fehle, wolle er mit *Baylee* sprechen, der uns in das Athenäum Einlaß verschaffen könnte, die eine Leihbibliothek von 25.000 Bänden besäßen und wo die jährliche Subskription nur 1 Guinnee betrüge. Auch wegen Vorlesungen wollte er sich erkundigen, uns vorläufig aber auf Freitag abend zu einer Vorlesung *Baylee's* über Niniveh einladen, die wir nach um 6 Uhr genommenem Tee zusammen besuchen könnten. Endlich sahen wir noch an den Straßen große Plakate über einen 6-stündigen Cursus von Vorlesungen über die *civil and religions struggles during the seventeenth century* angeschlagen, die am 2. November beginnen und in 8-tägigen Intervallen fortgesetzt werden sollen: Eintrittspreis 3d, 6d und 1sh à Person für die Vorlesung.

Nachdem wir uns gestern morgen erst in Castlestreet einen stolzen Hut zu *Henriettes* großer Freude zugelegt sowie bei *Factman* eine tägliche Hose, die nötig war, bestellt, gingen wir noch einmal bei *stationer Cornish* vor, der aber natürlich niemanden zu nennen wußte und unsere Fragen, ob er auf Bedingungen vielleicht Bücher ausleihen wollte, ebenfalls verneinend antwortete, uns aber auf eine Anfang dieser Woche eröffnete *public library* in Dukestreet aufmerksam machte. Wir sahen uns dieselbe am Nachmittag an und fanden in einem, meist von *common people* stark besuchten Lesezimmer einen sehr vernünftigen Katalog voll von den anziehendsten Büchern ausliegen. Doch ist bis jetzt noch keine Vorrichtung zum Ausleihen getroffen, und sollte das Zimmer sich nicht zu anderen Tageszeiten leerer finden, so würde sich ein regelmäßiger Besuch desselben vielleicht nicht recht finden, nebenbei ist das Gebäude eine gute halbe Stunde von unserem Hause.

Überhaupt lernt man Liverpool jetzt immer mehr als eine große Stadt kennen, während sie uns anfangs im Vergleich zu London verschwindend klein vorkam, und auch die Umgebung eröffnet nach allen Seiten ein immer weiteres Feld. Das unübertrefflich schöne Wetter hat uns des Nachmittags manchmal hinausgetrieben, entweder nach den Docks oder weiter nach Lancashire hinein, von wo es auch herrliche Blicke auf See und Mersey gibt. Doch sind wir im Ganzen viel zu Hause, wo unsere kleine gemütliche Stube uns sehr zu fesseln weiß; des Morgens scheint die Sonne freundlich hinein, des Abends ist ein kleiner Kamin im Verein mit beiden Gasflammen sehr ansprechend. Des Morgens pflegen wir zwischen 5 und 5½ Uhr aufzustehen und den Morgen bis 1 zu schreiben; den Nachmittag gehen wir miteinander etwas aus oder lesen für uns oder *Henriette* vor und pflegen dann gewöhnlich am Abend noch zu schreiben. Es muß alles jedenfalls noch geregelt und namentlich für fortgesetzte Übung im Französischen eine Zeit festgesetzt werden. […] Auch aus den alten Sprachen möchte ich doch wenigstens nicht ganz herauskommen, da nur fortgesetztes Lesen in der Übung unterhalten kann.

Sonntag-nachmittags und -abends dachte ich vielleicht, die hier anwesenden Vertreter der deutschen Literaturgeschichte, namentlich *Göthe* und *Lessing,* näher kennen zu lernen. So liegt hier ein ungeheurer Haufen vor uns, den wir aber sicherlich mit vollen Kräften werden zu bewältigen suchen, um Ostern uns recht gefördert Dir wieder vorstellen zu können. In Hinsicht auf die englische Sprache habe ich wenigstens die beste Hoffnung; Du mußt uns Dir hier als eifrig Englisch sprechend vorstellen. Eine größere Leichtigkeit im Ausdrucke meinen wir jetzt schon wahrzunehmen; *Howsons* Sekretär, *Mr. Jones,* bei dem wir den prospectus zu den Vorlesungen abholten und der von unserem Verkehr mit *Howson* nichts wußte, fragte uns sorglich, aus welchem Teile Deutschlands wir kämen; auf unsere Frage, wie er uns sogleich als Ausländer erkannte, erklärte er unsere Aussprache für allzu correct nach dem Lexikon, indem jede Sylbe allzusehr hervorgehoben würde, was er gleich an belehrenden Beispielen darzutun suchte. Es knüpfte sich ein längeres Gespräch an, worin er uns fragte, ob wir Französisch sprächen. Wir merkten bald, daß er auch nach einem deutschen und französischen Lehrer angelte, antworteten aber, es fehle zwar noch an einer fließenden Sprache, aber nicht am Lesen und Verstehen. Die Unterhaltung endete mit einer Schilderung von Liverpools Handel im Gegensatz zu London.

Soeben erhalten wir einen lang ersehnten, jedoch noch lange nicht erwarteten Brief von Mutter, der in sehr trüben Stunden geschrieben ist und uns alle beim Erbrechen in um so größere Bestürzung versetzte, als wir darin das Postamt einer Unordentlichkeit beschuldigen müssen, die *Henriettes* Brief vom 11ten mit Nachrichten über Deine Abreise usw. verspätet oder gar, vielleicht der Kleinheit wegen, in den Ritz hat fallen lassen. Wir können uns nur damit trösten, daß Mutter den folgenden Tag (17ten) durch Dich und einen Brief zugleich ist überrascht worden und daß Ihr jetzt alle vergnügt lebt. Namentlich denken wir uns Mutter und *Lolly* in bedeutend annehmlicherem Zustande, wo sie sich von Chester, von der Britannia-Bridge, von Oxford, von London's Tunnel, Woolwich's Arsenal, von Deiner eventuellen See- oder Landreise und vielem anderen umständlich berichten lassen. Weiteres nächstens,
    Dein Wilhelm

1.5. Liverpool, den 29. Oktober 1852 [Friedrich]

Dear Papa,

In compliance with your desire I herewith venture to lay before you a proof of the knowledge of the English language, which it has been possible to me to acquire and to increase from my childhood, by your bounty. Everything around us passing in usual quiet, I only have to state to you some progresses we are enabled to make with regard to acquaintances and occupations. It was last Friday, when in consequence of an invitation received by *Mr. Hirsch*, William and I – *Lorenz* being unfortunately prevented on account of the America mail – repaired to Birkenhead, where *Mr. Baylee* was to hold a lecture on Ninive. Having found *Mr. Hirsch* alone in a small parlour, we sat with him for a while conversing, until two young gentlemen entered, one of whom we made out to be a student of theology or philologiy, who had just come from Edinburgh and now resided in *Ailton College*, to finish his studies; the other youth was a son of *Mr. Baylee*, he spoke with such excessive rapidity, that little was to be understood. The conversation may have lasted for an hour, while plenty of tea was served, we then went altogether to the lecture room, which was in a building adjoining to *Mr. Baylee's* church.

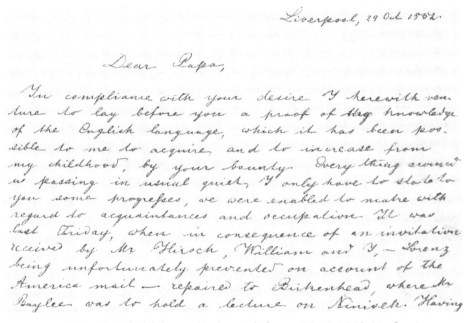

Abb. 12 Friedrichs englischer Brief vom 29.10.1852 (Anfang)

We found it pretty full, most part of the people consisting in ladies. Pictures of several Assyrian monuments etc., fastened to the wall, seemed to promise an account and explanation of the discoveries made in this place during the last years. Though the result was not exactly entirely satisfying – for the orator with a certain skill employed his subject to a cordial exhortation and to a rather detailed exposition of the importance, these discoveries had with regard to the Bible – yet it was not uninteresting to persue his discourse, which, at least, was apt to give an image of the author himself, his ideas, his feeling, his manners. This immovable faith in the Bible, this strict and exact observation of every letter of it and consequently a certain contempt of all, especially the modern German, critics are characteristic for the English orthodox. He promised indeed to give more the next time he would treat this subject, yet I do not expect to hear many unknown things.

After *Mr. Baylee* had invited us to spend next Monday evening with him, we started and – I do not know from what reason – we were introduced by *Mr. Hirsch* to a family of the name *Ken*, living near him in Birkenhead. It being just their dinnertime (though it was past nine o'clock) we were led into the dining-room and heartily welcomed by *Mrs. Ken*, an aged, worthy and very friendly lady and her husband, a man of dark hair and beard, thin face but equally kind appearance. Several gentlemen and three ladies, wonderfully adorned with bracelets, necklaces, jewels, but by no means of beautiful features, made up the rest of the company. We shall perhaps find an opportunity of becoming nearer acquainted with this family, so much the more, as *Mr. Ken*, when we departed, expressed his hope of seeing us again. To be received by such families, where good English is spoken and decent though not pedantic manners are prevailing, is certainly a great advantage.

A slight indisposition of the stomach, accompanied with a small apostcme in the throat – a diease known to me from former times, the treatment of which was therefore as simple as it was successful – unluckily retained me at home on Monday. *Henriette* remaining also here on this account, *Lorenz* and W. went alone and passed some very pleasant hours with *Mr. Baylee*, who, as he appears to be at the very first sight, always shows himself very obliging and friendly. [...]

We generally spend two or three hours a day in the public library, about which we lately wrote – it being not well possible to stay longer, as te room is soon filled and there are sometimes very common people who want to enlarge the stock of their knowledge by this or that miserable romance. While W. is finishing his *Hume*, I read the continuation by *Smollet*'s short notes of what is read, serve to imprint it in the memory. [...]

Hoping that we shall soon receive happy accounts from your domestic life etc., I remain, dear father, your most obedient and faithful son,
Frederic

1.6. Liverpool, den 5. November 1852 [Friedrich]

Liebe Mutter,
Acht Tage sind verflossen, seit unser letzter Brief von hier expediert ward, und wir fühlten es für nichts mehr als billig, wenigstens jede Woche über uns Kunde zu geben. [...]

Daß unser Domicil an erhabenem Ort, unberührt von dem fabelhaften Schmutz und üblen Geruch – wenigstens gilt das von einigen Straßen – der Kohlenreviere, gelegen, weißt Du aus früheren Briefen, daß vorliegende im Bau begriffene kleine wenig ansprechende Häuser die Aussicht auf sonst durch ihr fortwährendes Grün einladende Wiesen und auf das reizende Land in der Nähe verdecken, wirst Du aus Papas Berichten haben abnehmen können.

Über die Einteilung des Hauses wirst Du sicherlich einen klareren Begriff haben als wir, da wir, glaube ich, noch nicht einmal alle Zimmer ergründet haben, viel weniger also einen Plan vom Ganzen liefern können. Nur zwei sind im Grunde recht bekannt, vertraut und gemütlich – und diese Beschränkung trägt viel zum comfortablen Wohnen bei –, nämlich Eß- und Wohnzimmer und Arbeits- und Schlafstuben, erstere rechts von der Haustür, einfach, in der Mitte zwei Tische, von denen der eine zum Essen und Teeen benutzt leer, der andere, *Lorenz'* und *Henriettes* Arbeitstisch, beständig von einer Menge Papiere, Bücher, Zeitungen etc. bedeckt ist, die des Abends, wenn Confusion ihren Höhepunkt erreicht hat, bisweilen Versuche zur Ordnung veranlaßt. Ein Clavier in der hinteren Ecke am Vorderfenster dient bisweilen sonntagabends zur Begleitung einiger Choräle, die *Lorenz* singt – sonst aber völlig unbenutzt, vielleicht wird *Louischen* später noch Virtuosin darauf. Der Kamin in der Mitte der Hinterwand wird dagegen eifrig in Anspruch genommen, wird selbst abends um 10 noch aus dem Schlaf gepokert, um *Henriette* einige Wärme mitzuteilen, wunderbar! *Lolly* würde hier gewiß noch oft bei offenem Fenster sitzen, denn noch immer ist es hier so warm, wie man es in Hamburg nur an milden März- oder Septembertagen kennt. Der Bücherschrank, in der zweiten Ecke an derselben Wand, hat wohl bis jetzt ziemlich ungestört gestanden; durch einiges Vorlesen suchen wir seinen Inhalt etwas in Bewegung zu bringen, nur schade, daß das so langsam vorwärts geht, weil doch manchmal Hindernisse eintreten und jedem auch nur die Hälfte des oft reichlich kurzen Nachmittags bis zu Tische zu Gebote steht.

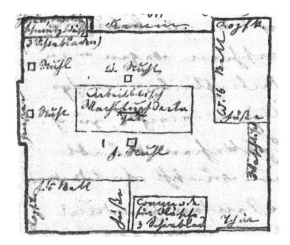

Abb. 13 Das Zimmer der Brüder in Liverpool

Miltons „Lost Paradise" haben wir heute beendet, allerdings ist es sehr wohl wert, gelesen zu werden, wenn auch der Inhalt nicht überall sehr gefällt, ist doch die Sprache herrlich, einzelne Stellen wunderschön. Ein Stück von *Shakespeare* wird dann mitten drin gelesen, natürlich englisch.

Aber ehe der Bogen voll wird, doch noch einige Worte über unser eigenes Conclave. Ein kleiner Plan wird genügend auseinander setzen. Das einzige, was nicht hat angebracht werden können, ist eine blümerante [blaßblaue] Gardine über dem und weiße Gardine vor dem unteren Teil des Fensters, ferner [ist zu bemerken], daß Koffer und Mantelsäcke über dem Bücherschrank, Stiefel hinter einem weißen Vorhang unter dem Waschtisch residieren, daß die Tapete braunblumig mit weißgelben Grund ist und daß über dem Kamin an der Wand beide Daguerreotype mit Baroscop und Thermometer an der Seite prangen. Die Beurteilung über die Vorteilhaftigkeit der Anlage von Haupt und Fuß im Bett muß Dir überlassen bleiben – scheint mir aber genügend.

Hier mußt Du Dir uns eigentlich den Tag verbringend denken, außer den Versammlungsstunden und unserem täglichen Aufenthalt in der *public library* in Dukestreet und etwaiger *lecture* oder Abendbesuchstunden, fleißig lesend, schreibend und nach Hause denkend. Doppeltes Pochen an die Haustüre erregt dann immer gewaltige Hoffnung [Post?], leider noch nicht oft erfüllt. Des Nachmittags erwärmt ein kleines Kaminfeuer, das bis 5 ausgeht und also in der Nacht nicht stört. Heute wird überall in England das *gunpowderplot* [verhindertes Attentat aufs Parlament 1609] gefeiert, wäre es nicht trübes Wetter, so wären verheißene Feuerwerke, Verbrennung von nachgemachten *Guy Fawkes* etc. zu erwarten, Gottesdienst findet jedoch nicht statt. [...]

Was Toilette betrifft, so ist sie gut in Ordnung, hat bis jetzt wenigstens ausgeholfen; der neue Rock wird geschont, die beste Hose ist durch Schonung leider etwas kurz geworden, Westen nach *Henriettens* competentem Urteil in genügendem Zustand, das Übrige desgleichen. Ohne Hut wäre hier wohl nicht auszukommen gewesen, auch macht er sich, wie man sagt, herrlich. Mit Besorgnis, erfüllt nur eine vielleicht mögliche Einladung bei *Kens*, wo nach englischer Sitte Frack und schwarze Hose erforderlich. Wir machten gestern eine Expedition dahin, verfehlten aber leider; *Henriette* und ich eilten darauf zum College, um für versäumte Einladung *Mrs. Baylee* zu besuchen, die dann auch als zu Hause befindlich angezeigt ward, aber doch nicht erschien wegen mancher Krankheitsfälle im Hause; statt ihrer empfing *Mrs. Hirsch*, der Wunderlichkeiten nachgesagt werden; fact ist, daß sie, als ihr Mann eine Erholungsreise in Schottland machte, zu ihren Verwandten, *Baylees,* zog und nun nicht mehr wieder zu ihrem Mann zurückkehren beliebt unter dem Vorwandt, daß *Mrs. Baylee* sie bis Weihnachten zu behalten wünscht, fortdauerndes Leiden – wenigstens prätendiertes – quält sie. Mir hat sie keinen sehr interessanten Eindruck gemacht. Die Bekanntschaften werden sich hoffentlich ausdehnen, bis dahin müssen wir uns mit häuslicher Gesellschaft begnügen, und das wird nicht schwer, hier ist es immer am gemütlichsten in der ganzen Stadt. Von Euch wird hoffentlich schon ein Brief unterwegs sein.

Dein treuer Sohn Friedrich

1.7. Liverpool, den 17. November 1852 [Friedrich]

Lieber Papa,
Daß wir länger als gewöhnlich dieses Mal mit unseren Briefen gezögert, hat darin seinen Grund, daß wir erst einen von Hamburg erwarten wollten. Der ist vorgestern abend angekommen, und da sonst nichts für mich vorhanden war, so will ich denn durch den darin für meine Briefe ausgesprochenen Dank mich auch zu ei-

nem 6ten Briefe anreizen lassen – in der Hoffnung, dadurch einen 3ten aus der Welckerstraße zu erhalten.

Das Leben hat sich hier jetzt völlig geregelt und ist in feste Grenzen eingeschlossen worden – ich will damit nicht sagen, daß nicht vieles vorfällt, welches sehr anregend und reizend wirkt. Ich rechne dazu vor allem die regelmäßige tägliche Beschäftigung, vorzugsweise das Studium der englischen Geschichte. *Smollet*, der Fortsetzer von *Hume*, dient dazu als Grundlage, leider ist er nicht viel mehr als ein Stümper gegen seinen Vorgänger; ihm fehlt vollkommen die Gabe, aus dem Vorhandenen reichen Stoff das Bedeutende und Interessante auszuwählen, er geht in einer sehr einförmigen und trocknen Weise zu Werke. Parlamentsacta, auswärtige Verhandlungen und Kriege, dann und wann innere Unruhen, alles wird in einer immer gleichen Reihenfolge vorgetragen, ohne daß eine Idee von Parteistellungen, von Charakterbeschreibungen, von Licht und Schatten darin vorhanden ist. Nimmt man hinzu, daß der Stil gewaltig trocken ist, so bleibt dem Werke freilich nicht viel Gutes außer einer äußeren Information von Tatsachen. Wäre es nicht die englische Geschichte, so möchte es mir mehr zuwider sein, aber es genügt doch, um daraus ein ungenügendes Bild von der ungeheuren Bedeutsamkeit jener Zeiten zu entwerfen. Wenn alle 8 Tage das *Liverpool Journal* genaue Berichte über jede Rede im Parlament, über jeden bedeutenden Vorfall in England gibt, so werden die, finde ich, doppelt interessant durch den Gedanken an die Art und Weise, wie diese Verfassung, dieses Parlament und seine Rechte der königlichen Prärogation gegenüber zu Stande gekommen.

Ich suche, die Ereignisse jener Vergangenheit möglichst scharf ins Auge zu fassen, hoffe über viele dunkle Punkte aus anderen Werken Aufklärung zu erlangen. Denn wenn ich an ein Studium der Jurisprudenz denke, so meine ich, mich nicht auf Prozeßführen und dgl. zu beschränken, hoffe darin nicht zu versanden: vielmehr gibt die Historie, die Entwicklung bedeutender Verfassungen, des Rechts im Allgemeinen der Wissenschaft einen gediegenen Grund, auf den, wie ich glaube, sehr viel ankommt. Lust zu einem eingehenden, soviel möglich erschöpfenden Studium davon fehlt mir nicht, überhaupt ist ja alles lehrreich, und wenn man sogar die Ausübung der Juristerei ohne weiteres langweilig nennt, so kann ich nicht geradezu damit übereinstimmen. An Tiefe fehlt es ihr nicht; wenn viele sie flach behandeln und sie dadurch in Verruf bringen, so legen doch andere glänzende Zeugnisse für sie ab. Eine Wissenschaft wie diese, welche alte Erfahrung und Theorie so mit neuer Praxis vereinigt, wird schon dadurch anziehend, abgesehen von dem vorteilhaften Einfluß, den sie, <u>recht behandelt</u>, auf die Bildung des Geistes ausübt. Überall ferner bietet sie Berührungspunkte mit familiärem und staatlichem Leben, mit Handel, Industrie usw., was für unsere Zeit doppelt wichtig. Die *Cameralia* [Staatswissenschaft] sind mir in dieser Beziehung sehr interessant – wie das Genauere sich bilden soll und wird, muß sich zeigen, muß vornehmlich Dir, lieber Papa, anheimgestellt werden.

Daß Du nichts so sehr liebst als etwas Gründliches und Rechtschaffenes, weiß ich, und hoffe ich, Dir darin noch einmal mit gutem Gewissen vor die Augen treten zu können. Wie nützlich es war, daß Du uns diesen Winter hast nach England geschickt, sehe ich immer mehr, denn es ist nicht nur die Sprache, es ist das ganze

Volk, die Nation und ihr Leben, bes. ihr politisches, dann ihr industrielles, was von bedeutendem Einfluß ist, was nun aus den Nähe so wirken kann. Alles lebt hier, und dies Leben durchdringt auch den Ausländer dabei, der solche Nationalität in seinem Vaterlande nicht kennt; mag der einzelne englische *gentleman* noch so kalt und langweilig im Umgang sein, so ist das Ganze doch famos.

Eine Idee von englischem Geiste geben auch die *Meetings* oder Vorlesungen, die hier in großer Menge gehalten werden, und die wir, wenn der Gegenstand Interesse hat, nicht versäumen. Vorgestern z.B. ward vor einer enormen Versammlung von gewiß 1.500 Personen ein Vortrag über die *Madiais* [in der Toskana verhaftete Protestanten] gehalten. Es war ein formelles Meeting, der Herr *chairman* präzise 7½ Uhr nimmt seinen Stuhl ein, hinter ihm mehre *gentlemen*, darunter der, welcher den Vortrag zu halten gedenkt. Nachdem der gewaltige Applaus vorüber, wird ein Gebet gesprochen; dann folgt vom *chairman* ein kurzer Bericht über die Begebenheit ohne Anmerkungen in sehr unterdrückter Stimme, worauf er, das weitere seinem Herrn Collegen überlassend, sich wieder niederläßt und hinfort durchaus stumm verharrt. Der Redner tritt dann vor und entwickelt mehrere Propositionen, welche vom Meeting *unanimously* applaudiert werden. Natürlich war der Vortrag voll von bitterem Invectionen gegen das Papsttum: Die Idee, daß es eine nach einem festen System verfahrende, lediglich verfolgende Kirche sei, war der Kern des Ganzen, der Fall der *Madiai* ward als einzelnes Beispiel angeführt, viele andere aus dem Mittelalter angezogen, die Behauptung auf den Tridentiner Catechismus, auf die Bedeutung, die der Papst sich selbst und die die Kirche den öcumenischen Concilen beilegt, endl. auf den Wortlaut der Anklage und Verurteilung selbst gestützt. An schlagenden Anführungen, Aufzählungen und Anspielungen auf gegenwärtige Zustände, bes. auf *Louis Napoleon*, fehlte es natürlich nicht, ungeheure *cheers* und *hear-hears* unterbrachen ihn oft. Die Geschichte wird hier überhaupt viel besprochen; es läßt sich denken, daß sie zugleich als Veranlassung benutzt wird, die katholischen Bestrebungen in England in ein schlechtes Licht zu stellen.

Anderer Art sind die *lectures on the struggles from 1 april and religious liberty during the 17. century*. Ein Baptistenprediger trägt mit großer Suada eine sehr demokratisch gehaltene Beschreibung der Zeiten zwischen Jacob I und der zweiten Revolution vor, worin außer wenigen zusammengestoppelten Notizen geschichtlicher Art, einigen Anekdoten und Witzwörtern meist Anspielungen auf die Gegenwart vorkommen. Die *convocation*, die *militia*, überhaupt alles, was dem Liberalismus zuwider, bes. *Louis Napoleon,* werden scharf mitgenommen. Die ganze Geschichte grenzt etwas an das Gemeine, da der Redner offenbar kein gesundes Urteil hat und nur sehr weniges Geschichtliches vorzutragen Zeit findet. Doch ist so etwas schon der Sprache halber interessant und nützlich, und da jede dieser 6 *lectures* für uns beide nur 60 kostet, glauben wir, dies spendieren zu können. Auf den unzähligen Plakatwänden stehen sehr oft solche Anzeigen – eine sehr vortreffliche Einrichtung, da man auf diese Weise von allem, was in der Stadt los ist, unterrichtet wird.

Morgen ist das Begräbnis *Wellingtons,* ein Zug für 5 sh soll nach London eingerichtet werden, immenses Gedränge wird es da geben. Alle Blätter sind natürlich davon voll. Ankündigungen von Holzschnitten, die gratis mit den Karten ausgegeben werden sollen, in schwarzem Trauerrand, sind an allen Ecken und Enden; die Flaggen, welche auf halber Höhe Tag und Nacht auf den Hauptgebäuden geweht haben, sind nachgerade zu Lumpen reduziert. Die Läden sollen geschlossen werden, und der Master empfiehlt *deportment*. Die illustrierten Zeitungen sind mit Bildern von *funerals* anderer bedeutender Männer wie *Albermarle* und *Nelson* gefüllt.

Wenn aber dieses für den Augenblick Hauptsache ist, so ist es doch sehr interessant zu sehen, welchen Eindruck die Parlamentsverhandlungen machen, welche derselben sie erfahren. *Punch* stellte neulich *Cobden* dar, wie er in drohender Gigantenstellung dem knieenden *d'Israeli*, der sich vergeblich zu wehren sucht, eine Lauchpflanze mit der Aufschrift *free trade* in den Mund zwingt, mit den Worten aus *Heinrich V „If you can mock the leek, eat the leek!"*

EATING THE LEEK.

Fluellen . . MR. COBDEN.   Pistol . . MR. DISRAELI.

Fluellen. "I pray you fall to; If you can Mock a Leek, you can Eat a Leek."—*Hen. V*

Abb. 14 Karikatur aus Punch vom 18.11.1852

Die Rede *Macaulays* in Edinburgh wird viel besprochen und gelobt, und die *armed militiamen,* wo sie sich zeigen, werden vom Volk ausgelacht. Es ist allerdings kein sehr militärischer Anblick, wenn solch ein Trupp, halb eingekleidet, halb in Fracks oder Röcken und Hüten, ein Teil mit Gewehren, der andere unbelästigt nebenher trippelnd, vorüberzieht – die Kerle selbst großenteils nicht sehr zu Soldaten geeignet. Neulich waren sie insgesamt zur Kirche, und die kleinen Rotröcke liefen herum wie Ameisen.

Morgen werden wir vielleicht eine angekündigte Vorlesung *on the prospects of our age* hören – wenn gut angefaßt, kann das Thema ganz interessant werden.

Auf diese Weise suchen wir, da nähere Bereiche fürs erste nicht vorhanden, in das englische Wesen Blicke zu tun – es scheint mir auch richtiger, jetzt die Gelegenheit zu benutzen, um mit ganzem Eifer auf diesen Gegenstand sich zu werfen; das Französische wird später wohl auf ähnliche Weise aufgefaßt werden können, ist ohnehin nicht von der unmittelbaren Wichtigkeit. Genaueres und Ausführlicheres hoffe ich, Dir bald schreiben zu können,

Dein gehorsamer Sohn
Friedrich

Grüße die anderen, beruhige Mutter wegen des Versprechens, alle 8 Tage zu schreiben, welches pünktlich eingehalten werden soll, soviel an mir liegt. Laß sie nur die Daten der Briefe vergleichen, um sie zu überzeugen. [Briefdatenliste]

1.8. Liverpool, den 24. November 1852 [Wilhelm]

Lieber Papa,
Briefe nach Göttingen, Karlsruhe, St. Georg sowie großer Schreibeifer der Hausgenossen hat mich bis jetzt von Mitteilungen nach Haus etwas abgehalten, jedoch nie von häufigem Hinüberdenken; bei dem großen Glück, welches wir hier durch unser Zusammenleben genießen, denke ich es mir bei Euch freilich immer etwas öde und verlassen in der großen Etage, und ich kann mir eine große Sehnsucht nach häufigen Briefen wohl vorstellen; doch hat sich hier alles jetzt so gleichmäßig gestaltet, daß sich der Stoff von außen nicht mehr so reichlich anbietet wie zu Anfang. […]

Das Studium einer ganzen Literatur, die einem ja fast noch ganz unbekannt ist, gibt natürlich ganz bedeutende Anregungen; obgleich wir in diesem Punkte noch nicht ganz klar sehen, in welchem Umfange sich dasselbe in einem Winter betreiben läßt, so halten wir es doch am besten, wenn wir uns nicht so sehr an die chronologische Entwicklung der Literatur halten, wie *Hirsch* es uns raten wollte, sondern lieber mit dem Besten beginnen, dessen es ja doch sehr viel gibt, und Sachen zweiten Ranges folgen lassen; sonst könnten wir uns leicht mit den ersten Jahrhunderten allzu lange aufhalten, und der Frühling würde uns überraschen, ehe wir noch zur Blüte gekommen. Diese Enzyklopädie, eine Art literarisches Lesebuch, von dem ich voriges Mal schrieb, daß *Hirsch* es uns leihen wollte, hat uns einen Begriff von dem Reichtum gegeben, der sich in der englischen Literatur aufschließt, und uns die Notwendigkeit einer richtigen Auswahl noch klarer gemacht;

wir haben versucht, uns nach demselben ein Verzeichnis der Lesenswertesten her-
auszunehmen. Sei versichert, daß wir es gewiß nicht an Eifer werden fehlen lassen, das Möglichste in diesem Winter zu leisten, den wir durch Deine Güte hier
zuzubringen haben; jedenfalls wird dieser Atomisierungsprozeß (wie *Johannes*
sich in einem sehr netten aber aus äußerst langen Sätzen und Worten bestehenden
Brief ausdrückt), der ja freilich in jeder Familie einmal notwendig wird, für uns
auch von großem Vorteile sein, und namentlich für eine selbstständige Entwicklung nötig sein.

Die Post drängt, so daß es unmöglich wird, noch über meine Zukunftspläne zu
sprechen. Nächstens mehr.

Dein Wilhelm

1.9. Liverpool, den 2. Dezember 1852 [Friedrich]

Liebe Lolly,

Obgleich nach der unter uns vereinbarten Regel die Reihe des Schreibens noch
nicht an mich genommen ist, so denke ich doch immer, daß ein Brief dann am
besten ist, wenn er nicht notwendig gefordert wird, und da Dein Brief mir dazu
Gelegenheit gibt, möchte ich gerne einen Briefwechsel aufrecht erhalten, der mir
wenigstens viel Freude machen wird. Allerdings ist unser ganzes Wesen jetzt so
sehr ruhig und ebenmäßig, daß äußerlich nicht viel Stoff zum Schreiben vorhanden. Winterliche Ruhe ist auch in *Lorenz* sein Geschäft, d.h. in die Auswanderer-
beförderung, eingetreten, und passiert es jetzt nicht selten, daß er, außer vielleicht
einige Stunden am Tage, zu Hause bleibt, das Mittagessen pflegt dann entweder
um 4 oder doch um 5 stattzufinden, und der lange Abend im wohnlichen Stübchen
beim hellen Gaslampenlicht, vielleicht auch Kaminfeuer, kann sich an Gemütlichkeit wohl mit den Winternächten messen, welche in Sagen und Märchen immer so freundlich ausgestattet sind. Da wir, wie früher beschrieben, schon morgens 9½ regelmäßig nach der *public library* aufbrechen und den Nachmittag gewöhnlich mit Vorlesen verbringen, ist dieses zugleich die eigentliche Zeit zur
fleißigen Arbeit.

Du möchtest uns Dir als viel in englischen Zirkeln uns bewegend vorstellen
können: ich kann nicht sagen, daß dies bis jetzt viel der Fall gewesen ist und
fürchte, es wird nicht zu sehr vertrautem Umgang kommen. Denn erstens fehlten
alle und jede Verbindungspunkte, wie sie Universität usw. liefern, und dann könnte jedenfalls, da ja doch in England englische Sitte beobachtet werden muß, fürs
erste weiter nichts getan werden, als daß ein solemner Besuch abgestattet wird, da
dann geduldig muß auf Erwiderung geharrt werden. […]

Ich schrieb, Pastor *Hirsch* habe uns bei einer Familie *Ken* in Birkenhead eingeführt – nun ist ein Besuch gemacht, lange auf ein Anerkennungszeichen gewartet,
endlich gestern durch *Hirsch* die Mitteilung erfolgt – sie bedauerten sehr, uns
nicht getroffen zu haben! Ähnlich erging es uns mit der Bekanntschaft im
*Baylee'*schen Haus: Ein Teeabend war verabredet bei ihnen, ich mußte leider un-
wohl sein, *Henriette* blieb deshalb zu Haus, *Lorenz* und Wilhelm hatten bitterwe-
nig Lust zum Unternehmen – letzterer ließ sich auch nicht bewegen, einige Tage

darauf einen Erwiderungsbesuch abzustatten, trotz unserer eindringlichen Ermahnungen; so trabten *Henriette* und ich allein nach dem College, wo statt *Mrs. Baylee Mrs. Hirsch* erscheint und gewaltig langweilige Anekdoten auftischt, die, zusammengenommen mit den von ihr cursierenden Sonderbarkeiten, nicht gerade sehr einnahmen, unter anderm auch einen Besuch in Everton verspricht. Das läßt natürlich auf sich warten. *Baylee* hat einen Sohn, etwa von unserem Alter, mit dem eine Bekanntschaft wohl sehr angenehm sein würde, aber eine Annäherung ist sehr beschränkt. *Lorenz* und *Henriette* sprechen dann immer von beabsichtigten Einladungen, aber bis jetzt ist es dabei geblieben. Ihre Bekanntschaften sind ohnehin nicht ausgedehnter, außer *Hirschs, Baylees, Kunhardts* haben nur eine *Mrs. Brenn* und der Hamburger *Konsul Mr. Willing* mit Frau ihre Erscheinung gemacht, schon vor längerer Zeit, und dürfen wohl vor Neujahr keine *rewards* erwarten. Die arme *Mrs. Saul* ist auch verlassen.

Der einzige, der unter diesen Umständen noch Hoffnung macht, ist *Hirsch*, der wirklich sich zu bemühen scheint, uns einzuführen, aber allen Bemühungen steht die unglückliche Sitte und vielleicht auch eine Art Abneigung, die Wilhelm zu vielen Unternehmungen zu dem Zwecke hat, entgegen. Wir Deutschen sind darin glücklich anders, allerdings ist es von vorne herein wohl vermessen, als neu angekommener Ausländer in englischen Zirkeln viele Bewegung zu verlangen, so blitzschnell kann es kaum unter vorhandenen Umständen vor sich gehen. Ich bin auch weit davon entfernt, dieses als den einzigen Nutzen anzusehen, der von einem Aufenthalt hier in England erwachsen könnte; das ist freilich gewiß, daß materielles Wissen, d.h. meine Kenntnis von Schriftstellern, so gut im Hamburger Studierzimmer aus Werken Hamburger Leihbibliotheken geschöpft werden kann, wie in einem englischen Lesezimmer. [...]

Unter englischem Studium denke ich besonders an Geschichte. Da steht das ganze gewaltige Wesen Englands in unmittelbarer Nähe: man liest in allen Büchern, was in früheren Jahrhunderten geleistet, gedacht, produziert, man sieht überall in der Gegenwart, was die Jetztzeit hervorbringt, man findet Gelegenheit, das mehr oder weniger an äußerem Ansehen des Volkes, an der Presse, an dem öffentlichen Treiben, in *meetings*, in Zeitungen, in *lectures* usw. zu sehen; unvollkommen freilich, aber unendlich besser, als es in Deutschland möglich wäre, treten das englische Wesen, der Charakter, die Stimmung des Volks, der Regierung und nicht nur die äußeren Grundlagen und Motive derselben, sondern die inneren Seiten, z.B. jene Bewegungen, welche in diesem Augenblick das ganze Land ergriffen haben, vor Augen. So kann man Vergangenes und Gegenwärtiges vereinen, aus jenem auf dieses schließen, sich diese erklären und diese prüfen.

Was die Sprache betrifft, so kann die ohne viele Mühe wohl gelernt werden. Wie sehr die reine Beschäftigung mit ihr in kurzer Zeit förderlich, ist nicht zu erkennen, auch dazu ist der Aufenthalt im Lande wichtig. Denn auch ohne sehr viele Bekanntschaften bieten sich Gelegenheiten genug, Englisch zu hören, das ist eigentlich die Hauptsache, die Aussprache ist das Schwierigste, dadurch allein zu erreichen; correct Schreiben kann ohne Beistand erlernt werden, ein Lehrer ist dazu allerdings der Leichtigkeit halber angenehm, aber das hat wieder andere Nachteile, und so scheint es mir völlig überflüssig. Vielleicht, daß das Projekt,

Sprache für Sprache durch Unterricht auszutauschen, noch wird in Ausführung gebracht werden können, doch kann das bis jetzt nur als vage Aussicht gelten. Im Ganzen habe ich die besten Hoffnungen, das bitte ich auch Mutter zu sagen, die darum aber nicht meinen soll, daß die Zuversicht den Eifer wird erlahmen lassen.

Dein Bruder Friedrich

1.10. Liverpool, den 8. Dezember 1852 [Wilhelm]

Liebe Mutter,

Für zwei ausführliche Briefe, die ich von Deiner Hand erhielt, habe ich Dir noch kein Wort des Dankes abgestattet, ich will es daher heute versuchen, Dir eine Entschädigung dafür zu geben, und hoffe, Dich zugleich damit über einige Punkte zu beruhigen, die Dir auf dem Herzen zu liegen scheinen. In beiden Briefen fragst Du genauer nach den Gedanken, die ich über meinen künftigen Lebensberuf hege, fordest, mich dabei auch selbstprüfend zu Werk zu gehen und mit allem Ernste, dabei aber auch Festigkeit darüber zu entschließen. Ich kann Dir in diesem Punkte versichern, daß ich diese Angelegenheit namentlich jetzt, wo der Entscheidungspunkt herannaht, sehr vielfach bei mir erwäge und mir stets Fragen vorlege: Fühlst du dich dazu auch geeignet?

Du weißt, wie ich schon seit den ersten Zeiten erwachenden Bewußtseins (ich erinnere mich noch solcher Gedanken aus den vor-ritzebüttler Zeiten [vor 1840] stets das medizinische Fach im Auge gehabt habe; lange Zeit dachte ich an keine andere Möglichkeit, als dereinst als Doktor meine Krankenbesuche zu machen und auf diesem Wege den Menschen nützlich zu sein; bis vor etwa 3, 4 Jahren, während wir auf der Schule waren, allerlei andere Gedanken mir im Kopf herumgingen. Durch die Gegenstände, mit denen wir uns dort beschäftigten, schienen mir andere Fächer in ein viel interessanteres Licht gestellt; so z.B. die Philologie, wie *Ullrich* sie damals in geistreicher Weise behandelte (eine Weise, die mir jetzt wegen ihrer entweder spritzigen oder ungründlichen Geistreichheit und zugleich der ungeheuren Eitelkeit, mit der sie vorgetragen, in höchstem Grade zuwider ist), oder gar die Jurisprudenz, insofern sich daran Studium von Altertumskenntnis anlehnt, kamen mir angenehmer vor als die Medizin. Das Blättern in den anatomischen Werken, die ich erhielt und die mir nur ein höchst trockenes Namensverzeichnis nebst Beschreibung der kleinsten Knochen, Knorpel, Bänder, Muskeln etc. zu enthalten schienen, mochte dazu beigetragen haben, namentlich konnte ich aber noch nicht das ungeheure Interesse, des so nahe verwandten naturwissenschaftlichen Studiums, das sogar fast unumgänglich mit selbigem verknüpft ist, einsehen. Ich sah einseitig das Amt des Arztes als im Verschreiben gelehrter Rezepte, im Curieren von Schnupfen und Husten etc. bestehend; selbst der Gedanke an manches Ekelhafte, das damit verbunden, schien mir, namentlich für meine in dieser Hinsicht immer etwas feinen Geruchsnerven, häufig unangenehm; interessante Fälle, die geschickte, namentlich chirurgische Operationen erforderten und die einen bekannt machen könnten, stellte ich mir als ungemeine Seltenheiten vor, und was dergleichen andere Grillen mir immerhin in den Kopf kommen mochten. Je älter ich jedoch wurde, desto mehr verschwanden die phantastischen Ideale, die

40

ich mir von den vorher erahnten Lebenswegen gemacht, nicht, daß ich diese gering geschätzt darum, aber indem es mir klarer wurde, daß ich zur Erreichung solcher Ideale nicht geeignet sei.

Das naturwissenschaftliche Fach dagegen zog mich hauptsächlich an in Folge von *Professor Bubendey*'s höchst interessanten Physikstunden, aus denen ich mir wenigstens das letzte Jahr den möglichsten Nutzen anzueignen suchte, immer mehr und die Beobachtung, daß besonders in praktischer und experimenteller Beziehung noch so viel geleistet werden könne, sowie auch Erwägungen von außen brachten mich auf den Gedanken, mich durch das Studium des Maschinenbauers in solchen Kenntnissen bedeutend auszubilden und mit etwas Gabe erfinderischer Geschicklichkeit dereinst nicht ganz ohne Nutzen für andere zu leben; diesen Gedanken hegte ich lange und malte ihn mir in seinen Folgen oft schön genug aus, namentlich darin, daß ein solcher Mann, wenig gebunden, sich überall leicht zu Hause finden würde, überall sich eine Tätigkeit vorstellen könne und auch wohl nicht so ganz schwer sich nützlich machen. Solche Gedanken scheinst Du wohl manchmal in mir befördern zu wollen, und auch andere scheinen sie zu billigen.

Papa machte mich jedoch auf die sich entgegenstellenden Schwierigkeiten aufmerksam, und schien es dabei manchmal durchblicken zu lassen, daß ihm eine medizinische Laufbahn meinerseits keineswegs unangenehm sein würde; er forderte mich auf, die Sache bei Zeiten reiflich zu überlegen, was ich in letzter Zeit vielfach getan und mich dann immer fester zum ärztlichen Fach entschlossen habe; die Interessen, die dasselbe fördert, namentlich auch in Verbindung mit naturwissenschaftlichen Gegenständen, sind mir immer anschaulicher geworden, die äußeren Unannehmlichkeiten, schon größtenteils überwunden, werden zweifelsohne am ehesten von gar keiner Wirkung mehr auf mich sein; und andere Schwierigkeiten, auf die man sich ja auf jedem Lebenswege gefaßt machen muß, werden sich sicherlich durch Mut und Ausdauer überwinden lassen. Das einzige, was mich manchmal etwas bedenklich macht, ist, ob ich es verstehe, mich in die Verhältnisse eines Kranken zu versetzen, überhaupt mich in das rechte Verhältnis zu ihm zu stellen, ein Punkt, der für einen Arzt von der größten Wichtigkeit ist, wenn er Vertrauen erwecken will, worauf jedoch alles in diesem Fach ankommt. Doch hoffe ich, dieses zu lernen, und so denke ich dann, mit Gottes Hilfe, und, wenn Papa nichts dagegen eizuwenden hat, künftigen Sommer mit Mut, Ernst und Eifer das Studium zu beginnen. Wohl möchte ich wissen, ob Papa schon irgend Pläne auf eine bestimmte Universität hat, vielleicht auf Göttingen, das den Hamburgern doch immer am nächsten liegt, vielleicht könnte eine Musterung der dortigen Kräfte darüber bestimmen.

Du siehst aus Obigem, wie sich mein anfänglicher Lebensplan nach zeitweiligen Schwankungen endlich wieder herausgearbeitet hat, und jetzt ist mir in dem Stücke wohl kaum Lauheit vorzuwerfen; wenn ich eine Zeitlang unsicher wurde, so ist das aus inneren und äußeren Einflüssen erklärlich, wie ich denn auch glaube, daß bei den meisten jungen Leuten ein solcher Zeitpunkt eintritt; wenn ich Abstand nahm, mich darüber frei zu erklären, so war es, weil ich überzeugt war, daß ein voreiliges Erklären, ehe die Entscheidungsstunde es notwendig macht, jedenfalls unnötig, oft schädlich sein kann, wenn man in den Verruf des Umsattelns kommen sollte. Es scheint mir für die Zukunft ganz gleichgültig zu sein, ob man sich früh oder spät zu einem Beruf entschließt, vorausgesetzt, daß es im letzten Falle noch früh genug sei; im Gegenteil ist letzteres vorzuziehen, weil ersteres gewöhnlich aus frühreifem Enthusiasmus entsteht, der in der Regel abkühlt, wenn es an die Ausführung kommt. Ich denke immer an *Dr. Gerson*, dessen Beispiel *Ullrich* immer für die Wichtigkeit tüchtiger philologischer Vorbildung anführt, der mit seinem Schulexamen fertig war, ohne zu wissen, was er machen wollte, bis er sich zur Medizin wandte und darin Bedeutendes geleistet. Als entgegengesetzten Fall erinnere ich mich eines Jünglings, der noch auf dem Johanneum ist und schon in Secunda sich statt mit seinen Arbeiten mit dem Zerlegen toter Tiere beschäftigte und der, meiner Ansicht nach, zu viel versäumen wird. Nichts ist verkehrter, als durch halbe Beschäftigung mit Gegenständen, die später ins Berufsstudium fallen, diesem vorarbeiten zu wollen und dadurch die Aneignung wirklich notwendiger <u>Vorkenntnisse</u> zu vernachlässigen. *Alles Ding hat seine Zeit*, und so auch beim Studium; *Eins zur Zeit*, und das mit Eifer, hilft weiter und dauernder als Zerstückelung, in die man so leicht verfällt.

Dies bezieht sich auch auf den jetzigen Winter; Du schreibst von vielleicht einzurichtenden Vorlesungen über die, wie Dich dünkt, nur noch allzu verschlossenen Fächer der Chemie und Physik. Erstens scheint mir hier nicht die geringste Möglichkeit vorhanden, eine wissenschaftliche Behandlung dieser Fächer vortragen zu hören (über anatomische Vorlesungen, die hier in irgendeiner Anstalt gehalten werden, hörte ich wohl von *Hirsch*; an deren Besuch denke ich jedoch diesen Winter keinesfalls); zweitens schiene es mir auch nicht einmal das Richtige, da der Winter meiner Meinung nach einem anderen Zwecke bestimmt ist, der sich in der Zeit nicht einmal völlig überwältigen läßt und jedenfalls auf diese Weise der Besuch physikalischer Vorlesungen auf der Universität entbehrlich gemacht wird. Ich glaube, daß durch *Bubendeys* Vorträge wenigstens ein solcher Grund gelegt wurde, der mir späteres Daraufweiterbauen erleichtert, und so meinem etwaigen Nichtverstehen behandelter Gegenstände vorbeugt.

Historische und literarische Beschäftigung wäre es also ausschließlich, die diesen Winter einzunehmen hat, und zwar haben wir den ersten Teil des Tages den ernsteren geschichtlichen Studien gewidmet, die sich unter der Anleitung der großen Geschichtsschreiber Englands so herrlich machen lassen. Nach *Hume* habe ich *Alison*'s History of Europe angefangen; dies Werk, das uns durch *Dr. Baylee* speziell anempfohlen, umfaßt in 20 Bänden (!) die Geschichte von Europa von der französischen Revolution bis zur Restauration der Bourbons. So weit ich ihn bis jetzt kennen gelernt habe, ist er ungemein anziehend und belehrend; auf geistreiche Weise leitet er den Unterschied zwischen der englischen und der französischen Revolution in ihren verschiedenen Ursachen und Wirkungen ab, und so hoffe ich, daß bei 2- bis 3-stündigem täglichen Lesen ich vielleicht schon bis Ostern werde brauchen können. Einige Notizen, die ich mir beim Lesen in den Lesezimmern der Leihbibliothek machte, arbeite ich nachher schriftlich aus. [...]

Soweit über diese Gegenstände. Deiner freundlichen Aufforderung gemäß wollte ich noch einige Worte über die Feier des bevorstehenden Festes hinzufügen. Den Gedanken, uns zusammen ein Tannenbäumchen aufzuzieren, können wir, obgleich im fremden Lande, nicht aufgeben; wenn nun einige Sachen kämen, die man sich teilweise wünscht und deren man teilweise bedarf, wäre das natürlich höchst erfreulich. Eine gemeinschaftliche reifliche Überlegung *in pleno* hat jedoch zu dem Resultate geführt, daß es untunlich sei, aber wenigstens mit unnötigen Schwierigkeiten verbunden, Sachen von Hamburg herüberzuschicken, daß dagegen eine kleine Anweisung keineswegs unerwünscht, indem dann mit deren Hilfe sich hier der eine für den anderen in Bewegung setzen könnte, und daß es an allerhand Wünschen natürlich nicht fehlt, kannst Du Dir wohl vorstellen. Sollte vielleicht von der Catharinenstraße [Wohnung von Meyers?] eine Aufforderung an *Henriette* zur Erklärung ihrer Wünsche ergehen, so meinte sie, könnte vielleicht für *Lorenz* ein Schreibtisch (natürlich alt, zu alten, alten Sachen hier im Hause) angeschafft werden, mit hinreichenden Fächern und Schubladen versehen, um die zahlreichen Briefe, die meistens ungeordnet auf einem Tische zwischen den mannigfaltigsten Sachen herumliegen, zu bergen. Ihr mangele es immer noch an einigen Stücken in ihrem Haushalt, z.B. einige Kristallschüsseln für Kleinigkeiten. Was uns betrifft, so bestehen unsere Wünsche, außer verschiedenen Kleinigkeiten der Toilette etc., namentlich in einer schwarzen seidenen Weste; an begehrten Büchern fehlt es natürlich nicht, aus denen sich vielleicht eine Auswahl machen ließe.

Nächste Woche wird *Henriette* mit *Mad. Kunhardt* sich in Bewegung setzen, um allerlei Einkäufe für eine Weihnachtsbescherung der deutschen Sonntagsschüler in der Kirche zu besorgen. Übrigens geht alles hier den gewohnten vortrefflichen Gang. Louischen ist jetzt völlig wiederhergestellt, schon mehrere Male wieder an der immer frühlingsartigeren Luft gewesen und nimmt auch wieder augenscheinlich an Fettigkeit zu; leider hat aber die Krankheit manche Spuren von Eigensinn und eine ausschließliche Vorliebe zu *Kleemann* [Kindermädchen?] zurückgelassen, so daß lautes Schreien nichts Seltenes ist. […]

In der Hoffnung, Dich zufrieden gestellt zu haben, verbleibe ich

Dein treuer Sohn Wilhelm

1.11. Liverpool. den 21. Dezember 1852 [Friedrich]

Lieber Papa,

Das erste, was beim Öffnen dieses Briefes Dir ins Auge fällt, soll doch ein aus tiefstem Herzen hervorgehender Glückwunsch, zunächst zu dem Weihnachtsfeste, dann aber auch für das nächste und alle noch bevorstehenden Jahre sein. Die Dankbarkeit, die ich für alles, was in meinem Leben mir zu Teil geworden, Gott und Dir schuldig bin, vermag ich nie völlig auszudrücken, der HErr gebe mir, daß ich durch Taten später ein Kleines wieder möge abtragen können. Habe ich Dich leider so manches Mal früher gereizt, so wirst Du mir dieses hoffentlich verziehen haben; mein einziger Wunsch ist, daß es mir möglich sein werde, Dir hinfort immer recht viel Freude zu machen.

Wenn in mancher Hinsicht das Leben in der Fremde – wenn ich es hier eine Fremde nennen kann – hinter dem häuslichen zurückbleibt, so bin ich doch der Zuversicht, daß nicht allein der Aufenthalt hier, sondern auch der, will's Gott, bevorstehende in Deutschland, von dauerndem Nutzen sein werde. Schon allein, daß dadurch die Notwendigkeit vorhanden, mehr unabhängig auf sich selbst Acht zu geben, hat große Vorteile; im Anfang wird das, gestehe ich, nicht ganz leicht, aber da ja doch ein guter Grund gelegt worden, soll das Weiterbauen mit der Zeit wohl rasch vorwärts gehen. Immer muß ich es doch als besonders gnädige Fügung betrachten, daß wir beiden hierher gesetzt worden sind – wie herrlich wissen Lorenz und Henriette alle die Mängel weniger fühlbar zu machen, welche aus der Entfernung von lieben vertrauten Verhältnissen entstehen; man fühlt sich hier ja vollständig zu Hause und hat dennoch dabei Gelegenheit, eigene Tüchtigkeit zu prüfen und zu stärken.

Von der Hausordnung habe ich wohl früher geschrieben. Alles geht jetzt so ebenmäßig und ruhig, daß ich darüber nichts Neues zu berichten habe; ich muß nur immer wieder auf die Liebe zurückkommen, mit der uns alles hier entgegenkommt. Obgleich das im Anfang begriffene Geschäft ziemliche Unruhe, manchmal sichtbare Sorge verursacht, so bringt es dafür auch manches Leben in unsere Häuslichkeit, bietet manches Interessante und Anregende. Wie *Henriette* völlig das Glück genießt, das durch Mann und Kind ihr geboten ist, dabei alles mit Liebe in ihrem Herzen trägt (wenn auch ich sage, daß die Liebe zu Mann und Kind anderes überwiegt, so ist das natürlich und recht gut zu verstehen), muß jeden freudig berühren, und zwar in immer höherem Grad, je mehr es möglich wird zu erkennen, welcher Segen durch beides geboten wird.

Für Ausbildung der Kenntnisse aber, glaube ich, wird dieser Winter auch durchaus nützlich sein; daß ich die Studien, die ich hier treibe, zwar als vorbereitend, aber doch als notwendige Grundlagen und Teil meines Fachstudiums betrachte, weißt Du aus früheren Schreiben; in der Verfolgung der englischen Geschichte rücke ich immer mehr der neuesten Zeit entgegen, das Interesse nimmt zu, je mehr bekanntere Verhältnisse berührt werden. Auch habe ich versucht, den Entwicklungsgang der nationalen Verhältnisse aus der Literatur anschaulich zu machen, und wird das immer mehr möglich werden.

So hoffe ich dann, Ostern Dir mich mit Gottes Hilfe an Herz und Geist gekräftigt und gefördert dort vorstellen zu können und dann im Stande zu sein, fast auf eigenen Füßen hinauszugehen. Bis zum Wiedersehen gedenkt Deiner beständig in Liebe und Dankbarkeit,

Dein gehorsamer Sohn
Friedrich

1.12. Liverpool, den 21. Dezember 1852 [Wilhelm]

Liebe Mutter,
Lollys Aufforderung gemäß, den Briefkasten mit einigen Briefen zu versehen, setzen wir uns sogleich zur Abfassung eines solchen, um Euch wo möglich noch zum Weihnachtsabend einige herzliche Glückwünsche aufs Fest von Euren Liverpooler Kindern zu bringen. [...]

Obgleich dies nun das erste Weihnachtsfest ist, das wir fern vom Älternhause vorhaben, so wird uns doch wohl diesmal der Unterschied nicht so auffallend werden wie wohl in späteren Jahren; sind wir doch auch hier inmitten der Familie

du einem Fremden die Tür weist – das lass dir von Pumphutt gesagt sein!«

Damit erhob er sich, griff nach Handbeil und Reisebündel und ging aus der Mühle. Kra-bat und die Gesellen drängten ihm nach, den Meister allein zurücklassend.

Draußen hatte sich das Gewitter verzogen, die Sonne stand über dem dampfenden Kosel-bruch, die Luft schmeckte frisch wie Brunnen-wasser.

Pumphutt ging seines Weges, ohne sich um-zublicken. Quer durch die nassen Wiesen schritt er dem Wald zu und pfiff sich eins. Ein paarmal blinkte sein goldener Ohrring auf in der Sonne.

»Hab ich's euch nicht gesagt?«, meinte An-drusch. »Wer es mit Pumphutt zu tun kriegt, merkt immer erst hinterher, dass es ihm besser bekommen wäre, hätte er's gleich gemerkt ...«

Drei Tage und Nächte lang schloss der Müller sich in der Schwarzen Kammer ein. Die Mühl-knappen schlichen auf Zehenspitzen durchs Haus. Sie waren dabei gewesen, als Pumphutt den Meister im Zauberkampf überwunden hat-te; sie konnten sich ausrechnen, dass ihnen schlechte Zeiten bevorstanden.

Am Abend des vierten Tages war es so weit.

mir zu essen auf und vergiss auch den Wein nicht!«

Der Meister, kalkweiß im Gesicht, erhob sich aus seinem Sessel. Eigenhändig trug er dem fremden Wandergesellen Brot und Schinken auf, Rauchfleisch und Käse, Gurken und Essigzwiebeln. Dann brachte er aus dem Keller einen Krug Rotwein herauf.

»Zu sauer«, meinte der Fremde, nachdem er davon gekostet hatte. »Hol mir was aus dem kleinen Fass, das rechts hinten im Eck steht! Du hast es dir für besondere Anlässe aufge-hoben – dies ist ein besonderer Anlass.«

Der Meister fügte sich zähneknirschend. Er hatte den Zweikampf verloren, er musste kuschen.

Der Fremde verzehrte in aller Ruhe das Mahl, der Meister und die Gesellen schauten ihm dabei zu. Sie standen wie angewurzelt an ihren Plätzen und kamen mit ihren Blicken nicht los von ihm. Endlich schob er den Teller weg, wischte sich mit dem Ärmel die Lippen und meinte:

»Ah, das hat gut geschmeckt – und schön reichlich ist's auch gewesen ... Zum Wohlsein, Brüder!« Er schwenkte den Becher und trank den Gesellen zu. »Du aber«, riet er dem Meis-ter, »solltest in Zukunft genauer hinsehen, ehe

130,- Er Tagzgeld

2.892,00   1.700
−1.203,00   − 1.159
_____   _____
                        541, → 135,- wöchtl.
1.689,00

200 × 4 = 800,-

und versprechen, noch dazu wo Kisten aus Hamburg, die, nachdem ihr geheimnisvoller Inhalt einige Not beim Verzollen gemacht, seit gestern vormittag wohlbehalten auf der Diele stehen, daß es auch an äußerlicher Freude ebenso wenig wie an innerlicher diesmal nicht fehlen wird. Ohne späteren Danksagungen für etwa darin enthaltene Liebesgaben vorzubeugen, kann ich solche wohl auch schon im Voraus abstatten, ohne etwas Näheres über sie zu wissen. Dank ist für uns bis jetzt ja doch nur noch das einzige, womit wir die viele und beständig wachsende Liebe in schwacher Weise zu vergelten vermögen; und obgleich dieselbe nie wird aufgewogen werden können, so würden wir doch hoffentlich späterhin einmal im Stande sein, unsere Erkenntlichkeit auch durch Taten beweisen zu können. Wie glücklich wir hier sind und wie dankbar wir unserem Papa darüber beständig sind, hast Du aus früheren Briefen hinlänglich erfahren, als daß es weitläufiger Wiederholungen bedarf; ich bin fest überzeugt, daß uns dies halbe Jahr von lebenslänglichem Nutzen sein wird, namentlich aber, daß auch die bevorstehenden Universitätsstudien dadurch werden besser genutzt werden können und jedenfalls durch vermehrte Welt- und Menschenkenntnis den Gefahren besser wird begegnet werden, die ein Universitätsleben so häufig bietet.

Da die Postzeit sehr nahe ruckt und dies Briefchen doch nicht bis morgen liegen bleiben darf, wenn es noch Freitag abend ankommen soll, so muß ich schon schießen. [...]

Dein treuer Sohn Wilhelm

1.13. Liverpool, Ende Dezember 1852 [Wilhelm]

Liebe Mutter,
Nur ein paar Worte will ich, da es schon spät ist, in Henriettes Brief mit einlegen, um Dir unseren herzlichen Dank für die zu Weihnachten uns gewordenen Überraschungen abzustatten. Du kannst Dir denken, daß der dicht besetzte Tisch *Louischens* den Mittelpunkt einnahm; das kleine Ding wird täglich unterhalten, zuckelt zwar mit einiger Ungeschicklichkeit, doch schon ziemliche Strecken ohne sich zu halten, vermehrt auch schon ihren Vorrat an Wörtern bedeutend. Ganze Sätze kommen schon mit heraus, kurze Worte werden oft als überflüssig ausgelassen und das Ganze mit unaussprechlicher Melodie vorgetragen.

Du wirst es nicht übel nehmen, liebe Mutter, wenn auch ich, wenn es auch mit kurzen Worten einmal sein muß, auf diesem Zettelchen ein Wort des Dankes aussprechen für die Liebesgaben, die in der gehaltvollen Kiste meiner warteten. Ein Rasierkasten wurde von Tag zu Tag nötiger, und mußte die Schere schon mehr als einmal die Stelle des Wassers zu vertreten suchen. Obgleich ich mich bis jetzt noch nicht näher mit dem Gebrauch in Kenntnis gesetzt habe, so wird das doch wohl bald der Fall sein, und wird das Lehrgeld hoffentlich ein nicht zu blutiges werden. Auch für die Beinkleider statte ich meinen verbindlichsten Dank ab; jedenfalls kannst Du dich darüber beruhigen, daß sie für den Zuwachs von mehreren Jahren berechnet sind, während dagegen die anderen früher besten Hosen ihrer Kürze wegen ein häufiges Tragen erfordern.

Auch von den hiesigen Geschwistern wurde uns der Abend sehr erheitert; außer einigen verschiedenen Schreibutensilien, die am Tannenbaum hingen, glänzten *Gibbons* „Römische Geschichte" und *Byrons* poetische Werke in pompösen Einbänden auf dem Tisch, zwei Bücher, die bis jetzt noch unerschlossen, dasselbe bald <u>gewesen</u> sein sollen.

Fast hätte ich den niedlichen Wecker vergessen, der manchmal leider sehr wohl angebracht ist, da in dieser Jahreszeit die Nacht oft sich nur allzusehr auf den Tag ausdehnt; heftige Erkältungen sowie anderweitiges Unwohlsein mag jedoch davon die Hauptschuld tragen; doch ist dieses glücklich so ziemlich durch eintägiges zu Bett Liegen kuriert, und wird das neue Jahr, mit neuen Kräften begonnen, hoffentlich für uns alle, namentlich aber für uns beide, die wir in demselben den Anfang zu erstem Berufsstudium machen sollen, ein segensreiches werden.

Dein gehorsamer Sohn
Wilhelm

1.14. Liverpool, den 2. Januar 1853 [Friedrich]

Liebe Mutter,
Die Gemütlichkeit des Sonntagnachmittags, wo die ganze Hausgenossenschaft vor warmem Feuer sich um den Wohnstubentisch an gemeinsamer Gaslampe versammelt, ladet mich ein, Deinen lieben Brief, der hier gestern abend als herrliches Neujahrsvergnügen eintraf, gleich zu beantworten. […]

Meinen besonderen Dank sage ich Dir noch für die Schreibmappe, die natürlich als Unterlage zu jedem Briefe, der im neuen Jahr vom Stapel gelassen wird, benutzt werden soll; daß aber der Kasten Euch Freude gemacht hat, darüber haben wir uns alle sehr gefreut, auch hatte ich so halb gehofft, daß von *August* noch ein Brief eintreffen werde, der dann sein Fach füllen könnte; der ist wohl nun in Californien, wenn seine Bestimmung nicht verändert worden, ist es doch schon zu spät geworden, von hier aus dahin zu schreiben. […]

Da uns alle Anhaltspunkte fehlen, ist es doch natürlich, daß Engländer nach 2 *foreigners* nicht viel fragen, jugendliche Freundschaft ist hier vollends nicht zu erreichen, die Besucher der hiesigen *colleges* scheinen mir gewaltig langweilig. Überhaupt ist doch die ganze Einrichtung und Anordnung der hiesigen Unterrichtsanstalten dem deutschen Geist und Gemüth sehr widersprechend, Gelehrsamkeit mag freilich dabei herauskommen. Es ist dies auch gewiß ein Grund, weshalb die englischen *Reverends* so oft einen langweiligen Anstrich haben, die englischen Predigten sind mehr *Raisonnements* als Reden, dabei doch sehr gehaltreich, aber geeigneter zum Lesen als zum Hören.

Allerdings haben wir gerade nicht viel Gelegenheit, näher mit ihnen bekannt zu werden, da wir immer die deutsche Kirche zu besuchen pflegen. *Pastor Hirsch* ist eigentlich ein ganz wunderbarer Mann in seinen Predigten; als gewesener Jude hat er eine seltene Gutmütigkeit und Freundlichkeit, möchte, wo er kann, Gutes tun, ist auch in der Seelsorge sehr tätig. Hauskreuz [Hausdrache] und auch pekuniäre Verhältnisse, sowohl eigene wie der Kirche, die noch bedeutende Schulden hat, erschweren seine Wirksamkeit und Existenz. Seine Predigten, weil gar nicht aus englischer Trockenheit und einer merkwürdigen Fülle fremdartiger Worte und gesuchter Bilder und Redensarten, dabei ganz frei gehalten, sind sehr verschieden, bisweilen unzusammenhängend, verwirrt, dann wieder sehr ansprechend und warm. Mit Schuld mag daran sein, daß sein Publikum so gemischt ist: Seeleute, Auswanderer, Deutsche aller Art, die einen ganz verschiedenen Vortrag erfordern.

EXTERIOR OF THE GERMAN CHURCH IN RENSHAW STREET, LIVERPOOL.

Abb. 15 Deutsche Kirche in Liverpool

Den ersten Weihnachtstag, abends 7 Uhr, war Bescherung für die Kinder der hiesigen Sonntagsschule im Schulgebäude, ganz gehörig mit Tannenbaum etc.; *Mad. Kunhardt* hatte allerlei Kleinigkeiten zur Beschenkung besorgt. Wilhelm und ich konnten leider nicht anwesend sein wegen starker Erkältungen.

Sonst merkte man wenig von Weihnachten hier äußerlich, die Engländer begnügen sich mit Schenken einiger Nippsachen und Kleinigkeiten, verzieren allenfalls ihre Zimmer mit grünem Laubwerk, zu welchem Zweck Ilex, Rhododendron und Mistelbusche sehr viel zum Verkauf ausstanden, und freuen sich an gewaltigen Braten und Plumpudding. Das Neujahr wird nicht mit Gottesdiensten gefeiert – zu *Henriettens* besonderem Ärger, die streng auf jeden Festtag hält.

In der Zeitung werden die herrlichsten Aussichten auf das Glück, welches das neue Ministerium dem neuen Jahr bringen soll, eröffnet, unser Journal ist ein sehr entschiedener Feind des *Derby-Disraeli-ism*, findet dazu alles Entgegengesetzte gut. *Disraeli* scheint für sich von keiner Partei ein gewogenes Urteil zu erhalten, sein Benehmen gegen *Sir R. Peel*, sowie in der gegenwärtigen Parlamentssitzung, sein Plagiat, seine Finanzideen, alles das hat ihn seine Rolle ausspielen machen. *Derby*, der besonders in hiesiger Gegend, wo seine Besitztümer liegen, bedeutenden persönlichen Einfluß hat, hat durch seine Heftigkeit nach dem Rücktritt auch keinen guten Eindruck hinterlassen, jetzt wird gesagt: *A happy new year is a fact since Lord Aberdeen is premier*. Ganz amüsant war zu beobachten, wie unmittelbar nach dem Hervortreten des *Chancellors* mit dem Budget, sowie der erste Ein-

47

druck einer ruhigeren Überlegung Platz gemacht hatte, überall Meetings und Vorträge gegen dasselbe angekündigt wurden. Für ein paar Tage, nachdem in Westminster ein Gegenstand aufs Tapet gebracht worden, wird er im ganzen Lande von allen Seiten kritisiert. Im Allgemeinen scheinen mir die Engländer weit mehr Interesse an solchen Sachen zu nehmen, auch ein gesunderes Urteil zu führen als die Deutschen, auch ihre Geschichte lebt mehr im Volk; ein Beispiel davon ist, daß die historischen Stücke *Shakespeares* noch immer gegeben werden, in Deutschland gibt es kaum dergleichen; auch Vorträge über Teile der Nationalgeschichte werden gehalten und finden Anklang unter einer ganz anderen Klasse, als man in Hamburg wohl im Auditorium des Gymnasiums sich versammeln sieht. Vielleicht ist die Hauptsache, daß die englische Geschichte seit dem Mittelalter bis jetzt aus einer Reihe organisch zusammenhängender Ereignisse besteht; die Verkehrtheiten der *Stuarts* führten die *„happy and glorious revolution"* herbei, damit war eine Ära langen Kampfes um die Freiheiten der Nation beendet und ein Zustand begründet, dessen Entwicklung und Fortführung noch jetzt ununterbrochen fortdauert. Das *„martyrdom"* des *godly* Karl I. wird ja noch im *prayerbook* berücksichtigt und gefeiert und dient demokratischen Rednern immer zur Veranlassung um gegen die *utter perfidy, perversity and treachery* dieses Königs herzuziehen. Auf der anderen Seite bildet die Ankunft *Wilhelms III.*, die mit der Pulververschwörung [1605, s. 1.5] zusammen gefeiert wird, einen Anhaltspunkt für den Anfang der besseren Periode. Wir haben einige Vorträge von einem Baptistenprediger hier über das Zeitalter der Stuarts gehört; er fuhr natürlich gewaltig gegen sie her, und das Parterre beklatschte gehörig seine flachen Witzbemerkungen, auf die er sich nicht wenig zu Gute tat. Dergleichen *lectures* werden hier viele gehalten, und ist von deren Anhörung immer von einigem Nutzen, wenn auch der Inhalt nicht sehr wertvoll ist.

Durch ein Abonnement auf die *lending library* des Herrn *Howson* ist uns auch die englische Literatur mehr eröffnet, als das bisher der Fall gewesen. Mit der *public library* ist ein Museum verbunden, das, wenn ich nicht irre, jetzt geöffnet ist und vor der Eröffnung durch Vermittlung des *librarian* gezeigt wurde. Diese ausgestopften Tiere sind freilich nicht das Interessanteste, das Hamburger liefert besseres; amüsanter ist ein ziemlich großes Modell von der Stadt und einem Teile von Mersey, sehr niedlich ausgeführt bis auf das Detail von Wagen und Lampen in den Straßen, die Ausstellung in New York hat darum angehalten, doch wird es fürs erste wohl noch hier bleiben, bis die Liverpooler selbst es in Augenschein genommen.

3. Januar

So siehst Du, daß in unseren Verhältnissen alles, einen Tag wie den anderen, fortgeht; daß die Zeit ungeheuer schnell zu verfliegen scheint, ist ein Zeichen, daß die Art, wie sie vorübergeht, durchaus angenehm ist. Eine regelmäßige tägliche Beschäftigung, wie wir sie uns eingerichtet haben und nach kurzer Unterbrechung durch Weihnachten und Unwohlsein gewissenhaft befolgen, ist angenehm und nützlich, besonders das sonntägliche Zusammensein ist famos. Gewöhnlich kommen Sonnabend Hamburger Zeitungen an, das englische Journal erscheint an demselben Tage, und das Deutschsprechen zeichnet gern (eigentlich wohl immer, denn *Henriette* läßt es sich ungern rauben) schon den Sonnabend aus. Sonntag morgens erlaubt das später als sonst stattfindende Frühstück etwas mehr Behaglichkeit, etwas nach 10 wird regelmäßig zur Kirche gegangen, die bis 1½ währt. Nach dem Essen, das an diesem Tage schon gegen 2½ gewöhnlich eingenommen wird, allgemeine Sitzungen in der Wohnstube, wo jeder sich recht gemütlich fühlt, meist mit großer Gewissenhaftigkeit den Nachbarn studierend, dann und wann vorlesend, *Henriette* weniger nähend als in eine und die andere Zeitung guckend und bedeutend mit *Louischen* sich die Zeit vertreibend, gewöhnlich des Nachmittags mehr oder weniger allgemeine Briefschreibung mit allerhand Scherzen und Späßen. Daß um 7½ schon Tee getrunken wird, dient dann endlich auch zur Auszeichnung des Sonntags, und man will bemerkt haben, daß auch die Konversation, als in der Muttersprache geführt, dann lebhafter ist.

Gestern abend ward ich an der Vollendung meines Briefes durch die unerwartete Ankunft des auch Euch nicht unbekannten *Döbereiners* gehindert; er hat als Conducteur seine erste Reise nach New York im vorigen Jahr gemacht und kam ganz erfüllt von dem frischen Eindruck eines enormen Sturms, der sein Schiff am Eingang des Kanals und tagelang geschaukelt hatte, zurück. Auch hier in Liverpool war zweimal zwischen Weihnachten und Neujahr gehöriges Blasen, es fehlt nicht an lecken und entmasteten Schiffen, und die Zeitungen wissen von Damen zu berichten, welche über 100 Fuß weit transportiert worden sein sollen; einen soll ein so hervorgebrachter Stoß gegen eine unbarmherzige Planke sogar das Gehirn gekostet haben. Abgewehte Schornsteinenden vollenden den Jammer.

Sonst weiß man kaum, was Frost ist; das Höchste, was erreicht wird, 1°, gewöhnlich mildes, feuchtes Wetter, dabei nur leider unsäglicher Dreck, heute wieder das herrlichste klare Wetter von der Welt, so daß Herumlaufen rechte Freude machte. Die Umgegend ist immer ganz schön; obgleich man durchaus keine Blumen zur Vermehrung der botanischen Kenntnisse finden kann, bieten die vielen Wälder, die Höhen in der Ferne und die weit sichtbare See mit weißer Brandung sowie der Fluß mit unzähligen Schiffen angenehme Anblicke. Außerdem ist in einigen Teilen der Stadt ein Leben, wie es in Hamburg gar nicht zu sehen ist. Auf der Hull'schen Bahn z.B. ist ein beständiges Hin- und Herpfeifen von Eisenbahnzügen und Lokomotiven. Die Fabriken beschicken die Luft in den unteren Regionen mit solcher Menge von Kohlenstaub, daß man jedesmal mehr oder weniger schwarz gefärbt wird. Auf unserer Höhe sind wir dem glücklicherweise nicht ausgesetzt.

Fahrt Ihr noch fort, *Childe Harold* zu lesen, ein Exemplar von *Byrons* poetischen Werken hat uns viel Freude gemacht. Wilhelm liest mir abends wohl ein und das andere Stücklein daraus vor, während ich dann und wann noch einen Zeichnenversuch wieder mache. Die mit *Henriette* gepflogene Lektüre wird jetzt wieder begonnen, der anfangs gehoffte Nutzen für die englische Aussprache ist freilich höchst gering, weshalb wir auch mit Hauptberücksichtigung des Inhalts der Lektüre beide französisch lesen. *Lolly*'s französischer Mittag ist ja eine herrliche Einrichtung, *Carlota* führt dort wohl den Vorsitz als erfahrene Französin?

Wilhelm bittet zu bemerken, daß Du einen Teil seines Briefes [1.10] mißverstanden habest, da er keineswegs das Studium des menschlichen Körpers trocken nennt, sondern nur sagt, er habe es sich wohl früher als solches vorgestellt, sei jetzt natürlich davon abgekommen. Indem ich schließlich mein inniges Bedauern über die von Euch gehabte Besorgnis und meine Hoffnung, daß die neueren Nachrichten auch Deine Sorglichkeit zufrieden gestellt haben, wiederhole, bleibe ich Dein gehorsamer Sohn

Friedrich

1.15. Liverpool, den 20. Januar 1853 [Friedrich]

Lieber Papa,
Dein liebevoller Brief vom 9. hat uns beiden unendliche Freude gemacht und uns recht ermutigt, frisch und fröhlich weiterzugehen, wie wir begonnen. Unser Aufenthalt hier wird ja so lange nicht mehr dauern, und es kommt mir vor, als hätte dieser Winter durchaus nicht angenehmer und nützlicher ausgefüllt werden können. Es pflegt gewöhnlich und muß auch wohl so sein, daß jedesmal, wenn einer eine bestimmte Beschäftigung mit Liebe vornimmt, er manches andere darüber außer Acht läßt, seine Gedanken und Pläne nur auf jene berechnet. Es ging mir früher so mit dem Studium der alten Sprachen. Die Schönheiten waren neu und traten natürlich vor den wenig gekannten der neueren Zeit in den Vordergrund. Im vergangenen Sommer und Winter erst fand ich Gelegenheit, in näher liegenden Zeiten mich umzusehen, und dies erweckte das lebhafteste Interesse in mir. Jedenfalls werde ich diesen Punkt in nächsten Jahren nichts weniger als außer Augen lassen; eine Verbindung von Jurisprudenz und Historie zu wissenschaftlichen Zwecken schwebt mir, noch freilich mehr oder weniger dunkel, vor Augen und lockt mich mehr als praktische Ausübung.

[Alte, neue Geschichte und Jurisprudenz]
Betrachtet man nun aber das Altertum nicht als einen toten Teil, sondern als Grundlage, auf der alles andere beruht, als integrierenden Teil der Gesamtgeschichte, so eröffnet sich ein höchst interessanter Gesichtskreis. In diesem Punkt kommt auch vor allem die Rechtswissenschaft mit in Betracht, da ließe sich ohne Zweifel vieles tun. Worauf ich also zunächst hinziele, ist, auf der Universität so viel tunlich mit dem Rechtsstudium ein Studium der Geschichte zu verbinden, letztere namentlich privatim, besonders auch durch möglichst genügend selbständige Arbeiten über einzelne Hauptpunkte mir Licht zu verschaffen. Inwiefern die oben berührten Pläne sich dann werden realisieren lassen, wird sich dann schon herausstellen.

In dieser Aussicht hoffe ich vieles von den nächsten Jahren und habe den besten Mut. Bis dahin bleiben einige Monate, man möchte manchmal wünschen, daß es mehr wären. Nachdem ich die Geschichte Großbritanniens bis ins 19. Jahrhundert hinein mir vorgeführt, habe ich mich an die damit zusammenhängenden Partien gemacht, vorläufig die „Geschichte von British Indien" von *Mill*, die in 3 Wochen beendet sein wird. So viel Zeit dann noch außer dieser und den mit *Henriette* betriebenen Beschäftigungen übrig bleibt, verwende ich auf die englische Literatur, die nicht allein in literarischer Hinsicht, sondern auch als eng mit der Historie zusammenhängend, von sehr großem Interesse ist.

[Keine Französisch-Studien, da hier Bücher fehlen]

Wir brachten neulich einen Abend sehr gemütlich bei *Baylees* in einer Teege-sellschaft zu, welche einer *Mrs. Hamilton*, Tochter von Lord H., zu Ehren gege-ben ward. Diese Dame war einige Jahre in Heidelberg gewesen, sprach ziemlich gewandt Deutsch, natürlich mit süddeutschem Akzent, weshalb das Norddeutsche ihr „wie Musik" klang, unterhielt sich aber sehr eifrig und liebenswürdig, wünsch-te zuletzt, daß wir über London zurückkehren möchten, um sie zu besuchen.

Baylee ist ein höchst liebenswürdiger Wirt, spielte zuerst einige Partien Schach, die er mit dem besten Humor gewöhnlich sehr bald verlor, unterhielt sich darauf mit Jedermann und gab nach seiner Weise viel Eigenes zum Besten. *Mr. Ken* erschien auch nachher, im Grunde etwas langweilig; ziemlich belesen auch in deutscher Literatur, wie es scheint, teilte er denn Brocken daraus mit; *Jo-seph, Baylee*'s ältester Sohn, war zu Weihnachten von Dublin herübergekommen und bewies sich als einen durchaus soliden liebenswürdigen Menschen, der frei-lich nicht viel vorzubringen hatte, mit dem aber eine Unterhaltung gut anzufangen war und ganz flott vorwärts ging. *Hirsch*, dessen beständig leidende Gemahlin wieder bis auf weiteres im College hausierte, war ziemlich bedrückt, spricht über-haupt nicht viel, hat mit manchen Sorgen zu kämpfen. *Mrs. Baylee*, eine würdige alte Dame, die ich mit niemandem zu vergleichen wüßte, erschien zum Tee erst um 10 Uhr, setzte sich hinter den Kessel und war durchaus passiv; die Töchter mit einigen anderen Mädchen desgleichen schienen durchaus, als noch an der Konver-sation nicht teilnehmen könnend, angesehen zu werden. Ein *Lord Blanchford*, der seit einiger Zeit auch in der Familie wohnte, war auch ziemlich schweigsam und unbeachtet. Im Ganzen ist dieser Kreis ein höchst angenehmer, ungeniert, gemüt-lich usw. Bei längerem Aufenthalt namentlich im Sommer, würde wohl eine nähe-re Verbindung möglich.

Über die höchst interessante Versammlung, betreffend die *Working Men's Church,* wird der von *Henriette* eingeschickte Zettel Aufklärung gegeben haben. *McNeile* muß man selbst hören, um einen Begriff erhalten zu können. Ein klarer Blick, hohe Stirn, sorgfältig gehaltenes Haar verleihen seinem ganzen Auftreten Nachdruck, durch witzige Wendungen, Schlagworte etc., die von sehr lebhaften Gestikulationen begleitet werden, weiß er seine Zuhörer zu unterhalten, durch den recht geistig mit dem Scherz gemischten Ernst auch zu fesseln, es bleibt indessen im Ganzen mehr Deklamation als gediegenes Reden, was freilich je nach dem Publikum und der Gelegenheit mehr oder weniger verschieden sein mag. *Baylee*'s einfacher, aber fließender und durch und durch echter und gediegener Vortrag spricht das Herz weit mehr an; jener bringt nur vorübergehenden Kitzel hervor, dieser macht einen bleibenden Eindruck. Auf gelungene Weise wußte *McNeile* noch zuletzt das Geld aus den Taschen seiner Zuhörer zu locken. Nachdem näm-lich die gebührlichen Dankesbezeugungen an den *chairman* ausgesprochen waren und dieser seine Erwiderungsrede beendet hatte, sprang *McNeile* auf und meinte, man müsse das Eisen schmieden, so lange es warm wäre, nötigte unter großem Beifall den *chairman,* der schon im Begriff zu sein schien, das *meeting* zu schlie-ßen, wieder auf seinen Sitz und erklärte sich dann höchst erstaunt über diesen Bei-fall, denn seine Absicht sei, eine *collection* anzustellen, was ebenso herzlich begrüßt ward. Wie viel dadurch herauskam, weiß ich nicht. Das Prinzip, nach dem das Ganze betrieben wurde, ist gewiß das einzig richtige, daß die Vornehmen nur 10£, die Arbeiter vermittelst *pence* und *twopence* das Dreifache beigetragen haben, ist ein sehr treffender Beweis, das Verhältnis wird anderswo gewiß fast derselbe sein.

Daß *Louischen* gestern zum ersten Male in herrlichem Wetter ausge<u>zuckelt</u> ist, und zwar eine bedeutende Strecke, wird *Lorenz* auch wohl nicht haben berichten können, das vom Großpapa geschickte Bilderbuch in schön blauem Kleid erfreute sich unausgesetzter Betrachtung.

Da die Zeit drängt, bitte ich den langen [leeren] Raum dieses Briefes zu entschuldigen.

Dein gehorsamer Sohn Friedrich
Louischen grüßt Papa eigenhändig: 𝇌

1.16. Liverpool, den 4. Februar 1853 [Wilhelm]

Liebe Lolly,
Wenn ich noch nicht früher auf Deinen lieben Brief Dir geantwortet, so liegt die Ursache darin, daß *Henriette* als in wichtigen Hausangelegenheiten die Vorhand verlangte; und obgleich ich nun schon nicht der eifrigste Briefschreiber bin, so wißt Ihr doch, daß ich mich gern als dankbar gegen anderer Freundlichkeit erweisen mag und mich somit auch bemühen werde, die Deinige zu vergelten. Ich denke, daß wir später uns häufiger diese gegenseitige Freude machen werden, und wenn auch vielleicht das Studentenleben, wenn man sich erst hineinversetzt, nicht gerade viel äußere Abwechslungen und Erlebnisse bieten wird, so wird doch durch innere Anregungen, durch vermehrte Kenntnisse und Erfahrungen es desto weniger an reichlichem Stoff fehlen, der uns zu schriftlichen Mitteilungen ermuntern kann. Ich glaube, daß wir beiden von dieser inneren Seite des Lebens manche Anknüpfungspunkte, manche gleiche Interessen finden werden, die, wie sie sich bei mir teils mit meinem künftigen Berufe verbunden, teils aus anderen Nebenneigungen hervorgehend ausbilden werden, so auch bei Dir in Deinem Berufsleben (das Du dann doch auch hast) oder Nebenbeschäftigungen Anklang finden werden; so meine ich z.B. das Beobachten und sich klar Werden über den Charakter unserer Nebenmenschen aus ihrem äußeren Aussehen, Auftreten, Sprechen etc.; neben tüchtigen praktischen Kentnissen ist die Menschenkenntnis doch wohl für den Arzt die Hauptsache; sie muß ihn bei aller Praxis leiten und wenn auch nicht die Mittel selbst, doch das rechte Maß der Mittel an die Hand geben.

Noch mehr bedarfst Du ihrer vielleicht bei Deiner jetzigen Berufsbeschäftigung, und scheint mir das die Haupt-, wenn auch zugleich die schwerste Aufgabe des Kindererziehung, daß man nicht bloß einem Kinde die nötigen Kenntnisse sowie die Begriffe von Gut und Böse, „das darfst du oder mußt du tun, und das mußt du lassen" beibringt, sondern daß man sich schon von Anfang an in den inneren Charakter eines jeden Kindes einen Einblick zu verschaffen sucht und danach seine Erziehung und seinen Unterricht möglichst den individuellen Eigenschaften eines jeden anzupassen sich bemüht. Hoffentlich wirst Du erraten haben, was ich hiermit gesagt haben will; ich bin fest überzeugt, daß ein jeder Mensch von Gott die Fähigkeit gegeben ist, einen ehrenvollen Platz in der Welt einzunehmen, der natürlich ja nach den verschiedenen Gaben verschieden ist; ein jeder hat ein oder mehrere Pfunde empfangen, mit denen er wuchern soll und kann; wenn aber dennoch so viele ihr eigentliches Lebensziel verfehlen, so liegt das doch gewiß großenteils daran, daß sie in der Jugend nicht gehörig auf das hingeleitet worden sind, wozu sie taugen und von Gott bestimmt sind.

Lorenz ist schon Mittwoch um 1 Uhr ganz wohlbehalten [aus Hamburg] angekommen und hat nur allerlei Gutes von Hause erzählt. Leider konnten wir ihm sein Kindchen nicht ganz so vorstellen, wie wir es gewünscht hätten: *Louischen* muß sich Ende voriger Woche auf irgendeine Weise erkältet haben: Sonntag fing sie leise zu husten an, was in den folgenden Tagen immer zunahm, bis sich noch ein Schnupfen hinzugesellte. Am schlimmsten war es in der Nacht vom Dienstag auf den Mittwoch, wo, nachdem sie sich den Abend übergeben, sie die ganze Nacht fast vor Husten und Weinen darüber nicht zur Ruhe gekommen ist und auch sowohl *Henriette* wie *Kleemann* fast zu keinem Schlaf gelassen, so daß diese gar einen Keuchhusten fürchtete. Da es jedoch am Morgen bedeutend besser wurde, so hielten wir es für besser, den Doktor ganz aus dem Spiel zu lassen, in den nun einmal kein Vertrauen gesetzt wird. Seitdem hat sie sich auch bedeutend wieder erholt, der Magen ist freilich noch nicht wieder in Ordnung, da die Zunge schlecht und der Appetit schwach ist. Doch ist ihre Laune fast völlig wiederhergestellt, und beginnt sie, ihre niedlichen Schelmenstückchen wieder. Außer *Kleemann*, auf die sie versessen ist, war in der schlimmsten Zeit das schöne Bilderbuch, das sie Weihnachten von [ihrem Großvater] *Senator Meyer* erhalten, ihr einziger Trost, namentlich die Bilder, worauf unartige Kinder etc. dargestellt sind, auf die sie alsdann mit triumphierendem Ton hinweist, als über welche sie sich weit erhaben fühlt. Sie scheint ein vortreffliches Gedächtnis zu haben, indem sie einen großen Teil der in dem Buch enthaltenen Lieder schon ohne viele Beihilfe auswendig weiß und neue schnell zulernt; auch ihre Sprachkünste nehmen bedeutend zu: sie weiß sich sehr leicht verständlich zu machen, freilich nur denen, die ihre Sprache gewohnt sind, da außer, daß sie immer im Infinitiv und mit Auslassung der Artikel spricht, auch ihre Aussprache oft komisch verdreht ist und ihr das Hervorbringen mancher Buchstaben, namentlich von s und l, noch sehr schwer wird. Im Übrigen macht sie sich vortrefflich, und kannst Du Dir denken, daß, wenn außer Papa und Mama auch noch die Onkel zu erziehen anfangen, wohl nur Ordentliches herauskommen muß, was uns Du hoffentlich im Sommer nach eigener Anschauung bestätigen wirst.

Daß Du hier im Sommer auf längere Zeit herüberkommen wirst, scheint *Henriette* außerordentlich angenehm zu sein: sie mag gar nicht allein sein, und mußten wir ihr natürlich während *Lorenz'* Abwesenheit so gut es ging dessen Stelle ersetzen und durch bedeutendes Vorlesen die langen Wochen der Einsamkeit vertreiben. In ähnlichem, wenn auch nicht demselben Grade wird sie nach Ostern sich an den langen Nachmittagen vereinsamt fühlen, wo ihr Mann in der Stadt und die bisherigen Vorleser sich nicht mehr regelmäßig einfinden werden. Heimweh, was jetzt schon hin und wieder auftaucht, wird dann nur durch viele Briefe und langen

Besuch verhindert werden können. Auch hat sie schon zurechtgelegt, wie sie Euch alle drei zusammt *Johannes* hier beherbergen kann.

Von unserem täglichen Leben wirst Du aus früheren Briefen und mündlichen Erzählungen genau Bescheid wissen; ein Tag vergeht schnell wie der andere, und hat der vorletzte Monat unseres Aufenthaltes schon begonnen; natürlich wird hier möglichst eingepackt, und wenn Stadt und nächste Umgebung, namentlich in dem hier vorherrschenden Hundewetter, nur wenig Anzügliches mehr zu bieten vermag, wenn ferner der gesellige Umgang fast ausschließlich auf den gemütlichen Hauszirkel beschränkt ist, so bleibt natürlich das Kennenlernen von Englands geistigen Produkten die Hauptsache, und ist dies dann ja auch eine Quelle, die nicht so leicht erschöpft wird.

Natürlich suchen wir uns mit dem, was den besten Namen hat, am ersten bekannt zu machen: die berühmtesten Sachen von *Pope, Dryden, Swift* haben ihr Recht bekommen; Gefühle und Ansichten, die man über ihre verschiedenen Vorzüge und Nachteile hat, mitzuteilen, werde Dich wohl wenig interessieren können, da Du selbst wenig oder nichts von ihnen kennen wirst; im Ganzen muß ich jedoch sagen, daß ich zum Teil mehr bei ihnen erwartete, als ich gefunden: *Pope*'s schön fließende Trockenheit, *Dryden*'s kriechende Schmeichelei zuerst gegen *Cromwell*, dann gegen die *Stuarts*, sowie seine häufig hyperpoetische Sprache bei längst vergessenen Zeitverhältnissen, endlich *Swift*'s ermüdende Ironie, wie sie z.B. im „*Tale of a tub*" aufs Äußerste getrieben ist (*Gulliver* kenne ich noch nicht), machten wenigstens dem Ausländer lange nicht den Genuß, als wie man ihn bei neueren Dichtern wie *Bryron* und *Moore* in höchsten Grade empfindet oder auch bei *Milton*. Bedeutendes Interesse dagegen erweckt augenblicklich bei mir ein kleines Büchelchen von *Bacon,* nämlich seine Essays, worin er in kurzen Abschnitten die verschiedensten Gegenstände teils moralischen, teils civilen, teils politischen Inhaltes auf eine Weise behandelt, daß er über die gewöhnlichsten Gegenstände viele neue Gedanken gibt und selbst Bekanntes auf eine äußerst anziehende und geistreiche Weise behandelt; er zeigt sich in ihnen als ein äußerst feiner Menschenkenner, der dabei seine umfangreichen Kenntnisse gleich praktisch anzuwenden versteht. Erstaunlich ist seine Belesenheit in den Alten, bei einem Mann, der ja doch alle alte Weltweisheit bei Seite lassend, der Stifter einer ganz neuen Philosophie geworden, ein Beweis, wie mir scheint, wie auch für die neue Welt die alte nicht veraltet sein darf, sondern im Gegenteil Fortschritt zum Neuen nicht anders als durch genaue Kenntnis des Alten zu erreichen sei. Dies Buch hat mir vortrefflich Lust gemacht, Mehreres von dem Manne zu lesen; ich glaube, es würde Dich auch amüsieren (ebenso wie *Henriette*, die sich nach *Swift* und *Dryden* ordentlich daran labt), da Du Dir bisher aus *Macaulay* nur ein unvollkommenes Bild von dem Mann hast machen können. Auffallend ist, wie er sich an manchen Stellen scharf gegen das ausdrückt, womit er sich selbst so traurig erniedrigt hat.

Französisch zu treiben hat man hier gar keine Gelegenheit; es fehlt außer den wenigen im Hause befindlichen (*Racine, Molière*) ganz an Büchern, und sind die Engländer überhaupt im Durchschnitt nur ganz englisch gebildet; in großen Bibliotheken gibt es selten deutsche oder französische Bücher. Du scheinst ja dagegen herrliche Gelegenheit in Deinem französischen Club zur Übung zu haben; die Sache hat uns herrlich amüsiert, nur unklar geblieben, da ihr die *Melisse* ausgestoßen, wer die *Douriande* sei, ob vielleicht *Carlota*? *Elisabeth Cramer* hat hierher geschrieben; durch *Cramers* Vermittlung ist eine geschäftliche Verbindung zwischen *Lorenz* und einem rechtlichen Auswandererexpedientenhaus in Basel angeknüpft, von der sich *Lorenz* Erleichterung verspricht.

Jetzt aber muß ich schließen, liebe *Lolly*, wir sollen eine Vorlesung über *Gustav Adolph* hören. Leb herzlich wohl,
Dein Wilhelm

1.17. Liverpool, den 23. Februar 1853 [Friedrich]

Liebe Lolly,
Trotz Versprechens und löblicher Absicht, in persönlichem und recht lebendigem Verkehr mit Dir mich zu halten, glaube ich, doch erst einmal die Adresse an Dich gerichtet zu haben; so geht es aber, daß Wochen und Monate wie nichts verfliegen, und wenn ich's recht überlege, kommt mir die Zeit unseres Wiedersehens so nah vor, daß gar nicht mehr viele Briefe hin und her reisen können. Wir haben uns hier freilich so vortrefflich eingewöhnt, daß der Aufenthalt im geschwisterlichen Hause sowohl wie in England uns von Tag zu Tag lieber wird, je näher die Abreise rückt, die ich mir gerne noch etwas hinausgeschoben dächte. Doch muß ich sagen, daß ich mich stark auf Ostern freue, erst, um Euch wiederzusehen, dann, um geregelter Fachstudien zu treiben.

[Gedanken zur Berufsentscheidung, schulischen Grundlagen, Rückblick]

Eigentlich war der Zweck unseres Seins hier etwas vage, und die Mittel, ein Ziel zu erreichen, unbekannt; die stellten sich aber bald bei näherer Bekanntschaft mit hiesigen Verhältnissen heraus. So hat sich alles zum Besten gestaltete, und ich kann Dir nicht oft genug sagen, wie angenehm die häuslichen Verhältnisse sind. Darauf ist man auch desto mehr hingewiesen, als Liverpool sehr wenig Schönes aufzuweisen hat. Mutter entwirft sich vielleicht ein etwas zu hübsches Bild davon, ich will Dich durch Beschreibung seiner Unannehmlichkeiten auch nicht mit Vorurteil erfüllen; an grünen sonnigen Wiesen, an der Aussicht auf weite See und blaue Berge wirst Du im Sommer gewiß Deine Freude finden.

Für Spaziergänge in der Nähe ist es leider immer fatal, daß die Engländer aus Furcht vor ungebetenen Gästen ihre Gärten und Besitzungen mit hohen Mauern umgeben, welche alle Aussicht verhindern. Auf unserer Reise von London hierher fand man sich in der Nähe vieler Stationen zwischen zwei Wänden von Backsteinen eingeklemmt, hinter denen sich die Landesschönheiten verbargen. In einiger Entfernung finden sich auch kleine Ansammlungen von Bauernhäusern, mit Stroh gedeckt und von massiven Heudiemen umgeben, von denen nach Belieben ein Stück ganz scharf weggeschnitten wird. Manchmal, wenn wir an sonnigen Tagen spazieren, denken wir, Du würdest dich hier sehr gut divertieren, auf Schönheiten wie von Rothenburgsort und Blankeneser Bergen mußt Du nur keinen Anspruch machen, das einzige Wasser, das außer der Mersey und See sich zeigen kann, ist ein Kanal, der ganz von hier nach Leeds führt und auf dem beständig Kohlenschuten, mit wohnlicher Einrichtung für den Schiffer und seine Familie, von Pferden gezogen, hin und her gleiten. In Ferne und Nähe sieht man dann immer den weißen Dampf von Lokomotiven und selten, daß man nicht in der Nähe der Bahnhöfe, bes. der York's und Lancashire's, Züge in Bewegung sieht. Eigentliche Fabrikstadt ist Liverpool aber nicht, in den Hafenteilen ist unablässige Abladung von ungeheuren Baumwollballen in Speicher, die Straßen sind dabei so unausstehlich, daß wir ganz zurückbleiben, so heißt es immer wieder: 25 Churchstreet und Stüblein links und Stüblein rechts von der Haustür (ich setze voraus, daß Du mit unseren Territorien vertraut bist, wenn nicht, wird Mutter Dich gewiß aufklären) mit einladenden Kaminfeuern in der Mitte der Wand sind die liebsten Plätze in England. Keine hohen Gemächer wie bei Euch, vielmehr übervoll von Tischen, Papieren, Spielzeug, Personen etc., aber gerade so groß, daß wir alle hineinpassen und gemütlich um den Tisch etabliert uns unterhalten und ansehen können. Unser Freund *Döbereiner* und *Mynheer Launig* finden sich jetzt auch fast immer in unserer Gesellschaft, ziehen aber in ihrem Wirken etwas zu sehr die Ruhe und Überlegung vor, so daß *Lorenz* manchmal nicht recht mit seinen Gehülfen von der Stelle kommt. Sein Geschäft wird gewiß bald wieder recht lebhaft, und ist es sehr willkommen, daß er bis dahin noch einigermaßen Ruhe genießen kann.

Aus *Henriettes* Mitteilungen an ihren Schwiegervater werdet Ihr gewiß erfahren, inwiefern dessen und *Dr. Düring*'s Vorschriften hier befolgt werden; privatim nur so viel, daß das ärztliche Rezept, keinen Tee zu trinken, häufig bedauert, mitunter belächelt wird, wir stimmen alle dahin überein, daß ein Zuschuß von einer halben Tasse Milch die schädliche Wirkung des Tees hinlänglich aufhebt.

Um ein Comtoir, welches einen Mittel- und Ruhepunkt abgeben soll, bekümmert sich *Lorenz* auch schon, d.h. vorläufig den Umzug seines Wirtes abwartend, um vielleicht dessen Lokal zu benutzen. Jedenfalls also doch ein Fortschritt seit der Zeit vor der Hamburger Reise. *Henriette* ist natürlich am zufriedensten damit, daß sie ihren Mann in dieser Zeit etwas mehr als sonst bei sich haben kann; das Vorsichhaben tut auch schon viel, wenn *Lorenz* dann auch mit den Briefen, die täglich zu schreiben, und den hunderten von Papieren, die nur Sonnabendabend vom Tisch weggeräumt werden, um sich montags wieder einzufinden, gewaltig eifrig beschäftigt ist.

Den Rest muß dann *Louischen* ersetzen, und wenn Ihr von *Henriettes* Beschäftigung ein Bild haben wollt, so müßt Ihr Euch vorstellen, wie sie mit Nähkorb etc. vor sich die Arbeit auf dem Schoße, die ernstlichste Absicht hat, recht fleißig zu nähen, aber vom Kindchen, das immer mit unwiderstehlich bittender Miene an der Seite steht, auf das Kleid klopft und „O Mama ihr Scho' schen, bi', ni' Mama" ruft, so lange gequält wird, bis sie der Bitte willfährt, was gewöhnlich nicht lange dauert. *Louischen* verschafft sich dann mit bittendem Ruf: „Kö'zi, Nä'zi (eigentlich durchaus unverständlich) ein Bleikissen mit Knöpfen und Nadeln, worauf die Knöpfe hingelegt und mit Nadeln festgesteckt werden, oder verlangt nach aller Gewohnheit Papier und „Beistipp", worauf Mama Piepvogel, Haus, Soldat, kleine *Louise* hinzeichnen muß. Natürlich erhält die Näharbeit dabei nicht immer ihr Recht. Gewöhnlich wird um 8 gefrühstückt und unmittelbar darauf gelesen, wobei *Louischen* jetzt schon ganz still zu sein gelernt hat, dann, während *Henriette*

Hausstandsgeschäfte besorgt, die Kleine angezogen und bis 11 auf angegebene Weise beschäftigt; während Mama dann *Dine* Unterricht gibt, frühstückt etc., hat Kind ausgeschlafen und findet sich wieder ein. Mit kurzer Unterbrechung während Tischzeit bleibt es bis sieben, und so ist eigentlich erst dann ruhige Zeit, um die vernachlässigte Näharbeit aufzunehmen bis 11, wo dann Lorenz, der gewöhnlich schon eher eingenickt, meistens an Zubettgehen mahnt.

Wenn man das *Louischen* täglich so weiterkommen sieht, ist es auch schwer, sich nicht viel mit ihm abzugeben. Was körperliches Gedeihen anbetrifft, so ward sie vor einiger Zeit am Türpfosten, mit Beifügung des Datums, gemessen und war in den nächsten Tagen ¼ Zoll gewachsen, sie ist schon über halb so groß wie *Henriette*. Dabei vervollkommnet sich ihr Sprechen, sie muß freilich auch zu machen, um im Sommer Euch verständlich reden zu können, denn bis auf wenige Worte kann man sie jetzt noch durchaus nicht verstehen, wenn man sie nicht selbst das, was sie spricht, gelehrt hat. Mit den Jahren – bald schon 1¾ – mag auch vielleicht schon etwas Unart kommen, die sich bis jetzt freilich nur noch in wehmütigem Rufen nach „Keka" und untröstlichem Weinen, wenn sie nicht sofort erscheint, äußert. Mitunter tritt dann auch schon überflüssige Lust nach Zwieback und Kuchen hervor, der aber naturlich nicht Folge geleistet wird. Ihr Husten ist glücklicherweise fast völlig vorüber: Ein Unglück ist, daß sie platterdings kein Auge für Farben zu haben scheint, denn wenn man mit Mühe ihr einprägt, daß eine Sache rot ist, und zeigt ihr etwas Gelbes, so ist das ebenso gut rot wie das andere oder nach Belieben blau, grün etc. Hoffentlich wird sie besser unterscheiden lernen, wenn erst die Hyazinthen, welche auf schönem Blumengestell in der Wohnstube gedeihen, blühen. Sie machen ihr schon jetzt große Freude, und ein schelmisches Verlangen, trotz strengen Verbotes, Töpfe und Blumen zu berühren, zieht sie immer wieder hin. Das Weihnachtsbilderbuch, nach dem Titelbild, wo den Jungs und Mädchen vom Zeichner Schnurrbärte appliziert sind, gleich „Schubbä" getauft, wird jeden Abend und Sonntag auch den Tag über eifrig besehen, die kleinen Lieder dazu hergesagt – wieviel sie davon versteht, ist freilich eine andere Frage. Sonst versteht sie alles, was zu ihr gesagt wird, vollkommen, weiß auch ganz vortrefflich, was erlaubt ist und was nicht: hat sie irgend etwas verkehrt gemacht und man macht ein ernstes Gesicht, so läuft das kleine Ding eilig weg, versteckt den Kopf und wirft ausspürende Seitenblicke auf den, der sie berufen. Heilsame Furcht vor einem Patsch wird ihr auch dann und wann eingeprägt, und sie muß sich selbst immer daran erinnern, daß sie ein gut Kind und ganz artig sein will. Es ist unmöglich, sie so darzustellen, daß man sie sich lebhaft denken kann, da muß Du selbst zu herkommen, und wenn Du sie im Sommer siehst, kannst Du Dir vielleicht vorstellen, wie sie zu dieser Zeit gewesen ist. Hauptsächlich muß sie als unbedingtes Speckmus gedacht werden, mit roten Backen, wenn durch Schlaf gestärkt.

Seit ihrer Erkältung ist sie noch nicht ausgegangen. Das Wetter ward plötzlich winterlich – mit einem Male nach herrlichem Sonnenschein Schnee, die ganze Welt überrascht, fallend, laufend, schneeballend –, darauf heiterer Frost und die Jugend mit Schlittschuhen unter dem Arm. So muß erst auf warmes Wetter gewartet werden, damit sie sich nicht wieder eine Erkältung holt. […]

Von *Augusts* Brief haben wir mit inniger Freude gehört, wie nett, daß er sich behaglich findet. Wir gedachten, von hier nach Valparaiso zu schreiben, der Brief würde ihn doch wohl noch treffen – doch noch ganz unbestimmt. Da er Wilhelms Brief erhalten, ist er doch glücklicherweise nicht ganz ohne Nachrichten geblieben. Für heute wüßte ich nichts Weiteres und werde untertänigst auf Antwort warten.

Dein Friedrich

1.18. Liverpool, den 3. März 1853 [Wilhelm]

Lieber Papa,
Sonntag morgen wurde ich durch Euren dreifältigen Brief unendlich erfreut, und wußte ich nicht, an wen ich meinen Dank darüber richten sollte; daoch, da *Lolly* meinen letzten Brief erhielt und mir allerlei über die nächste Zukunft zu sagen hatte, so wende ich mich an Dich, und da kann ich nicht anders, als Dir noch einmal auszusprechen, wie dankbar wir Dir sind für die Gelegenheit, die Du uns verschafft, noch vor der Zeit des ersten Berufsstudiums in einem Lande wie England unsere Kenntnisse und unseren Gedankenkreis erweitern zu können.

Der Winter rückt seinem Ende nun rasch entgegen, und so läßt sich das, was darin geleistet, schon ziemlich vergleichen mit den Erwartungen, die wir uns zu Anfang desselben gemacht hatten; und wenn da gleich manches bei dem schnellen Flug der Zeit nicht so völlig erreicht ist, wenn namentlich zu einer ausgedehnten Vervollkommnung im Sprechen sich nicht die erwünschte Gelegenheit hat bieten wollen, so haben wir doch andererseits von der Literatur einen bedeutenden Teil kennen lernen können und dann auch von den Eigentümlichkeiten des Volkes, wie sich dieselben im täglichen Leben hervortreten, einen lebhaften Eindruck empfangen. Es läßt sich nicht leugnen, daß uns das Leben hier in geistiger wie in leiblicher Hinsicht auf eine Weise wohlgetan hat, daß wir manchmal uns das so nahe Ende desselben nicht vorstellen mögen und uns eine Verlängerung in den Sommer hinein als höchst annehmlich erscheint. Ich glaube auch, daß wir *Lorenz* und *Henriette* nicht gerade lästige Hausgäste gewesen und daß auch sie manchmal denken, wie einsam sie sich später finden würden; wenigstens haben wir uns bemüht, ihnen in keiner Weise beschwerlich zu fallen und, wo es anging, durch allerhand kleine Dienste und Gefälligkeiten uns ihnen dankbar zu erweisen gesucht.

Dennoch aber kann ich sagen, daß wir uns beinahe noch mehr auf das Leben, das uns nach Ostern bevorsteht, freuen, besonders deswegen, weil uns alsdann ein festes Ziel vorgesteckt wird, auf das wir uns zu rüsten und zu dessen Erreichung wir unseren Hauptkräfte zu konzentrieren haben; bisher ist alles doch nur Vorbereitung im Allgemeinen auf das Leben als Mensch unter Menschen gewesen, und so interessant diese auch immer sein mag, so fühlt man doch zuletzt durch, daß es etwas höheres gibt als das Ansammeln von immer neuen solchen Kenntnissen, die einen zwar anregen und für das Leben unter Gebildeten auch auf einem gewissen Grund erforderlich sind, die aber doch keinen genügsamen Halt für das ganze Leben bieten, daß dagegen die Hauptbestimmung des Menschen in diesem Leben ist, sich nach seinen Kräften seinen Mitmenschen nützlich zu machen, daß er sich einen Beruf wählen muß, um dies zu erreichen, und denselben unablässig zu verfolgen. Daß wir diese Bahn nun so bald betreten sollen, erfüllt uns mit immer wachsender Freude, und sind wir darüber auch voll der besten Erwartungen. Das natürlich damit zusammenhängende größere Alleinstehen wird auch wohl fast nur seine guten Folgen haben. Außer, daß dadurch die später doch einmal notwendige Selbstständigkeit wenigstens teilweise schon geübt werden kann, ist ein solches Leben namentlich auch für eine gewissenhafte Anwendung seiner Zeit von großem Nutzen. Beim Leben in einem Familienkreise geht durch die anziehende Kraft der Geselligkeit (namentlich aber wenn eine kleine *Louise* dazu kommt, die vielfach amüsiert und vielfach amüsiert werden will) doch mancher Augenblick dahin, der ernster hätte benutzt werden können und der einem dann nachher auf dem Herzen lieg; steht man dagegen allein, ist mehr auf sich angewiesen, so ist die Versuchung lange nicht so groß, während zugleich durch unsere Zweischaft sowie durch hoffentlich bald erfolgende tüchtige Freundschaften der Geselligkeit ihr Recht wiederfährt.

Wo ist der Ort der Zukunft? *Ullrich* [Professor am Johanneum] wird nicht verfehlt haben, Dir Göttingen anzupreisen, weil sein Sohn dort studiert hat: Es läßt sich nicht leugnen, daß Freund *Redlich* uns auch bedeutend dorthin zieht, wenigstens mehr als *Voigt* nach Bonn; auch glaube ich, daß an ersterem Orte unsere beiden Fächer tüchtig besetzt sind, und liegt derselbe auch dem Hamburger am nächsten, so daß wenigstens für die erste Zeit diese Wahl ihn wohl treffen wird. Ein dritter Ort, der vielleicht in Erwägung zu ziehen wäre, ist Heidelberg: *Johannes* in der Nähe [Karlsruhe], gute Freunde an Ort und Stelle, herrliches Land etc.

Daß über dieses anhaltendes Studieren, zumal in dem berüchtigten ersten halben Jahre, vernachlässigt werden würde, wird schwerlich zu fürchten sein; wenn man von Studenten häufig zu hören pflegt, im ersten Semester geschehe doch nichts auf der Universität, so liegt dieses nur so weit in der Natur der Dinge, als man zu lernen hat, wie man studieren muß, wie man Zeit und Gegenstände einzuteilen etc.; daß dies aber mit Nichtstun identisch sei, liegt an der Verwechslung mit jungen Leuten, die, sich plötzlich unendlich hoch über den Schulstaub erhaben fühlend, noch nicht recht zur Besinnung gekommen sind und daher diese Gelegenheit zu einem gewissermaßen privilegierten Faulenzen mit Vergnügen benutzen.

Doch glaube ich, daß uns das verflossene Jahr hinlänglich davor geschützt haben wird; wir haben vielfach Gelegenheit gehabt, uns zu überlegen, wie wenig wir bisher geleistet, wie viel Neues hinzukommen, wie viel Altes untermauert und erweitert werden muß, so daß ein gedankenloses in den Tag hinein Leben nicht so leicht bei uns sich einschleichen soll; natürlich ist ein zuverlässiger Studienplan, wann und wie die verschiedenen Gegenstände zu behandeln sind, jedenfalls gleich zu Anfang zu machen und bedarf es in diesem Punkte der Anleitung von solchen, die es können. Alles dieses wird sich ja aber bald zeigen.

Ihr wollt uns ja noch zum Feste in Hamburg haben, so daß nur wenig über 14 Tage hier noch unseres Bleibens sein wird, und es wird gar bald an den Abschied (auf wie lange?), vermutlich aber auf die Art des Rückzuges, gedacht werden müssen. Über letzteren werden wir hoffentlich in einem der nächsten Briefe von Euch unsere Instruktionen erhalten. Nur so viel können wir von hier noch melden, daß es mit dem Nachwinter hier zu Ende zu sein scheint: Schon seit längerer Zeit weht westlicher Wind; manchmal Regen, doch mehr Sonnenschein, schwache Nachtfröste; kein Schnee, wenn nicht vielleicht in malerischer Ferne auf den Berggipfeln von Mules. Hält sich bei Euch die Elbe vielleicht noch bis in den April zu, so bleibt wohl nichts anderes übrig als eine – Landreise, zumal bei den in dieser Zeit hier so häufigen Stürmen.

Gestern sahen wir uns einmal ein englisches Pferderennen, etwa 4 *miles* von hier, an; ganz Liverpool beinah war auf den Beinen; die Eisenbahnzüge beförderten alle 5 Minuten 12-20 gefüllte Personenwagen umsonst nach dem Platze, für 6d zurück; die Landstraßen dahin trotz der Entfernung gedrängt voll von Fußgängern und allen möglichen Arten Fuhrwerken, der Circus war so gedrängt umringt, daß die Pferde nur einen kurzen Augenblick sichtbar blieben und an ein Verfolgen derselben mit den Augen nicht zu denken war. Von dem den Engländern bei solchen Gelegenheiten so eigentümlichen Wetten, auf das wir uns besonders gespitzt, hörten wir daher auch gar nichts, und war außer dem Anblick von einigen schönen Pferden die gesunde Motion die Hauptsache.

den 4. März 1853

Besser dagegen gefiel uns die Besichtigung der gewichtigen St. George's Hall [Abb. 16] unmittelbar vor dem Bahnhof (dessen Du Dich gewiß noch erinnern wirst), die wir gestern morgen alle zusammen unternahmen und uns in derselben beinahe 1½ Stunden herumführen ließen. Was für ein Geld die *corporation* sich hier das Gebäude kosten läßt, grenzt ans Unglaubliche; eine Orgel in derselben, die in London gebaut wird, soll allein 12.000 £ kosten; der große Saal, in dem dieselbe stehen wird und der leider noch lange nicht vollendet ist, ist mehr als 200 Fuß lang, 70 Fuß breit und 84 hoch, rings herum mit herrlich polierten Granitsäulen (teilweise aus einem Stück) umstellt; die Decke desselben, die schon vollendet war, ist von einem neuen Architekten ganz wieder niedergerissen worden, bloß weil sie diesem nicht schön genug zu sein schien. Der Zweck dieses Amtes ist zu öffentlichen Festmählern, *meetings, fancy-balls* etc. Interessant waren außerdem namentlich die beiden darin befindlichen Gerichtshöfe (*crown court* und *nisi prim court*), in denen praktische Einfachheit mit solider Pracht sich vereinigen; die Sitze, auch für *sheriffs* und *jury,* sind einfach aus Holz, dagegen wird der ganze Saal wiederum von diesen Säulen umgeben, die teilweise aus grauem Granit in einem Stück, teilweise aus rotem in 3 Stücken, teilweise aus nachgemachtem Granit (gefirnißter Zement mit eingetriebenen Kieselsteinchen) bestehen. Ein wundervolles Wasserleitungs- und Ventilationssystem durchzieht das ganze Gebäude, durch zwei Dampfmaschinen von je 10-12 Pferdekraft in Bewegung gesetzt; 2 enorme schaufelräderartige Fächer verursachen den Luftzug. Unten im Gebäude befinden sich die Gefängnisse, in die die Angeklagten zu den Gerichtssitzungen aus den verschiedenen *goals* gebracht werden und somit selten über einen Tag darin bleiben; die verschiedenen Vorrichtungen, die ein Entkommen unmöglich machen, waren höchst sinnreich angebracht.

Abb. 16 Liverpool, St. George's Hall 1851 (im Bau)

Unser tägliches Leben ist immer noch das alte; bis auf unseren täglichen Marsch nach der Bibliothek sind wir meistens ruhig zu Hause; in der Bibliothek sind wir schon ganz bekannt und werden als Freunde, die derselben so regelmäßig die Ehre unseres Besuches machen, mit besonderer Auszeichnung behandelt; ein damit verbundenes Museum, das zum größten Teil aus Vögeln besteht, wird Dienstag feierlich eröffnet werden, und werden Notabilitäten wie *Derby, D'Israeli* dazu erwartet; wenn es sich irgend machen läßt, soll uns eine Eintrittskarte dazu verschafft werden. In solchen öffentlichen Volksbibliotheken ist England doch auch dem Continent voraus; die hiesige besteht schon aus etwa 12.000 Bänden und wird wöchentlich um hunderte vermehrt, darunter viele ausgelagerte wissenschaftliche Werke, selbst in anderen Sprachen; aus vielen Städten Englands laufen Anfragen über den Fortgang des Unternehmens ein, was auf vielfältige Nachahmungen schließen läßt.

Louise gedeiht vortrefflich, macht namentlich im Sprechen bedeutende Fortschritte: sie weiß so ziemlich alles auszudrücken, was sie kennt und was sie begehrt, natürlich immer auf ihre eigene Weise, so daß es dem, der sie nicht kennt, unmöglich wird, sie zu verstehen. Seit einiger Zeit hat sich übrigens bei ihr ein ganz bedeutender Eigensinn entwickelt, dem freilich auch von allen Seiten mit Energie entgegengetreten wird: unten lohnt es Schläge auf die Hände, in der Kinderstube wird sie in die Ecke gestellt, welches beides immer die heilsamsten Wirkungen ausübt; ihre Angst vor einem Schlage ist so groß, daß, wenn sie nur die leiseste Ahnung hat, daß einer im Anzuge, sie sich eiligst umkehrt, die Hände in den Schoß versteckt und sich hinterm Tisch oder anderwärtig verbirgt.

Lorenz und *Henriette* lassen herzlich grüßen. Da augenblicklich die Auswanderer nur sehr spärlich eintreffen, so ist *Lorenz* den größten Teil des Tages zu Hause und bedeutend mit Ordnung seiner Papiere, Rechnungen etc. beschäftigt. Ihr Daguerrotyp haben sie gestern aufnehmen lassen, und werden wir dasselbe mitbringen: *Henriette* ist natürlich wieder ziemlich mißglückt.

Dein gehorsamer Sohn Wilhelm

1.19. Hull, den 20. März 1853 [Friedrich]

Lieber Papa,

Aus unserer Hoffnung, schon Montag oder Dienstag bei Euch zu sein, hat nichts werden sollen, der böse Frost bei Euch verhinderte nämlich bis auf weiteres unsere Abreise, ohne daß irgend etwas dagegen zu tun ist. Nach ergangenen Anfragen hatten wir Freitag von hier aus durch *Lorenz'* Agenten Nachricht erhalten, daß die Dampfboote *Flansik* und *Hammonia* Sonnabendabend 11 Uhr nach Hamburg abgehen sollten. Weil *Lorenz* ersteren als sehr langsames Boot kannte, zogen wir vor, über Great Grimsby zu gehen, wo, soweit irgend in Liverpool zu erfahren war, alle Mittwoch und Sonnabend ein Dampfboot abfahren sollte, mit dem der Zug über Manchester in Verbindung stände.

Wie wir ankommen, heißt es, schon seit Donnerstag würden zwei Dampfboote aus Hamburg erwartet, die aber durch den Frost daselbst verhindert worden wären, somit war da keines, und das einzige war, nach Hull zu fahren, wo der Zug noch zur rechten Zeit für jene beiden Boote ankam. Aber auf See ging keines, beide nebst *Britannia* und *Helen McGregor* liegen friedlich nebeneinander, warten auf Briefe von Hamburg, die morgen 11 Uhr erwartet werden.

Wir sind fürs erste in einem *lodging house* eingekehrt, wo die Nacht für jeden 1sh kostet, das Frühstück 6d. Da wir an keine Mahlzeiten hier gebunden sind, wollten wir lieber irgendwo in der Stadt möglichst billig etwas Eßbares uns verschaffen, da Mittagessen immer eine halbe Krone per Person kostet und die Länge unseres Aufenthaltes hier ganz unsicher ist. Im günstigsten Falle geht morgen nachmittag um 2 Uhr ein *steamer*, natürlich gehen wir auf den ersten, mag es ein Schraubendampfer sein oder nicht. Geldverhältnisse beunruhigen nicht, wir leben so billig, wie irgend es angeht, und können uns immer im Notfall an *Costie, Lorenz'* Agenten hier, wenden, haben auch schon nach Liverpool geschrieben.

Wir würden in jedem Fall also wohl Mittwoch eintreffen, wo hoffentlich die Elbe offen sein wird – wären wir nur erst bei Euch oder in Liverpool geblieben, der Übergangszustand gehört nicht zu den angenehmsten –, aber solche Verhältnisse waren unmöglich vorauszusehen, gestern und heute morgen fror es wieder ziemlich schwach, nun ist glücklich Tauwetter. [...] Möglicherweise kann der *steamer* nur bis Cuxhaven gelangen, was neue Schwierigkeiten hervorrufen würde; kommen wir bis Glückstadt, bringt uns die Eisenbahn zu Euch.

Mit herzlichem Gruß an alle zu Haus, und Hoffnung auf baldiges Wiedersehen, Dein gehorsamer Sohn Friedrich

Friedrichs Tagebuch I: Ostern 1853

Göttingen, den 22. April 1853

Dieses Buch soll kurze Notizen aufnehmen über die Gefühle und Gedanken, welche mich hier bewegen. Es soll mir dazu dienen, daß ich des Ganzen klarer bewußt werde, welches die Entwicklung von Herz, Sinn und Geist nimmt, um danach mit größerer Sicherheit und Ruhe dem Wege nachzugehen, der mir von Gott vorgeschrieben ist.

Nicht viele verstehen von vorne herein, wie wichtig der Lebensabschnitt ist, an dessen Beginn ich mich befinde. Die schöne Gelegenheit, welche der vorige Winter bot, um darüber eine Anschauung zu erhalten, hoffe ich nicht unbenutzt vorüber gehen lassen zu haben. Durch das tägliche Leben, durch Beschäftigung und Umgang trat der Ernst des Lebens an mich heran. Da galt es, die nötige Sammlung erhalten, um sich nicht hier zu zersplittern und zu verlieren; Gott gebe, daß mich nie der Eindruck verlasse, den ich von da mit zurückgenommen. Das erste Semester wird von vielen als eine Periode betrachtet, in der man, ohne sich des gewissenhaftesten Fleißes zu bestreben, die Freuden des Universitätslebens ungestört genießen könne. Ich glaube, sie würden nicht so reden, wenn sie von der Wichtigkeit gerade dieser Jahre und namentlich des Beginns einen Begriff hätten und den Unterschied zum vorausgegangenen Schulleben nicht in der größeren Freiheit suchten, mit der sie jetzt ihre Lüste befriedigen können, sondern darin, daß jetzt weit höhere Anforderungen an sie gestellt werden, nämlich die, auf eigene Hand ungeleitet und wenig von Menschen bewacht immer das Ziel ihres Lebens im Auge zu behalten, immer auf dem richtigen Wege weiterzudringen in Erkenntnis und Glauben. Welch köstliche Aufgabe, welch freudenvolle Zeit für den, der diese erfüllen kann.

Die englischen Universitäten wollen die Zucht fortsetzen, welche die Schule begonnen hat. Durch andere Vorsorge soll der Jüngling von den bekannten Gefahren bewahrt werden. Hier ist ein jeder sich selbst überlassen, viele mögen fallen, aber das schönste Los ist das derjenigen, die ihren festen Halt an dem Einen finden können, der alle Tage bei ihnen ist.

Göttingen, den 27. April 1853

Welch wundervolle Herrlichkeit liegt doch in dem Leben, das jetzt begonnen, eine Herrlichkeit, von der ich in England keine Ahnung hatte, der ich mit größter Freude mein ganzes Herz aufschließe. Alles ist frei und frisch wie in der Natur des Frühlings, alles regt sich, lebt und freut sich des Lebens, kämpft aber auch dabei und ringt und arbeitet an der inneren Entwicklung. Wie vieles wird darin verlangt, dem nachzukommen man seine ganze Kraft in Anspruch nehmen muß, das ist schwer, geht aber mit Gottes Hilfe. Ihm bin ich dankbar, daß ich einen Freund gefunden habe, der nicht blos äußerliche Annehmlichkeiten hat, sondern durch und durch erfüllt und begeistert ist von diesem Gefühl, das mich hier durchdringt, der selbst wie einer die Herrlichkeit dieser Tage empfindet, ohne ihre Gefahren zu verkennen, der aber auch daher in sich ringt nach immer höherer

Ausbildung, und das nicht aus eigener Kraft, sondern auf urchristlichem Boden. Ja, solch einer muß es sein, mit dem ich mich wirklich eins fühle dem Herrn gegenüber, zwischen dem und mir die wahrhafte Liebe der Jünger Christi klar und offen ausgesprochen liegt. Wie ist doch sonst alle Freundschaft nichtig, äußerlich, unbefriedigend, wie kann sie wohl dem Geist förderlich sein, aber nicht das Herz erquicken.

Du aber, O Herr, mache mich immerdar würdiger und geschickter, nachzukommen den Pflichten, die Du mir in diesem Punkte auferlegt hast, tilge die bösen Eigenschaften, welche alle Freundschaft stören, Stolz, Zanksucht, Eitelkeit. O wie tief ist doch mein Wesen in Eitelkeit befangen, wie geschickt lockt Satan mit den Seilen der Eigenliebe, des Dünkels. Gib mir mehr und mehr die eine wahre Erkenntnis, daß das Herz am gefälligsten ist vor Dir und vor anderen, das seine große Schwachheit erkennt, das eben darum immer Neues lernen muß und will. Gib mir das rechte Maß für die Zunge, daß kein unnützes, kein unzurechtfertigendes Wort über meine Lippen komme.

Es ist eine Zeit der Gnade, wie sie selten im Leben angeboten wird, eine Zeit, wo Herz, Seele und Geist sich erheben sollen in frischem fröhlichem Fluge zu den ihnen vorgesteckten Zielen, das laß mich immerdar im Auge behalten!

2. Das erste Semester in Göttingen: Sommer 1853

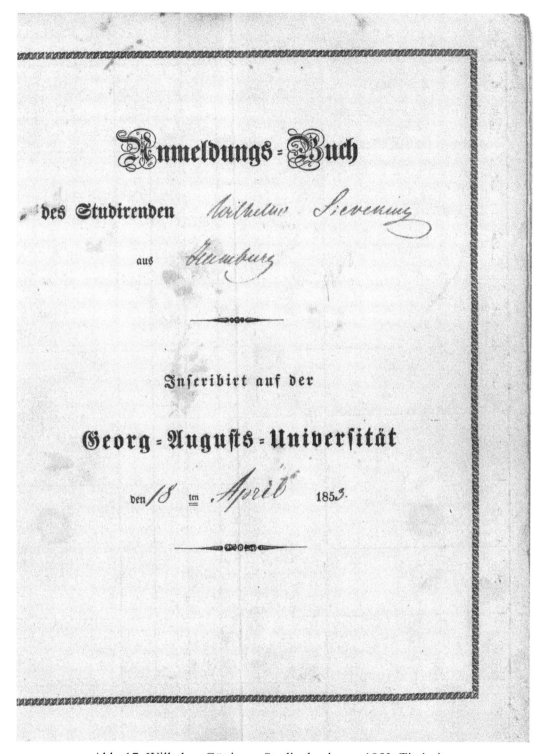

Abb. 17 Wilhelms Göttinger Studienbuch von 1853, Titelseite

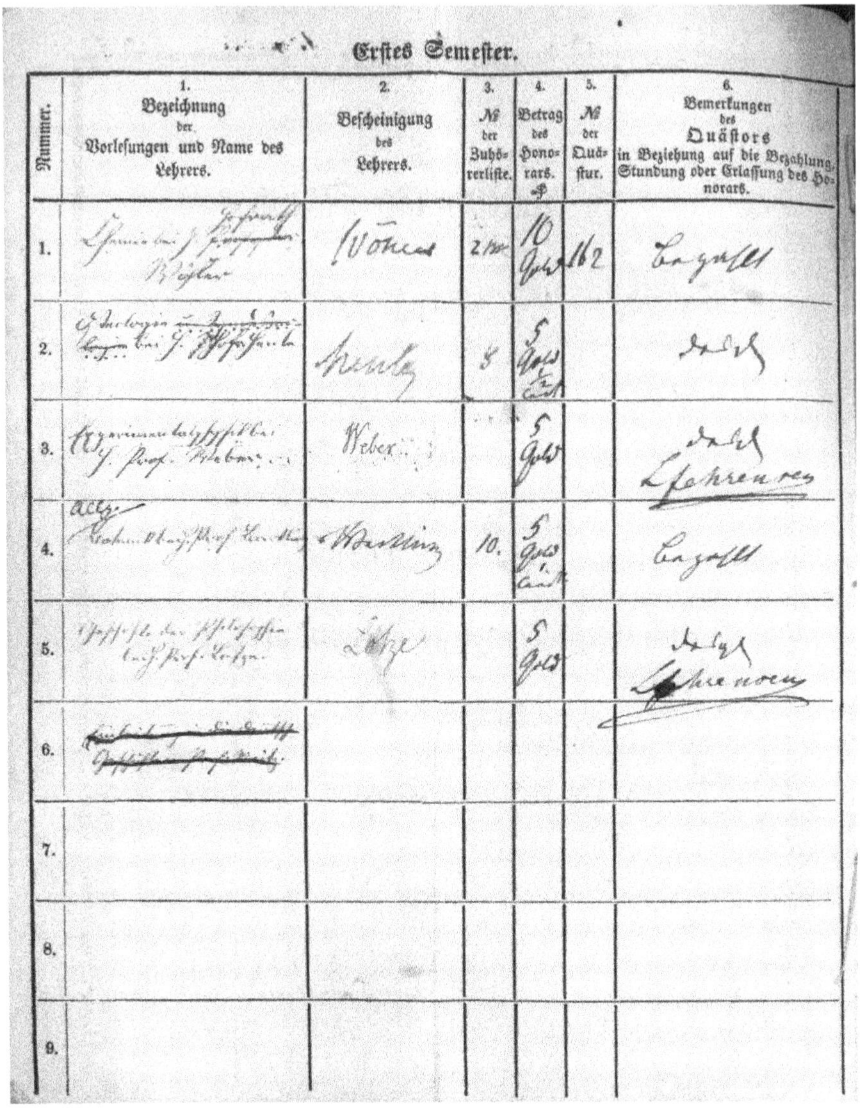

Nummer.	1. Bezeichnung der Vorlesungen und Name des Lehrers.	2. Bescheinigung des Lehrers.	3. № der Zuhörerliste.	4. Betrag des Honorars. ℳ	5. № der Quästur.	6. Bemerkungen des Quästors in Beziehung auf die Bezahlung, Stundung oder Erlassung des Honorars.
1.	*[handwritten]*	*Wöhler*	2 ½	10	62	*[handwritten]*
2.	*[handwritten]*	*Henle*	8	5		*[handwritten]*
3.	*[handwritten]*	*Weber*		5		*[handwritten]*
4.	*[handwritten]*	*Bartling*	10.	5		*[handwritten]*
5.	*[handwritten]*	*Lotze*		5		*[handwritten]*
6.	*[handwritten]*					
7.						
8.						
9.						

Abb. 18 Wilhelms Studienbuch 1853, Belegplan

Wilhelms Belegplan für das 1. Semester:
Chemie bei Hofrat Wöhler,
Osteologie bei Hofrat Henle,
Experimentalphysik bei Prof. Weber,
Allgemeine Botanik bei Prof. Bartling,
Geschichte der Philosophie bei Prof. Lotze

Friedrichs Belegplan für das 1. Semester:
Institutionen bei Hofrat Francke
Geschichte des Mittelalters bei Prof. Waitz
Deutsche Geschichte bei Prof. Waitz
Geschichte des 18. und 19, Jahrhunderts bei Prof. Waitz
Geschichte der Philosophie bei Prof. Lotze

2.1. Göttingen, 2. April 1853 [Wilhelm]

Lieber Papa,

Der erste Wunsch, mit dem ich Dir an Deinem Geburtstagsfeste entgegenkommen möchte, soll der sein, daß Du an diesem Tage in ein recht gesundes Jahr eintreten mögest, daß der glückliche Beginn eines neuen Lebensjahres aber zugleich für einen noch langen Lebensabschnitt überhaupt gleichsam die Weihe bilden möge und zwar für einen Abschnitt, der die Früchte des verflossenen Lebens in der Ruhe eines glücklichen Alters genießen läßt. Einen zweiten Wunsch wollte ich jedoch hinzufügen, der freilich aus unserm Munde nicht sowohl als Wunsch, sondern vielmehr als Versprechen hervorgehen müßte, daß Deine Kinder und zunächst wir, die Du vor Kurzem aus dem väterlichen Hause entlassend sich mehr uns selbst überlassen hast, das große dadurch gesetzte Vertrauen nicht allein rechtfertigen werden, sondern auch in allen Teilen und Stücken dem väterlichen Herzen nur z. Anlaß zur Freude gereichen werden. Das Gesicht dankbarer Liebe, was bisher allein uns offen stand, soll jetzt anfangen, überzugehen in den Ausdruck tätlicher Erkenntlichkeit, indem wir jetzt doch mehr als früher auf eigene Verantwortung hin alle unsere Kräfte benutzen müssen, um nach den Jahren der Studienzeit als wahrhaft tüchtige Männer selbstständig da stehen zu können und so auch an den Früchten zu zeigen, daß wir die Ehre unseres Namens aufrecht halten und die auf uns bisher verwendete Mühe nach Kräften vergelten wollen. Die Mittel, durch die ein solches Ziel von uns zu erreichen, bestehen ja fürs erste lediglich in einem vor Gott und Menschen reinen Lebenswandel und in ausdauernder Benutzung der vor uns liegenden Zeit: daß es redlichem Bestreben danach nicht fehlt, kann ich versichern, und daß in Stunden der Versuchung von oben erflehte Stärke nicht ausbleiben wird, davon bin ich fest überzeugt. Habe ich es doch in neuerer Zeit wiederholt erfahren, daß gerade zu Zeiten innerer Seelenkämpfe, die das Herz fast verzweifeln ließen, plötzlich von außen Trost erschien, an den ich den Augenblick nicht gedacht; so war es noch gestern ein Brief von *Lorenz,* der zu einer Stunde eintraf, wo sich ähnliche Gefühle meiner bemeisterten wie die, welche ich ihm gegenüber ausgesprochen, und und worin er durch Trostesworte als der rechte Helfer in der Not erschien. Gedanken wie die: Wozu bist Du auf der Welt? Bloß Deinetwegen oder auch andererwegen? Welche Pflichten hast Du anderen, welche dir selbst gegenüber? Was für Kräfte sind dir gegeben, und wie hast du dieselben zu benutzen? – beschäftigen mein Inneres jetzt beständig und lassen es oft trübe in demselben aussehen.

Doch fehlt es dann auch wieder nicht am rechten Troste, womit mich namentlich die Aussicht auf das vor mir liegende Arbeitsfeld erfüllt, insofern ich in demselben die für mich einzig mögliche Zukunft sehe.

> Sing', bet' und geh' auf Gottes Wegen,
> verricht' das Deine nur genau
> und trau' des Himmels reichem Segen,
> so wird er bei dir werden neu,
> denn wer nur seine Zuversicht
> auf Gott setzt, den verläßt er nicht.

Auf ein getreues Verrichten der mir nun zunächst angewiesenen Arbeit soll es denn nun auch losgehen, und da bin ich froh, daß sich dieselbe mir jetzt in immer klareren Umrissen zeigt, zunächst namentlich uns, im vorliegenden Sommersemester zu absolvieren.

Nachdem wir uns gerade in unserer Häuslichkeit vollständig eingerichtet haben, die Göttinger Studenten- etc. -verhältnisse wenigstens begriffsweise überblickt haben, nachdem die Collegien allmählich alle begonnen und auch über deren Wert und Tragweite sich eine Art Urteil hat gestalten können, ist das Gleichgewicht wieder eingetreten, das sogenannte Alltagsleben hat begonnen, der Tag hat seine Einteilung, die Stunden ihre verschiedene Bestimmung; auch der Kreis von neuen Freundschaften hat sich in schwachen Umrissen gebildet und bedarf im Ganzen nur noch einer teilweisen Hervorhebung oder Absonderung einzelner Elemente. Den Mittelpunkt unserer Bekannten bilden natürlich die schon aus früheren Zeiten bekannten Hamburger, denen sich zunächst Lübecker anschließen. Unter letztere gehört außer *Classen* namentlich dessen Busenfreund *Julius Roquette*, stud. theol., seit einem Jahr in Göttingen; dieser verbindet mit ungemeiner Lebhaftigkeit und jugendlich gesunder Frische tiefes Gefühl, psychologischen Blick und, wie es scheint, scharfen Verstand. Er wird wohl der Intimste unserer neuen Freunde bleiben; in ihm finden wir Herz, Verstand und einen christlichen Sinn, wie es keiner unserer früheren Bekannten von sich rühmen könnte. Die Mehrzahl dieser neuen Bekannten (deren mehrere Euch vorzuführen späteren Berichten überlassen sein mag) sind in der Verbindung der Neu-Brunsviger, einer sog. Progreßverbindung, die in scharfem Gegensatz gegen die Hoheiten der Burschenschaften (Corps) und Landsmannschaften sich zu einer auf streng sittlichen Grundlagen beruhenden Geselligkeitsverbindung vereinigt hat; 2 Hamburger Mitfüchse haben sich auch schon zur Aufnahme in derselben melden lassen, was uns jedoch noch fern gelegen. An geselligen Zusammenkünften, wie mittags zu einem Caffee, abends zu einem Tee, fehlt es auch ohne das nicht, wenn sich dann hin und wieder muntere Spaziergänge in die Umgegend anschließen. Von einer solchen Tour auf die Plesse wird Friedrich letzthin geschrieben haben; vorigen Sonntag gings auf das 2 Stunden entfernte Dorf Reinhausen in einer Begleitung von etwa 30 Mann, deren größter Teil sich jedoch per Wagen dorthin bewegte; die nahgelegenen sog. Gleichen, 2 mit Ruinen bedachte Bergkuppen, von denen sich die herrlichste Aussicht auf den ganzen Harz bieten soll, versäumten wir dummerweise diesmal zu besteigen; doch war namentlich der Rückmarsch abends um 10 bei aufgehendem Monde wundervoll.

Unsere Tageseinrichtung ist sehr einfach; das botanische Colleg zwingt glücklicherweise zum Frühaufstehen um 6½ Uhr, worauf das vermittelst eines Spritlämpchens selbst bereitete Frühstück erfolgt: die botanische Vorlesung von *Bartling*, chemische von *Wöhler* und osteologische von *Henle* (7-8, 9-10, 11-12) besetzen dann meinen Morgen, während Friedrich sich mittelalterliche Geschichte von *Waitz* (8-9) und Institutionen bei *Francke* vortragen läßt. Die Zwischenstunden werden durch Lesen eines Classikers oder Arbeiten für dies oder jenes Colleg ausgefüllt. Um 12 finden wir uns bei einem Hamburger *Moraht* zum sog. Aschanti-Essen zusammen, was der *table d'hôte* im Wirtshaus in Hinsicht auf Zeit und Geldersparnis

vorzuziehen ist; für 1 M wöchentlich erhält man ein ganz befriedigendes Mittagessen aufs Zimmer, von dessen Magerkeit hier viel gefaselt wird, wie denn auch
der Name davon herstammen soll, daß ein afrikanischer Aschantifürst, der sich
früher mit Steinen und Lehm ernährt, zum Studium nach Göttingen gekommen
sei, aber den Folgen eines hiesigen Garküchenessens augenblicklich gestorben!
Die Zeit nach dem Essen wird durch Lesen auf dem sogenannten Museum, durch
Spaziergänge, Besuche etc. ausgefüllt, bis die Collegien um 3 wieder beginnen
und durch *Webers* Physik und *Lotzes* Geschichte der neueren Philosophie bis 6
Uhr anhalten. Der Abend wird alsdann beschlossen mit Vor- oder Nachstudium
für die Collegien.

Ich denke, wenn wir erst mehr im Zug sind, können wir bald daran denken, ir-
gendeinen bestimmten Gegenstand vorzunehmen, etwa für mich aus dem Fache
der Naturwissenschaft, für Friedrich aus dem der Geschichte, und denselben zu
verarbeiten, seine eigenen Kräfte daran zu versuchen und auf diese Weise das
Erlernte auch wieder anzuwenden versuchen. Nur wird es schwer sein, in diesem
Stück eine glückliche Wahl zu treffen, da natürlich der Wunsch rege wird, nicht
etwas ganz Triviales, längst Abgehandeltes zu behandeln, sondern etwas, was,
wenn auch zuerst noch so einfach, zu neuen Ideen wenigstens der Anlaß werden
kann. Daß da von Auffinden eines absolut Neuen noch nicht die Rede sein kann,
ist natürlich, es sollte nur ein Gegenstand sein, der Anregung geben kann zu
selbstständigem Fortdenken und [einen] in dieser Art wirklich zu kleinen Resulta-
ten gelangen läßt. Es ist doch zunächst immer nützlich, sich erst über kleinere
vereinzelte Fragen und Systeme klar zu werden und dieselben dann durch
allmälige Erweiterung und Hinzufügung zu einem größeren Ganzen zu verknüp-
fen. Was nun eine solche etwaige Spezialarbeit behandeln kann, auf welche Weise
sie zu behandeln, ob vielleicht zu Anfang im engen Anschluß an ein vorhandenes
Werk, das in einzelnen Teilen weiter auszuführen wäre, das liegt mir manchmal
im Kopf, verlangt aber noch genauere Überlegung, und muß es sich zeigen, ob
nicht vielleicht ein äußerer Anstoß, wie es so häufig der Fall ist, auch bei mir Anlaß zu dergleichen geben wird.

Was nun die verschiedenartigen Collegien betrifft, die wir belegt haben, so
sind wir fast ausnahmslos bedeutend mit ihnen zufrieden, was sich ja schon aus
den Namen, den die Vortragenden genießen, mit Recht erwarten ließ. Selbst die
Botanik scheint namentlich in Verbindung mit den bald daran zu knüpfenden Demonstrationen an Interesse zuzunehmen, nachdem ein etwas trockenes Dictat über die
verschiedenartige Lage und Gestaltung der Zellen beendet ist. *Wöhlers* Chemie ist
äußerst klar und namentlich durch das Gelingen der Versuche sehr interessant, doch
muß er leider sehr kurz dabei zu Werke gehen.

Weber hat erst vorgestern begonnen, und muß man sich erst an seinen Vortrag
gewöhnen, der zunächst höchst lächerlich klingt; dabei ist er ernst und tief: er ging
zunächst auf die Theorie der Physik ein, entwickelte den Unterschied zwischen
einer Erscheinung selbst und dem Begriff, den wir uns von derselben bildeten, der
Beobachtung. Dann stellte er als die Aufgabe der Physik dar, die Erscheinungen
in Gesetze zu bringen, und die Mittel, wodurch das erlangt wird, namentlich das
der Messung, und wies uns an einem einfachen Beispiel von *Saukel* nach, wie aus

den durch Messung von demselben gemachten Beobachtungen sich die allgemeinen Gesetze entwickeln ließen.

Abb. 19 Wilhelm Eduard Weber (1804-1891)

Ausführlicheres muß ich späteren Berichten überlassen, und wird auch Friedrich über seine Vorlesungen bald selbst berichten. Die Zeit, wann der Brief auf die Post muß, rückt schnell heran, und so wollte ich Deinem Wunsche gemäß noch einige Geldpunkte berühren: Die Reise hat uns 15 M gekostet, die Immatrikulation über 12 M, die Collegien etwa 60 M; Mittagessen wöchentlich 2 M, Wäsche halbjährlich 6 M, Miete 28 M, Lesezimmer 6 M; wöchentliche Hausrechnung etwa 1 M für Heizen, Frühstück etc. Auf die anfängl. Einrichtung, wie Lampen, Papier, Teegeschirr etc. kommen ca. 10 M, Bedienung vielleicht 5 M. Dazu kommen noch einzelne notwendige anzuschaffende Bücher.

Die Dose Tee haben wir glücklich erhalten und versteuert; auf den Cacao hoffen wir sehr; die Kiste ist noch nicht angekommen und wohl vor Ende der Woche nicht zu erwarten. Für die Empfehlungsschreiben sind wir *Prof. Ullrich* äußerst verpflichtet, und werden wir sie allmählich anbringen. Mutters Vorschlag, Friedrich sein Bett zu verstellen, ist nicht ausführbar, da die gegenüberliegende Wand durch einen großen Ausbau für Schornstein u. durch den Ofen allzusehr verkürzt ist; auch kann Fensterkühle nicht so leicht in seine Ecke dringen.

Mit vielen Grüßen an alle
Dein treuer Sohn Wilhelm

Friedrich läßt seinen besonderen Glückwunsch dem meinigen hinzufügen.

2.2. Göttingen, den 13. April 1853 [Friedrich]

Liebe Mutter,

Obwohl dieser Brief Dich schon vor Deinem Geburtstage treffen wird, so soll er Dir doch zugleich mit der Meldung unserer glücklichen Ankunft den innigsten Wunsch von unserer Seite überbringen, daß Dir im kommenden Lebensjahre alles Heil widerfahren möge. Es ist ja zum ersten Male, daß Du an diesem Tage von allen Deinen Kindern bis auf eins verlassen bist, nichtsdestoweniger weißt Du ja, wie alle immer im Geist bei Dir sind und sich bestreben, Deiner Liebe würdig zu sein.

Von unserer Reise kann ich Dir nur Gutes melden, bis auf einige Unannehmlichkeiten, die die Beförderung nach Göttingen mit sich bringt. Im Eisenbahnwagen war man sehr wenig mitteilend. In Hannover angekommen, gab es zu Laufen, um noch Sitzplätze in der Diligence zu erhalten, weil schon 24 eingenommen waren. *Classen* und *Roquette*, den Morgen angekommen, begegneten wir in der Post zu Hannover, sahen uns aber nur kurz, weil die respectiven Sitznummern uns auseinander hielten.

Ein ca. 1-stündiger Aufenthalt in der nächsten Station nach Hannover, einem abscheulich kleinen ungemütlichem Lokal, veranlaßt durch Mangel an Wagen und Pferden, die erst aus dem ganzen Dorf zusammengesammelt werden mußten, bildete die einzige wesentliche Störung unserer Nachtruhe. Der Gedanke, eine Decke mitzunehmen, war übrigens sehr zur rechten Zeit gekommen, denn gegen Morgen namentlich stellte sich eine ziemliche Kälte ein, die indessen nun sehr gut abgewehrt werden konnte. So kannst Du Dich also entschieden über die Folgen der Reise beruhigen, indem die etwa noch übrigen Spuren durch einen 10-11-stündigen Schlaf beiderseits vollkommen ausgetilgt worden sind.

Fast um 12 Uhr am Sonntag zogen wir im Weendertor ein, und Hamburger Freunde geleiteten uns zur *Cravatte*, wo wir jetzt hausen.

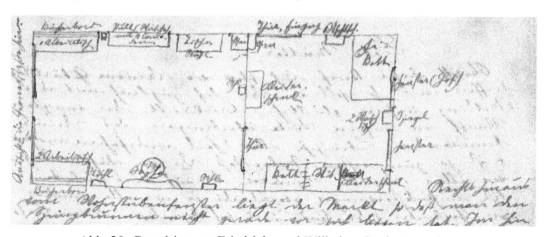

Abb. 20 Grundriss von Friedrichs und Wilhelms Studentenwohnung

Die Einrichtung wird nach Deinem Wunsch ohne Weiteres besorgt, bedeutend erleichtert dadurch, daß alles schon auf zwei Personen eingerichtet war. Aus Folgendem kannst Du Dir hoffentlich eine Idee von der ganzen Geschichte machen.

Rechts hinaus vom Wohnstubenfenster liegt der Markt, so daß man den Springbrunnen nicht gerade vor sich liegen hat. Im Hintergrunde der Grohnderstraße sind Berge. Was noch zur Einrichtung nötig war, ist oder wird, wird noch beschafft.

Mit Mahlzeiten sind wir noch nicht ganz im Reinen, haben bis jetzt in unserem Hause und im *Stadt London* probiert, in letzterem soll die tâble d'hôte aber schon übervoll sein, auch stellt *Julius* dieselbe als nicht besonders empfehlenswert dar. Wir werden noch anderes versuchen, evt. mit einem Hamburger zusammen unseren Mittagstisch nehmen. Übrigens ist die Milch hier ausnehmend mangelhaft, so daß wir Euch um eine Sendung Tee und Cacao bitten möchten. Tee würde, da um 12 U. gegessen wird, um 8 genommen werden und so unschädlich für Wilhelms Ruhe sein, zum Cacao soll frische Milch hier genießbar sein, was wir mit unserem ¾ Pfund, das hoffentlich bald anlangen wird, probieren werden. Außerdem laßt uns auch bitte einige Handtücher, die hier nicht vom Hauswirt gegeben werden, zukommen und der Räumlichkeiten halber vielleicht auch einige Wischtücher, wie viele wirst Du am besten bestimmen können. Auch wären uns noch ein Paar Teelöffel sehr willkommen, da dergleichen hier sehr mangelhaft ist.

Dienstag morgen

Ich muß allerzuvorderst um Entschuldigung meiner Nachlässigkeit bitten, daß der Brief nicht schon gestern expediert wurde. Ein Besuch zweier Hamburger Bekannten, darunter der altbekannte *Benöhr*, unterbrach mich. Du wirst denken können, daß die Zeit in den ersten Tagen leicht dahingeht im Wiederbegrüßen aller Freunde und in der nötigen Einrichtung, worüber wir Dich doch gleich zuerst benachrichtigen wollten.

Redlich figuriert hier noch als fideler Rußwurm, hat auch den bezeichnenden Spitznamen Wurm oder sehr Kleiner Wurm, seine Wohnung ist ziemlich nahe bei uns; übrigens können wir Euch erst später über Bekanntschaften etc. und Verhältnis zu den Professoren schreiben. Hoffentlich werden die Empfehlungsbriefe nicht noch lange auf sich warten lassen; an *Ribbentrop* wird wohl keiner zu verschaffen sein, er soll ein sehr lebendiger anregender Mann sein, während *Francke* Trockenheit selbst ist. Die Collegien fangen erst in den nächsten Tagen für mich an. Wilhelm hört heute zuerst *Wöhlers* Vortrag über Chemie, wozu Anschaffung seines Grundcurses nötig war. Er trifft hier mehr bekannte Mediziner, denen er sich anschließt. *Classen* ist freilich schon zwei Semester weiter. *Piegers* haben wir nur vorübergehend gesehen, übrigens wird der Umstand, daß er in ein Corps eingetreten ist, den Umgang mit ihm ziemlich verhindern, die Namen früherer Schulgenossen, *Cropp* und *Schlesinger,* werden Dir unbekannt sein, schreibe sie Dir nur, damit Du einigermaßen Dir vorstellen kannst, mit wem wir Umgang pflegen. Überhaupt aber denke ich, daß wir hier vortrefflich fortkommen werden, da müssen wir noch immer mit Dank an das vorige Jahr, namentlich an den Winter zurückdenken – wir haben Vorteile dadurch gehabt, die sehr viele andere vermissen, welche deshalb besonders in ihrem ersten Halbjahr ein teures Lehrgeld an Zeit und Geld bezahlen müssen.

Nächster Tage werde ich an *Henriette* schreiben, mit der wir doch zu gerne in der lebhaftesten Verbindung bleiben, um gemütlich genossene Monate gegenseitig in guter Erinnerung zu behalten und dafür dankbar zu sein. Mit großer Genauigkeit und Ausführlichkeit werden wir Euch später Bericht erstatten, wenn wir erst eine Art Überblick über die hiesigen Verhältnisse haben und mit Arbeiten usw. in vollem Zuge sind. Daß ich von Wilhelm nicht viel Erwähnung getan, zeigt Dir am besten, daß er auf dem besten Wege der Genesung ist, ich denke die Pillen werden schließlich der Sache ein Ende machen, seine Erkältung verliert sich ziemlich, obgleich er wenigstens gestern beim Sprechen noch ein leises Dröhnen in seinem Ohr verspürte. Du mußt Dir uns aber durchweg als Deine sonst vernünftigen Söhne in dieser Beziehung vorstellen, daher auf keinen Fall Besorgnis hegen. Indem ich bitte, die anderen herzlich zu grüßen, und nochmals um Entschuldigung für das materielle Briefchen bitte verbleibe ich

Dein gehorsamer Sohn Friedrich

2.3. Göttingen, den 6. Mai 1853 [Friedrich]

Liebe Mutter,

An Dich richte ich dieses Mal meine Worte, um Dir als treuer Sohn aus vollem, offenem Herzen zu schicken, in welcher Stimmung für Seele, Geist und Körper ich mich hier befinde: ich weiß ja, wie innigen Anteil Du an dem nimmst, was uns in der Fremde bewegt; kannst Du nicht mit eigenen Augen alles übersehen und überwachen, so ist es Dir um so lieber, wenn Nachrichten es möglich machen, immer aufs Innigste mit Deinen Kindern fortzuleben. Wir haben uns hier schon so acclimatisiert, daß sich wohl schon eine Übersicht über alle hiesigen Verhältnisse geben läßt. Pfingsten rückt schon heran, das kommt mir wunderbar vor, war doch noch eben der Karfreitag, wo wir Euch alle wiedersahen und fürs erste nur an einen gemütlichen Aufenthalt in Hamburg dachten! Das ist vorüber, aber wunderschön ist es, immer weiter im Lebenslauf fortzuschreiten, jeder Tag bringt doch Neues und Schönes. Das glaube ich sicher, daß der Segen des HErrn, der ja immer so sichtbar mit uns gewesen ist, uns nie verlassen wird; ich habe ihn vergangenen Winter und namentlich in dieser Zeit so innig und dankbar angefunden, umsomehr als ich mir vorher nie alles so schön hatte denken können, wie es sich nachher gezeigt hat.

Ich glaube, daß wir uns unter den Hamburgern, die mit uns das Los des Fuchstums teilen, noch am allergemütlichsten hier befinden. Ich betrachte es als ein eigentümlich Schönes an unseren deutschen Universitäten, daß sie so sehr den rechten Anschluß aneinander, die wahre innige Freundschaft befördern, das kann ich mir z.B. auf englischen lange so nicht denken. Das liegt vielleicht im Charakter des Deutschen, sich leicht hingezogen zu fühlen und neue Freundschaften zu schließen. Mir geht es wenigstens so, ich kann mir nichts Erquickenderes denken, als im Freundeskreis sich gegenseitig über dies und das auszusprechen, sich einander immer besser kennenzulernen, voneinander immer mehr zu lernen. Göttingen soll dann auch vor anderen Universitäten den Vorzug haben, daß unter den Studenten ein gemütliches Zusammensein stattfindet, umso mehr ist das für uns der Fall, als die Hansestädter, die sich doch leicht an andere anschließen, gerade sehr zahlreich hier sind. Wir sind nicht wenig stolz darauf, daß zwischen 40 und 50 freie Reichsstädter hier vereinigt sind.

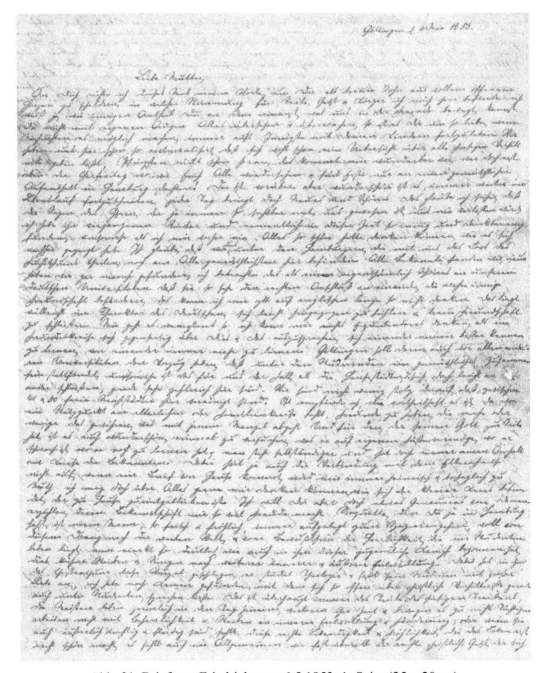

Abb. 21 Brief von Friedrich vom 6.5.1853, 1. Seite (25 x 20cm)

Oft empfinde ich, wie vorteilhaft es ist, da, wo ein Stützpunkt am elterlichen oder Familienkreise fehlt, Freunde zu haben, die mehr oder weniger das gewähren, was mit jenem Mangel abgeht, und für den, der seinen Gott zur Seite hat, ist es auch wunderschön, einmal zu versuchen, was er auf eigenen Füßen vermöge, wo er schwach ist, wo er noch zu lernen hat; man steht selbstständiger und hat doch immer einen Anhalt am Kreise der Bekannten. Dabei hört ja auch die Verbindung mit dem Elternhaus nicht auf; wenn ein Brief von Hause kommt, wird mir immer heimisch und behaglich zu Mut, ich mag doch über alles gerne mir denken können, wie sich der kleine Kreis befindet, der zu Hause zurückgeblieben ist.

Ich will Dir aber doch etwas Genaueres von den Freunden erzählen, deren Bekanntschaft mir so viel Freude macht. *Roquette*, den Du ja in Hamburg sahst, ist mein Mann, so frisch und fröhlich, immer aufgelegt zum Spazierengehen, voll von diesem Drang nach der weiten Welt und im Bewußtsein der Herrlichkeit, die im Studentenleben liegt. Man merkt so deutlich, wie auch in ihm dieser jugendliche Kampf begonnen hat, dies kühne Streben und Ringen nach weiterer innerer und äußerer Entwicklung. Dabei hat bei ihm das Christentum tiefe Wurzel geschlagen, er studiert Theologie und faßt sein Studium mit großer Liebe an, ich habe noch keinen gefunden, mit dem sich so offen über christliche Verhältnisse gerade auch unter Studenten, sprechen ließe.

Das ist überhaupt das Trübe des hiesigen Treibens, die Meisten leben ziemlich in den Tag hinein, verlieren ihre Zeit und bringen es zu nichts Tüchtigem, arbeiten nicht mit Beharrlichkeit und Streben an innerer Entwicklung und Förderung; oder wenn sie auch äußerlich tüchtig und fleißig sind, fehlt diese rechte Lebendigkeit und Fröhlichkeit, die das Leben erst recht schön macht, es fehlt auch im Allgemeinen wie fast überall die rechte christliche Größe, die sich ungescheut ausspricht. Außer *Classen* sind noch verschiedene sehr angenehme Lübecker hier, welche bald mit uns Bekanntschaft schlossen. *Trummes*, ein Bruder von *Geibels* Gattin, früher in Erlangen gewesen, auch Student der Theologie, ziemlich still und ernsthaft aber urgemütlich und von gutem Verstande, freilich lange nicht so lebhaft und anregend als *Roquette* für andere. *Mollwo* studiert Philologie, hat dadurch eine gewisse Klarheit im Sprechen, eine Bestimmtheit die allerdings manchmal etwas komisch erscheint; eine kleine Beimischung von Bequemlichkeit und Trockenheit macht ihn in seiner Art gemütlich, ich mag an ihm besonders leiden, daß er ein rechtes Familienkind ist, wenngleich etwas mehr Lebhaftigkeit im Kerl stecken könnte. Diese vier wohnen in einem Hause zusammen, da wir ihnen gerade gegenüber unser Mittagessen einnehmen, so werden um 12 die Fenster beiderseits aufgesperrt und man genießt Unterhaltung und schöne Sommerluft. Das Wetter ist überhaupt seit dem ersten Mai über alle Begriffe herrlich.

Ihr habt auch ganz richtig vermutet, daß wir vorigen Sonntag eine Excursion machen würden. Die allernächste Umgebung von Göttingen ist ziemlich kahl, doch eine Menge Saatfelder, die sich an die oben mit Holz bewachsenen Berge hinan ziehen. In allen Richtungen fließen kleine Bächlein, die beim Spaziergang immer angenehmen frischen Eindruck machen, die Leine fließt etwas melancholisch trübe quer durch die Felder. Jetzt wo das Korn eben erst recht aufschießt, sieht es wundervoll aus, wenn die Sonne über das saftige Grün hin scheint. Dabei kommen nun auch Bäume und Büsche mit Geschwindigkeit vorwärts, köstlich wird es werden, wenn die Göttingen rings umgebenden Berge alle grün sind im frischen Glanz des Frühlingslaubes. Der Kaufungerwald schließt die Stadt ziemlich ein, eine Menge kleinerer und größerer Hügel, der höchste ca. 2.500 Fuß, ladet immer zu Märschen ein, oben hat man wunderschöne Aussichten auf die Weserberge bis Kassel hin, auf die Gruppe der Harzberge, vornean liegen immer niedliche Dörfer zwischen Hügeln und Saatfeldern eingestreut. Nach dem höchsten dieser Berge marschierten gestern unsrer fünf im schönsten Frühlingswetter mit recht festlichen Gefühlen, ließen uns oben ordentlich durchwehen und genossen die Aussicht in weiter Ferne, ließen uns dann natürlich das ländliche Mittagessen vortrefflich schmecken, werden dann auch noch Lieder angestimmt, so ist es nur etwas traurig, nicht mitsingen zu können, doch kommt das mit der Zeit von selbst. Des Abends, wenn die Sonne untergegangen und alles so herrlich friedlich ist, zieht man in sein Göttingen ein und weiß den anderen Tag noch viel von den gestrigen Freuden zu erzählen.

Auch ein oder der andere Wochenabend geht so im geselligen Zusammensein mit Freunden hin, ich fühle immer, daß alle Verhältnisse darauf hinweisen, sich möglichst eng an die anzuschließen, mit denen man sich als Freund zusammengefunden hat. Mit der Zeit denke ich, auch mehr solche zu finden, die auch von dieser rechten Lebensfrische erfüllt sind, es sind so gar viele, die alles zu weit, zu mühsam finden und sich's recht bequem machen wollen.

Abb. 22 Georg Waitz (1813-1886)

Nun sieht es aber fast so aus, als wäre mir das die Hauptsache, so das Leben zu genießen. Ich fühle mich aber am Arbeitstisch ganz ausgezeichnet wohl, es geht doch nichts über eine Wissenschaft, wo man sich nun so recht mit aller Lebenskraft und Energie hinein versenken kann. So sehr im Anfang ich noch stehe, so sehr freue ich mich, immer noch weiter zu kommen, immer mehr zu lernen. Collegien sehe ich nicht zu viel und nicht zu wenig, gerade so, daß zum eignen Arbeiten, das doch am besten schafft, noch viel genug übrig bleibt und doch so verteilt, daß dem Tage dadurch ein fester Anhalt gegeben wird.

Waitz' geschichtliche Vorlesungen höre ich allesamt mit großem Interesse, sein Vortrag ist nicht glänzend, aber klar, einfach, ungeschminkt, doch auch anziehend und fesselnd, dabei so, daß das Nachschreiben nicht schwer wird. Darin läßt es sich überhaupt mit Abkürzungen zu fabelhafter Geschwindigkeit bringen, Stenographie ist durchaus unnötig dabei, wäre auch unangenehm wegen des Lesens. *Waitz* behandelt ältere Deutsche Geschichte und Mittelalter, dann neuere Geschichte im 18. und 19. Jahrhundert von *Friedrichs* Thronbesteigung an und gibt endl. eine Einleitung in Deutsche Geschichte, worin er in sehr interessanter Weise von ihr ausgeht, die Zustände der Gegenwart schildert und dann zeigt, wie die mit der vergangenen Zeit in engem Zusammenhange stehen.

Abb. 23 Rudolf Hermann Lotze (1817-1881)

Francke liest Institutionen, freilich durchaus nicht so, daß er Interesse erwarten könnte, wo dieses sich nicht von vornherein vorfindet. Sein Vortrag ist sehr mangelhaft und seine unterbrechende oft stockende Stimme dabei sehr dürre, ohne Lebendigkeit, doch ist, was er sagt, nicht übel; das Heft, aus dem er diktiert und das schon ziemliches Alter verrät, scheint mit großem Fleiß durchgearbeitet zu sein.

Als Beiläufer betrachte ich die Geschichte der neueren Philosophie seit Kant von *Prof. Lotze*; da mir derartige Beschäftigung ganz neu ist, interessiert es mich sehr, einen Begriff von den Doctrinen und Thesen zu erhalten; ein solcher Vortrag regt doch jedenfalls zur eignen Weiterforschung an und gibt eine ganz angenehme Grundlage. Aus den Fächern, die ich genannt habe, siehst Du, daß es alles Vorlesungen sind, die durchaus nichts mit dem medicinischen Fach [Wilhelms] zu tun haben, überhaupt empfinde ich es mehr, als ich gedacht habe, daß unsere verschiedenen Beschäftigungen uns mehr als früher auseinander halten. Des Morgens sind wir in der Regel nur eine Stunde zusammen, des Nachmittags auch nur wenig, wenn auch gerade die verschiedenen Collegien nicht auseinander führen, so hat doch natürlich jeder seine eigenen Arbeiten, an denen der andere nur ein ferneres Interesse haben kann. Des Abends beim Tee werden in der Regel die Lampen auf den runden Sofatisch getragen, und während wir bei solcher brillanten Illumination den vortrefflichen Hamburger Tee genießen, werden wohl dann und wann Einzelheiten aus dem Gelernten ausgetauscht.

Unter den Neuangekommenen, die dasselbe Studium mit mir treiben, habe ich leider noch keinen gefunden, bei welchem ein näherer Anschluß wünschenswert erscheinen könnte, es wäre mir sonst sehr angenehm, da doch auf diese Weise manches angeregt wird, was sonst unberührt bleibt. Das wird aber gewiß mit der Zeit schon kommen. Fürs erste amüsiert es mich, immer einen oder anderen Brocken aus anderen, z.B. den medicinischen Wissenschaften, sammeln zu können, die jungen Mediciner können es doch nicht lassen, das, was sie eben im Colleg gelernt, mit gelehrter Miene wieder vorzutragen und ihre Genossen mit Nerven, Knorpeln und Häuten zu bewirten. Gegenstand der Tagesunterhaltung bildet jetzt im Allgemeinen das Tischrücken, das hier ein großes Schisma durch die verschiedenen Erklärungen, die davon gegeben werden, veranlaßt. Medicinische Autoritäten erklären es aus der unbewußten Beengung der lange in ein und derselben Lage ohne Veränderung gehaltenen Muskeln, während unberufene Kritiker ihre Erfahrung dagegen geltend machen, so daß am Ende nichts dabei herauskommt. Die beste Erklärung ist wohl die, die neulich von *Müller* im *Kladderadatsch* gegeben wurde.

Übliche Sitte und fabelhaftes Wetter lockt die meisten Füchse und einige Alte, diesen Pfingsten eine kleine Tour nach X. zu machen. Sollte Papa nichts dagegen haben, so hätten wir nicht übel Lust, uns der Gesellschaft anzuschließen, da die meisten unserer Freunde mit fortgehen. Was die finanzielle Seite der Sache betrifft, so denke ich, daß wir trotzdem bis Johannis mit dem mitgebrachten Vorrat werden auskommen können, da wir uns durchaus keine unnötigen Sprünge erlauben. Du mußt nicht besorgt sein, daß eine Überanstrengung dabei vorfallen könnte, in den meisten Teilnehmern steckt eine ziemliche Angst vor übertriebenen

Märschen. Da die Tour regelmäßig von den Neuangekommenen um Pfingsten gemacht wird, so ist der zu nehmende Weg gut bekannt.

Mit den Empfehlungsbriefen sind wir noch nicht sehr weit gediehen, die Besuchszeit (11-1) ist sehr ungelegen, da diese Zeit uns gerade von Collegien und Mittagessen gefüllt ist, dann weiß man immer nicht, ob man die Professoren bei Tische oder beim Mittagsschlaf stört. Auch hat Wilhelm wegen eines Flusses auf beiden Augen sich etwas schonen müssen. Jedenfalls werden sie vor Pfingsten absolviert. – Der engl. Cacao ist noch nicht angekommen, wird hoffentlich nächstens mit einem Brief eintreffen.

Grüße alle die unseren,
Dein gehorsamer Sohn Friedrich

2.4. Göttingen, den 20. Mai 1853 [Wilhelm]

Meine liebe Lolly,
Ich bin Dir eigentlich für zwei Briefe Antwort schuldig, über deren Ausbleiben Ihr Euch hoffentlich keine Sorge werdet gemacht haben. da Dein letzter erst Freitag mittag anlangte, so war es uns unmöglich, namentlich noch vor der Pfingsttour, die auf den Sonnabendmorgen um 6 Uhr angesetzt war, uns vernehmen zu lassen, da der Freitag nachmittag nach dem 2 Stunden entfernten Nörten und dem mit einer schönen Ruine versehenen Hardenberg dediert war; es wurde nämlich einem Stiftungsmitglied der Verbindung, mit der wir in näherem Umgang stehen, einem gewissen *Dedekind*, welcher nach erlangtem ersten Doktorgrade sich nach seiner Heimat Braunschweig aufmachte, ein feierliches Comitat bis Nörten veranstaltet, dem wir uns, aufgefordert, gleichfalls anschlossen.

Sonnabendmorgens also ging es los mit Stock und Stengel, schönem Wetter, frohem Herzen und vergnügter Reisegesellschaft. […] Diese 4 Tage sind eigentlich ein beständiger Genuß gewesen; das Wetter war gar nicht schöner zu denken; dabei das junge Buchengrün, das sich mit jedem Tag schöner entfaltete; abends der Schein des zunehmenden Mondes, morgens herrlicher Sonnenaufgang; eine immer frohe, bald in ernsterem, bald in scherzendem Gespräch sich ergehende Reisegesellschaft; endlich das viele Neue im Gebiet der Natur und der Kunst, was man doch zu sehen bekommen. Alles dies hat einen unvergeßlichen Eindruck gemacht, der doch im Kontrast mit dem öden und eintönigen Göttingen und dessen nächster Umgebung nur noch unvergeßlicher wird. Wie der Hang des Menschen doch so leicht unbefriedigt erscheint; als ich zuerst hierher kam, fand ich Göttingens Lage unvergleichlich mit allem, was ich bei uns zu Hause gesehen; jetzt schon kommt es mir öd und kahl vor, und käme ich einmal noch weiter nach Süden, so wird wohl selbst Münden und das Werratal nur noch einen geringeren Reiz haben. Dabei ist es doch ein Vorteil, daß man nicht das Schönste zuerst sieht, sonst müßte Einem zuletzt die ganze Welt öde erscheinen, und das fehlte noch!

Besonders lange Tagemärsche hatten wir eigentlich nicht zu leisten; der erste über den Hanstein auf die Spitze des 2.500 Fuß hohen Meißners war der stärkste und zog uns allen daher bedeutend in die Beine; der Hanstein ist wohl die noch am schönsten erhaltene Ruine mittelalterlicher Ritterburgen aus der Umgegend, an ihr kann man sich noch einen ziemlich klaren Begriff von der ursprünglichen Einrichtung der Burg machen, wozu freilich eine genauere Untersuchung aller Einzelheiten notwendig gewesen wäre; steigt man gar auf der engen, dunklen, glücklicherweise etwas restaurierten, daher sicher zu betretenden Wendeltreppe auf den Wachtturm hinauf, so wird man durch die schönste Aussicht auf der einen Seite nach dem Harze, auf der anderen Seite nach dem Werratal hin belohnt.

Wenn man nun auf dem Hanstein mehr den Genuß einer Fernsicht hat, so ist es auf der unweit davon gelegenen Teufelskanzel mehr der romantische Vordergrund, der das Auge erfreut. Vorne die im Wiesental sich schlängelnde Werra, links die Hörnerkuppen, und geradeaus dienen als Hintergrund die beiden majestätischen schneebedeckten Kuppen des Meißners.

Um 6½ Uhr war dieser dann glücklich erklommen, und fanden wir dort oben sogar Betten zu unserer Disposition, was freilich für 10 Mann nicht völlig ausreichte, daher ein Teil sich mit einem Strohlager begnügen mußte. Der Sonnenaufgang am anderen Morgen war nicht gerade von besonderem Effekt, und hätten wohl einige eine Stunde längeren Schlaf diesem Anblick vorgezogen. Doch war der frische Morgenwind und das Klettern auf den steinigen Gipfel, das Wühlen im Schnee und der hin und wieder sich auftuende Blick in die tiefliegende Umgebung ungeheuer erfrischend.

Beim Herabsteigen vom Meißner sahen wir schon Kassel und die Wilhelmshöhe, die das Ziel des folgenden Tages sein sollte. Diesen Tag ging es zunächst nach Witzenhausen an der Werra auf etwas heißer staubiger Chaussee, von da aber auf einem kleinen Boote oder, wie sie es dort nannten, Schiffe die reißende Werra hinab nach Münden, ein 2½ stündiger Flug auf beständig sich schlängelndem Flusse durch dichtbewaldete Hügel hindurch, auf deren verschiedenartiges Grün die Sonne eine herrliche Beleuchtung ausübte. Diese Fahrt war unbedingt die Krone der ganzen Partie.

Münden selbst ist eine Stadt, die durch Naturschönheit einen lieblichen Eindruck macht; der gleichzeitige Blick auf Werra, Fulda und Weser verleiht der Stadt etwas Romantisches, zu dem das steife und gekünstelte Kassel in direktem Gegensatze steht.

In Kassel sind lauter schöne Gebäude, breite Plätze, hübsche Spazieralleen; aber dabei von a-z nichts Natürliches und daher keine rechte Gemütlichkeit. Denselben Eindruck macht in Grenzen die Wilhelmshöhe, so schön auch immerhin die Fontainen und Kaskaden sein mögen. Das Beste, was in Kassel zu sehen ist, ist unstreitig die Gemäldegalerie, wo sich eine sehr große Zahl von ausgezeichneten Bildern der berühmtesten Meister befindet, namentlich von *Rembrandt, Rubens, Jordaens,* dann von *Murillo, Leonardo da Vinci, Guido Reni* etc. Du hättest da jedenfalls geschwärmt: Gewiß ist, daß diese Sammlung für ihren Wert längst nicht bekannt genug ist. Ein Versuch, abends die „Jungfrau von Orleans" zu sehen, mißglückte, da wir ½ Stunde zu spät in ein erstickend volles Haus kamen, wo auf der Gallerie nur wenige Stehplätze noch übrig waren; da nebenbei nur sehr schwach gespielt wurde, entfernten wir uns bald wieder. Der folgende Tag führte uns über Münden nach Göttingen.

Das sind die Erlebnisse der einen Ferienhälfte; damit selbige jedoch würdig beschlossen würden, haben wir uns nach alter Sitte zuletzt beide eine Erkältungsindisposition zugezogen, die Friedrich sogar veranlaßte, einen Tag dem Schwitzen zu opfern; jetzt hat es sich damit bedeutend gebessert.

Ich begreife nicht, daß der Cacao aus England nicht ankommen will; sollte Henriette es vergessen haben? Hat August nicht geschrieben? Vor Eurer Abreise nach Gastein werden wir doch wohl noch von Euch hören? Unsere Empfehlungsschreiben sind zum größten Teil abgegeben, und manche nette Häuser stehen uns somit offen, deren Bekanntschaft freilich erst näher gemacht werden soll. Lebewohl, liebe Lolly, ein andermal reichlicher, jetzt soll die Post abgehen. Die Tour hat uns beiden etwa 14 M gekostet.

Dein Wilhelm

2.5. Göttingen, den 24. Mai 1853 [Friedrich]

Liebe Mutter,

Pfingsten ist nun schon vorüber, und der zweite Abschnitt des Semesters, dessen Ablauf uns hoffentlich wieder zu Euch führen wird, hat angefangen. Ich hoffe, daß unsere Berichte es Dir möglich gemacht haben, unser Tun und Treiben, ganz wie es das elterliche Herz begehrt, zu verfolgen. Du hattest wenigstens vor Ostern eine starke Scheu vor den Universitätsjahren, die ich doch wohl schon beseitigt (habe), wenigstens wüßte ich nicht, daß Du Dir aus irgendeinem Grunde Sorgen zu machen brauchst. Du siehst in dieser Meinung vielleicht nur, daß mir die schlimmen Seiten des studentischen Lebens noch unbekannt sind, die Versuchungen dennoch wohl noch manchmal gewinnen könnten. Dem soll aber noch mit Gottes Hülfe nicht so sein, auch ist unsere ganze hiesige Stellung der Art, daß wir nur mit der ernsten und fröhlichen, nie aber der rechten Schattenseite des Universitätenwesens in Berührung treten.

Kreise von Studenten haben sich zusammengetan, welche sich prinzipiell dem früher durchgehend herrschend gewesenen Unwesen entgegenstellen, vor allem z.B. dem Duell, die sog. Progreßverbindungen, deren Prinzip auch, wie es scheint, immer mehr Eingang findet. Allerdings ist es sehr angenehm, daß auf solche Weise die Aussicht vorhanden ist, die schrecklichen Zustände, wie sie unter dem übrigen Teil der Studentenschaft teilweise noch herrschen, einmal beseitigt zu haben. In den Zeitungen hast Du neulich vielleicht vom traurigen Ausgang eines hier stattgefundenen Duells gelesen – kommt dieses auch nur selten vor, so dient es doch schon zum Beweise, wie töricht und unsinnig diese Sitte überhaupt ist. Durch ein gemütliches, jugendlich frohes Zusammenleben, das nicht im Mindesten den Fleiß des Einzelnen hemmt, suchen nun jene Verbindungen den wahren Zweck des Studentenlebens zu erreichen, den Andersgesinnten treten sie als geschlossenes Ganzes entgegen, was den Vorteil hat, daß man ihre Kraft nach außen beobachten, daß man auch, weil gemeinsam, mehr wirken kann, als wenn jeder einzelne sich diese Aufgabe für sich stellte. In einer solchen, der *Brunsviga*, sind die meisten unserer hiesigen Bekannten, von denen ich früher geschrieben, so daß es für uns nur sehr annehmlich sein würde, uns ihrem Kreise anzuschließen, zumal dieses eigentlich als natürlich von denen angesehen wird, welche von den selben Ansichten ausgehen und sich ohnehin zu dieser Verbindung halten.

Durch das selten schöne Sommerwetter ist mir in der letzten Zeit eine Erkältung etwas störend durchgefahren, die mich meist zu Hause und ganz ruhig hielt, so daß ich ungern genug die Freunde des Sonntags nachmittags über Berg und Tal ziehen sehen mußte, ohne nach Gewohnheit mitzuwandern. Wenn man nämlich in der Woche meist nur auf den Wall der Stadt beschränkt ist, macht, wer Lust hat, sonntags eine Tour von 3, 4 Stunden weit in die Umgegend, wo man sich dann in grünen Wäldern und an schönen Aussichten herrlich amüsiert.

Es ist uns darin wirklich sehr nach Wunsch gegangen, daß wir durch alte Bekannte so recht mit dieser ganzen Verbindung bekannt und befreundet geworden sind, die wirklich aus meist höchst liebenswürdigen Leuten besteht. Bekanntschaften mit außerhalb Stehenden sind natürlich nicht ausgeschlossen, ich glaube, daß die meisten dem Progreß Angehörigen untereinander, wenn auch nicht sehr genau, bekannt sind. Von den sogenannten Corps allein hält man sich natürlich fern, da diese ganz auf dem alten unsittlichen und verderbten Standpunkt des Studententums verharren.

Daß ich mit einiger Ausführlichkeit von diesen Sachen redete, tat ich, einmal um Dich so viel wie möglich in die hiesigen Verhältnisse einzuführen und um etwaige Besorgnisse, die Du noch hegen möchtest,, zu beseitigen. Das Beste wäre freilich, Du kämest selbst einmal her, um uns zu besuchen; ließe sich das nicht mit der Fahrt nach Köln, die doch über Hannover geht, vereinigen? Die Eisenbahn nach Alfeld ist ja lange eröffnet, und von da bis nach Göttingen ist nur noch ein Katzensprung.

Mit unserer häuslichen Einrichtung, denke ich, würdest Du schon zufrieden sein, auch würde Dein ökonomisches Auge gewiß genau betrachten, was doch nur unvollkommen geschrieben worden. Dies meine ich in Bezug auf das Bett, namentlich welches deshalb nicht Deiner Mutmaßung nach umgestellt werden kann, weil der Ofen nicht ganz in der Ecke, wie ich wohl gezeichnet [Abb. 20], sondern etwas von der Tür abgerückt steht.

Wann geht denn eigentlich Eure Abreise an, oder ist noch nichts Bestimmtes festgesetzt? Die Schweizpartie? Muß köstlich werden im schönen Frühlingsgrün.

Es war uns angenehm überraschend, als wir im warmen Mittagssonnenschein von den oberen Gegenden des Werratals, wo nur ein leichter Anstrich von Grün sichtbar war, den Fluß hinunter nach Münden trieben, immer zwischen dicht bewaldeten Bergen, auf denen das leichte Buchengrün vom dunklen Tannenlaub durch eine herrliche Beleuchtung köstlich herausgehoben ward. Und als wir am anderen Morgen, Pfingstmontag, schon um 4 Uhr durch den schönsten Buchenwald, wo die Sonne von der Seite hereinfiel, nach Kassel zogen, dachten wir mit einigem Triumph an die übrige Welt, die nun noch meist im Schlaf begriffen von solcher Herrlichkeit nichts ahnte. Göttingen selbst kam uns nach der Rückkehr wunderlich kahl vor, man mußte sich förmlich erst wieder einleben, und doch, wenn man in Hamburg solche Höhen und Waldungen kennte, wie sie von hier aus sehr leicht zu erreichen sind, würde man schon bedeutend darüber schwärmen.

Noch etwas muß ich Euch berichten, das eigentlich den Hauptzweck dieses Briefchens ausmacht. Um nämlich den Sommernachmittag gehörig zu würdigen, haben die Lübecker und Hamburger gemeinsam sich bemüht, ein Bocciaspiel hier zu Stande zu bringen. Nach langem Verhandeln, das nun schon Wochen dauert, sind wir dann endlich zur Einsicht gekommen, daß der hiesige Drechsler niemals eins wird farbig machen wollen oder können. Es schien uns sehr plausibel daher, wenn unser doch unbenutzt stehendes Bocciaspiel aus Hamburg hergeschickt werde. Die Kosten des Transports werden ca. 16 ggr. betragen, immer lange nicht so viel, als ein neues Spiel hier kosten würde, Zoll kann ja doch füglich für alte Kugeln nicht entrichtet werden. Es müßte aber jedenfalls per Fahrpost, nicht per Fracht befördert werden, da letzteres oft wochenlang währt, wir aber gerade dieses jetzige Wetter benutzen möchten, um das Spiel hier in Ansehen zu bringen. Wäre es nicht ganz einfach, den Korb fest in eine Matte zu schlagen oder die Kugeln in einen gut verschlossenen Korb zu legen, so daß sie ungefährdet herwandern könnten? Ihr würdet uns wirklich einen großen Gefallen tun, wenn die Sache besorgt würde, es scheint uns das Allereinfachste; 18 deutsche Jünglinge, welche diesen Entschluß gefaßt haben, legen die Ausführung Euch ans Herz, in 8 Tagen könnte die Sendung vielleicht schon eintreffen.

Von *Henriette* erhielten wir einen netten eingehenden Brief. Über *Lorenz'* Gesundheit schreibt sie gar nichts, es wird also hoffentlich wieder in Ordnung sein. 12 Pfund Cacao sind glücklich eingetroffen und werden mit Dankbarkeit benutzt. Die Menge wird gerade für 6 Monate ausreichen.

Von *Johannes* erfahren wir nichts, Versuche zu einer Korrespondenz werden wohl hier, so gut wie von Liverpool aus, fruchtlos bleiben; so sind wir auf das beschränkt, was uns mittelbar durch Euch zukommt, freilich denke ich mir, werdet Ihr auch nicht reichlich mit Nachrichten von ihm versehen. Über *August* suchte ich vergeblich in der *Börsenhalle* etwas zu finden, sollte von seinem Eintreffen in Valparaiso noch keine Kunde vorhanden sein können?

Ich weiß nicht, ob ich Euch schon über die Professoren geschrieben, deren Bekanntschaft uns durch *Ullrichs* Empfehlungsbriefe eröffnet ward. *Lücke* [Abb. 27] ist ein überaus lieber, würdiger Greis, der, noch ganz jugendlichen Sinnes, die Universitätsverhältnisse auch vollkommen so auffaßt, fern von allem pedantischen Tadel etc., übrigens haben wir ihn erst einmal gesehen, also seine nähere Bekanntschaft und die seiner Frau noch nicht gemacht. *Bertheau* ist auch sehr liebenswürdig, ruhig und christlich in seinem ganzen Gespräch. *Duncker* war leider in der letzten Zeit so krank, daß wir uns noch nicht bei ihm haben sehen lassen. Minder interessant scheint *Ritter* zu sein, er gibt freitags offene Abende, die wir natürlich hin und wieder benutzen werden. Überhaupt wird sich der Umgang mit Professoren wohl ziemlich auf einige Besuche und Einladungen beschränken. Im Allgemeinen sind sie hier nicht der Art, daß sie viel mit Studenten verkehren. Allerdings wird sich das später erst finden.

Über unsere Arbeiten nächstens Näheres an Papa.

Grüße alle die Unseren. *Tante Emmy* wird ja wohl rasch besser. Wilhelm läßt, wie immer, selbstverständlich grüßen

Dein treuer Sohn Friedrich

2.6. Göttingen, d. 25. Juni 1853 [Friedrich]

Lieber Papa,

Ein Brief aus Gastein mahnt uns, daß wir seit längerer Zeit, als es bei dem schnellen Verfließen der Tage hier mir vorgekommen war, keinen Brief nach Hause geschickt haben, darum soll dieses Versäumnis gleich nachgeholt werden.

Das erste Quartal liegt hinter uns, und ich glaube, wir haben beide erkannt, wie viel Segen uns darin zuteil geworden ist, für Herz Leib und Geist waren es wundervolle Tage, wie wir sie doch so auch in England bei den Geschwistern nicht fanden. Wenigstens war es dort ganz anderer Art, denn hier ist alles in freiem, frischem, selbstständigem Weben begriffen, ich freue mich, jeden Tag zu sehen, wie viel Neues an mich herankommt, das dann doch nicht ganz ungenutzt gelassen wird. Das gilt vom Studium sowohl wie dem Umgang mit Freunden.

Ersteres interessiert mich in hohem Grade, schon deshalb, weil es über ungeheuer vieles klare Begriffe gibt, worüber vorher nur unklare Auffassungen vorhanden waren. Man gewöhnt sich, alle Verhältnisse scharf anzusehen, mit der Beurteilung vernünftig zu zögern, allen Einwendungen Gehör zu geben. Das wird natürlich immer mehr der Fall sein, je weiter ich herankomme. Von streng juristischen Studien beschäftigen mich jetzt nur die Institutionen, da ich auf *Franckes* Rat das Hören der Rechtsgeschichte lieber für den Winter gespart habe. *Franckes* Manier, sie zu behandeln, ist anziehend, weil klar und bündig, sein gebrochener Vortrag macht allerdings keinen sehr guten Eindruck, doch ist er überall sehr genau und scharf, hütet sich auch, nur etwas zu viel zu sagen. Für mich suche ich dann im *Corpus Juris* die Institutionen in den Kopf zu kriegen, was freilich viel schwerer ist, wenn eine Vorlesung darüber nicht schon eine ungefähre Vorstellung von den Begriffen, die da behandelt werden, gegeben hat. Ich denke daher, in den Ferien das ganze genau durchzunehmen, zugleich mit einer Repetition des Collegheftes zu verbinden, um dann gut vorbereitet an die Pandekten gehen zu können.

Daneben aber höre ich vorzugsweise historische Collegien, nämlich Mittelalter, neue deutsche Geschichte und als Einleitung zur deutschen Geschichte eine Übersicht ihres Verlaufs im Allgemeinen, Entwicklung ihres Zusammenhangs, Darstellung der ursprünglichen Stellung des Deutschen Volkes in Europa etc., was ich nicht als dilettantische Beschäftigung betrachte. Die neuere Geschichte vorzugsweise möchte ich gern gründlich kennenlernen und ihr Studium vielleicht zu meinem Hauptberufsstudium machen. Ich wollte Dir eigentlich schon länger hiervon etwas schreiben – es ist mir immer mehr vor die Augen getreten, wie sehr eine wissenschaftliche Laufbahn dereinst mir zusagen würde. Allerdings hegte ich diesen Gedanken erst vor nicht langer Zeit, ich glaube aber, da meine Beschäftigung namentlich im vorigen Winter noch besonders darauf hingewiesen hat, daß dies nicht eine nur vorübergehende Lust gab. Noch ehe ich mich zum Rechtsstudium entschloß, lag es mir, wie Du weißt, im Kopf, als Philologe das Altertum kennen zu lernen, dies zu meinem Ziel zu machen. Dazu tat nun freilich die Schule, wo nur die klassischen Verhältnisse mir nahe traten, alles Übrige aber fast ganz verborgen blieb, das Ihrige. Das ist, glaube ich, bei Vielen so, daß sie, besonders wenn sie Fähigkeit und Lust haben, von der Schule sich nicht fortschieben lassen, sondern selbst sich das anzueignen, was da gelehrt wird, und zu Hause möglichst zu vervollständigen, daß sie dann auch zur Philologie große Neigung haben – meist nur, weil sie das am besten kennen und es auch viele Reize hat, von der Erforschung des Altertums im Allgemeinen abgesehen, an einzelnen Schriftstellern, verdorbenen oder schwierigen Stellen etc. seine kritischen Kräfte zu üben. Häufig, wenigstens ging das mir so, findet man später, wo neue weitere Verhältnisse sich auftun, an den kleinlichsten Fragen der Philologie kein Gefallen mehr und wendet sich daher ganz von dieser Wissenschaft ab, wirft sich aufs rein Praktische.

So haben wir hier einen Lübecker, von dem ich vielleicht schon schrieb, namens *Bruhns*, kennen gelernt, einen sehr liebenswürdigen, ruhigen, bescheidenen Menschen von tüchtigem Verstand, der mit der Absicht, Philologie zu studieren, herkam, aber bald aufsteckte und Medizin anfing. Er hat mir öfters gerade dasselbe gesagt, was auch ich an mir erfahren hatte, daß man auf der Schule leicht hinein käme, die philologische Carriere sich als schönste zu denken, weil man mit so wenig anderem in Berührung käme. Hier sei es ihm dann doch etwas zu viel geworden, sich so gänzlich von der Gegenwart abzusondern, er betrachte das als für die Mitwelt nicht von hinreichender Bedeutung, um dem sein Leben zu widmen.

So hielt ich es auch für notwendig, lieber etwas erwählen, was von praktischem Nutzen sei, und wählte darum die Jurisprudenz, weil eben daran Subtilitäten und Spitzfindigkeiten, von denen man doch in Hamburg überall hörte, als für dies Fach bezeichnend, mir gerade die Reize der Philologie am meisten zu ersetzen schienen. Doch bin ich eigentlich darin zu weit gegangen, indem ich damals nur das rein Praktische wollte. Die Liebe zur Wissenschaft hegte ich doch noch immer, nur nicht zu jener übertriebenen. Deshalb und auch wegen des bevorstehenden Aufenthaltes in England fing ich an, englische Geschichte zu studieren, oder eigentlich fürs erste nur, mich mit ihr ausführlich bekannt zu machen. […]

Besonders die inneren Verhältnisse, das Parlament, die Regierung etc. erregten meine Teilnahme, da sie so nahe mit der Entwicklung, wie sie von den Geschichtsschreibern dargelegt, zusammenhing. Diese Lust ist seitdem in mir immer stärker geworden, in England selbst ward sie natürlich nur verwahrt, und seitdem ich wieder zurück, wünsche ich nur, auf dieselbe Weise mit den Verhältnissen aller übrigen Länder bekannt zu werden. Nun dachte ich zuerst daran, dies zu meiner Lebensaufgabe zu machen, ich glaube auch deshalb ganz besonders, daß es wirklich eine natürliche Entwicklung und keine aufsteigende Lust bloß ist, weil dies mit meinen früheren Gedanken eng zusammenhing. […]

Es versteht sich aber von selbst, daß die Beschäftigung mit den Rechtswissenschaften nicht aufgegeben werden dürfte, vielmehr schien es mir unumgänglich notwendig, um eine richtige Einsicht in die nationalen Entwicklungen der neueren Zeit tun zu können. Hier fand ich eine verwandte Richtung an meinem Landsmann *Geffcken,* welcher auch in der Absicht, Geschichte zu studieren, die Universität bezog, bald aber einsah, daß dazu notwendig eine genauere Bekanntschaft mit der Jurisprudenz erforderlich sei, und jetzt sich mit Eifer da hinein vertieft hat. Ich glaube, durch angestrengten Eifer, da mir ja noch ziemlich viele Jahre bis zum Ende der Lernzeit bevorstehen, so weit kommen zu können, um hierin etwas zu leisten. Ich fühle in mir die größte Lust, später, als Professor in einer Universität mein Leben möglichst der Forschung zu widmen, die mich seit einem Jahr nun schon so lebhaft anzieht.

Dazu kommt noch etwas anderes, worüber ich mir immer klarer geworden bin, was mich noch mehr antreibt, diesem Ziel nachzueifern. Die praktische Seite der Jurisprudenz, die Advokatencarriere in Hamburg, hat bei allen ihren Vergnügen doch manche unangenehme Seite, die sich sehr häufig in den Vordergrund stellt. Nicht nur was im Allgemeinen darüber geredet wird – das ist oft sehr oberflächlich, sondern was ich von Juristen selbst und über Juristen, die dies durchgemacht haben, gehört habe, hat mich eigentlich immer davon abgebracht. Verschaffen vielleicht Connexionen und dergleichen eine feste Anstellung, so ist das natürlich sehr angenehm, doch wirst Du denken können, daß es mich mehr lockt, möglichst durch eigene Tüchtigkeit, wenn es auch im Anfang schwer wird, emporzudringen. Das sind vielleicht etwas unbesonnene jugendliche Gedanken, die aber doch ihr Schönes haben. Es würde mir aber, glaube ich, sehr schwer werden, mich als Advokat in Hamburg glücklich zu fühlen. Dazu fehlen mir auch, was ich immer mehr einsehe, manche nötige Eigenschaften, vor allem die erforderliche Ruhe und Sicherheit, um in streitigen Fällen mich fest entscheiden zu können. Das Letztere ließe sich wohl noch erreichen, aber ein Advokatenstand würde sich schon deshalb mit mir nicht recht vertragen, weil er leicht eine Seite in mir noch weiter zu entwickeln Veranlassung werden könnte, die ich möglichst zu überwinden suche. Wer in der Beziehung meint, daß ich mich vorzugsweise zum Advokaten eigne, sieht die Sache, wie mir scheint, gänzlich falsch an.

Ich weiß nicht, was Deine Ansichten über das, was ich Dir eben mitgeteilt habe, sein werden, ich habe es gerade absichtlich etwas verschoben, Dir darüber etwas zu äußern, weil ich es gern erst selbst etwas überlegen und möglichst darüber zu Klarheit zu kommen versuchte. Das ist nun freilich noch durchaus nicht in aller Beziehung gelungen, aber ich erhalte doch immer mehr Gewißheit, daß dieser Beruf besonders durch das, was mir im vergangenen Jahre an Kenntnissen, Ausbildung des Herzen und Verstandes zu Teil geworden ist, nicht sowohl willkürlich von mir ergriffen ward, als mir vorgezeichnet worden ist. Solltest Du nicht damit unzufrieden sein, so wäre es meine höchste Freude, auf dieser Bahn vorwärts zu arbeiten, um Deinem Namen einmal Ehre machen zu können. [...]

Daß wir die Absicht haben, in die Verbindung, die unsere Bekannten, die früheren sowohl wie die jetzigen, ohne Ausnahme beinahe umfaßt, zu treten, schrieb ich neulich. Bis jetzt hat es hiermit nur höchst angenehme Folgen gehabt, da das Verhältnis zu denen, mit denen wir umgehen, ein viel angenehmeres, vertraulicheres, gemeinsameres geworden ist. Schon das ist ein schönes Band, das uns alle vereinigt, daß wir gemeinschaftlich mit allen Kräften dem studentischen Unwesen entgegenstehen und eine frische, freie, sittliche Entwicklung des Geistes zu fördern suchen. Der Ton, der in der Verbindung der Neu-Braunschweiger herrscht, ist sehr angenehm, untereinander höchst freundschaftlich, nach außen gemäßigt zurückhaltend. Es ist doch erfreulich, daß gerade jetzt der Progreß überhaupt sehr in Aufnahme kommt, so ist unsere Verbindung z.B. seit Ostern fast um das Doppelte verstärkt. Auch machen solche Fälle, wie das unglückliche Duell von neulich und einige Streitigkeiten, die dann und wann mit den Corps vorfallen und immer zum Nachteil der letzteren ausfallen, keinen guten Eindruck bei den Behörden, welche durchaus die Progreßverbindungen hochachten. Das Angenehme ist, daß bei uns jeder freien, selbständigen Entwicklung Raum gelassen ist, weder religiöse noch politische Ansichten werden, wie das bei anderen der Fall ist, verlangt, und so bleibt dann auch die Verbindung von solchen Unannehmlichkeiten frei, wie sie neulich einige Verbindungen in Berlin, Jena, Erlangen etc. getroffen haben.

Die Gemütlichkeit wird durch eine wöchentliche Kneipe am Sonnabendabend erhöht, wo unter gemeinschaftlichem Gesang und bei einem Glase Bier die Unterhaltung ganz famos von Statten geht. Solche regelmäßigen Zusammenkünfte gehören dazu, um dem Ganzen das Gepräge der Zusammengehörigkeit immer frisch aufzudrücken, da der Einzelne im Übrigen durchaus seinem eigenen Belieben überlassen ist, außer, daß er allwöchentlich an einer gemeinschaftlichen Versammlung teilnehmen muß, um über das, was in der Verbindung während der Woche vorgekommen, zu berichten. Es herrscht im Ganzen ein Geist der ernsten Gemütlichkeit, ganz für Jünglinge gezimmert, die zuerst vom Ernst des Lebens etwas kennen lernen und sich zugleich der Schönheit desselben bewußt werden. An Dingen, die zur Heiterkeit veranlassen, fehlt es natürlich nicht; die vermutlichen Scherze werden dann von dichterischen Geistern bearbeitet und Sonnabend als Bierzeitung vorgetragen, was zur allgemeinen Heiterkeit viel beiträgt.

Du mußt Dir das Ganze übrigens noch viel schöner denken, als ich es habe darstellen können. Es wäre sehr nett, Dich eine Woche mal hier zu beherbergen, damit Du von allem einen guten Eindruck hinwegnehmen kannst. Die, welche zufällig hierher kamen, und die Sachen, von denen sie oft einen etwas verdrehten Begriff hatten, ansahen, waren durchaus erfreut, z.B. *Prof. Classen*, der im vorigen Herbst zur Philologenversammlung hier anwesend war und die Vergnügungen der Verbindung, zu der sein Sohn auch schon damals gehörte, mitmachte.

Von einem Feste muß ich Dir noch berichten, das unsere Verbindung über 8 Tage feiern wird, nämlich das 5-jährige Stiftungsfest derselben, auf der Harzburg sollen dann etwa 50 Leute, darunter 30 von hier und 20 frühere Mitglieder, die schon die Studienjahre hinter sich haben, sich versammeln und 2 Tage lang vereinigt zubringen, um sich ihrer alten Bruderschaft wieder zu erinnern. Für uns ist es besonders angenehm, da eine Anzahl alter Leute persönlich kennen zu lernen, über die man immer viel Gutes hörte, ohne sich recht einen vollständigen Begriff machen zu können.

Davon können wir im nächsten Brief Genaueres erzählen, für dieses Mal möchte ich Dir Lebewohl sagen, jedoch vorher noch eine Bitte tun, nämlich uns für das kommende Quartal doch einiges Geld zukommen zu lassen. Mit dem uns anvertrauten haben wir ziemlich sparsam geschaltet, nur machte ein neuer Rock, den wir uns jeder anschaffen mußten, eine etwas tiefe Lücke, so daß uns für die bevorstehende kleine Tour, die freilich nur sehr wenig Kosten machen wird, wohl kaum noch genug übrig bleibt. Die Abrechnung, die wir führen, könnte für das Gesagte einen Beleg geben. An Mutter hat Wilhelm eben einen Brief ediert, ich muß diesen jetzt auf die Post bringen, damit er Dich möglichst zeitig erreiche.

Dein gehorsamer Sohn
Friedrich

2.7. Göttingen, den 25. Juni 1853 [Wilhelm]

Liebe Mutter,

Hoffentlich mußt Du nicht schon unwillig geworden sein, daß ich Dich so lange auf eine Antwort Deines Briefes habe warten lassen, jedenfalls will ich jetzt keinen Augenblick länger warten, Deinem so dringend geäußerten Wunsch auf baldige Nachrichten von hier nachzukommen. Wie ungeheuer zufrieden wir mit diesem doch so ganz neuem Leben sind, wirst Du aus allen früheren Briefen schon erfahren haben, wirst Dich vielleicht auch gewundert haben, daß die, die bisher doch eigentlich nie auch nur aus dem engsten Familienleben herausgekommen sind, sich jetzt nach einem plötzlichen Wechsel ebenso glücklich in ihrer neuen Lage fühlen können. Manchen will dies auch nicht gelingen; *Redlichs* Vetter z.B., *Kirchner*, fühlt sich höchst ungemütlich hier, zählt Tage und Stunden, die noch bis zu den Ferien übrig sind, hält sich von aller Geselligkeit fern und verfällt dabei natürlich in eine Schwermut, aus der man oft Mühe hat, ihn herauszuziehen; als jüngster Sohn mag er wohl im Hause etwas verzogen sein, ist in verschiedenen Familien immer sehr gut aufgenommen worden und muß dies hier nun gänzlich vermissen. Da ziehe ich doch eine solche Natur vor, wie sie, glaube ich, in unserer Familie ziemlich allgemein ist, die sich in alle Zustände des Lebens, auch den heterogensten, mit gleicher Leichtigkeit zu finden weiß, überall das Beste entnehmen kann, und die nicht mit schwermütiger Sehnsucht des vergangenen Glückes gedenkt, sondern ihr Möglichstes tut, sich auch in der Gegenwart glücklich zu fühlen und zugleich durch tüchtiges Arbeiten auf eine glückliche Zukunft hinzuarbeiten. Dem Älternhause hat man ja alles zu verdanken, dauernde Anhänglichkeit zu demselben muß jeder fühlende Mensch haben, er muß alles tun, was in seinen Kräften steht, um die Liebe zu vergelten, aber um das zu können, muß er erst lernen, selbstständig zu stehen; er muß also Leben von allen möglichen Seiten kennenlernen, sich nicht apathisch gegen alles Neue abschließen, sondern überall zulernen, seinen Charakter zu bilden, seine Erfahrung zu vermehren suchen. Nur so kann der Mensch auch einer glücklichen Zukunft entgegensehen, wenn er eine selbstständige Tüchtigkeit erlangt hat, die ihn, gestärkt durch Gottvertrauen, durch alle Stürme des Lebens leiten wird.

Das Studentenleben hat 2 Seiten, von denen keine vernachlässigt werden soll: Einmal soll es die Vorbereitung aufs künftige Berufsleben sein, und will man sich darin einmal als tüchtig erweisen, so muß gearbeitet sein; andererseits soll aber das Universitätsleben auch den Charakter formen und ausbilden. Man kommt bei einem solchen Leben mit den verschiedenartigsten Elementen zusammen, man prüft diese Elemente, prüft sich, vergleicht sich mit ihnen, reibt sich hin und wieder an ihnen, wird auf dies und jenes aufmerksam und aufmerksam gemacht, behält dann schließlich das Beste und sondert das Andere aus. Kommt man zuerst als Springinsfeld, oder, studentisch ausgedrückt, als Fuchs in die Stadt, so fühlt man sich anfänglich ziemlich dick, wird aber nur zu bald gewahr, wie wenig Ursache man dazu habe, wenn man nähere Gelegenheit hat, sich mit anderen zu vergleichen; dies ist nun, namentlich wenn man bisher wenig Veranlassung gehabt hat, andere Jünglinge zu beobachten, so ist dies Gefühl oft ungeheuer demütigend;

der Einzelne sieht nur zu bald, wie er gar nichts ist, und je mehr er lernt, desto mehr tun sich neue Höhen seinen Augen auf, an deren Erklimmung er verzweifeln muß. Da ist das Herz oft trostbedürftig, findet diesen Trost aber auch in manchen Stunden: Je mehr man seine menschliche Schwachheit erkennt, desto mehr wächst das Vertrauen auf Gott: im Gebet zu ihm fühlt man sich wunderbar gestärkt, man bekommt neuen Mut auf das Plätzchen, das einem im Weltgetümmel bestimmt ist, hinzusteuern und alle Segel, die dazu zu Gebote stehen, aufzuziehen.

Abb. 24 Umschlag von Wilhelms Brief an die Mutter in Bad Gastein vom 25.6.1853
mit Stempeln aus Göttingen (25.6.), Eisenach/Halle (26.6.), Leipzig(26.6.),
Nürnberg (27.6.), Langensalza (28.8.), Salzburg (28.8.) und Bad Gastein (29.8.)

Ein zweiter Trost liegt in dem Bewußtsein, daß, wenn man tüchtig gearbeitet, man alles getan, was in eigenen Kräften steht, so auch endlich zum Ziel durchdringen muß.

Endlich aber ist es der Freundesumgang, der einmal anspornend, ein anderes Mal aber auch beruhigend wirkt; wir ringen da alle nach demselben Ziele, können uns gegenseitig fördern, ermutigen, wetteifern, trösten. Nicht genug können wir uns freuen über unser Glück, in einen solchen Freundeskreis gekommen zu sein, der einmal als geschlossenes Ganzes dem rüden, unsittlichen Studentenwesen der sogenannten Corps prinzipiell entgegentritt, andererseits unter sich auch wieder aus den mannigfachsten Elementen besteht, die sich gegenseitig ergänzen und so ein höchst mannigfaltiges, belebendes und ergötzliches Leben veranlassen.

Dieser aus etwa 30 Studenten bestehende Kreis bildet, wie Du wohl schon wissen wirst, die Progreßverbindung der Neu-Braunschweiger, eine Verbindung, die freilich ursprünglich auf rein demokratischen Boden 1848 entstanden ist, jetzt jedoch sich gänzlich, als Verbindung im Ganzen, von aller Politik losgesagt hat und wohl zum größten Teil aus konservativen Elementen besteht. Das Prinzip der Verbindung ist jetzt, das Studentenwesen neu umzubilden, dem rohen Treiben der Corps, namentlich dem Duellunwesen und der Unsittlichkeit mit aller Entschiedenheit entgegenzutreten, dagegen ein mehr wissenschaftliches und ernstes Leben aufzubringen; obgleich nun diese Prinzipien jetzt allmählich ziemlichen Anklang finden, so findet doch die entgegengesetzte Partei auch noch immer zahlreiche Anhänger, und so ist es gewissermaßen die Pflicht eines jeden Gutgesinnten, nicht nur mit seinem Innern sich auf die eine Seite zu stellen, sondern auch äußerlich seine Prinzipien zu zeigen und sein Möglichstes zu tun, auf diese Weise auch andere zu gewinnen. Dies ist ein Hauptgrund, warum wir uns veranlaßt sahen, auch in diese Verbindung einzutreten, zumal da Papa durch sein Schweigen auf Friedrichs Brief erkennen zu geben schien, daß er nichts dagegen habe. Auch kann man eigentlich nur als Selbstmitglied recht mit den Einzelnen stehen, vieles, was besprochen wird, kann nur dann von Interesse sein und wenn es noch dazu eine Verbindung ist, mit allen deren Mitgliedern man gut zu stehen wünscht, mit den meisten dagegen in näherem Verhältnis, so konnte uns eigentlich nichts näher liegen.

Natürlich muß nun solche Verbindung auch ihre äußeren Abzeichen haben, und so tragen dann auch wir jetzt ein blau-weiß-goldenes Band um die Brust und eine blaue Mütze mit weiß-goldenem Besatze, wie Du uns nächstens auf Silhouetten, deren jedes Mitglied den Genossen eine vergeben muß, erblicken wirst. Am 2. Juli nun ist das 5-jährige Stiftungsfest der *Brunsviga*, welches feierlich von allen jetzigen Mitgliedern und einem großen Teile der früheren, die aus allen Teilen der Welt dazu eingeladen werden (im Ganzen werden wohl etwa 50 erscheinen) auf der Harzburg gefeiert werden soll und wozu schon bedeutende Anstalten getroffen wurden. Da das Fest auf einen Sonnabend und Sonntag fällt, so wird kein wichtiges Colleg versäumt; wenn nur das jetzt ziemlich verregnete Wetter sich bis dahin wieder aufklärt, so wird es auf der Harzburg genug wundervoll werden, und wird unser nächster Brief von den Einzelheiten wohl ziemlich voll sein. So zwei Tage einmal ganz der Verbindung zu leben und das in der schönsten

Natur, nicht weit von Iffenburg, unmittelbar am Fuß des Brockens, das kann ganz herrlich werden und trotz Eures schönen Gasteins vielleicht beneidenswert. […]

Friedrichs Geburtstag wurde gestern mittag durch Zubringen in frischer Luft, den Abend durch einen großen Tee gefeiert, an dem 12-15 Personen teilnahmen. Auch von *Henriette* lief ein Brief ein, der lauter Gutes meldete. *Johannes* scheint seine frühere Gewohnheit, zu den Geburtstagen zu schreiben, ganz verlernt zu haben. […]

Was unsere Garderobe betrifft, so waren wir absolut genötigt, uns einen neuen schwarzen Rock machen zu lassen, da der englische teils infam sitzt, teils von sehr schlechtem Tuche ist und ein Frack doch nicht bei jedem Besuch oder Tee benutzt werden kann. Dabei fällt mir ein, daß ich neulich bei *Hofrat Kraut* einen Ball mitgemacht habe, was Dir wohl höchst sonderbar vorkommen wird, und wo es auch mit dem Tanzen gar nicht glücken wollte.

Lebe wohl, liebe Mutter, möge Dir Dein Bad wohl bekommen, daß wir Dich recht gekräftigt wiederfinden mögen und Du das Alter unter der Dich umgebenden Jugend vergessen kannst.

Dein stets gehorsamer Sohn
Wilhelm

2.8. Göttingen, den 25. Juni 1853 [Wilhelm]

Lieber Papa,
Ich beeile mich, Dich von dem Empfängnis der 200 M zu benachrichtigen und Dir unseren herzlichen Dank für dieselben auszusprechen. Es soll unser stetes Bestreben sein, unsere Erkenntlichkeit gegen diese viele Liebe durch That und durch Wort an den Tag zu legen, und wenn Gott nur das Gedeihen gibt, so hoffen wir, uns dir demnächst als fixe Leute vorstellen zu können. Bis dahin ist freilich noch unendlich viel zu lernen, aber dazu ist hier auch gerade der Ort; namentlich kann ich mir gratulieren, hierher gekommen zu sein; meine *Henle, Weber, Wöhler* hätte ich so leicht nicht anderswo gefunden, lauter Celebritäten, die nicht nur in ihren respectiven Fächern obenan stehen, sondern namentlich auch als Lehrer vortreff-lich aufzutreten wissen. Mein gewähltes Fach wird mir, soweit ich es schon beur-teilen kann, immer lieber; dieses Semester bilden ja freilich die Naturwissenschaf-ten noch die Hauptsache, indem ich nur ein speciell medizinisches Colleg höre, die Osteologie; erst im Wintersemester wird die allgemeine Anatomie, verbunden mit den Sectionsübungen folgen; daß mich dieselben aber irgendwie zurückschre-cken würden, glaube ich entschieden nicht, und fühle ich mich in der Beziehung schon ziemlich abgehärtet.

Sehr große Lust hätte ich, nächstes Semester schon ein chemisches Practicum zu belegen; nur wenn man selbst praktisch einen solchen Cursus durchmacht, kann man Chemie recht fassen und namentlich auch behalten; das bloße Vorzei-gen von Präparaten und selbst das Vormachen von Versuchen reicht in der Bezie-hung durchaus nicht hin; vielleicht werden jedoch im Winter die Sectionsübungen fällig und keine Zeit mehr lassen, und würde dann sich das 3. Semester dazu eignen.

Abb. 25 Friedrich Wöhler (1800-1882)

Über die am 2. Juli stattfindende 5j. Stiftungsfeier der Verbindung *Brunsviga* auf der Harzburg wird Friedrich Dir geschrieben haben. Da es scheint, daß wir günstiges Wetter haben sollen, so freuen wir uns alle ungeheuer auf das Fest, das gegen 50 alte und neue Verbindungsbrüder zusammenführen wird. […]

Unseren Eintritt in diese Verbindung wird Friedrich hinlänglich motiviert haben; ich glaube, wir konnten nichts gescheiteres tun; einen solchen Kreis von jungen Leuten, mit fast allen, von denen man im guten Verhältnis stehen möchte, findet man so leicht nirgends und muß daher nichts versäumen, sich möglichst eng an denselben anzuschließen, wozu ein Selbsteintritt unumgänglich nötig war. Die geringen Opfer, die ein solches Verbindungsleben in gewissen Fällen auferlegt, werden weit von den Vorteilen überwogen.

Damit Du Dir unsere Verbindungstracht, mit blauweißgoldener Mütze und Band vorstellen kannst, übersenden wir Dir unsere einigermaßen getroffenen Silhouetten [Abb. 26]. Im Übrigen ist unser Leben hier immer ein gleiches; da wir in unserem Studium und in unserem Freundeskreis uns so gänzlich befriedigt fühlen, so haben wir gar kein Bedürfnis, großartige Anwendung von den Empfehlungsbriefen zu machen; einige derselben haben wir nicht abgegeben, da vorauszusehen war, daß sie weder uns noch den betroffenen Professoren viel Freude verursachen würden; sehr widmen kann man sich ihnen doch nicht; es bleibt doch nur bei einigen Besuchen und einem Mittagessen.

Die ziemlich zahlreichen Collegien und die Arbeiten für dieselben nehmen einen großen Teil des Tages hin, so daß für Privatarbeiten und Lectüre wenig Zeit übrig bleibt, indem auch ein sog. Museum, wo außer allen Zeitschriften auch die neu herauskommenden Bücher und Broschüren ausgelegt sind, eifrig besucht wird. Doch haben wir angefangen, mit *Mollwo* aus Lübeck Italienisch zu treiben, und zuvor lesen wir da mit ziemlicher Leichtigkeit *Macchiavellis* florentinische Geschichte; auch die Grammatik wird eifrig studiert, und hoffe ich so bedeutend davon zu profitieren.

Da wir morgen früh um 4 Uhr schon fort müssen, und einige Stunden Schlaf vorher sehr wünschenswert sind, so schließe ich den Brief somit, um ihn morgen früh noch auf die Post bringen zu können.

Dein gehorsamer Sohn Wilhelm

Abb. 26 Wilhelm in Verbindungstracht der *Brunsviga*, 1855

2.9. Göttingen, den 18. Juli 1853 [Wilhelm]

Lieber Papa,

Leider bemerke ich, daß schon wieder über 14 Tage um sind, seit wir Dir zuletzt Nachrichten über uns zufließen ließen; die Zeit verfliegt hier so ungeheuer rasch, und an manchen Tagen ist es oft schwer, eine Stunde für Briefschreiben aufzubringen; auch Mutter wird wohl, vorausgesetzt, daß sie noch in Gastein ist, wovon wir übrigens gar nichts wissen, wieder einen Brief erwarten, soweit wir es berechnen können, wollte sie übrigens Mitte Juli wieder fort, und wagen wir es daher nicht, einen neuen Brief dorthin zu senden.

Unser Verbindungsfest, dessen Bevorstehen wir Dir meldeten, ist aufs herrlichste ausgefallen. Freitag morgen setzten wir nach vorangegangenem Gewitter in der schönsten Witterung und der heitersten Gesellschaft aus, über Northeim, Osterode nach Clausthal; von da über die Festenburg, die Ahrendsberger Klippen, dann das romantischte aller Harztäler, das Okertal, an dem die berühmte Studentenklippe liegt, nach Oker, wo wir zur Nacht blieben. Der andere Morgen ließ uns gerade noch Zeit, eine Kupferschmelze gründlich zu besehen und zu verstehen, die aber nur teilweise in Arbeit war; die Gold- und Silberscheidung, die, wie unser Führer sich ausdrückte, in einen Platinkessel vor sich geht, dann die dortige Schwefelsäurefabrik, die Drahtzüge ließen sich leider aus Mangel an Zeit nicht mehr besichtigen, da wir um Mittag in Harzburg sein wollten, um die von den verschiedenen Seiten herbeiströmenden alten Verbindungsmitglieder empfangen zu können. Leider hatten sich nur etwa 12 derselben einfinden können, die anderen waren, teils durch ihr Staatsexamen, teils durch ihre bürgerliche Stellung, teils endlich durch ihren entfernten Wohnsitz abgehalten worden; aber auch diese 12 nur haben uns recht gezeigt, was wir an unserer Verbindung haben; es läßt sich gar nicht so beschreiben, wie diese Männer, die nun teilweise schon mehrere Jahre lang gänzlich aus dem Studentenleben herausgetreten sind, sich noch für alles Einzelne ihrer Verbindung interessierten, wie sie in einem jeden, auch von uns ihnen völlig unbekannten Neulingen, einen Bruder fürs Leben begrüßten und sich königlich freuten, einmal wieder für zwei Tage sich in ihr Studentenleben zurückversetzen zu können. Natürlich herrschte allgemeiner Duzcomment, so daß dadurch die letzte Spur von Fremdsein entfernt wurde.

Nachdem wir uns alle am Bahnhof vereinigt hatten, wurde daselbst ein allgemeiner Comment abgehalten, wo in einer 2-stündigen Sitzung namentlich über die veränderten Statuten, die den alten Mitgliedern mitgeteilt wurden, debattiert wurde. Nach dem Comment begaben wir uns unter Anführung des 12 Mann starken Ilsenburger Hüttenmusikcorps in feierlicher Procession mit den Fahnen und Schlägern der Verbindung auf den Burgberg, wo, nachdem die Aussicht von allen Seiten hinreichend genossen und ein einfaches Abendessen beendet war, der eigentliche Commers begann, der dann spät bis in die Nacht dauerte, bei dem es aber dennoch so ordentlich zuging, daß mehrere anwesende ältere Leute, die von ihren Verwandten mitgebracht wurden, erklärten, ein solches Leben hätten sie sich in einer Verbindung nie vorgestellt, wie wir dann überhaupt bei der ganzen Bevölkerung Harzburgs und bei den Badegästen einen sehr günstigen Eindruck machten und hinterließen. Gegen Mitternacht begann die feierliche Handlung des sog. Landesvaters; es ist dies ein schönes Vaterlandslied, in dem man sich verpflichtet, als ein besserer Bursche für sein Vaterland Hab und Leben zu opfern, und dieses bekräftigt durch Durchbohren der Mützen mit dem blanken Weihedegen, freie Männer, freie Wehr: „Ich durchbohr' den Hut und schwöre, halten will ich stets auf Ehre, stets ein braver Bursche sein", sind die Worte, die einem tief zu Herzen gehen und von neuem an die ernsten Pflichten erinnern, die ein jeder von uns gegen Deutschland habe, wie sie aber gerade von uns Deutschen so leicht vergessen werden.

Um 2 Uhr trennte man sich allmählich und zog sich in seine resp. Schlafstuben zurück, um nach einem tüchtigen Schlafe am anderen Morgen wieder frisch und vergnügt zu sein. Zum Schlafen kam man nun freilich nicht; einer von uns, der in der Nacht kein Bett mehr hatte finden können, machte sich morgens vor 6 Uhr den Spaß, die Musik herauszuholen und mit derselben durchs ganze Haus zu gehen, wo er keine verschlossenen Türen fand, vor den Betten, sonst vor den Türen einen Heidenlärm zu machen, so daß an Schlafen nicht mehr gedacht werden konnte und wir uns alle sehr zeitig zum Frühstück einfanden.

Der Sonntag wurde natürlich nur noch gemütlicher, da man sich schon sehr viel genauer kannte: gemeinschaftliche Spaziergänge, natürlich immer in Begleitung der Musik, wurden gemacht; die ¾ Stunden Rabenklippen, die sich über dem schönen Eckertale romantisch erheben, während im Hintergrund der bald ganz freie, bald in Wolken gehüllte Brocken stand, wurden natürlich besucht. Ins Ilsental konnten wir leider nicht mehr, da um 3 Uhr das festliche Mittagessen stattfand, welches dann mit stets wachsender Heiterkeit bis gegen Abend sich hinzog. Gegen Dunkelwerden machten sich einige schon auf den Heimweg; die meisten übernachteten noch auf der Harzburg und trennten sich erst am Montagmorgen, um auf verschiedenen Wegen und nach verschiedenen Richtungen wieder nach Hause zu steuern; die meisten Göttinger, denen wir uns anschlossen, gingen mit einem kleinen Umweg über den Brocken nach Andreasberg, blieben dort zur Nacht, besahen am anderen Morgen die immense *Deig*'sche Zündhölzerfabrik, in der 6-700 Menschen beschäftigt werden (der Besitzer ist ursprünglich ein gemeiner Tagelöhner gewesen), und marschierten dann durchs Siebertal nach Herzberg, von wo ein Leiterwagen uns Dienstag Nacht nach Göttingen beförderte. So endete unser 5-jähriger Stiftungscommers; es wird uns allen für unser Leben unvergesslich sein, und keiner wird bereuen, ihn mitgemacht zu haben.

Collegien sind nur wenige dadurch versäumt und die versäumten längst nachgeholt, so daß alles nun wieder im besten Zuge ist. Schon neigen sich die Vorlesungen ihrem Ende zu; die Professoren vermehren ihre Stunden schon und übereilen sich fast, um zu Ende zu kommen; namentlich in der Chemie ist diese ungründliche Eile sehr peinlich: die ganze organische Chemie, die erst vor 14 Tagen begonnen, soll noch vollendet werden. Zwischen dem 11. und 13. August werden die Collegien wohl geschlossen werden, so daß wir Sonntag, den 15., bei Euch eintreffen können.

Johannes wird dann wohl schon da sein? Und *August*? Nun, von dem werden wir doch wohl wenigstens etwas hören, wenn er auch selbst nicht kommt. Ich freue mich ungeheuer auf dieses Zusammenkommen, man kann doch durch Briefe nicht so recht miteinander fortleben, und namentlich von *Johannes* ist das bißchen, was Mutter neulich über ihren Aufenthalt in Karlsruhe schrieb, das erste und das letzte, was wir seit Jahr und Tag von ihm wissen.

Abb. 27 Friedrich Lücke (1791-1855)

Neulich waren wir einen Abend beim alten Abt *Lücke* in einem Kreise von lauter Professoren, und zwar größtenteils Hamburger, ein *Bertheau, Duncker, Wappäus*, auch der unter Philologen berüchtigte *Schneidemin* war da, der den ganzen Abend eigentlich etwas mit seiner Philologie geneckt wurde, diese Neckungen aber mit trockenem Witze ganz gut zu erwidern wußte. Auch der kleine Hamburger *Anton Brüm*, der eben aus England zurückgekehrt war, war anwesend und brachte in allerliebsten Versen eine Gesundheit auf Abt *Lücke* aus, den er mit *Alcinoos* verglich, der den aus England heimgekehrten *Ulysses* mit solcher Freundlichkeit bewillkommnete.

Herzliche Grüße von Friedrich; Grüße an alle Verwandten und Bekannten,
Dein treuer Sohn
Wilhelm

Morgen ist *Henles* erster Geburtstag in Göttingen, weswegen die Mediciner beabsichtigen, ihm ein Fackelständchen zu bringen. Auch wird der König nächstens erwartet und wohl eine ähnliche Ehrenbezeugung erhalten.

2.10. Göttingen, d. 23. Juli 1853 [Wilhelm]

Lieber Papa,

Längeres Stillschweigen sowie Mutters letzter freundlicher Brief mahnen mich zu der so leicht versäumbaren Pflicht, das Meinige zu tun, um uns bei Euch in frischem Andenken zu erhalten: Vielleicht wird die narkotisch wirkende, alles zerschmelzende Hitze alles Mögliche aufbieten, diese meine Aufdringlichkeit zu bestrafen (was auf zweierlei Weise geschehen kann, einmal, indem sie mir einen langweiligen Brief in die Feder diktiert, zweitens, indem sie, auch bei Euch ihre Allgegenwart bekundend, Euch die Lust nimmt, einen solchen zu lesen): Da nun aber kein schönerer Gedanke als der Mensch siegreich im Kampfe mit den auf ihn einstürmenden Elementen, so will ich den gewagten Kampf aufnehmen, Euch jedoch nicht zu meinen Kampfrichtern ernennen, was die Aufdringlichkeit auf die Spitze treiben hieße.

Trotz dieses Exordiums, welches vielleicht auf vieles schließen lassen möchte, sei versichert, daß wir uns in der hehren Musenstadt äußerlich und innerlich gar wohl befinden. Es läßt sich nicht leugnen, daß die continuierliche Perspiration bei geringer Nahrungszufuhr und verwehrtem Trinken eine nur heilsame Beschleunigung des Stoffwechsels veranlaßt, wodurch ungehörige Stoffe auf gelinde Weise ausgeschieden werden und Körper und Geist trotz einiger Ermattung sich nicht anders als wohl fühlen. Ebenso wenig läßt sich leugnen, daß der von außen gebotene Zwang, mehr das Haus zu hüten und die körperliche Bewegung der abendlichen Dunkelheit zu überlassen, in vieler Hinsicht der Wissenschaft zu Gute kommt, womit durchaus nicht gesagt ist, daß dieser nicht auch sonst ihr Recht zu Teil wird. Sie bleibt ja immer die Hauptsache, und die alleinige Rücksicht auf sie hat auch mich seit einiger Zeit mit inhaltschweren Gedanken in Bezug auf das kommende Semester erfüllt, die hier wohl einer ernsteren Besprechung würdig sind.

Bis jetzt mußte mir ja die Anatomie eigentlich alles sein, und das konnte sie auch recht wohl bei einem solchen Lehrer, wie *Henle* es ist; seine Collegien habe ich durchgehört, somit die vollständige Anatomie, mit Ausnahme der topographischen oder chirurgischen Anatomie, in der ihre praktische Bedeutung für die Chirurgie näher beleuchtet wird, in einmaligem Turnus absolviert. Auf Rechnung des nächsten Semesters würde nun nach der gewöhnlichen Reihenfolge etwa folgendes kommen: 2ter Teil der Secierübungen (Nerven und Gefäße); allgemeine Pathologie, spezielle Anatomie zum 2ten Male; chemische und mikroskopische Practica; Physiologie (zweiter Teil). Davon sind nun einmal die Secierübungen hier ziemlich mangelhaft wegen der fehlenden Leichen; dann wird die allg. Pathologie von drei Docenten sehr schwach vorgetragen; die Anatomie würde zweckmäßig auch einmal von anderer Seite gehört, um kein einseitiger Verehrer *Henles* bleiben zu müssen: die Physiologie endlich wird von *Wagner,* so gut, berühmt und gelehrt er auch ist, äußerst mangelhaft vorgetragen. Dies sind allerlei Momente, die wohl von längerem Hierbleiben abrathen könnten: dennoch aber wird es mir, während ich alles auf einmal schreibend überlege, immer klarer, daß ein Fortgehen die meisten Mängel schwerlich haben würde, da es nicht leicht sein wird, eine Universität zu finden, die in allen Stücken das 4te Semester würdig repräsentieren könnte; daß ferner auch hier noch mancher Goldkern zu finden, wie namentlich in der Chemie, Mikroskopie, topographischen Anatomie und vielleicht auch in der Nervenphysiologie, worin *Wagner* noch am besten zu Hause ist. Ich wäre jetzt daher lieber gar nicht mit diesen Ideen herausgerückt, jedoch lagen sie mir in der letzten Zeit viel im Sinn, und hatte ich gar keine Gelegenheit, bei erfahrenen Leuten mir Rats zu erholen; eine Zeitlang dachte ich mal an Leipzig mit den Gebrüdern *Weber* (Anatomie), *Lehmann* (physiolg. Chemie) und *Fechner* (Physiologie); dann auch Berlin. Doch erscheint es mir immer mehr als Schwindel; darum Göttingen for ever!

Abb. 28 Jakob Henle (1809-1885)

Nun zu was anderem: Ihr habt wohl schon aus den Zeitungen erfahren, daß Göttingen nächstens dem Weltverkehr übergeben werden soll: Die Vorteile und Nachteile davon, die natürlich lebhaft besprochen werden, mögen hier unerörtert bleiben; von Wichtigkeit ist vorläufig nur das großartige Fest der Eröffnung, das am 31sten Dez. Göttingen in mächtige Aufregung versetzen soll. Sämtliche Corporationen etc. sollen sich dabei in größtem Glanze entwickeln, und natürlich werden auch die Studenten das Ihrige tun müssen, sich dabei aufzuspielen: prächtige Festzüge durch die Stadt mit Musik, Fahnen und drgl. m.; großes Festessen, an dem jeder 7te Student teilnehmen kann; wir werden schwerlich Neigung ver-

98

spüren; alles in allem glaube ich, dreitägiger Schwindel; der König läßt sich durch seinen Minister des Inneren vertreten. Hamburg läßt sich dann in 9 Stunden, mit viel weniger Kosten erreichen als früher, Einbeck, in dem seit Pfingsten *Onkel Wilhelm [von Hennings*, 1796-1871] (bis jetzt noch ohne Familie) als Oberst-Lieutenant und Regimentscommandeur sitzt, vielleicht schon in einer Stunde. Wir werden natürlich noch in diesem Semester die Gelegenheit benutzen, ihn dort an-zutreffen. Einstweilen haben wir hier die Bekanntschaft mit seinem [Sohn] *Hans* erneuert, der hier auch seit Pfingsten als interimistischer Assessor am Obergericht verweilt, jedoch schon am 1. August Urlaub nimmt. Sehr komisch war es, wie wir fast 4 Wochen hinter einander her gelaufen sind, uns regelmäßig zu Hause verfehlend. Vorige Woche haben wir zuerst einen Abend bei ihm zugebracht, wobei wir ihm auch in *Classen* einen noch ganz unbekannten Vetter vorstellen konnten. *Hans* scheint ein sehr wohlgesinnter Vetter zu sein, gemütlich, teilnehmend, sinnig, auch allerlei von seinen Verhältnissen mitteilend: er hofft vielleicht, Anfang August einmal über Hamburg nach Rundhof zu kommen. Sein Bruder *August* ist durch viel Glück schon zum Premierlieutenant (in Celle) nominiert.

Jetzt schon eine richtige Bestimmung zu machen über die Anwendung der großen Ferien, wäre tollkühn, da so viele unbekannte Größen mit ins Spiel kommen, für die sich erst allmählich die richtigen Gleichungen werden aufstellen lassen. […]

Etwas Platz muß noch übrigbleiben für eine Geldangelegenheit, die ich trotz des Sprichwortes *ab Iove principium* aus Politik ans Ende zu versetzen beschloß. Es ist der Geldvorrat nämlich zu Ende, und sind schon mehrere Rechnungen in Hoffnung auf den hier üblichen Johanniswechsel eingelaufen. Mit Rücksicht auf kommende Zeiten sind wir möglichst sparsam verfahren und haben weniger als in den beiden letzten Semestern verbraucht; von sichtbarem Einfluß darauf ist offenbar auch die neue Wohnung, die durch immer neue Tugenden sich bewährt.

Mit nochmaliger Bezugnahme auf den Zweck meiner Einleitung will ich den gewöhnlichen Epilog diesmal unterlassen.

Herzliche Grüße an Alle; es umarmt Euch Euer
Wilhelm

Abb. 29 Göttinger Chemisches Laboratorium (Baujahr: 1783)

2.11. Hamburg, den 27. August 1853 [Wilhelm]

Meine Lolly,

jetzt hat sich die Geschichte mit einem Male umgekehrt: Während Du bisher das Nest stets treu gehütet, bist Du plötzlich ausgeflogen [nach Liverpool zur Familie der Schwester] und hast uns Deinen Platz eingeräumt. [Positiver Rückblick auf den Winter in Liverpool: ideale Familie.]

Du verlangst nun aber freilich wohl, diesmal auch etwas vom Äußeren zu hören und die Herzensangelegenheiten auf einander Mal zu verschieben. Das Leben, was wir hier führen, bietet uns kaum mehr Abwechslung als das Göttinger; nachdem wir uns Bekannten und Verwandten vorgestellt, sind wir meist zu Hause, beschäftigt mit Wiederholungen des in den letzten Monaten Gelernten sowie mit Pflegen einiger Privatliebhabereien, unter denen doch die englische Literatur noch immer den ersten Platz einnimmt.

Der kleine [Neffe] *Johannes Classen* wurde 2 Mal besucht; er läßt Dir sagen, eiligst zurückzukehren und zu ihm zu kommen; er ist sehr groß geworden, aber doch allerliebst, freut sich ungemein, im Frühling nach Frankfurt zu kommen, nur klagt er, daß man da keine Leute kennte. *Classens* müssen Ende September in Frankfurt sein; [Vetter] *August* ist mit uns hergereist, um seinen Ältern beim Umzug beizustehen. […]

Den übrigen Verwandten geht es gut. Ein Sonntag wurde in Flottbeck zugebracht: *Tante Emmy* [*Rist, geb. Hanbury, 1893-1859*] leidet viel unter Erkältungen. Tante *Carolin* [*Sieveking, geb. de Chapeaurouge, 1792-1858*], die im Ganzen wohler ist, wird auf 14 Tage nach Reinbeck ziehen, um sich in frischer Waldluft ganz zu erholen. *Carlota* [*Sieveking, 1831-1918, Cousine*] ist ganz vergnügt von Büsum zurückgekehrt. Von ihr soll ich Dich grüßen und eigentlich viel erzählen von ihrem netten Badeleben, von einer alten Dame und einem jungen Mädchen und einer plattdeutschen Dichterin und Seefahrten etc., das mir aber nicht mehr klar im Gedächtnis geblieben ist. *Sievekings* aus London sahen wir gestern abend auf dem Neuenwall, morgen mittag in Hamm. *Johannes* hat wieder einmal geschrieben, ganz auf die alte Weise. Er läßt Euch alle grüßen falls er nicht durch einen eigenen Brief zuvorkommen werde (!) *August* kann in 4 Wochen hier sein. Am 20. Juni ist er von Valparaiso abgegangen. Er hat leider wieder mit einer Post zu schreiben versäumt. Mit der Schule geht es auch in Deiner Abwesenheit sehr gut fort; Mutter setzt die Kleinen vortrefflich in die Bruchrechnung hinein. Dann lernen sie mit Eifer *Körners* Gedichte.

Grüße alle bekannten Hausgenossen von Deinem Dich liebenden Bruder
Wilhelm

3. Das Zweite Semester in Göttingen: Winter 1853/54

Wilhelms Belegplan für Vorlesungen des zweiten Semesters:
Spezielle Anatomie bei Hofrat Henle
Experimentalphysik bei Prof. Weber
Präparierübungen bei Hofrat Henle
Allgemeine Verfassungsgeschichte bei Prof. Waitz
Naturphilosophie bei Prof. Lotze

Friedrichs Belegplan für Vorlesungen des zweiten Semesters:
Pandekten bei Hofrat Francke
Römische Rechtsgeschichte bei Justizrat Ribbentrop
Deutsche Geschichte und Verfassungsgeschichte bei Prof. Waitz

3.1. Göttingen, den 17. Oktober 1853 [Friedrich]

Meine liebe Lolly,

So sind wir denn wieder in unserm alten Nest angekommen. Der erste Gruß, den wir von hier aus ans elterliche Haus senden, sei zugleich ein inniger Segenswunsch für das neue Jahr, das Du heute beginnst. Wir wissen es ja beide und haben uns auch darüber gegeneinander ausgesprochen, wie herrlich es ist, immer fest an einander zu halten und uns immer in der Liebe zum Herrn zu vereinigen. Laß uns auch jetzt, wo Du in neue Verhältnisse [Hochzeit], neue Wirkungskreise trittst, ebenso eng wie früher miteinander verbunden bleiben. Daher schreckt es nicht, wenn man auch vielleicht ein halbes Jahr oder länger voneinander getrennt ist; ich finde, wer es versteht, kann auch in der Abwesenheit mit seinen Lieben fortleben, wenn sich auch viel Neues mit ihnen zuträgt.

[Freunde: *Classen, Roquette, Mollwo* aus Urlaub zurück]

Von Collegien schreibe ich noch nicht, da übermorgen Buß- und Bettag ist, fangen sie erst Donnerstag an, bis dahin hat man noch zu belegen und bei den bekannten Professoren Besuche zu machen. Ich habe große Lust, *Webers* Vorlesung über Magnetismus und Elektrizität zu hören, weiß nur noch nicht, ob es nicht zu viel ist, da ich an den ersten 3 Wochentagen 7 Collegien haben würde und ich zum Privatarbeiten, besonders für die Pandekten, gern viel Zeit übrig habe. Doch das wird sich finden, jedenfalls soll der Tag gut angefüllt werden, des Morgens bis 12 Uhr Colleg, dann Essen, Museum, Spazierengehen und bis 6 etwa wieder Colleg. Dann drehen wir uns beiderseits groberweise den Rücken zu und vertiefen uns beim einsamen Lämpchen. Auf die Winterabende freue ich mich unendlich, wie wunderbar verschieden werden sie sein von den vorjährigen, aber wir haben doch Ursache, unendlich dankbar zu sein für alles Gute, das uns zu Teil geworden. Vor dem Sommer werden wir jetzt das voraus haben, daß wir von den Leuten, mit denen wir zusammengekommen, schon wissen, an wen wir uns zu halten oder noch mehr anzuschließen haben. Auch versteht man, mit seinen Arbeiten schon besser umzugehen. […]

Noch stehen die Bäume hier in schöner rötlich-gelber Herbstfärbung, obgleich ein Nachtwind sie wohl bald ganz kahl machen wird. Dann beschränkt man sich mehr aufs Haus und gewinnt die Bücher immer lieber – welch köstliche Aussichten. Ich will bald Mehres mitteilen, ergänze Dir aus Deinen eigenen Gedanken, was ich nicht ausgedrückt habe, ich hoffe, unser beider Tun und Treiben wird uns gegenseitig immer klar vor Augen stehen.

Grüße an die Eltern, an die dieser Brief ja eben so gut gerichtet ist, und Deinen lieben Fritz vielmals von Deinem

Friedrich

3.2. Göttingen, den 5. November 1853 [Friedrich]

Lieber Papa,

Ich habe etwas länger mit Schreiben gezögert, um Dir genauer berichten zu können, wie sich das neue Semester hier angelassen hat, denn zunächst, als die Collegien noch nicht begonnen und überhaupt das Alltagsleben noch nicht angefangen hatte, konnte man es sich doch noch nicht so einrichten, wie es den Winter über nun ruhig bleiben soll. Ich habe mich sehr gefreut, wieder an eine geregelte Tätigkeit zu kommen, wenn mir auch die Ferien dadurch so teuer gewesen sind, daß ich nach langer Zeit wieder einen Eindruck vom Leben im elterlichen Hause bekommen habe. Ich fühle das sehr deutlich, daß es das ist, was eigentlich beim Universitätsleben der größte Verlust ist, denn die Bekanntschaften mit Professoren, wenn es auch noch so viele sind, können vom Familienleben nichts ersetzen, kosten eigentlich nur Zeit und sind mehr Last, als daß sie Vergnügen oder Nutzen bringen. Das mag auf verschiedenen Universitäten verschieden sein, hier ist das leider einmal der Ton, und von eigentlichen Familienbekanntschaften kann auch gar keine Rede sein, man sieht fast nur die Professoren und kann dann und wann ganz interessante Stunden hinbringen, am Ende ist aber doch wieder das Gute dran, daß man so viel mehr auf sich selbst gewiesen ist. Ich bin eigentlich in einer Zeit der Unruhe, es kommen so vielfach neue Interessen an mich heran, daß ich nicht weiß, woran ich mich selbst halten soll.

Von meinen Ideen übers Geschichtsstudium habe ich Dir schon geschrieben, ohne daß ich Deine Ansichten darüber kannte, derselbe Gedanke beschäftigt mich jetzt lebhafter als je. So habe ich denn auch zwei geschichtliche Collegs bei *Waitz* belegt, über Deutsche Geschichte und Allgemeine Verfassungsgeschichte. Im ersten gibt es eine Übersicht über die Hauptmomente besonders der inneren Entwicklung Deutschlands, besonders ausgezeichnet soll die erste Hälfte sein bis zur Reformation, wo er besonders gut zu Hause ist; im zweiten Colleg entwickelt er die Entstehung und Ausbildung der hauptsächlichen Verfassungen der neueren Geschichte Deutschlands, Frankreichs, Englands etc. Als ich bei ihm belegte, erzählte er, es sei ihm früher auch so gegangen, erst hätte er mit Eifer Jurisprudenz gehört, sogar, als in Berlin *Ranke's* neueste Geschichte und *Hofftars* Prozess in einer Stunde gelesen worden waren, hätte er gewissenhaft das letzte belegt, das ihm nun aber bald so langweilig geworden sei, daß er der Jurisprudenz Lebewohl gesagt habe. Nun, er hätte doch zwei Pandekten gehört und doch noch Zeit für

Geschichte übrig behalten. So habe ich mir denn für diesen Winter zur Hauptaufgabe eine möglichst vollständige Durcharbeitung der Pandekten gemacht.

Francke liest sie zweistündig, wie immer in trockener Weise, ohne auf Controversen eigentlich einzugehen, mit großem Selbstbewußtsein, aber doch wirklich klar und scharfsinnig. Er hält sich mehr an Äußerlichkeiten und Spezialitäten, als daß er auf die inneren Gründe und den Zusammenhang eingeht. Das ersetzen dann *Pachtals* Pandekten, die ich nebenbei privatim durcharbeite. *Mühlenbruchs* Doctrina Pandectarum und *Westenbergs* Principia iuris sind daneben sehr angenehm zum Vergleichen, da sie oft auseinander gehen. Die zitierten Stellen werden im Corpus iuris nachgeschlagen, auch habe ich in diesen Tagen angefangen, mit einem Verbindungsbruder, *Schrader*, die Pandekten zu lesen. Sie von vornherein durchzuarbeiten, dazu werden wir wohl kaum kommen, aber doch ausgewählte Abschnitte durchlesen. Wir treiben es 4 mal wöchentlich von 2-4. Der Morgen ist nämlich mit Collegien ausgefüllt, von 8-9 *Waitz's* Verfassungsgeschichte, dann Pandekten, Rechtsgeschichte und von 11-12 die zweite Stunde Pandekten.

Abb. 30 Georg Julius Ribbentrop (1798-1874)

Die römische Rechtsgeschichte wird von *Ribbentrop* gelesen, der zuweilen sehr possierlich ist, auf dem Katheder herumgeht und die lebhaftesten Gestikulationen macht; was er sagt, scheint aber eine ganz gute Zusammenstellung, bis jetzt, wo er noch Äußere Rechtsgeschichte behandelt, freilich nur eine sehr kurze Übersicht und als solche nicht sehr interessant. Ich glaube, daß ich schwerlich Zeit finden werde, genauer mich mit dem Studium der Rechtsgeschichte in diesem Semester zu beschäftigen, die Pandekten allein bilden einen riesigen Stoff.

Des Morgens findet man sich doch meist noch im Bett, so daß vor 8 Uhr nichts mehr beschafft werden kann. Um 12 ½ Uhr wird gegessen, dann eilig etwas Zeitung gelesen; nachdem ich darauf bis 4 mit *Schrader* gearbeitet, ist das letzte Colleg bei *Waitz*, und dann werden am Abend Pandekten repetiert und *Pachtal* etc. getrieben. So spielen diese die Hauptrolle am Tage, und das wird wohl den ganzen Winter so bleiben. Daß ich nicht für die geschichtlichen Collegien noch abends arbeiten kann, tut mir unendlich leid, das kann aber wohl später noch kommen. Um 10 Uhr wird dann gewöhnlich noch etwas „Freundschaft gekneipt" bis gegen 11. Dadurch wird der Winter gewiß auch sehr angenehm, daß diejenigen, welche sich im Sommer zusammengefunden, jetzt sich erst recht innig an einander schließen, nun weiß man, wem man sich mehr nähern soll und wem man lieber ferner stehen möchte. Im Allgemeinen sind aber doch alle, die sich unter der blau-weiß-goldenen Fahne [der Burschenschaft] zusammengefunden, sehr liebe Menschen, besonders herrscht jetzt ein sehr solider wissenschaftlicher Ton. Es sind meistens Lübecker, Hamburger und Wolfenbüttler oder Braunschweiger, von denen die ersten beiden im Sommer besonders eng aneinander hielten.

Von *Roquette* habe ich Euch ja schon oft geschrieben, wir sind uns schon einig geworden, Ostern ein paar Tage in Hamburg, vielleicht auch Lübeck zusammen zu sein; er ist gerade so lebhaft, wie ich es gern hab, dann und wann leicht auffahrend, aber voll ernsten Eifers und wahrer Geist, dabei doch immer sehr gemütlich, fidel und unterhaltend.

Mollwo vertritt dann das ruhige Prinzip, in höheren Semestern stehend hat er natürlich außer der ihm eingeborenen Weisheit und Mäßigung noch sehr viel Lebenserfahrung erworben und lächelt wohl manchmal, wenn die Kinder zu ausgelassen werden. Bisweilen empfindet er selbst, daß etwas mehr Jugendfeuer nicht schaden würde, und ist unendlich herzlich und liebenswürdig eingehend, wenn man über dergleichen mit ihm spricht. Ich ward im Sommer sehr rasch mit ihm eng befreundet und stehe ihm noch mit am Nächsten.

August Classen [Vetter] gewinne ich immer lieber, er ist der offenste, einfachste Mensch von der Welt. Besonders, wenn er einige Flaschen getrunken hat, offenbart sich sein zärtliches Naturell. Er steht mit allen sehr freundschaftlich, macht wohl auch dann und wann tolle Streiche, aber immer in gemütlicher Laune. So ward neulich eine Spazierfahrt nach Reinhausen unternommen. Abends kommen alle in hohem Grade fidel wieder heim und sind von den genossenen Schönheiten so begeistert, daß ein Teil sich nachts um halb eins wieder aufsetzt und denselben Weg noch einmal macht. Im Ganzen ist aber das Wetter doch schon etwas zu herbstlich für Spaziertouren, sie beschränken sich auf Sonntagnachmittage.

Ist man sonntags zu Hause, so vereinigt man sich abends und liest *Shakespeare* mit verteilten Rollen; dies ward von einigen genauen Freunden schon vorigen Winter mit großem Vergnügen getan, die haben sich dann auch jetzt wieder zusammengefunden, und wir schlossen uns natürlich gern an. Vorigen Sonntag ward der erste Versuch mit Othello gemacht, ging zwar etwas kläglich, aber amüsierte doch, wie es scheint, die Teilnehmer. Es sollen nun regelmäßig zwei Partien sein, die eine wohl meist bei uns, die andere bei *Roquette*, ich versprach mir viel davon. Es ist immer zugleich eine Gelegenheit, sich zu sehen und bekannter miteinander zu werden. Es bestand eigentlich eine kleine Spaltung unter uns, bezeichnet durch die oben erwähnten Namen, indem die Hamburg-Lübecker als ruhiger, eng freundschaftlicher, im Ganzen vielleicht ernster den Wolfenbüttlern gegenüberstanden, denen es auf intime Freundschaft nicht so sehr als auf gemütliches Zusammenleben und Vertretung des gemeinsamen Prinzips anzukommen schien. Jetzt bieten diese Leseabende zugleich ein Mittel der näheren Vereinigung. Ein gemeinsamer Mittagstisch ist leider bis jetzt nicht zu Stande gekommen, auch ist in allen Beziehungen große Teuerung, desto mehr Aussicht, daß wenig Sprünge gemacht werden.

Dreimal in der Woche finden riesige Fechtübungen statt, die für mich sehr amüsant sind, der Körper erhält dadurch eine famose Motion, am Ende fallen meinem Rücken noch die versprochenen Speciesthaler von Mutter zu. Eine andere Partie turnt – eins von beiden ist jedem Verbindungsmitglied zur Pflicht gemacht. Musikalische Künste werden auch gepflegt, wenigstens sollen sie dadurch befördert werden, daß die Kneipe mit einem Fortepiano ausgestattet worden, das nun freilich nicht viel mehr als ein Lärm machender Kasten fungiert und wirklich bisweilen seinen Teil dazu tut, den an sich schon genügenden Lärm zu vermehren.

Ich schrieb von guten Freunden und muß dazu doch noch hinzufügen, daß wir über uns in dem jüngeren *Schulz* und dem älteren *Moraht* zwei sehr angenehme Hausgenossen haben. Wir haben miteinander schon manchen Abend gesessen, die Stuben sind eigentlich fast gemeinschaftlich, man liest und arbeitet oben oder unten. Überhaupt ist die Wohnung sehr angenehm, nur wäre es besser, wenn wir zwei ineinander gehende Stuben hätten wie bei *Classen* und *Roquette*. Wenn der eine mit einem Freund zusammenarbeitet, wird der andere gleich gestört. Wir sehen uns überhaupt am Tage weniger, als ich meine Fachgenossen sehe, erst um 5 komme ich ja eigentlich nach Hause, dann hat er von 6-7 Colleg, und wenn eben rasch Tee getrunken, kehrt man sich den Rücken zu. Jeder eine Lampe zu sich und jeder gleich stumm. Ich kann daher auch eigentlich von Wilhelms Tun und Treiben nichts berichten, da muß er selbst sich zu hinsetzen. Ich möchte Euch auch, wenigstens dem Namen nach, noch mit einem sehr lieben Freunde bekannt machen, der mir beiläufig aufgetragen hat, von ihm zu grüßen, nämlich *Dedekind*, Doktor der Philosophie, der wahrscheinlich Ostern sich hier als Privatdozent der Mathematik habilitieren wird. Er ist schon ziemlich älter als ich, daher sehr vernünftig, unendlich freundlich und liebenswürdig, auch sehr amüsant, unterhaltend. Mit *Redlich* bin ich auch ziemlich oft zusammen gewesen, er ist noch ganz der alte nette Kerl, nur etwas ausgebildeter, was ihm nicht schaden konnte.

Einliegend übersende ich noch als Probe der Bierzeitung eine Ballade, deren Gegenstand unsere Teebüchse ist. Von allen bewundert, wenigstens angestaunt, diente sie schon lange zum Gegenstand der Unterhaltung und ward endlich neulich abend unter allgemeinem Jubel auf der Kneipe, während ein Lied sehr flüssig gesungen ward, von ihrem Räuber feierlich dem Kneipwart überreicht, darauf das beiliegende Lied gelesen. *Ußlar* ist der Name des Kneipwarts.

Über jeden Brief von zu Hause herrscht hier einmütige Freude,

Dein gehorsamer Sohn

Fritz (hier durchweg der bräuchliche Name)

Die Teebüchse und ihr Räuber

„Willst Du mich nicht hier behüten?
Knickebein ist fromm und sanft,
Nährt sich von des Tees Blüten,
Der so hold und lieblich dampft!"
„Büchse, Büchse, Du mußt ziehen
Zu der Restaurada* hin."

„Laß mich meine Herde locken,
Lockt Dich nicht des Kessels Sang?
Lieblich tönt, wie Schall der Glocken
Löffelklappern, Tastenklang!"
„Büchse, Büchse, Du mußt ziehen
Zu der Restaurada hin!"

„Habe Gnade, habe Gnade,
Sicher ist's hier, alles mild,
In der bösen Restaurada
Steh' ich wie ein Spottgebild!"
„Büchse, Büchse, Du mußt ziehen
Zu der Restaurada hin!"

Und er ging zur Restaurada,
Und es treibt und reißt ihn fort
Rastlos fort auf finstrem Pfade,
– Stadtlaternen brennen dort –
Unterm Arm, an tiefer Stelle,
Trägt die Büchse er, die helle.

Jetzo auf dem Kneipentische
Steht sie wie ein Wundertier,
Wo Roquette die zweite frische
Flasche angebrochen schier!
Überall in Feindes Nähe
Wird der Büchse wehe, wehe!

Mit des Jammers stummen Blicken
Fleht Knickebein die Kneipe an,
Fleht umsonst – denn aufzudrücken
Faßt man schon die Büchse an.
Plötzelich mit düstrer Falte
Tritt Ußlar auf, der kleine, alte,

Und mit seinen Götterhänden
Schützet er das Wundertier,
„Willst Du Raub und Jammer senden",
Spricht er, „bis herauf zu mir?
Knickebeinen tut es wehe,
Was verfolgt ihr seinen Tee?"

*Restaurada: Name der Kneipe [Knickebein: evt. Sieveking, rückwärts: Gnikeveis]

3.3. Göttingen, den 28. November 1853 [Wilhelm]

Liebe Mutter,

Ein Tag vergeht nach dem anderen, aber kein Briefträger erscheint an unserer Tür, der uns einmal wieder wenn auch nur wenige Zeilen von Hause brächte; wir dürfen uns wohl eigentlich freilich am Wenigsten über Vernachlässigung beklagen, da wir uns selbst häufig derselben schuldig gemacht haben: Aber dadurch ist ein Briefchen von Hause immer so lieb, es erinnert einen an alle väterliche, mütterliche und geschwisterliche Liebe, es ruft alte vergangene Zeiten kindlichen Frohsinns ins Gedächtnis zurück, es mahnt zu anhaltendem Eifer, zum fröhlichen Streben dem Ziele entgegen. Der Mensch bedarf einmal solcher Anstrengungen, soll er nicht, was nur zu leicht geschieht, in ein träumerisches Alltagsleben versinken, welches so leicht zu einem mehr oder minder starken Indifferentismus führt.

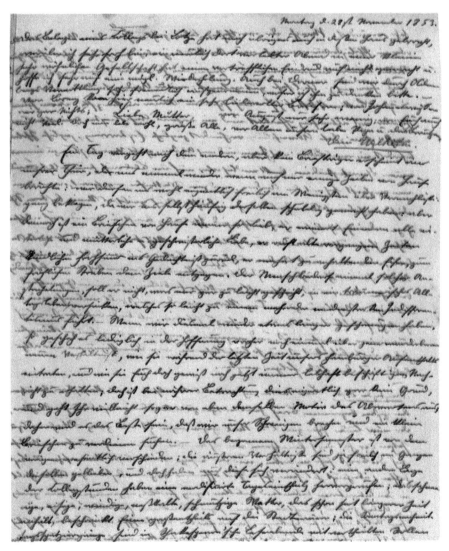

Abb. 31 Wilhelms Brief vom 28.11.1853
(erste Seite, überschrieben mit den letzten Worten)

107

Wenn wir diesmal wieder etwas länger geschwiegen haben, so geschah es lediglich in der Hoffnung, vorher noch einmal über jene wunderbaren neuen Verhältnisse, wie sie während der letzten Zeit unseres Hamburger Aufenthalts eintraten und wie sie Euch doch gewiß noch jetzt immer lebhaft beschäftigen, Nachricht zu erhalten; doch ist bei näherer Betrachtung dies eigentlich gar kein Grund, und geht Ihr vielleicht sogar von eben demselben Motiv des Abwartens aus; daher wird es das Beste sein, daß wir unser Schweigen brechen und ein kleines Briefchen zu verdienen suchen.

Das begonnene Wintersemester ist von dem vorigen wesentlich verschieden; die äußeren Verhältnisse sind ja freilich im Ganzen dieselben geblieben, und doch haben auch diese sich verändert: Eine andere Lage der Collegstunden haben eine modifizierte Tageseinteilung hervorgerufen; das schneeige, eisige, windige, naßkalte Wetter, das schon seit längerer Zeit anhält, beschränkt einen großenteils auf die Stadtmauern; die Sonntagsnachmittagsspaziergänge sind in Shakespeare'sche Leseabende mit verteilten Rollen beim Teetisch umgewandelt; der sömmerliche Freundeskreis hat sich teilweise sehr verändert: Manche der Wertesten leben jetzt vereinzelt auf anderen Universitäten oder im Philisterium; manche neue Ankömmlinge dagegen haben ihre hiesigen Stellen wieder eingenommen und suchen die Herzen der Einzelnen zu gewinnen, was ihnen auch z. Teil sehr gut gelingt; wieder andere sind da, deren erste Bekanntschaft sich freilich schon im Sommer anknüpfte, deren Inneres sich aber erst allmählich offenbart und ein näheres Aufschließen wünschenswert macht. Eine stete Abwechslung verhindert jegliche Erstarrung, jegliche Isolierung, befördert ein reges Leben nach Innen und Außen, gibt Veranlassung zu immer neuen Charakterstudien, lenkt endlich aber auch den Blick auf einen selbst zurück: man vergleicht sich mit den anderen, wird zum Wetteifer angespornt, wenn man diese nach demselben Ziele ringen sieht. Auch gibt es keinen besseren Schutz gegen den gefährlichen Hochmut: entweder man hält sich wirklich für besser als so viele andere, oder man will andere es glauben lassen undverdeckt dann auf solche Weise seine Schwächen; so ist dieses Letztere ein Fehler, den ich namentlich an mir beständig beobachten kann; es ist nicht sowohl wirkliche Einbildung (da mir im Gegenteil das eigene Nichts jeden Tag klarer werden muß), als vielmehr eine lächerliche Eitelkeit, vor anderen mehr zu scheinen, als leider dahinter ist, was ich mir immer vorwerfen muß und wogegen ich noch immer vergebens zu kämpfen habe: diese Eitelkeit ist umso lächerlicher, da arge Demütigungen nur allzubald auf dem Fuße folgen müßten.

Dienstag, den 29sten.
Liebe Mutter, ich will das Kranksein eines Professors benutzen, den gestern begonnen Brief heute morgen fortzusetzen; es ist das unser *Wöhler*, der leider schon zum 2ten Mal gezwungen ist, eine ganze Woche auszusetzen: Er hat durch Einatmen von Chlor oder Brom während seiner Vorlesung sich die Brust sehr verdorben, und die richtige Kälte läßt keine schnelle Besserung hoffen; überhaupt hat seine Gesundheit offenbar durch den beständigen Aufenthalt in den Laboratorien bedeutend gelitten: ganz farblos, abgemagert, beim geringsten Anlaß hustend,

macht er oft einen bedenklichen Eindruck, und doch wäre sein Verlust nicht nur für Göttingen, sondern für die Wissenschaft überhaupt unersetzlich.

Seit 3 Tagen haben wir hier das schneidendste Frostwetter, welches ein dauerndes Warmwerden bei den überall undichten Verhältnissen bedeutend erschwert. Namentlich bedarf es für unsere große Stube großer Haufen Feuerung, da der Ofen zwar schnell wärmt, doch aber ein längeres Warmhalten, namentlich in der Fenstergegend, nicht ermöglicht.

Hierbei fällt mir ein, daß wir aus vielen und reiflich überlegten Gründen den Entschluß gefaßt haben, zu Ostern diese Wohnung zu kündigen, und haben daher schon eine neue mit Beschlag belegt. Die Unannehmlichkeiten unseres jetzigen Aufenthalts sind etwa folgende: 1. Der Lärm des 3 mal wöchentlichen Marktgewühles, das Straße und Haus für den ganzen Morgen unzugänglich macht, wozu Sommers noch ein heraufdringender penetranter harz. Käsegeruch kommt. 2. Ein beständig nach allem Möglichen stinkendes Haus. 3. Die vor der Wohnstube liegende Schlafstube, die von allen Besuchern erst passiert werden muß. 4. Die Ungemütlichkeit *einer* großen Stube: 2 kleinere Stuben nebeneinander würden unserm Zusammenleben keinen Abbruch tun, während andererseits Störungen vermieden würden, indem der eine nicht länger gezwungen ist, Besuche des anderen mitzuempfangen. 5. Eine nachlässige, sehr wenig prompte Bedienung. 6. Eine teure Hausrechnung. Dazu kommt noch endlich, daß die über uns wohnenden Freunde auch ausziehen.

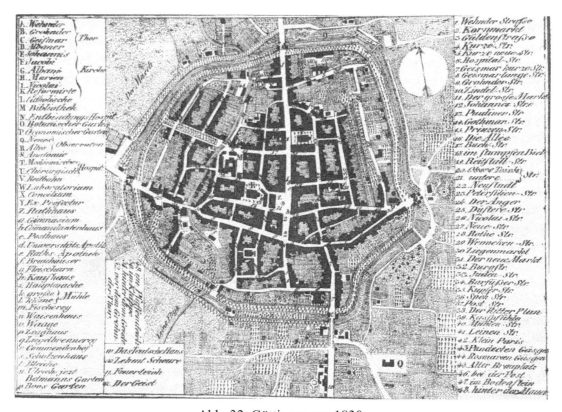

Abb. 32 Göttingen um 1830

Die Vorteile der neuen Wohnung sind folgende: 2 dicht nebeneinander liegende kleine aber sehr gemütliche Zimmer in einem trefflich renovierten Hause, in einer stillen Ecke der Stadt (Papendiek, zu Ende der Grohnder Straße rechts), mit ausgezeichneter Bedienung; ferner Hausgenossenschaft eines früheren Verbindungsmitgliedes, *Dedekind*, Privatdocent der Mathematik [Abb. 36]: Wir lernten ihn ja eigentlich auf der Harzburg zuerst kennen und sind seitdem fast täglich mit ihm zusammen: es ist der beste Kopf, den ich bisher kennen gelernt habe, und er wird gewiß noch einmal Ausgezeichnetes in seinem Fach leisten. Die Miete für beide Stuben zusammen beträgt nur 1 Louisdor mehr als für diese eine und wird dieser durch eine billigere Hausrechnung sehr bald eingetragen sein. Im Winter würden wir natürlich nur eine Stube zu heizen brauchen. Die drei Mahlzeiten würden stets zusammen eingenommen. Ich hoffe, Dir wird unser Entschluß auch nur vernünftig scheinen; die Risse der neuen Wohnung werden Dir natürlich zu ihrer Zeit hinübergeschickt werden.

Ich habe diesmal noch nichts über unser Studienleben gesagt: Es läßt sich da auch nicht viel Neues sagen: Nur das Eine muß immer wiederholt werden, daß ein Jeder immer größere Liebe für sein Fach gewinnt. In die spezielle Anatomie bin ich ja jetzt eingeweiht, an den Anblick von Leichen, der mir anfangs etwas bevorstand, habe ich mich leicht gewöhnt; bei dem großen Mangel aber, der zur Verzweiflung aller Mediziner diesen Winter an denselben herrscht, ist es mir noch nicht gelungen, mich am eigenen Präparieren zu versuchen: doch steht das anatomische Besteck bereit, und bin ich jeden Tag meiner Citation gewärtig.

Mit wunderbarem Lehrertalent weiß *Henle* einem die Muskellehre beizubringen, die zwar hauptsächlich nur Gedächnissache ist, aber durch seine geschickt entworfenen Zeichnungen und Demonstrationen und durch seine geistreich anschauliche Beschreibung stets fesselt.

Nicht minder zieht mich auch dieses Semester *Webers* Vortrag über die Elektrizität an; seine einfache klare Manier läßt den kümmerlichen Vortrag bald vergessen, und man muß jedesmal von Neuem bedauern, daß die Kürze der Zeit und die Rücksicht auf viele Zuhörer ihm ein weiteres Eingehen in die Einzelheiten unmöglich macht.

Zur Abwechslung und namentlich um die griechische Sprache nicht zu verlernen, habe ich mit einem sehr netten Lübecker, Bruhns, begonnen, den alten *Hippokrates* zu studieren, dessen närrische Ideen oft sehr komisch herauskommen; eine größere Meinung von seiner Kunst hat wohl übrigens nie jemand besessen als er. Die Professorenvisiten sind pflichtschuldigst abgemacht: Die Einladungen werden nun wohl bald nachfolgen.

Das Belegen eines Collegs bei *Lotze* hat mich übrigens auch in dessen Haus gebracht, worüber ich sehr froh bin; ein neulich dort verbrachter Abend in einer kleinen sehr wöhnlichen Gesellschaft hat einen vortrefflichen Eindruck auf mich gemacht, und hoffe ich sehr auf eine mögl. Wiederholung. Auch bei *Dorner* sind wir durch *Oldenbergs* Vermittlung sehr freundlich aufgenommen, wofür ich ihm zu danken bitte.

Von *Lorenz* kam hier neulich ein sehr lieber Brief an; von *Johannes* wissen wir gar nichts, von *August* nur sehr wenig; von Euch noch nicht viel. Doch nun lebe wohl, grüße alle, vor allem unseren lieben Papa und das Brautpaar [*Oldenberg* und Schwester *Lolly*].

Dein Wilhelm

3.4. Göttingen, den 23. Dezember 1853 [Friedrich]

Lieber Papa,

Schon länger hätte ich auf Mamas und *Lollys* Briefe antworten sollen, und doch hat es sich von einem Tag immer auf den anderen geschoben, bis nun die Weihnachtsferien angefangen haben. Die Zeit ist mir unendlich rasch vergangen, die regelmäßige Tageinteilung, in der wenig Abwechslung hineinkam, war wohl Hauptursache.

Ich kann über meine Arbeiten eigentlich nicht vieles sagen, da sie sich allein auf die Pandekten beschränken. Von der Rechtsgeschichte habe ich noch nicht viel mehr als ein Heft, dessen Repetition freilich immer nützte, doch bereue ich nicht, sie schon in diesem Semester gehört zu haben, da sie zum Verständnis der Pandekten unentbehrlich und als Teil der Geschichte des Altertums mir höchst interessant ist. *Waitz* liest zwei anziehende Collegien, im Ganzen stößt er vielleicht durch Trockenheit und große Kürze ab, es ist wohl nicht zu leugnen, daß ihm die Gabe fehlt, lebendig und schön zu schildern, wie es *Macaulay* z.B. kann, dagegen, was genaues, gewissenhaftes Forschen ist, kann man gewiß von ihm lernen. Obgleich ich ein treuer Hörer seiner Vorlesungen bin, ist mir noch nicht das Glück geworden, von ihm eingeladen zu werden, er soll in Gesellschaften sehr liebenswürdig und unterhaltend sein können, doch würde es mir doch nicht mehr als einige nette Abende einbringen. Mir scheint, daß Verhältnisse wie die der Göttinger Studenten zu den Professoren Euch, Mutter wenigstens, ganz undenkbar sind, auch nur eine Spur von Familienleben kann man hier, selbst bei den liebenswürdigsten, umgänglichsten Professoren, nicht haben; das ist etwas, worauf hier ganz verzichtet werden muß.

Will man daher Umgang haben, und das ist durchaus nötig, so muß man sich an Altersgenossen anschließen. Ich persönlich empfinde es oft, daß mir fast bis zum Abgang von der Schule, wenigstens bis Michaelis 1848 jeder Umgang mit jüngeren Freunden fehlte, daß wir beide, namentlich in Ritzebüttel in der Beziehung so allein standen. Es ist mir besonders ein Bedürfnis, nicht alles, was mich bewegt, in mir allein zu bedenken und abzumachen, sondern es Freunden mitzuteilen, die vielleicht in dieser Hinsicht ebendieselben Gedanken haben, vielleicht darüber mich beruhigen können. Angenehmes Verbringen der Zeit ist es nicht, was ich suche, sondern von anderen will ich lernen, was ich mir selbst nicht so leicht zu geben vermag. Daher kommt es mir auch nicht darauf an, mit allen Mitgliedern unserer Verbindung auf ganz vertrautem Fuß zu stehen, dazu sind es zu viele, dazu sind sie auch viel zu verschieden; es sind vielleicht nur 5 oder 6, die ich wirklich lieb habe und denen ich auch mitteile, was in mir vorgeht. Wäre diese Verbindung nicht oder wir nicht in ihr, so würden wir fast ganz allein stehen und alles entbehren, was eine wahre Freundschaft geben kann. Wenn ich also an meinen Gesellen auch mit ganzem Herzen hinge, so glaube ich doch nicht, daß ich ihnen unter diesem oder jenem lieblichen Vorwand ohne Notwendigkeit zu viel Zeit widme. Doch genug davon, ich wollte nur noch einmal aussprechen, daß das Bedürfnis in mir einen tieferen Grund hat, der aus der Art, wie ich meine Jahre bis zur Konfirmation etwa zugebracht, sich von selbst ergibt.

Die Freudenbotschaft aus Liverpool [Geburt der Nichte *Fanny*], die uns durch *Lolly* zukam, hat uns sehr freudig überrascht, leider etwas zu früh, sonst wäre es noch ein Weihnachtsgeschenk geworden, denn das ist doch für uns so gut wie für die Geschwister drüben ein Geschenk Gottes, für das wir im Herzen dankbar sind. Hoffentlich wird das aber keine kleine Engländerin, sie muß von Rechtswegen nach Deutschland heimkehren, sonst weiß sie ja gar nicht, zu welchen Landes Bürgern oder Bürgerinnen sie sich zählen sollte. Macht *Lorenz* denn noch immer keine Aussicht, wieder überzusiedeln? Der brave *Leunig* sollte da mit der Geschäftsführung betraut werden. Schreibt doch, bitte, ganz genau, wie es *Henriette* geht, was für Wünsche und Ideen über Taufe, Namen usw. gehegt werden. Wir wollen in nächster Zeit selbst hinüber schreiben – ich sagte zwar hinübergehen, es war doch eine gar herrliche Zeit mit den Geschwistern und dem kleinen Nichtchen. Wie sich das wohl zum Schwesterlein stellt, hoffentlich wird es ihr nicht an der Authorität einer älteren Schwester fehlen. Ich kann mir von der Tauffeier noch keinen recht klaren Begriff machen, *Hirsch* vermutlich mit dem nötigen Pathos die Rede haltend, vielleicht *Kunhardts* und *Baylees* als Mitfeiernde! Das wird aber wohl erst ins neue Jahr fallen, vielleicht in dieselbe Zeit wie *Lollys* Hochzeit. […]

Den Weihnachtsabend feiern wir mit unseren Freunden zusammen. Da ich selbdrittes Mitglied des Vorbereitungscomitees bin, so gibt das Einkaufen von Tannenbaum usw. manchen Weg zu laufen. Voriges Jahr soll es eine etwas traurige Feier gewesen sein, weil so viele zum ersten Mal von Hause abwesend waren; hoffentlich wird es morgen anders sein, wenn auch eine rechte Freude ohne Kinder nicht möglich ist. Es ist die schlechteste Zeit, wo man selbst kein Kind mehr ist und auch keine anderen Kinder um sich sieht. Das tut freilich für die rechte Segensfeier nichts. Die ist doch immer gleich, immer neu. Hoffentlich wird *Ehrenfeuchter* an einem Feiertage predigen. Seine Predigten sind immer einzig schön. Er ist auch eigentlich der einzige, den man gern hört, sonst sind in den fünf Stadtkirchen meist traurige Predigten. […]

Der Brief muß aber, um Euch morgen abend zu erreichen, auf die Post, und ich muß Äpfel vergolden usw. Ein frohes und glückliches neues Jahr wünscht Euch allen aus treuem söhnlichen und brüderlichen Herzen,

Euer Friedrich

3.5. Göttingen, den 6. Januar 1854, abends [Wilhelm]

Lieber Papa,

Nachträglich sende ich Dir und allen unseren Lieben einen herzlichen Glückwunsch zum neuen Jahr. Es wird dies Jahr ja voraussichtlich manche große Veränderungen, die auch ihre schmerzlichen Seiten haben, mit sich bringen; Ihr lieben Ältern werdet daher wohl mit einiger Wehmut das alte Jahr verlassen haben, hoffentlich jedoch nicht ohne Zuversicht, daß Gott Euch einen jeden von uns, die wir nach der Reihe dem heimatlichen Nest entflogen, später mit Freude erleben lasse: aus Mutters Briefen ertönt häufig eine schwermütige Stimmung: daß es ihr schwer wird, mit einem Male von allen Kindern zu lassen; daß ihr manchmal bangt um der Entfernten Leben und Weben ist ganz natürlich: doch ist ja an der gewöhnlichen Weltordnung nichts zu ändern; die Jungen müssen fort, um später gar nicht zurückzukommen, und Gott, dessen Liebe (Euch sei es Dank) einem jeden von uns ins Herz gepflanzt, wird uns alle bis dahin sicher leiten und, was uns anfangs schmerzlich scheint, nur zu größerer Freude vollenden.

Wir alle betrachten es als das höchste Ziel, Euch Freude zu machen: das ist die einzige Weise, wie alle Eure Liebe zu entgelten ist: es dies Ziel aber auch ein fester Augenpunkt, der nicht schwankt, er gewährt einen festen Anhalt in allen Versuchungen Satans, und ein Gedanke nach Hause überwindet das Fleisch, wenn es zu stark zu werden droht. Mit besten Vorsätzen und Hoffnungen sind wir hier ins neue Jahr getreten, ein Blick ins alte ließ leider manches zu wünschen übrig: dann hatte es an Ernst, dann an Liebe, dann an Eifer gefehlt: dies soll alles jetzt ganz anders werden: eine immer strengere Selbstprüfung wird Wache halten und das mahnende Gewissen soll nie vergebens den erkaltenden Eifer anspornen.

So haben wir denn auch diesmal das Weihnachtsfest fern von Euch zugebracht: vielfach haben wir uns währenddessen zu Euch hinübergesehnt oder nach England hin, wo wir das letzte Jahr so herrlich feierten und wo es diesmal ja noch durch eine besondere Freude verherrlicht wurde: so bewegt die Tage hier vergingen, so einsam fühlte man sich doch zu Augenblicken: sind es doch nur wenige, die von einer rechten Weihnachtsfeier nur eine Ahnung haben, die sie für etwas anderes halten als für eine äußerliche Zeit der Freuden, in der man auch auf möglichst viel Vergnügen hinsehen müsse. Tiefere Gedanken muß man da für sich behalten; bei den meisten herrscht für solche große Gleichgültigkeit, wenn auch keineswegs Feindseligkeit; das stumpfste Herz muß doch in solcher Zeit stets vom Gnadenschimmer wenigstens äußerlich ein wenig erleuchtet werden, der Kalte und Gleichgültige wird unbewußt warm und weich, ein jeder kommt dem anderen mit besonderer Freundlichkeit, ja Innigkeit entgegen; insofern können wir uns immerhin freuen, gerade unseren Freundeskreis gefunden zu haben: ein jeder suchte durch Frohsinn und durch Liebeserweisungen dem anderen einen Ersatz für frühere Jahre zu verschaffen: mancher unschuldige Scherz, von einzelnen im Geheimen vorbereitet, würzte das Ganze: natürlich war ein großer Tannenbaum, reich beladen, aufgeziert: die meisten waren außerdem durch bes. Geschenke von den zunächst Stehenden beglückt: ein gemeinschaftliches Essen bildete das äußere Band: ein masquierter Hexentanz, ausgeführt von 3 Hexen, die einem jeden ein auf seinen Charakter bezügliches Witzgeschenk mit Versbegleitung machten, ferner das Aufsteigenlassen eines von uns verfertigten Ballons aus Seidenpapier machten sehr gutes Glück, und erntete namentlich die Weihnachts-Commission, zu der auch Friedrich gehörte, großes Lob ein.

Viele der uns zunächst Stehenden waren leider nach Hause gereist, und es war durch ihr Fehlen eine sehr merkliche Lücke hervorgebracht: jetzt sind sie jedoch sämtlich wieder eingetroffen nach glücklich überstandenen Reisegefahren, die der unermeßlich tiefe Schnee nach allen Dimensionen hin verursachte. Da ist es gut, daß wir ruhig hier geblieben und einer wohl 3-tägigen Rückreise ausgewichen sind. […]

Eine Angelegenheit, die mir sehr am Herzen liegt und in der Du vielleicht zu helfen weißt, muß ich Dir noch vortragen. Ein altes Mitglied unserer Verbindung, der Ostern sein theolog. Examen hier macht und der als Hauslehrer nach Mecklenburg geht, namens *Schrönn*, gebürtig aus Clausthal, ein Mensch, der uns mit großer Freundlichkeit entgegen kommt und den ich seiner großen Gaben wegen fast verehre, wandte sich neulich mit einer Bittfrage an mich, die ich ihm nicht zu beantworten wußte, die ich aber Dir vorzutragen versprach. Er hat einen 16-jährigen Bruder von großem kräftigen Wuchs, auch ganz gutem Kopf, der, wohl besonders durch fremde Einflüsterung, Leidenschaft fürs Seefahren gefaßt hat. Auf Bremer Schiffen hat er als Kajütsjung, dann als Leichtmatrose 2 Reisen nach Westindien gemacht, ist nun auf dem letzten Schiffe „Franziska" aber vor etwa 4 Wochen wegen Kurzsichtigkeit entlassen: er hat nämlich nachts vom Steuer aus nicht die kleinsten Unterteilungen vom gerade besonders weit entfernten Kompaß scharf unterscheiden können. Nun hat seine Familie von dieser Kurzsichtigkeit früher nichts geahnt, auch versichert der dortige Hausarzt, es sei durchaus keine Kurzsichtigkeit sondern nur eine vorübergehende Augenschwäche, die wahrscheinlich entstanden durch Dämpfe von Rohzucker, der während seiner ersten Reise unter seinem Schlafraum gelagert worden. Als Probe vom Grunde seiner Kurzsichtigkeit sende ich Dir einliegend eine gedruckte Schrift, die er bei der schwachen Beleuchtung eines sog. Harzer Ölkrüsels (wie es bei uns zur Küchenbeleuchtung angewendet wird) das 16 Zoll entfernt stand, in einer Entfernung von 22 Zoll jeden Buchstaben noch genau unterscheiden konnte. Nun ist der arme Bursche in Verzweiflung, was aus ihm werden soll; seine Lust treibt ihn wieder zur See; geht das nicht, so will er Missionar werden, was sein Vater aber nicht zugeben mag. Er scheint auf der Reise sehr viel auszustehen gehabt zu haben, bes. von seinen Genossen, in deren Rohheit er nicht eingehen wollte, die ihm seine Bücher gestohlen oder zerrissen haben, während der Capitain sich um gar nichts bekümmert habe. Sein fabelhafter Ehrgeiz, der ihn stets den ersten und letzten an Deck hat sein lassen, mag auch namentlich seinen Augen schädlich geworden sein. Da nun unser Seemann von unserm *August* [Kapitän] gehört hatte, so hatte er leise Hoffnung, der könne ihn vielleicht brauchen, und wandte sich daher an mich, welche Hoffnung ich ihm für diese Reise ja leider nehmen mußte; doch versprach ich ihm, Dich hierin um Rat zu fragen, ob bei so bewandten Umständen es möglich sei, daß er bei seinem Handwerk bleibe: alsdann würde er im Frühjahr auf einem Hamburger Schiff anzukommen suchen, wobei ich die Möglichkeit aussprach, daß Du ihm zu einem Capitain verhelfen könntest, der sich auch ein wenig um seine Mannschaft bekümmert. Begreiflicherweise ist die Familie darüber in großer Not und würde es Dir gewiß großen Dank wissen, wenn Du sie darüber beruhigen könntest. Einstweilen geht er wieder in die 3. Klasse einer Realschule, die er vor 2 Jahren verlassen.

Die Ferien sind jetzt zu Ende: Alles geht wieder seinen geregelten Gang: Die Präparierübungen haben übrigens auch während der Ferien fortgedauert: sie machen mir das größte Vergnügen von Allem: von Ekel keine Spur, obgleich sonst Gelegenheit genug wäre: Nichts ist interessanter als der menschliche Körper bis ins kleinste Detail, aber rasend viel zu behalten.

Sehr viel Zeit wurde während der Ferien im Museum zugebracht: Der 3-bänd. anonyme Roman „Eritis sicut deus", im *Rauhen Hause* erschienen, wurde von uns allen mit Gier fast verschlungen. Ihr werdet ihn wohl schon lange kennen, sonst wird Mutter ihn in einsamen Stunden gewiß gern lesen. Im Volksblatt f. Stadt und Land stand eine sehr günstige Rezension, die aus bekannter Feder zu fließen schien. Nichts würde uns augenblicklich mehr interessieren, als wenn Ihr den Verfasser der Romans ermitteln könntet, der vielleicht im *Rauhen Haus* bekannt ist [es handelt sich um *Wilhelmine F.G. Canz*]. […]

Von *Henriette* haben wir gar nichts gehört; es wird hoffentlich alles wohl stehen: die Taufe ist wohl schon gewesen? Wie heißt das neue Nichtchen? Zuerst hat uns doch auch diese Nachricht die Zeitung gebracht, und Friedrich, der schrecklich schreibfaul geworden ist, dirigiert jetzt einen Brief dorthin. *Lollys* Heiratstag muß uns noch genau bestimmt werden, damit wir ihn würdig feiern können. Viele Grüße an sie und *Oldenberg* und alle. […]

Hermann wird es interessieren, daß wir bei *Lücke* neulich die Bekanntschaft des jüngeren *Bunsen* gemacht haben – freilich unsererseits, daß wir einen sehr schlechten Eindruck erhalten und ihn für einen hochmütigen Gecken halten. […]

In treuer Anhänglichkeit,
Dein Sohn Wilhelm

3.6. Göttingen, den 16. Januar 1854 [Wilhelm]

Lieber Papa,
Mit dem herzlichsten Dank zeige ich Dir den richtigen Eingang der 200 M an. Wenn es tunlich, werden wir ein Sümmchen zurücklegen, um dafür möglicherweise in den nächsten Sommerferien eine kleine oder größere Reise dafür zu machen. […]

Mutter sei herzlich bedankt für ihren lieben Brief, der uns außer der umständlichen alles umfassenden Berichterstattung auch noch durch die große Herzlichkeit, mit der sie ihre Gefühle so offen gegen uns ausgedrückt, sehr gerührt hat. Auch Dir danke ich in *Schrönn*'s Namen für die Bemühungen, die Du für ihn gehabt; er sah es für eine frohe Botschaft an und hofft danach das Beste.

Im Übrigen geht hier alles seinen gewohnten Gang, der nur durch des alten *Mitscherlichs* feierliches Begräbnis für einen Morgen unterbrochen wurde. Alle Verbindungen folgten dem Sarge; ich hatte das Amt eines chapeau d'honneur zu versehen, somit in weißer Weste, Cravatte und Handschuhen, im Frack, mit bloßem Haupte (*chapeau claque* unterm Arm) neben dem Sarg her durch den gräßlichsten Dreck zu waten. Drei Hemden übereinander mußten notdürftig die Kälte abhalten.

Ein furchtbarer Verlust für die Universität wird *Prof. Lotze* sein, der auf Ostern einen Ruf nach Berlin erhalten haben soll: ihm ist's übrigens nur zu wünschen, da er sich hier nur sehr ungemütlich fühlt und es ihm gar nicht zu gelingen scheint, die rechte Anhänglichkeit seiner Schüler zu erwerben.

Friedrich ist sehr mit seinen Pandekten beschäftigt, repetiert zusammen mit den Freunden aus demselben Semester eifrig und gründlich die *Framda*'schen Hefte. Ich kann ihn mir nicht recht als Historiker, dagegen sehr gut als Juristen denken. An alle, vornehmlich aber an das stumme Brautpaar, die besten Grüße,

und so wünscht Dir Lebewohl Dein treuer Sohn

Wilhelm

3.7. Göttingen, den 15. Februar 1854 [Friedrich]

Meine liebste Mutter,

[Gedanken zu Lollys Hochzeit am 6. Februar]

Seit einer Woche ist der Winter hier wieder eingekehrt und mit ihm ein paar Tage einer lästigen Erkältung, die mich seit Sonnabend zu Hause gehalten hat und die natürlich nach den Regeln der Gemeinschaft, die unter uns bestehen, auch auf Wilhelm übergegangen ist und in seinem Hals ihren Sitz genommen hat. Der Grund war eine studentische Feier, von der ich wohl noch nie etwas geschrieben habe, nämlich die Beerdigung eines Bekannten, der hier seit einiger Zeit studierte. Es pflegen sich dann alle Göttinger Verbindungen und Corps, 12 an der Zahl, zusammenzufinden und dem Verstorbenen unter feierlicher Musik das Letzte Geleite zu geben. Es werden regelmäßig einige *chapeaux d'honneurs*, die in Frack und weißer Weste, einen Hut auf dem Kopf, den Sarg zu begleiten haben, und sg. Officiere, die mit gesenktem Schläger ihren Verbindungen zur Seite gehen, ausgewählt. Da man nun in der Regel des Aufzugs halber die beiden Hauptstraßen Göttingens der Länge nach zu durchwandern und dann auf dem Kirchhof eine kleine halbe Stunde zu stehen hat, so ist es im Winter eine etwas kühle Unternehmung. Zuweilen hält übrigens der hiesige Universitätsprediger ausgezeichnete Grabreden, namentlich als im vorigen Semester ein Student an den Folgen eines Duells gestorben war, auch als wir neulich den alten Philosophen *Mitscherlich* zu Grabe geleiteten. Die Musik spielt auf dem Kirchhof wohl noch einen Choral, worauf das Lied angestimmt wird: Einer unsrer Brüder ist gestorben; dann bewegen sich die Studenten unter Aufspielung eines Freudenmarsches wieder in die Stadt vor die Aula, stellen sich in der Runde um eine Statue *Wilhelms IV.* [König von Großbritannien und Hannover] und singen *gaudeamus igitur*, eine wunderbare alte Sitte, Gemisch von studentischer Verbindung und jugendlicher Lebensfreude, die freilich mehr von den einzelnen Verbindungen als Gelegenheit benutzt wird, ihre Anzahl an den Tag zu legen, als daß man sie wirklich wie eine einem Bruder erwiesene letzte Ehre betrachtete. Es war mir leider zuerkannt, einen *chapeau d'honneur* dabei zu spielen, und so mußte ich, obgleich mit drei doppelten Hemden, doppelten Strümpfen über bewaffnet, mir doch im Schnee eine Erkältung holen. Ich habe mir also wenigstens keine eigentliche Unvernünftigkeit vorzuwerfen und bin deshalb auch gelinde davongekommen, da die Erkältung jetzt schon so gut wie vorbei ist.

Abb. 33 Göttingen, Aula mit Stifter Wilhelm IV. (um 1850)

Übrigens konnte ich auch in diesen Tagen nicht klagen, da fast immer ein oder mehr Freunde bei mir waren, die mit Unterhaltung und Schachspiel etc. die Zeit vertrieben, ganz abgesehen von der brüderlichen Pflege, die immer sehr treu und aufopfernd geübt wird. Seit jenem Ereignis nämlich, von dem ich meinem letzten Brief schrieb, befinden sich in unserer Verbindung fast nur solche, die wirklich voneinander etwas halten und dem Zusammensein einen ernsten Zweck beilegen. Ich habe vielleicht einige unklare Ausdrücke gebraucht, die deshalb unrichtige Vorstellungen von der Sache haben erzeugen können.

Es war in der Tat eine kleine Anzahl von Mitgliedern, für die ich kaum den Namen Partei brauchen mag, welche sich von jeher in einigen Beziehungen von der Majorität und, wie diesen schien, vom Geist der Verbindung entfernte, indem sie das Zusammenleben als etwas Äußerliches, ein bloßes Vertreten eines Prinzips, das enge Zusammenhalten dagegen als Nebensache ansah und so uns immer ziemlich kalt gegenüberstand. Einer von uns ließ sich törichterweise in ein unmotiviertes, direkt den Statuten zuwiderlaufendes Duell ein und zog sich dadurch, nachdem ein paar Tage hindurch die Sache uns in immer größere Aufregung versetzt hatte, vom Convent die Strafe des Ausschlusses zu. Leider folgte ihm eine Anzahl seiner Freunde, um ihn nicht allein dem nachteiligen Rufe der Demission auszusetzen, so daß im Ganzen 11 Mitglieder austraten, von denen freilich 4 nachher in unsere Mitte zurückgekehrt sind. Man kann sich Göttingen nicht denken, ohne eine Vorstellung davon zu haben, wie heftig die Parteien des Progresses und der Corps, d.h. im Wesentlichen die Partei der Sittlichkeit und der Duellfeindschaft, den Vertretern entgegengesetzter Richtungen gegenüberstehen. Es wird in der Tat von der einen Partei beabsichtigt, eine durchgehende Reform einzuführen, während die andere, angeblich auf historischen Rechten fußend, an allen alten studentischen Mißbräuchen festhält. Mehr oder minder energisch wird dem von den einzelnen Progreßverbindungen entgegengearbeitet, und die unsere erfreute sich eigentlich gerade in dieser Beziehung unter den Corps sowohl wie anderen verständigen Beurteilern des besten Rufes. Das konnte nur so aufrecht erhalten werden, und so kam es zu jener Läuterung, die anfangs durch den Verlust so vieler Genossen freilich sehr schmerzlich war.

Es ist merkwürdig, von wie großem Einfluß das Verbindungsleben hier ist. Haben Leute, die außerhalb derselben stehen, nicht gerade zufällig Bekannte, so bietet sich ihnen nicht leicht eine Gelegenheit zum Umgang; ebenso sehen wir diejenigen, die aus unserer Mitte sich entfernt haben, eigentlich nur sehr wenig mehr und werden, obwohl wir sie ganz genau kennen, doch im ganzen künftigen Leben auf einem ganz anderen Fuß mit ihnen stehen als mit den Verbindungsbrüdern, die wir selbst vorher vielleicht gar nicht kannten. Daß aber wirklich eine Art Kampf hier immer im Kleinen geführt wird, daß die Leute der verschiedenen Richtungen sich hier als Partei betrachten, beweist unter anderm ein Versuch, der jetzt gemacht wird, die einzelnen Verbindungen unserer Seite fester aneinander zu schließen und zu consolidieren. Es soll eine größere Vereinigung durch gemeinsame Unterwerfung unter ein Ehrengericht, gemeinsames Auftreten den Gegnern gegenüber, durch eine gemeinsame Behörde, die eben dieses regelt, herbeigeführt werden, wie groß der Erfolg sein wird, bleibt freilich dahingestellt.

Davon Ostern mehr, ich fürchte, Euch jetzt schon durch eine so weitläufige Auseinandersetzung fremdartiger Verhältnisse gelangweilt zu haben.

Mit großer Freude erwarte ich den Sommer, teils deshalb, weil wir dann das häßliche Haus, das durch schlechte Bedienung, groben Hauswirt und als Wirtshaus unendlich viel Unangenehmes hat, verlassen und in ein ruhiges Haus ziehen, wo wir schon alle Mitbewohner als friedliche stille Leute kennen – dann ist es auch mit der Vorbereitungszeit zu Ende, dann beginnt die Zeit, wo man erst den rechten Nutzen aus dem Gelernten zu ziehen versteht. [...]

Gedenke in Liebe Deines treuen Sohnes Friedrich

3.8. Göttingen, den 3. März 1854 [Wilhelm]

Liebe Ältern,
Den innigsten Dank sage ich Euch für die ganz unerwartete Überraschung, die Ihr mir durch Eure wohlgelungenen Bildnisse sowie durch den dieselben begleitenden liebevollen Geburtstagsgruß gemacht habt. [...]

„Anatomie ist meine Braut", sagte der alte *Langenbach*, und dies muß ich ihm wirklich nachsprechen, so oft man sich namentlich mit dem Messer in der Hand mit ihr beschäftigt und nicht allein nach Abbildungen und Beschreibungen. Leider läßt nun freilich Göttingen darin, was sie für solche praktischen Übungen leistet, Manches zu wünschen übrig; der Präpariersaal ist höchst mittelmäßig, in dem bei der geringen Anzahl von Leichen es nicht möglich ist, jeden Körperteil mehr als einmal durchzupräparieren: auch gibt *Henle* sich dabei viel zu wenig mit dem Einzelnen ab. Sonst ist er ja doch ein Meister im Lesen und Demonstrieren, und wird man wohl nirgends so einen Vortrag wiederfinden. Natürlich ist Anatomie bis jetzt das Einzige, was mich als speziell medizinische Wissenschaft beschäftigt hat, und halte ich es für das Beste, auch im nächsten Semester noch allein an selbige zu halten.

Auf ein chemisches Praktikum für den Sommer habe ich vorläufig besser zu verzichten geglaubt: einmal würde es mit anatomischen Kollegien kollidieren, dann aber halte ich es auch für mich besser, später einmal ein ganzes Semester ausschließlich dem chemischen Laboratorium zu widmen, das unter *Wöhlers* Leitung täglich v. 8 - 5 Uhr besteht: So machen es hier viele alte Mediziner, und würde damit jedenfalls manch unnütze Zerstückelung verhindert werden.

Dagegen möchte ich mich in dem folgenden Sommer, der ja zu solchen Allotriis noch benutzt werden darf, noch auf die Physik wenden. *Webers* Kolleg wirkt in allen einzelnen Teilen so außerordentlich anregend, daß man seine ganze Zeit seiner Wissenschaft opfern möchte, um die Lücken, zu denen ja die Kürze der Zeit zwingt, möglichst auszufüllen: dazu fehlt es freilich wieder an dem Wichtigsten, an tieferen mathematischen Kenntnissen: *Weber* gibt stets nur im Allgemeinen den Weg der Forschung an und begnügt sich schließlich mit der bloßen Aufstellung der so zu folgenden Gesetze, wozu er die bedeutendsten praktischen Anwendungen knüpft: auf die Ausführung der mathematischen Ableitung jener Gesetze kann er sich nun aber nicht einlassen, und um dies nun selbst einigermaßen nachholen zu können, wäre mir vermutlich die Kenntnis der dazu nicht gut entbehrlichen Differenzialrechnung höchst förderlich. Gelegenheit, die selbige kennen zu lernen, gibt es sehr gute: Dennoch wirst Du mir vielleicht davon abraten, weil es untunlich, sich in so etwas ganz Neues mit dem gehörigen Nutzen für ein halbes Jahr hineinzuversetzen. Jedenfalls hätte ich wohl besser den Sommer nach dem Abgang von der Schule darauf verwendet. [...]

Die meisten Lübecker und Hamburger werden zugleich mit mir gehen; überhaupt wird Göttingen ganz plötzlich wie ausgestorben erscheinen: Manche der unsrigen kehren nicht wieder zurück, wodurch unsere noch kürzlich so blühende Verbindung bedeutend einschrumpfen wird.

An Umgang fehlt es darum nicht: erst kürzlich ist uns durch Vermittlung 3er schon früher befreundeter Straßburger ein ganzer Kreis von Schweizern, meist aus Basel, zugeführt: prächtige Leute sind darunter, doch von etwas abgeschlossenen Nationalgefühl, das sie der Verbindung als solcher sich zu nähern hindert. Auch unseren Landsmann, *Martin Söhle* [späterer Schwager] haben wir hier kennen gelernt; als Corpsbursche wird er uns freilich nie sehr nahe kommen können.

Ein großes Feuer schreckte vor 8 Tagen das schlafende Göttingen: die ganze Studentenschaft war augenblicklich auf den Beinen zur Rettung der Nachbarhäuser, Leitung und Versorgung der Spritzen, Einreißen des Ständerwerks. Bei der heillosen Unordnung, die namentlich im ganzen Spritzenwesen sich hervortat, hat man es allein den Studenten zu verdanken, daß man bald des Feuers Herr wurde. An komischen Vorfällen hat es in der Verwirrung natürlich nicht gefehlt, nur 4 Tage darauf explodiert auf dem Boden eines nicht weit von uns liegenden Hauses eine Pulvertonne, angeblich von einem lebensüberdrüssigen Lehrling angezündet, hebt nicht nur das Dach des Hauses ab, sondern beschädigt auch noch gegenüberliegende Gebäude bedeutend. Eine nicht fern stehende 2te Tonne wurde durch die Geistesgegenwart eines Studenten aus dem brennenden Hause gerettet. Beide Vorfälle bilden natürlich das Tagesgespräch, und fürchtet man alle Tage Ähnliches, Patrouillen ziehen herum.

Für den herzlichen Brief der *Oldenbergs* bitte ich einen vorläufigen Dank abzustatten: Hoffentlich kann ich ihnen noch antworten: zuerst muß freilich England bedacht werden [Henriette]. Auf Inaugenscheinnehmung der so gepriesenen Einrichtung des Ehepaares spitzen wir uns sehr.

Unser Cacao ist allerdings schon längere Zeit ausgegangen und einstweilen durch Tee ersetzt. Die neue Sendung können wir ja zum Sommer mitnehmen.

Auf die Ferien bei Euch freuen wir uns bedeutend: Hoffentlich werden wir Eure Einsamkeit etwas lindern und Euch pflegen, soweit es die Unruhe des bevorstehenden Umzugs zuläßt.

Lebt denn bis dahin recht wohl und vergeßt nicht Euren treuen Sohn
Wilhelm

Abb. 34 Göttingen, Anatomie um 1850

120

4. Das dritte Semester in Göttingen: Sommer 1854

Wilhelms Belegplan für das 3. Semester:
Spezielle Anatomie, 2. Teil bei Hofr. Henle
Allgemeine Anatomie bei Hofr. Henle
Physiologie bei Hofr. Wagner
Physiologie der Zeugung bei Hofr. Wagner
Statistik bei Prof. Hanssen
Nationalökonomie bei Prof. Hanssen

Friedrichs Belegplan für das 3. Semester:
Erbrecht bei Hofrat Francke
Servituten und Pfandrecht bei Justizrat Ribbentrop
Deutsches Privatrecht bei Hofrat Kraut
Criminalrecht bei Prof. Herrmann
Obligationenrecht bei Prof. Mommsen
Nationalökonomie bei Prof. Hanssen

4.1. Göttingen, den 24. April 1854 [Friedrich]

Meine liebe Mutter,
Nachdem die häusliche Einrichtung glücklich vollbracht, will ich Dir in Ruhe über unsere Reise und sonstige Ereignisse, seit wir Hamburg verließen, berichten.

Wir trafen es glücklicherweise so, daß eine Anzahl von Lübecker Freunden uns begleitete, wir also im eigenen Coupé für uns auf der Eisenbahn sein konnten. Man kam schnell und angenehm nach Hannover, stieg um halb zehn in einem Hotel am Bahnhof, nach einem trotz des mittagsmahlähnlichen Frühstücks sehr willkommenen Abendessen, ins Bett. Es war ursprünglich die Absicht einiger Gefährten, mit der Post durchzureisen, sie ließen sich aber zu ihrem Besten leicht bewegen, noch zu bleiben und erst den nächsten Morgen um 7 Uhr mit der Eisenbahn weiter zu gehen. Natürlich war es nicht möglich, irgend etwas von Hannover zu sehen. Wir hatten früh mit Aufstehen und Frühstücken schon genug zu tun, uns den Morgen bis 7 Uhr nützlich zuzubringen. Mit uns reisten *Roquette, Mollwo, Höcker*, die allesamt bekannt, außerdem ein Sohn des früheren *Consul Nölting* in Lübeck sowie ein noch unbekannter Fuchs, *Heineken*, der übrigens etwas rasch und kräftig auftrat und von seinen Lübecker Schulgenossen weniger berücksichtigt ward. Daß wir uns schon in Hannover hatten Postbillette nehmen lassen, sicherte sechsen von uns den Hauptwagen von Alfeld bis Göttingen, in dem wir uns für eine reichlich siebenstündige Wagentour verhältnismäßig gut die Zeit vertrieben. In der letzten Station vor Göttingen suchten wir die ziemlich hinfällig gewordenen Leiber und Geister durch ein Mittagsmahl aufzufrischen, das uns zwar wieder belebte, aber wegen völliger Ungenießbarkeit großes Aufsehen erregte, ein Vorgeschmack des Göttinger Essens, an dem man sich jetzt wieder erfreuen kann.

Erst um 4½ Uhr kamen wir hier an, wurden von schon früher angekommenen Bekannten empfangen und suchten dann gleich die neue Wohnung auf. Der Postwagen hatte unterwegs ein Rad gebrochen, kam erst eine halbe Stunde später an, so daß es nicht mehr gut möglich war, denselben Abend die Zimmer noch ganz einzukramen. Du wirst erraten, daß der Abend mit Begießen der nun wieder vollständig versammelten Freunde zugebracht wurde, bis die Müdigkeit von der Reise bald nach 10 Uhr uns zu Bette trieb.

Von Collegien hat gerade für uns bis heute noch keins angefangen, so daß der Morgen sehr gut dem Aus- und Einpacken gewidmet werden konnte. Du kannst Dir denken, daß diese Beschäftigung vielfach an Euch erinnerte, die Ihr ja um dieselbe Zeit das große Tagewerk begannt. [Auch die Eltern ziehen in Hamburg um, aus der Welckerstraße 9 in die Neustädter Neustraße 92]. Hoffentlich geht es damit, wenn auch nicht so schnell, doch ebenso gut wie mit unserem Umzuge. Fatal war nur, daß wir noch diverse Sachen im alten Hause hatten stehen lassen, deren Fortschaffung Weitläufigkeiten machte, da der Hauswirt, vielleicht aus Ärger über unser Fortziehen oder aus angeborener Unhöflichkeit, sich etwas unfein dabei benahm. Das ist nun aber glücklich in Ordnung gebracht, und sieht unsere Wohnung nach sorgfältiger Packung sehr gemütlich aus. Für andere Leute würde es störend sein, daß die Zimmer etwas schief sind, sonst zeichnet sich das Haus durch große Reinlichkeit, Ordnung und Stille aus. Vor der Haustür ist ein ziemlich breiter freier Platz mit einer Pumpe in der Mitte, der mit einer kurzen Straße zusammenhängend die Verbindung des unteren Endes der Gronerstraße mit der längs der Johanniskirche laufenden Johannisstraße bildet [s. Abb. 32]. Dies für Papa, der ja ohne Zweifel aus eigener Erfahrung eine genaue Beschreibung davon wird machen können. Ich freue mich sehr, nicht mehr den abscheulichen Marktlärm der Weenderstraße hören zu müssen, der uns früher quälte.

Hausgenossen haben wir drei, zwei gute Bekannte und einen 16-jährigen eben angekommenen Braunschweiger, *Sommer*, der Mathematik studiert, schon für sein Alter in diesem Fach weit vorgerückt sein soll, nebenbei still und arbeitsam, dessen Bekanntschaft ich aber noch nicht gemacht habe. Der eine der anderen Zwei ist jetzt im Begriff, sobald sich *Gauß* von einem Unwohlsein erholt haben wird, Privatdozent der Mathematik zu werden, derselbe, den Du als Urheber der Wurstsendung priesest. Er heißt *Dedekind*, ist sehr gescheit, von unglaublicher Freude an seinem Studium erfüllt, dazu sehr liebenswürdig, gründlich und tüchtig, innerlich durchgebildet. Ich habe ihn schon im Sommer und Winter genau kennengelernt und hoffe von seiner Genossenschaft hier mehr als bloß gemütlichen Umgang. Der dritte endlich heißt *Bruhns,* ist Lübecker und Mediziner, früher eine kurze Zeit Philologe gewesen, jetzt aber von großem Ernst für sein neues Fach, im dritten Semester, so daß er mit Wilhelm dieselben Collegien hören wird. Außer uns beiden ist er der einzige Unmusikalische, wenigstens kein Instrument Spielende hier im Hause, die anderen spielen über und unter uns mit Eifer Cello und Clavier, glücklicherweise ist das Haus gar nicht hellhörig. [...]

Wir haben heute eine Treppe niedriger mit *Bruhns* und einem jungen Philologen, *Schlesinger,* zu Mittag gegessen, ich denke, die Gesellschaft wird sich zusammenhalten, und verspreche mir ganz nette Mahlzeiten davon. Ist das Essen namentlich gegen Ende des Semesters auch nicht besonders, so tut doch für den Körper die Sommerluft das Übrige, und es ist jedenfalls so netter als an einer Table d'hôte zu essen, wo man ohne Gemütlichkeit und viel länger sitzen und teurer bezahlen muß. […]

Grüß Papa vor allem aufs Innigste, darauf alle Teilnehmenden, vorzugsweise die Sieveking'sche Vetternschaft und *Tante Caroline* von Deinem Sohn

Friedrich

Aus meinem Schreiben kannst Du nicht bloß mit Recht schließen, daß meine Feder entstetzlich ist [blasse Schrift], sondern auch, daß ich im Schreiben etwas aus der Übung gekommen bin. Das soll bald nachgeholt werden.

4.2. Göttingen, den 29. April 1854 [Wilhelm]

Lieber Papa,

Wenn Dich dieser Brief auch nicht mehr an Deinem Geburtstag erreicht, so wirst Du doch auch einen nachträglichen Glückwunsch Deiner Söhne noch entgegennehmen. […]

2 Themata sind wesentlich, die meinen Sommer zur Disposition haben, die Anatomie und Physiologie: beiden soll ein gleiches Recht auf Privatstudium widerfahren, welches bei der beschränkten Zahl der Vorlesungen umso mehr ausgedehnt werden kann: der innige Zusammenhang beider Disziplinen, welcher eine gesonderte Betreibung eigentlich gar nicht zuläßt, wird ihr Studium zu einem harmonischen Ganzen verweben und umsoweniger eine Zerstückelung veranlassen, wie sie bei vielseitigem Interesse so leicht gefährlich wird. Die nötigen Lehrbücher sind in meinem Besitz: ein ausführliches Handbuch der Physiologie des Menschen von *Valentin* ist billig angekauft: als Ergänzung des ziemlich unvollständigen Collegs bei *Wagner* war es notwendig. Über einen anatomischen Atlas bin ich noch im Unreinen: *Henle* empfahl mir den kürzlich von *Benjamin* ausgebotenen von *Cloquet* sehr, sonst den von Österreich: ersterer wird wohl nicht mehr zu haben sein. Ein gerade unter mir wohnender Fachgenosse, *Bruhns* aus Lübeck, tüchtig, liebenswürdig, anziehend, wird sich zu einem anatomischen Repetitorium mit mir vereinen: die Heilsamkeit eines solchen ist einleuchtend, ein gegenseitiges Abfragen und Antworten verlangt eine viel größere Anschaulichkeit, als die Privatrepetition in Handbüchern.

Um Mutter zu genügen, habe ich einen ausführlichen Grundriß unserer Etage entworfen: er ist gegen die Breite etwas lang ausgefallen: ist das Ganze etwas schief, so ist es nur umso natürlicher. Die Zimmer sind recht wohnlich, werden's hoffentlich noch mehr bei wärmerer Witterung. Die Gegend ist sehr still, ziemlich aus der gewöhnlichen Passage, daher wenig Störung. Die Hausbewohner sind Euch schon bekannt, es ist sozusagen die Elite. Das Mädchen *Mina* ist ein berühmtes Hausstück, das die Bewohner gern abends pantoffelt, doch sehr aufmerksam ist.

Natürlich geht mit jedem Semester eine mehr oder weniger große Umwälzung der Studentenschaft vor sich, auch diesmal sind liebe und bekannte Gesichter geschwunden und haben fremden Platz gemacht, die wohl näher geprüft werden wollen: Einige lassen sich sehr gut an, sind vielleicht später zu erwähnen.

Das Sommerwetter hat dem scheußlichen Regen- und Windwetter Platz gemacht. Hoffentlich wird Euer Umzugstag auch dort noch auf den letzten guten

Tag gefallen sein. Um Euch den Brief früher zukommen zu lassen, schließe ich und bitte, die Verwandten recht herzlich zu grüßen. Friedrich, *Dedekind* lassen grüßen,

Dein treuer Sohn Wilhelm

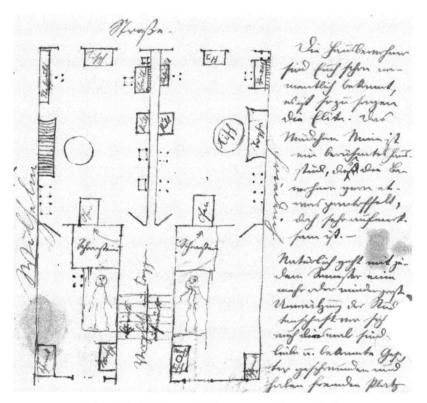

Abb. 35 Göttinger Wohnung am Papendieck

4.3. Göttingen, den 5. Mai 1854, 2 Uhr p.m. [Wilhelm]

Mein lieber Papa,

Du kannst Dir denken, wie freudig mich Dein gestern erhaltener Brief überrascht hat, da mir eigentlich dieser Erfolg meines Briefes ziemlich fern gelegen hat. Daß ich mich nicht sogleich an eine Antwort machte, hatte in der Schwierigkeit der gestellten Wahl seine Ursache, die ich daher durch *Henle* selbst an diesem Morgen leiten zu lassen beschloß. Dieser hielt den *Weber*'schen Atlas zum sogenannten Eingucken zwar ganz nützlich, im Übrigen aber für den Anatomen namentlich insofern ganz wertlos, als er von allen denkbaren Seiten zusammengestohlen wäre, während der *Cloquet*'sche dagegen ganz original sei und nur für den Deutschen das Unangenehme habe, daß er sich einer teilweise ziemlich verschiedenen Nomenklatur bediene. […] Das bequemere Format des Franzosen ist auch zu bedenken: den großen Tafeln ist trotz der Rolleneinrichtung schlecht beizukommen, wenn ich nicht meine Wände mit denselben zu dekorieren beabsichtige. Zu bedenken wäre natürlich noch die Preiswürdigkeit: den im Laden 25 grM kostenden *Weber* könnte ich hier mit geringer Unvollständigkeit für weniger als die Hälfte bekommen, hätte dafür jedoch lieber den *Cloquet*. Hier sind die Gründe für den einen und den anderen aufgezählt, die sich jedoch nicht völlig die Waage halten; soll also ein definitiver Entschluß gefaßt werden, so entscheide ich mich gegen *Weber*, was jedoch nicht maßgebend sein soll, wenn Du aus unmittelbarer Einsicht und Vergleichung wichtige Gegengründe, die mir unbekannt geblieben, zu schöpfen Gelegenheit gehabt. [...]

Henle wird vergöttert, *Wagner* heruntergemacht, so berühmt er ist.

Die besten Grüße von allen an alle,

Dein treuer Sohn Wilhelm

4.4. Göttingen, den 19. Mai 1854 [Friedrich]

Meine liebe Mutter,

Du sollst herzlichen Dank für Deinen lieben Brief vom 15ten haben und mußt entschuldigen, daß ich mich nicht schon eher gemeldet habe [...].

Ich habe durchschnittlich 5, manchmal 6 Collegien am Tage belegt und merke nun, daß es eigentlich unverständig war. Wenn ich von 7-11 oder 12 hinter einander in verschiedenen Vorlesungen gewesen bin, bin ich nicht im Stande, ordentlich gleich darauf zu arbeiten, dann folgen wieder 2 Stunden um 3 und um 5. Deutsches Privatrecht, Erbrecht, Criminalrecht, Nationalökonomie, eine Vorlesung über Servituten und Pfandrecht und ein paar kleinere Publica geben unendlichen Stoff, der zur gleichzeitigen Verarbeitung viel zu gewaltig ist. Gerade die Collegien, wie sie hier gelesen werden, sind aber in der Jurisprudenz so, daß sie eigentlich nur einen Überblick geben und daß man in ihnen lernt, was und wie man durch Selbststudium lernen soll. Man kommt ohne viel Mühe so weit, im Examen bestehen zu können, kann aber nur durch eifriges eignes Arbeiten einen genaueren Einblick in die ungeheuer mannigfaltigen Wissenschaften bekommen, die die Jurisprudenz in sich vereinigt. Ich habe nun, von dem Colleg über Nationalökonomie abgesehen, das von allgemeinem Interesse ist, nur rein juristische und fühle, daß es gar zu leicht sehr einseitig werden kann. Es bietet sich keine Gelegenheit, anderes, als was zur Fortbildung unumgänglich notwendig, in sich aufzunehmen, das eine absorbiert ganz, und ich finde jetzt auch leider kaum Bekannte, mit denen ein Austausch des Empfangenen möglich wäre.

Überhaupt quält mich das Gefühl, der Kreis, in dem wir uns bewegen, ist nicht sehr mannigfaltig und ziemlich gleichförmig, es sind eben alle, ebenso wie ich, erst im Suchen und im Ringen begriffen, und mir fehlt einer, der, damit schon fertig, einen festeren Standpunkt gewähren kann. Eigentlich ein merkwürdiger Unterschied vom vorigen Sommer, wo mich das Gefühl des Zusammenseins und Freundseins mit vielen Altersgenossen <u>zuerst</u> erfüllte und ich in dem unbekannten frischen frohen Leben mich nur beständig freute. Ich mache mir Vorwürfe des Undankes und kann es doch nicht vor mir und anderen verbergen, daß ich etwas vermisse. Wie nett wär's doch, wenn ich immer von der Arbeit mit einem Mal zu Euch hinüber könnte, das wünsche ich immer aufs Neue, besonders, wenn mich ein Brief von zu Hause an Hamburg erinnert. Ich will Dir aber keine melancholische Epistel schreiben, ich weiß nur, daß Du gern weißt, wie es Deinen abwesenden Kindern zu Mute ist, und man kann ja hundertmal schreiben, wie es um einen herum zusteht, ohne daß gerade dies daraus zu merken ist.

Das äußere Leben ist hier eigentlich ganz dasselbe wie im Winter, nur daß man zuweilen aus den Toren herauskommt. Vorige Woche machten wir eine sehr interessante Spazierfahrt nach Münden, ungefähr 4 Meilen von hier, wo im Werra-, Fulda- und Wesertal herrliche Punkte liegen und von den schön bewaldeten Bergen an den beiden Ufern jedes Flußtals prächtige Aussichten sind. Wir waren des Sonntags früh hier weggefahren, so daß wir Zeit hatten, uns überall ordentlich herumzutreiben und auch die große Eisenbahnbrücke über die Werra, die auf 6 ca. 70 Fuß hohen Bogen ruht, zu betrachten.

Auch die Strecke von hier nach Alfeld ist nun hoffentlich bald fertig, am Bahnhof wird mächtig gebaut, die Dächer schon gedeckt, so daß das Ganze schon jetzt einen ganz freundlichen Eindruck macht. Bei der Masse von scheußlichen Gebäuden, die teilweise ernstlich Anspruch auf Schönheit machen wollen, ist es immer eine Freude, wenn ein anständiges mal zu Stande kommt. Ob wir wohl im Sommer schon von hier per Eisenbahn nach Norden fahren können, oh, ich weiß freilich nicht, warum und wohin, da Ihr im August nicht zu treffen seid und sonst im Norden wohl nichts zu holen ist. Es wäre denn, daß wir auch den Geschwistern einen Besuch in Liverpool abstatten könnten, was freilich anmaßend erscheint, aber für den Fall, daß überhaupt eine Reise zu Stande kommen sollte, nicht exorbitant wäre. Natürlich ist es schon großer Luxus, überhaupt Großes zu unternehmen, und würden wir in Göttingen uns gerne bescheiden, man könnte dann in den 8 Wochen manches vor sich bringen. Über die Pfingstferien ist noch nichts ausgemacht. Wir haben eine Einladung von unserem Freund *Dedekind* erhalten, seine Familie in Harzburg zu besuchen, was schon wegen der leicht damit zu verbindenden Ausflüge in den Harz, für den ich seit vorigem Sommer unendlich eingenommen bin, sehr nett sein würde. Was wäre Eure Meinung darüber?

Eine sehr erfrischende Tour machten wir Ende der vorigen Woche nach dem Hanstein [s. 2.4.], eine der alten Ritterburgen, von denen die Ruinen noch viele Stellen der Umgebung schmücken. Er liegt am Werratal, so daß man auf der einen Seite über die dazwischen liegenden Berge bis hinter Göttingen und am Horizont den Harz in seiner ganzen westlichen Ausdehnung sehen kann, während auf der anderen der Blick auf die bewaldeten Berge bis zum 2.500 Fuß hohen Meißner jenseits der Werra ganz wunderschön ist. Es ist ungefähr 4 Stunden zu gehen.

Wir machten uns, 8 an der Zahl, am Nachmittag auf, so daß wir eben bei Sonnenuntergang auf dem Turm waren. Des Abends stiegen wir vom Wirtshaus, das unten am Fluß liegt, aus noch einmal im Vollmondschein hinauf, der die steilen Mauern und überhängenden Felsen prächtig beleuchtete. Unten wurden natürlich die Fremdenbücher durchblättert, worin sich wie immer viel schlechte Poeten verewigt hatten, wir aber auch aus dem Jahr 1808 den Namen von Onkel *Karl* [Sieveking (1763-1832)] fanden. Des Morgens gingen wir weiter, erst auf die Teufelskanzel, einen sehr hohen von herrlichem Wald umgebenen Felsen, der eine weite Aussicht das Werratal hinunter gewährt, dann einen entsetzlich steilen Weg hinunter an den Fluß, auf diesem ließen wir uns, immer im Angesicht der Berge, von einem lustigen und, freilich nichts weniger als schön, singenden Schiffer ca. 2 Stunden hinunterfahren. Vom Landeplatz gings dann zu Fuß auf ein zweites altes Ritterschloß, den Berlepsch, der aber keine Ruine, sondern halb altes, halb modernes Flickenwerk von Ritterburg, altertümlichem Wohngebäude und Gartenhaus ist, in dem noch ein paar adlige Damen *von Berlepsch* wohnen.

Solche improvisierte Touren machen bei schönem Wetter und nicht zu großer netter Gesellschaft viel Vergnügen und sind einmal etwas verschieden von den gewöhnlichen Nachmittagsspaziergängen, die immer ein und denselben Stiefel gehen. Wieder angekommen, ist man auch wieder viel frischer und gesunder als vorher. In dieser Beziehung kann ich nun Gottlob gar nicht klagen, ich kann kräftig marschieren, bin überhaupt den ganzen Tag sehr gut auf den Beinen. Dies ist besonders angenehm bei dem schlechten Essen, was hier vorhanden ist, woran sich besonders einige feine Gaumen gewaltig stoßen. Ein Hamburger, *Gaedechens*, der erst Ostern hergekommen und in unsere Verbindung getreten ist, amüsiert uns immer durch seine entrüsteten Kritiken darüber. Unser Mittagstisch besteht aus einer Gesellschaft von Vieren, d.h. außer uns beiden noch unserem Hausgenossen *Bruhns* und Landsmann *Schlesinger*. Es war davon die Rede, einen gemeinsamen Mittagstisch zu arrangieren, an dem möglichst viele teilnehmen sollten; das wird aber wohl kaum zu Stande kommen, weil es 1 T per Monat teurer sein würde.

Du würdest aber gewiß gern genauer wissen, wie der Tag eingeteilt ist, obgleich es im Ganzen dasselbe ist wie im Winter. Morgens komme ich leider selten vor 6½ auf, wenigstens bis jetzt, fabriziere dann für uns Cacao, der übrigens vielleicht schon bald mit frischer Milch vertauscht werden soll, und habe dann wie gesagt in der Regel von 7-11 mittwochs und sonnabends Colleg.

Zwei Stunden des Morgens werden vom Deutschen Privatrecht ausgefüllt, von *Kraut* vorgetragen, einem Mann, der unglaublich voll von Büchergelehrsamkeit steckt und dem beim Studium auch nicht wenig Staub von seinen Büchern angeflogen ist. Im Vortrag teilt er das Unglück einer Mehrzahl seiner Kollegen, daß er nämlich keinen hat. Die Worte poltern schwerfällig und tot heraus, was, wenn der Inhalt auch noch so gut, sehr schwer zu ertragen ist. Der Gegenstand ist äußerst interessant und würde es noch mehr sein, wenn ich dazu kommen könnte, ihn durchzuarbeiten. Fürs erste habe ich aber am Römischen Rechte zu lernen, und zwar in diesem Semester vorzugsweise am Erbrecht, das von *Francke* 5-stündig gelesen wird, mit dem ich mich gegenwärtig zu Hause vornehmlich beschäftige. Die letzte Stunde, und eigentlich die interessanteste, ist endlich das Criminalrecht bei *Herrmann*, dessen Vortrag auch leidlich, zuweilen nur zu sehr mit endlosen Fremdwörtern und Relativsätzen gespickt ist. Der allgemeine Teil der von dem, was bei der Beurteilung der Verbrechen im Allgemeinen in Betracht kommt, ihren allgemeinen Merkmalen etc. handelt, ist ein Gegenstand, der zu vielem Nachdenken Anlaß gibt, weil es am Meisten die psychologische Seite des Rechts berührt, und wird auch von ihm in guter Weise dargestellt.

Um 11-12 Uhr wird 4 mal die Woche gefochten, freilich nicht sehr regelmäßig, weil keine genügende Zahl von Teilnehmern, die diese Stunde frei haben, sich findet; würde es pünktlicher betrieben, so würde es auch seinen Zweck, nämlich den einer körperlichen Übung, besser erreichen können. Sonst wird die Zeit meist auf dem Museum zugebracht, wo gegenwärtig außer den Zeitungen etc. manche sehr lesenswerte Bücher liegen. Es ist der einzige Ort, wo man eigentlich mal eine angenehme Lektüre haben kann, die die Gedanken auf verschiedenartige Gegenstände richtet. In einer kleinen Bröschüre, *William Pems* betitelt, scheinen die englischen Zustände im 17. Jahrh. in sehr hübscher Weise geschildert worden zu sein, ist der Verfasser, *Ernst Bunsen*, Sohn des früheren Gesandten oder er selbst? Bei warmem Wetter haben wir auch wohl nach Tisch im Botanischen Garten gesessen und bei einer Tasse Kaffee Siesta gehalten bis 3, wo etwa wieder für Wilhelm und mich Collegstunde schlägt. Um 6 trinken wir meist zusammen Tee, wenn nicht, wie mehrmals in diesen Tagen, ein kleiner Spaziergang in größerer Gesellschaft nach den nahe gelegenen Mühlen oder Dörfern unternommen wird. Die Mittwoch- und Sonnabendabende sind wie früher durch Italienisch mit *Mollwo* besetzt, außerdem lesen wir beiden zu nicht bestimmten Stunden den *Thucydides*, von dem wir bei rascherem Lesen jetzt viel mehr Genuß haben als bei der genauen *Ullrich*'schen Kritik.

Nun noch auf einige Fragen Deines Briefs zu antworten: In unseren Schlafkammern ist nicht Raum genug, um den Waschtisch an die andere Wand zu stellen, auch wäre es unserer *Mine* sehr unlieb, das Bett umzudrehen, da es ein Aberglaube ist und [sie] das mit den Füßen nach der Tür Liegen für ein böses Omen hält. Auch ist es im Sommer nicht bedenklich, am Schornstein zu liegen, im Winter vielleicht nicht unangenehm. Was den Gang zwischen den Zimmern betrifft, so liegen sie zwar mit der langen Wand aneinander, sind aber durch den Vorplatz vor den beiderseitigen Türen verbunden. Endlich ist der Name unserer Straße Papendieck, d.h. auf Deutsch Pfaffendeich, woher, weiß ich nicht. […]

Ich habe für heute Papa noch in Wilhelms Namen für den *Cloquet* zu danken, an dem er seine große Freude hat. Er wird allen Kundigen und Unkundigen gezeigt und eifrig betrachtet. Genauer wird er ihn wohl selbst im nächsten Brief ansprechen.

Grüße die Geschwister und Vetternschaft und gedenke in Liebe Deines sich ans Elternhaus zurücksehnenden

Friedrichs

4.5. Göttingen, den 2. Juni 1954 [Friedrich]

Liebe Mutter,

Da wir bis heute vergeblich auf ein paar Worte von Euch gewartet haben, so glauben wir, Eurem Wunsche nicht zuwiderzuhandeln, wenn wir, der Einladung unseres Freundes *Dedekind* folgend, auf ein paar Tage nach Harzburg gehen, um von da aus kleinere Touren rauf in den Harz hinein zu machen. Die Collegien sind oder werden doch heute geschlossen, und fast alle unsere Bekannten rüsten sich schon zur Abreise, teilweise nach Thüringen oder Kassel, teilweise auch in den Harz.

Wir haben unseren Plan ungefähr so gemacht: heute mittag etwas nach 1 Uhr aufzubrechen, zu Fuß über Lindau auf Wald- und Wiesenwegen nach Osterode zu gehen. Auf dieser Tour wird uns *Mollwo* begleiten, der einen Besuch in Eibsdorf machen will und mit uns heut nacht in Osterode schläft, dann morgen früh wird durchs Okertal nach Harzburg gewandert. Wenn Wetter und sonstiges, was dazu gehört, uns nicht im Stich läßt, wird es sehr nett werden. Geldrücksichten sind nicht gefährlich, da man immer zu Fuß ist und einen regulären Stationspunkt bei Freunden hat. Mit Spaziergängen im Oberharz könnten wir die Lücken ergänzen, die die Reise von 1847 in der Kenntnis des Harzes gelassen hat. Das junge Tannengrün und die Bergluft, die gewiß durch einige Gewitter frisch gehalten wird, müssen jetzt prächtig sein, ihr Genuß erfrischt für den ganzen Rest des Sommers. Zugleich knüpfen sich angenehme Erinnerungen an vorigen Sommer gerade an diese Gegenden. […]

In der letzten Zeit haben wir nur Göttingen gelebt, uns dabei auch, in wie außer Hause, ganz wohl befunden. Professoren haben wir noch wenig cultiviert, einmal mit *Prof. Hanssen* einen sehr schönen Spaziergang gemacht in Gesellschaft unserer Holsteiner, u.a. eines *Kierulff*, Sohn des Oberappellations-etc., der sich als Führer in sehr gemütlich jovialer Weise gerierte und die ganze Gesellschaft sehr amüsierte. *Hanssen* hat eine nette ungenierte Weise, mit Studenten wie mit seines Gleichen umzugehen, er kann dabei sehr interessante Unterhaltungen führen, bindet hier und da mit Tagelöhnern, Bauervögten usw. an und verschafft sich immer neue Notizen, die in sein Fach hineinschlagen, kurz, er kann mit Verstand und Laune spazieren führen. Darauf beschränkt sich aber auch unser Umgang mit ihm, in Gesellschaft sind wir bei ihm noch nie gewesen, haben also auch seine Frau nicht kennen gelernt, die übrigens die Ungeniertheit in verhältnismäßig viel weiterer Ausdehnung betreibe als er.

Bei *Ritter* haben wir Visite gemacht, auch freundliche Aufnahme wieder gefunden und werden wohl öfter einen Abend bei ihnen sein. Im Ganzen herrscht bei ihm ein gemütlicher Ton, nur ist bisweilen fatal, daß sein ältester Sohn sich für sehr gescheit hält und endlos spricht sowie daß seine Frau schlechte Witze liebt – er selbst trägt oft unendlich langwierige und langweilige Geschichten mit hoher philosophischer Ruhe vor, die dem Hörer die Aufmerksamkeit schwer macht.

Von uns persönlich habe ich, soviel ich weiß, im vorigen Brief das Nötigste geschrieben, ich kann nur wiederholen, das alles hier schön ist, wenn nur nicht eines fehlte. Ich denke daher, es wird sich vielleicht noch machen lassen, daß wir im Herbst etwas von Euch sehen – wie, wenn Ihr die dann fertige Eisenbahn benutztet? Bis dahin liegt freilich noch geraume Zeit, und ich wollte, die Zeit bliebe noch lange, sie schwindet gar zu schnell. Das gilt aber auch von der jetzigen Stunde – wir sollen gleich essen, dann fort über Berg und Tal:

> *Oh Wandern, oh Wandern, du freie Burschenlust,*
> *Da wehet Gottes Atem so frisch in die Brust,*
> *Da jauchzet und singet das Herz im Himmelszelt,*
> *Wie bist du doch so schön, du weite, weite Welt.*

Lebt wohl, teure Eltern, haltet die Freude nicht für Übermut, nur für Jugendmut. Nach der Rückreise ein Mehres von
  Eurem Friedrich

4.6. Göttingen, den 16.-17. Juni 1854 [Wilhelm]

Liebe Ältern,

Ihr werdet vielleicht schon öfter die Köpfe geschüttelt haben über das lange Ausbleiben eines Briefes, der Euch über den Verlauf der Pfingstwoche *au fait* setzte. Ich will die etwas aufgeschobene Schuld zu berichtigen suchen, zuvörderst aber noch Mutter für ihren letzten Brief danken, der uns ja leider auch die trübe Nachricht vom Ableben des lieben Onkels [Henry de Chapeaurouge (1780-1854)] brachte.

Die Zeit, wo ihr von dem schmerzlichen Ereignis betroffen wurdet, haben wir in unwissender Freude verbracht. Friedrich hat Euch unsere Absicht mitgeteilt, das Fest, der Einladung unseres Freundes und Hausgenossen zufolge, in Harzburg zuzubringen: Die Absicht ist wirklich ausgeführt und mit allen Erfolgen, soweit wir sie erwarten konnten, reichlich gekrönt.

Abb. 36 Richard Dedekind (1831-1916)

In Begleitung des *Dr. Dedekind* sowie noch zweier anderer, die anfangs den gleichen Weg hatten, machten wir uns Freitag vor Pfingsten nachmittags auf den Weg, um den Abend noch Osterode zu erreichen, wurden aber halbwegs von einem solchen Gewitter überfallen, das uns die Nacht in Lindau zu bleiben zwang und, den anderen Morgen in einen zuweilen sehr heftigen Landregen ausgeartet, an eine Fortsetzung der Fußreise über den Harz nicht denken ließ, sondern die langweilige Route über Clausthal, Goslar, Oker per Wagen und Post zurückzulegen mit Notwendigkeit vorschrieb. Das Wetter blieb freilich die ganzen folgenden Tage ziemlich unbeständig, kaum verging ein Tag völlig regenlos, und waren völlige und halbe Durchnässungen nichts Seltenes. Doch gehört dies einmal zur Harzreise, und dürfen wir bei dem vielen Guten, das wir im Übrigen genossen, hierüber nicht zu sehr klagen.

Gegen Dunkelwerden langten wir am Sonnabend glücklich in dem gastlichen Hause, einem der schönsten und größten Häuser in ganz Harzburg, an und wurden dann sogleich auf das Freundlichste von der Familie empfangen, die auch erst seit Kurzem aus Braunschweig dort eingetroffen war. *Hofrat Dedekind*, Professor am Collegium Carolinum in Braunschweig, scheint ein sehr wohlgesinnter, grundgelehrter Mann zu sein, der sehr lange Geschichten etwas trocken vorzutragen weiß, wie denn auch sein Äußeres etwas Vertrocknetes, Steifes hat. Da er jedoch in sehr vielen Verhältnissen, statistischen, politischen, literarischen, außerordentlich bewandert ist, so läßt sich aus seinen Erzählungen Manches profitieren. Bedeutend verschieden ist die Mutter, eine sehr rüstige Hausfrau, obgleich sie schon zu den Matronen gezählt werden muß. Sie ist äußerst herzlich, natürlich, eingehend, zuvorkommend, umsichtig, erfahren: ohne sich und anderen den geringsten Zwang anzutun, weiß sie vortrefflich, die Wirtin zu machen: Kurz, man fühlt sich bei ihr nie geniert, ganz als zur Familie gehörend, daher wir dann natürlich unsere Eigenschaften als Familienkinder hervorzuheben suchten, worin wir ja einige Erfahrung gesammelt.

Die dritte bildet das *Fräulein Dedekind*, 26-jährig, sehr schwach und kränklich an Körper, aber lebendig und frisch an Geist. Ihre schwächliche Gesundheit läßt sie etwa 10 Jahre jünger erscheinen, was bei ihrer geringen Schüchternheit anfänglich sehr auffällt. Sie scheint sehr gescheit, in neuerer Literatur recht belesen und bewandert, mit gutem Gedächtnis und schneller Auffassung begabt: spricht viel und auch angenehm, leider mit einer so hohen, unheimlichen Stimme, daß sie oft schwer zu verstehen: ihre große Zutraulichkeit, Natürlichkeit und Offenheit machten den Kreis noch bedeutend angenehmer.

Diese 3 fanden wir bei der Ankunft vor: bald nach uns langte von Braunschweig auch der älteste Sohn, 24-jährig, Doktor und Auditor, an, den wir schon vorigen Sommer in Göttingen kennen gelernt, wo er gerade sein Examen machte, und später in Harzburg die Bekanntschaft erneuert hatten. Er war einer der Hauptstifter unserer Verbindung, blieb 5 Jahre Göttinger Student und Mitglied derselben und hat sich von allen am meisten um dieselbe verdient gemacht, daher sein Andenken denn auch von allen aufs höchste geehrt wird. Er ist sehr vielseitig gebildet, lebhaft, fern von aller Trockenheit, vielleicht sogar genial zu nennen, weiß sich mit großer Leichtigkeit in alles hineinzufinden, fremde Verhältnisse sich anzueignen. Neben seinen juristisch-historisch-statistischen Studien hat er sich namentlich höchst gründlich mit der Geologie beschäftigt und ist in dieser Hinsicht mit dem ganzen Harz auf das Allgemeinste bekannt, den er seit 10 Jahren fast jährlich von Harzburg aus nach allen Winkeln Steine klopfend und Distanzen messend durchstreift hat: auch gedenkt er seine Erfahrungen bald in einem Buche für das reisende Publikum zu veröffentlichen. Jeder Spaziergang wird zu neuen Messungen, zur Ergänzung oder Berichtigung der alten benutzt.

Der jüngere *Dr. Dedekind* ist Euch von früheren Briefen bekannt, daher ich ihn hier übergehe, um lieber noch ein Bild von dem dortigen Leben zu geben: Frühstück um 7½ Uhr, Mittag um 1 Uhr, Tee um 8 Uhr waren die äußeren Tagesabteilungen, die aber zu Gunsten größerer und kleinerer Spaziergänge, wie sie das Wetter erlaubte, vielfach abgeändert wurden oder ausfielen.

Überhaupt war es ja der Hauptgrund des Harzburger Aufenthaltes, von dort aus den Harz möglichst weit herum kennenzulernen, daher denn auch der größte Teil der Zeit mit Marschieren hingebracht wurde: Vormittags meist in die reizende nähere Umgebung, nachmittags weiter, nach Ilsenburg etc. Einmal auch über den Brocken (bei völlig durchnässendem Regen) nach Werningerode, dort die Nacht geblieben und am folgenden Tage über Plessenburg und Ilsenburg zurück. Ein anderes Mal über die Ahrensburger Klippen ins Okertal, über Oker zurück usw. Natürlich, daß die Woche hierbei sehr schnell und angenehm verging und der Montag, an dem die schon um einen Tag aufgeschobene Rückreise definitiv angetreten werden mußte, nur zu bald kam: die vielen Bitten, noch länger zu bleiben, lassen mich hoffen, daß wir jedenfalls nicht im Wege gestanden, und sehen wir dankbar auf die Liebe, die uns in dem Hause zuteil geworden, zurück.

Der Rückweg ging zu Fuß bis Clausthal, von dort zu Post bis Katlenburg (3 Stunden), dann wieder 5 Stunden bis Göttingen zu Fuß, wo wir Montag 10½ Uhr abends glücklich eintrafen und sämtliche Freunde von ihren verschiedenartigen Erlebnissen zurückgekehrt vorfanden. Auch ein sehr netter Brief aus England erwartete uns, dem eine schleunige Erwiderung geworden. *Senator Haller*'s Besuch verfehlt zu haben, war uns sehr bedauerlich: war er allein und zum Vergnügen hergekommen?

Göttingen ist inzwischen ziemlich unverändert geblieben: die Eisenbahnarbeiten werden mit Macht betrieben, um bis zum 15ten Juli vollendet zu sein, wo der König [Georg V. von Hannover] kommen soll und einen Fackelzug genießen wird. Eine herrliche Leinebrücke ist im Bau, um die Allee, an deren Ende der Bahnhof liegt, der Wagenpassage zu öffnen.

Unsere Hauswirtin, die alte *Mad. Deppe*, ist kürzlich gestorben und heute beerdigt: doch wird dies für uns kaum eine Änderung veranlassen. […]

Lebt wohl: Euer gehorsamer Sohn
Wilhelm

4.7. Göttingen, den 6. Juli 1854 [Friedrich]

Meine liebe Mutter,
[…] Ganz anders als es im vorigen Semester der Fall war, empfinde ich doch jetzt auch die Herrlichkeit dieses Lebens, wenn es dazu dient, wozu es bestimmt ist; schrieb ich in früheren Briefen in gedrückter Stimmung, so lag das wohl in einer sehr menschlichen aber verkehrten Schwäche, mich nicht aufzuschütteln und den Lebenskampf zu unternehmen. Im neuen Jahr soll mir das, so Gott will, besser gelingen als bisher; sehr viel, kann ich wohl sagen, dient mir dazu der Umgang mit unserem *Dedekind,* der nicht nur wegen der freundlichen Einführung in seine Familie wert ist, diese Gewogenheit zu erlangen, sondern weit mehr durch die unendliche Liebe, die er Deinem Sohn zu Teil werden läßt. Ich stehe weit unter ihm, habe deshalb, was mir immer so not ist, einen Anhaltspunkt und Zielpunkt

meiner Bemühungen. Von nun an hoffe ich wird es mir gelingen, mehr mein eigenes Selbst hintanzusetzen, um für andere zu sein, nicht in der Weise, daß ich ihnen im äußerlichen Umgang mehr Zeit widme, sondern so, daß ich nicht mehr selbstsüchtig die Freundschaft anderer genieße, sondern würdig werde, mit ihnen den rechten Umgang zu pflegen.

Damit hängen Gedanken zusammen über die Anwendung meiner Zeit überhaupt, die mich in dieser Zeit viel beschäftigen. Mehr als Recht habe ich, glaube ich, bis vor nicht langer Zeit darauf Gewicht gelegt, von äußeren Kenntnissen auf einem ziemlich eng gesteckten Gebiet möglichst viel einzusammeln, womit ein unwerter Hochmut und Ehrgeiz verbunden war, ein falsches Sichselbstleben und Vernachlässigung anderer. Dadurch entstand natürlich eine große Einseitigkeit, die sich im Umgang sehr leicht offenbart und sehr trübend wirkt. Deshalb schon war es von Nutzen, durch Bekanntschaft mit Altersgenossen aus anderen Fächern den Gesichtskreis zu erweitern, und überhaupt sollte dies noch mehr durch eine strenge Ausbildung des Inneren, sowohl des Geistes wie Herzen, geschehen.

Deshalb war es auch falsch, mir diesen Sommer mit einer Masse der verschiedenartigsten Collegien zu überfüllen. Das war kein wahrer Fleiß, sondern eher ein Hindernis desselben und zugleich, wie ich dann und wann zu merken glaubte, von keiner guten Wirkung für den Körper, obgleich das sehr Nebensache ist. Es ist aber überhaupt ein Unglück, daß bei der gewöhnlichen Weise des Studiums die verschiedenen Seiten der Wissenschaft so schnell hintereinander durchgejagt werden, so daß man kaum Zeit hat, einen einigermaßen genügenden Einblick in jedes zu gewinnen. Das empfinde ich jetzt sehr gut – zugleich liegen die Collegien so ungeschickt, daß sie immer den ganzen Morgen und den Nachmittag bis 6 wegnehmen. Vielleicht denkst Du, daß alles törichte Einbildung sei, ich wollte aber gerade das, was ich geschrieben, Dir zu wissen tun im Bewußtsein, daß es an ein Elternherz anklingt und daß es gut ist, wenn mit solchen Dingen auch einmal aus sich herauszugehen; denke daher nicht zu Schlimmes darüber, sondern erhalte Deinem Sohne die Liebe, die Du bisher zu ihm getragen hast.

[Pläne, nach Leipzig oder Berlin zu gehen]

Unser Schicksal in den Ferien liegt wohl auch noch ganz im Dunklen, Wilhelm strebt unaufhaltsam in die Ferne, was ganz natürlich ist, da für ihn das meiste auf Collegien und Präparieren ankommt, und er sich in den 8 Wochen mit Bücherstudium ziemlich langweilen würde, ich habe manchmal Lust, hier zu bleiben, obgleich jeder davor warnt, doch würden einige Wenige mit bleiben, und dann die Zeit ganz gut und behaglich benutzt werden können. In 6 Wochen werdet Ihr wohl schon unterwegs sein, um England noch im Grün und Sonnenschein zu genießen; wir kamen damals eigentlich zu spät dazu, haben es fast immer im Regen oder Frost gesehen.

Mündliche Botschaft hätte uns eigentlich *Senator Haller* bringen können, der uns leider verfehlte; ist er wohl gar hergekommen, um den Fleiß seines Neffen *Söhle* auszukundschaften? Ebenso hat bis jetzt immer gegenseitige Verfehlung zwischen uns und *Hans Hennings* stattgefunden, der hier als Assessor angestellt ist, schon seit einigen Wochen uns besuchte, nun aber sich nicht wieder hat sehen lassen. Zufällig erfuhren wir, daß *Onkel Wilhelm* [v. Hennings] in Einbeck stationiert wäre; es ließe sich am Ende machen, wenn die Eisenbahn erst eröffnet ist, ihm da einen Besuch abzustatten.

Soviel ich weiß, soll die Eröffnung Mitte oder Ende dieses Monats stattfinden, nämlich wurde schon eine Probefahrt gemacht, an der dann, weil sie gratis war, eine auserlesene Vertreterschaft Göttinger Bummler teilnahm. Alles soll staunen über das ungekannte Ungeheuer; der Bahnhof steigt mächtig empor, wird auch nach Göttinger Verhältnissen sehr respektabel. Überhaupt sieht es so aus, als versprächen sich namentlich die Wirte goldene Berge von der Eisenbahn. Alles wird geputzt und möglichst nobel hergerichtet, um Göttingen das Ansehen einer anständigen Stadt zu geben. In den ersten Tagen des August soll auch der König hierher kommen, der dann wohl, zwar nicht mit einem herrlichen bekränzten Frühstück, aber trotz seiner Blindheit mit einem Fackelzug von den Studenten empfangen wird, ein Unternehmen, das auf beiden Seiten freilich wohl nur wenig Vergnügen macht, aber leider mal *usus* ist.

Jetzt wird es sogar Sitte, beliebten Professoren ihren Geburtstag auf diese Weise zu erheitern. Neulich war *Dorner* der Geehrte, im Winter *Henle*. Im Allgemeinen hebt sich die Universität aber wirklich, es sind fast 70 Studenten mehr da als im Winter, allein, glaube ich, 30 Hamburger.

Am 2ten Juli haben wir wieder unseren Stiftungscommers gefeiert, zwar nicht in so großartiger Weise wie voriges Jahr auf der Harzburg, sondern in bescheidener Weise und ziemlich kleiner Zahl in Göttingen, aber doch heiter und gemütlich. Den folgenden Tag ward eine Spazierfahrt nach Reinhausen gemacht, das sich durch eine ganz niedliche Wald- und Felspartie auszeichnet. Man war sehr vergnügt zusammen, wie es denn überhaupt jetzt sehr erfreulich ist, daß wir lauter Menschen zusammen sind, die sich gut vertragen und freundschaftlich zu einander stehen; ich glaube, daß es in Göttingen nicht leicht einen anderen Kreis von dieser Art gibt. Zwischen uns und den 3 anderen Verbindungen, die auch mit uns den Corps gegenüberstehen, besteht überhaupt ein sehr gutes Verhältnis, von Streit etc. hat man nie Unannehmlichkeiten.

Neulich machten wir alle zusammen eine gemeinsame Ausfahrt, ca. 30 Wagen, von der ich nicht weiß, ob ich die schon geschrieben habe. Sonst ist es hier im Ganzen sehr still, eine Kunstreiterbande zog freilich manche in den letzten Zeiten sehr an, die ist nun aber auch fort.

Ein Privatvergnügen machen Wilhelm und ich uns daraus, täglich eine bestimmte Stunde *Thucydides* zu lesen, er wird ziemlich cursorisch, wenn auch nicht flüchtig durchgenommen und reizt deshalb eigentlich mehr als beim genauen Lesen auf der Schule, weil der Totaleindruck vollständiger ist. Mit *Tassos* „Befreites Jerusalem" sind wir nun sehr bald fertig, wir lesen es jetzt sehr bequem, wenn es gut geht, 30 Verse in der Stunde, aber mit den Sprachen wird es doch immer seine eigentümliche Bewandtnis haben, da die Grammatik wenig studiert wird. Mit Plaisir haben wir auch wohl mit einigen unserer Bekannten Schach, teilweise zu vieren, gespielt, freilich sehr mangelhaft, wie sich von selbst versteht, aber doch erheitert uns und regt so etwas immer an. Auch ein Gesangsverein, genannt Leierkasten, existiert hier, an dem wir freilich nicht teilnehmen, dessen Produktionen aber doch zuweilen zum Besten gegeben werden, die überhaupt dazu dienen, Abwechslung zu bringen und Geselligkeit zu fördern.

So viel Göttingensien, nächstens folgen hoffentlich Hamburgensien. Mit der Bitte, alle Teilnehmenden zu grüßen, und mit einem herzlichen Gruße von Wilhelm schließe ich als

Dein treuer 18-jähriger Friedrich

4.8. Göttingen, den 2. August 1854 [Wilhelm]

Lieber Papa,

Höchst erfreulich war uns Dein letzter Brief, der die Ankündigung eines bevorstehenden Besuches von Dir uns brachte und zugleich durch seinen Inhalt die herrlichsten Aussichten für die kommenden Ferien eröffnete. Ich beeile mich, Dir über die Zeiten der Bahnzüge zwischen Harburg und hier Auskunft zu geben, wodurch sich Dein halb gefaßter Plan zum vollen Entschluß umwandeln wird:

Abfahrt von Harburg:	5 Uhr morg.	9 Uhr 20 morg.	4 Uhr 40 nachm.
Ankunft in Hannover:	11 Uhr morg.	2 Uhr nachm.	9 Uhr 25 abends
Abfahrt von Hannover:	11 Uhr 15 vm.	4 Uhr 30 nachm.	6 Uhr 45 morg.
Ankunft in Göttingen:	4 Uhr nm.	9 Uhr abends	10 Uhr 05 morg.

Sodaß die Abfahrt von Harburg um 9h20 die einzige zu sein scheint, bei der man keine Nacht unterwegs zu sein braucht, da, soviel ich weiß, um morgens 5h aus Harburg wegzufahren, die Nacht an demselben Ort zugebracht werden muß. Allerdings hat es gerade nicht viel Angenehmes, mit Einbruch der Nacht am Ort der Bestimmung anzukommen, so daß dann am Ende der 3te Zug seiner Bequemlichkeit und der frühzeitigen Ankunft willen den Vorzug verdient, wenn Du schon am Freitag nachmittag reisen könntest.

Was die Rückreise anbetrifft, so gehen die Züge ab:

von Göttingen	5 Uhr 15 morg.	9 Uhr vorm.	6 Uhr abends
von Hannover	9 Uhr 30 morg.	2 Uhr nachm.	5 Uhr 30 morg.
Ankunft in Harburg	3 Uhr 26 nachm.	6 Uhr 40 nm.	10 Uhr 25 ab.

Hoffentlich wird es Dir möglich sein, schon Sonnabend morgen hier einzutreffen. Was die Studienpläne betrifft, so ist es mir gerade in dieser Beziehung unendlich viel wert, persönlich mit Dir Rücksprache zu nehmen, da sich brieflich so etwas schlecht ausmachen läßt, mein Brief auch, soviel ich aus der Antwort gesehen habe, wahrscheinlich nicht deutlich genug gewesen ist.

Die Eisenbahn ist hier sehr feierlich eröffnet worden, nur daß das Fest statt ein von der ganzen Stadt gefeiertes zu sein, begreiflicherweise allein beinahe von den Studenten in die Hand genommen und von diesen dann auch gestern abend mit einem großen Ball beschlossen worden ist.

Grüße aufs herzlichste Mutter, *Lolly* und ihren Gatten, von letzterem hören wir leider immer nur mittelbar. In treuer Liebe,

Dein Friedrich

5. Die große Ferienreise nach Meran: Herbst 1854

5.1. Göttingen, den 18. August 1854 [Wilhelm]

Liebe Mutter,

Herzlichen Dank für Deinen Brief und die denselben begleitende Sendung, mit der Du eine sehr nötige, wenn auch weniger gefüllte Lücke in unserer Ökonomie auszufüllen gewußt hast: die großartigen Folgen davon lassen sich bis jetzt natürlich nur ahnen, werden aber später gebührlich verzeichnet werden, damit Du beim nächsten Wiedersehen nicht ganz unvorbereitet seiest, was ja leicht schädliche Gemütsaffectationen nach sich ziehen kann.

Unsere Abreise ist auf Sonnabend morgen festgesetzt: über Hannover bis Köln wird der erste Tag uns führen; Bonn, Koblenz (Ems), Frankfurt werden Hauptpunkte sein. In Frankfurt vielleicht 2-3 Tage Aufenthalt: dort müssen wir auch versuchen, unseren Paß vom österreichischen Gesandten zeichnen zu lassen, was 11 Tage gekostet hätte, wenn er von hier aus über Hannover gewandert wäre. Weiter: Heidelberg, Baden, Straßburg, Freiburg, Schaffhausen, Konstanz, über den Bodensee nach Bregenz und dann nach Tyrol hinein; Murnau, Innsbruck, Hall, Salzburg, München. Reicht das Geld noch weiter, so werden wir wohl noch weiter gehen: wir werden 150 M mitnehmen; manche Posten bleiben dann hier freilich noch unbezahlt, können vermittels Sparen jedoch leicht im nächsten Semester abgetragen werden, und ein Göttinger Student hat mit wenigen Ausnahmen überall Kredit. [...]

Bald nach Euch bekamen wir wieder Besuch von einem Mitglied unserer Familie: *Johann Peter Sieveking* aus Altona mußte erst in Göttingen die Bekanntschaft seiner Vettern machen. Er kam von Ems hindurch, um sich auf nächsten Ostern bei *Wöhler* zu dessen chemischem Laboratorium zu melden, blieb 2 Tage hier, in denen wir uns viel mit ihm beschäftigten, in studentische Kreise einführten und auch Gelegenheit hatten, ihn an einer Festlichkeit unserer Verbindung, welche der Schluß des Semesters mit sich führte, teilnehmen zu lassen. Sein ganzes Wesen hat mir recht gut gefallen. Vielleicht hat er einen Gruß an Euch schon ausgerichtet. Göttingen wird jetzt täglich verödeter, wo als das einzige lebendige Element, die Studenten, sich zerstreuen.

Während meiner Abwesenheit wird mein Zimmer mit einer prächtigen neuen Tapete versehen. Außerdem wird noch ein Zimmer für einen Studenten eingerichtet, in welches ein sehr guter Freund, *Stüve*, Neffe des früheren Ministers, hineinzieht, so daß wir zu 6 regieren werden. [...]

Unser Reisegepäck ist klein: jeder ein Ränzelchen mit 2-3 Hemden, einem schwarzen Rock, 1 supplementiver Hose. Vor Überanstrengung brauchst Du Dich nicht zu fürchten; da es an der Zeit nicht mangelt, so brauchen wir uns nicht zu übereilen: auch sind wir leidliche Fußgänger, Dank sei es den langen Beinen. [...]

Unsere Rückkunft wird so um Ende September herum wahrscheinlich fallen: dann haben wir noch 3 stille Wochen zu nützlichen Beschäftigungen.

Für heute ein herzliches Lebewohl. Grüße Papa und *Oldenbergs,*
Dein treuer Sohn Wilhelm

5.2. Deutz, den 20. August 1854 [Friedrich]

Liebe Eltern,

Den Beginn der Reise kann ich Euch freilich nun erst melden, aber denselben auch als einen sehr glücklichen schildern. Gestern morgen um 9 Uhr von Göttingen aufgebrochen [mit dem Zug, s. 4.8.], kamen wir nach einer teilweise Abschiedsgedenken, teilweise der wenig hübschen Gegend oder Gesprächen gewidmeten Tour um 1 ½ in Hannover an, begleitet von unserem Freund *Gensch* und 2 Lübeckern, welch letztere noch längere Zeit mit uns reisen. Wir besuchten da, um nicht allein umherzuirren, einen von flüchtigen Aufenthalten in Göttingen her uns gut bekannten früheren Brunsviger, jetzt cand. theol. *Dibbers*, ließen uns von ihm in Hannover umherführen und traten, körperlich möglichst gut und vorsorglich ausgerüstet, die Nachtreise nach Cöln, die aus Geldrücksichten die einzig wählbare war, um 9 Uhr 50 abends an. Ein schwacher Versuch, die Zeit durch Kartenspiel zu vertreiben, war bald durch allzu große Dunkelheit der Lampe vereitelt, und es blieb unseren sonstigen geistigen Kräften, die durch keine Gesellschaft unterstützt resp. belästigt wurden, überlassen, den Schlaf, der auf Bänken dritter Klasse nicht sehr anmutig zu werden versprach, möglichst ferne zu halten. Dies gelang denn auch bis Münster, wo wir um Mitternacht ankamen und, nach ungebührlicher Durchsicht unserer Kisten, den angebrochenen Morgen mit einer Tasse Kaffee einweihten. Um 12½ ging's weiter, Mondschein fehlte, so konnte auch die Porta Westfalica nur in ungefähren Umrissen entdeckt werden. Bald darauf suchte man sich's zum Schlafen möglichst bequem zu machen, zu welchem Zweck einer unter die Bank kroch, die anderen sich nach bestem Vermögen hinlegten, -beugten oder -setzten; der Vorteil der unangenehmen Position war, daß wir einen herrlichen Sonnenaufgang genossen, zum ersten Mal nach langer Zeit.

Die Gegend war nie absolut schön oder geradezu häßlich, in Westfalen meist Felder, teilweise von größeren Waldungen unterbrochen, die aber, je näher dem Rhein, desto mehr abnehmen, so daß das Land von Dortmund an einen sehr flachen Charakter bekommt. In Düsseldorf füllte sich unser Waggon, der bis dahin glücklicherweise immer fast uns allein gelassen, etwas mit einer Schar von Sonntagspublikum, das sich am Rhein ein Vergnügen machen wollte.

Den Sonntag merkt man aber vor allem der Stadt selbst an; über die Schiffsbrücke, auf die wir aus unserm Fenster (Hotel Fuchs) aus einen großartigen Blick haben, wogt es und drängt es sich gewaltig von Cölnern, die hier in Deutz den Sonntagnachmittag feiern wollen. Der Blick auf die Stadt ist von hier auch wirklich herrlich, die Lebhaftigkeit, die sogar durch die kleinen Rheindampfschiffe auf den Fluß mit übertragen wird, weckt Erinnerungen an London, wenn da auch alles unnennbar großartiger war. Der Rhein, der frisch und schnell in schöner grüner Farbe zwischen den Brückenbooten herausschießt und dann und wann ein großes Rheinfloß oder kleine Ewer hinunterträgt, bringt, angenehm von der wimmelnden Brücke unterbrochen, den Blick hinüber auf den Hafen der Stadt Cöln, hinter dem viele schöne alte Kirchtürme, vor allem der kolossale Dom, herausragen. Von dieser Entfernung aus macht er eigentlich zuerst einen verwirrenden Eindruck: durch die Perspektive bedeutend verkürzt sieht er wie ein ungeordneter Steinhaufen aus, der erst aus der Nähe betrachtet in ein wundervolles Kunstwerk sich auflöst. Die Bauart erinnert an den Plan der [Hamburger] Nikolaikirche, ist natürlich viel großartiger; selbst die unvollendete Außenseite, wo hart nebeneinander ganz neu gebaute und alte verwitterte Portale, Rosen und Säulen vorkommen, macht einen vollständigen abgeschlossenen Eindruck. Wie lange die Betrachtung davon, sowie namentlich die der prächtig schlanken Säulen im Innern, der Glasfenster, Bögen usw. beschäftigen kann, ist leicht denkbar, doppelt schade daher, daß der Anblick heute durch den katholischen Gottesdienst, der, wunderbarerweise im Beisein vieler unkatholischer Besuchenden, abgehalten wird, teilweise verleidet wurde. Etwas lag in dem schönen Chorgesang, auch in der Andacht, die sich im einmütigen Knien der Gemeinde aussprach, aber es war doch nicht schwer zu sehen, daß der Gottesdienst an sich eigentlich den Knien zu Herzen gehen konnte, und wahrhaft widerwärtig war der Anblick eines dicken Pfaffen, seiner goldgestickten Tracht nach zu urteilen, des Bischofs, der lautlos, gegen eine Bibel gewendet den Chorgesang mit sinnlosen Gebärden und Weihrauchstreuen begleitete, sich dann am Abendmahlskelch oftmals erquickte, nie aber der Gemeinde auch nur ein Wort zukommen ließ, so daß diese sich mit dem Anhören des Gesanges und eigner Andacht begnügen mußte.

Abb. 37 Blick von Köln auf Deutz mit Schiffsbrücke, 1840

Wir wiederholten den Gang heut nachmittag noch einmal, um wo möglich in den durch seine schlanken hohen Säulen vor allem ausgezeichneten Chor zu gelangen, trafen aber auch da wieder einen Vespergottesdienst, der darin bestand, daß zwei Priesterreihen stehend lateinische Verse oder Gebete gegeneinander mehr herbrüllten als sangen und dann ein, natürlich seinem hohen Amte proportioniert fetter, Geistlicher in gesticktem Ornat die Gebete in unanziehender Weise vervollständigte, während elende unglückliche Männer und Frauen Rosenkränze beteten oder vor dem einen der unzähligen Marien- oder Christusbilder niederknieten. Hoffentlich kommen wir morgen in aller Frühe noch einmal hinein und bekommen dann auch das gepriesene Altarbild zu sehen.

Unsere Absicht ist es, um 7½ Uhr nach Bonn zu fahren, vielleicht von da gleich weiter nach Koblenz, vielleicht ins Siebengebirge zu Fuß einen Abstecher zu machen. Jedenfalls werden wir Dienstag in Frankfurt eintreffen und dann auch wohl einesteils Euch neue Nachrichten zukommen lassen, andernteils aber Visa des österreichischen Gesandten auf unsere Pässe erhalten.

In der Abendluft ist nun der Blick auf den Rhein, die Stadt und die Brücke herrlich, wie sind wir Euch, liebste Eltern, für die Gewährung dieser Freuden, die sich je länger desto mehr steigern werden, dankbar! Nehmet bitte heute mit dieser flüchtigen Anzeige, daß es wohl und fidel geht, vorlieb und gedenkt

Eures Sohnes Friedrich

5.3. Schaffhausen, den 31. August 1854 [Wilhelm]

Lieber Papa,

Wir sind im besten Wohlsein glücklich bis nach Schaffhausen gelangt. Nachdem wir uns am Donnerstag noch einmal flüchtig mit *Johannes* begrüßt hatten, der Euch unsere Rhein- und Frankfurt-Homburg-Saalburger Ereignisse in Umrissen wird dargestellt haben, flogen wir per Eisenbahn bis Heidelberg, stiegen unter Zurücklassung des Gepäcks am Bahnhofe sogleich auf die Schloßruine, die natürlich einen großartigen Eindruck zurückließ, während dagegen die Lage der Stadt sowie auch das Neckartal den gehegten Erwartungen nicht so völlig entsprach. Sodann wurden gerühmte Punkte wie das Molkenhaus, der Wolfsbrunnen, die Neckarbrücke besucht und nachdem noch eine Spezialkarte von Tyrol angeschafft worden, ging es um 4 Uhr weiter nach Baden-Baden, wo wir im Dunkeln anlangten und baldigst zur Ruhe gingen, um anderntags die Umgebung möglichst ausbeuten zu können. Nur das Conversationshaus mit den Spielsälen wurde noch selbigen Abends in Augenschein genommen. Auf Schilderung der Schönheiten von Badens Umgebung kann ich mich nicht einlassen: ich bemerke nur *(da die Gänsefeder unbrauchbar geworden, meine Messer z. Schneiden zu stumpf, so fahre ich mit einem Bleistifte fort),* daß wir die uns von *Johannes* empfohlenen Punkte, Schloß, Mercur, Ebersteinschloß, besuchten und durch die Schönheit einer großen Menge anderer, die uns der Weg darbot, entzückt wurden.

Gern wären wir noch mehrere Tage in dieser Gegend herum gestreift, doch zwang uns die Größe der noch bevorstehenden Tour, schon am Freitag abend weiter nach Kehl zu fahren. Anderen Tags früh marschierten wir unter Zurücklassung des Gepäcks über die Rheinbrücke nach Straßburg hinein, direkt zu unserem Freunde *Herrmann,* der aber leider auf 14 Tage in das 10 Stunden davon gelegene Bad Niederbronn gereist war. Doch wurden wir von seinem Vater, dem sehr betagten Pfarrer an der St. Thomaskirche, aufs freundlichste bewillkommnet, zu längerem Bleiben aufgefordert und von seinem Vicar im Münster und der Thomaskirche herumgeführt. Zum Mittagessen beim Pfarrer zurückgekehrt, teilte dieser uns den ausgeheckten Plan mit, noch am selben Nachmittag mit uns zu seinem *Gustav* nach Niederbronn zu fahren, daselbst den Sonntag zu bleiben und Montag früh nach Straßburg zurückzufahren. Natürlich wurde dies sehr dankbar angenommen; unmittelbar nach Tisch setzten wir uns mit dem alten Herrn in einen bequemen Wagen und gelangten über die Tuchfabrikstadt Bischwiller um 9 Uhr abends in N. an. Das Haus des Onkels unseres Freundes konnte auch uns noch beherbergen; überhaupt wurden wir von diesen uns vor wenigen Stunden noch völlig unbekannten Leuten aufs Zuvorkommendste behandelt, ja, sie schienen sich gar zu freuen, Freunde ihres Neffen aus dem fernen Hamburg hier bei sich zu sehen. Der Vormittag wurde dem Badeleben und der Umgebung gewidmet; zu Tisch hatten sich noch verschiedene Verwandte der Familie aus der Umgegend eingefunden, und nachmittags wurde mit dem Hausherrn, genannt *Hans*, Centraldirektor verschiedener Eisenwerke etc., und unserm Freunde ein größerer Spaziergang in die Vogesen hinein gemacht; an Lieblichkeit stehen sie dem Schwarzwald durchaus nicht nach, wenn auch namentlich im Niederrhein-Elsaß an Großartigkeit. Hier in Niederbronn traf uns auch Dein Brief, der uns von *Classen*s nach Straßburg nachgeschickt war und uns wiederum verfehlt hätte, wenn wir diesen Ausflug nicht unternommen. Für ihn, sowie für die Einlage sei Dir herzlicher Dank gesagt.

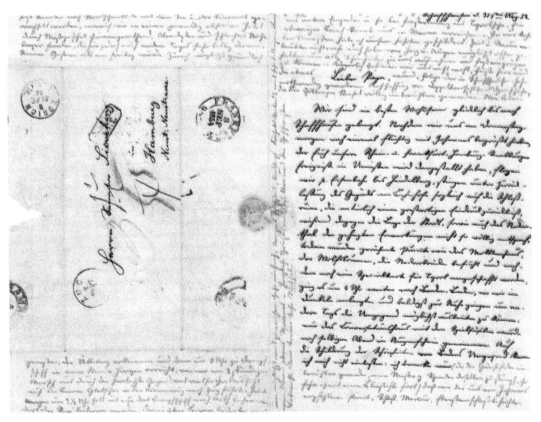

Abb. 38 Wilhelms Brief vom 31.8.1854 aus der Schweiz
(mit Stempeln von Zug, Zürich, Frankfurt und Hamburg)

Zug, den 2. Sept.

Umstände, wie sie auf Fußreisen unvermeidlich sind, wo man den Tag zum Sehen und Gehen, die Nacht zur Ruhe möglichst benutzen muß, verhinderten auch, den Brief schon in Schaffhausen oder in Zürich zu vollenden; kommt er auf einige Tage später, so bringt er dafür umso neuere Nachrichten.

Am Montagmorgen 6½ Uhr nahmen von unseren freundlichen Wirtsleuten mit innigstem Dank Abschied, fuhren selbander (der Pfarrer blieb bei seinem Sohn) im Omnibus bis Brumath, von da per Eisenbahn bis Straßburg, wo wir um 11½ Uhr anlangten, uns sogleich zur Frau *Pfarrerin Herrmann* zum Abschied begaben und dann unsern inzwischen von Halle angelangten zweiten Straßburger Freund aufsuchten, bei ihm zu Mittag speisten und uns von ihm durch die Merkwürdigkeiten der Stadt und näheren Umgebung führen und schließlich wieder nach Kehl hinüber begleiten ließen.

Dienstag morgen führte uns die Eisenbahn nach Freiburg, wo das Münster besehen wurde, und von da ging es um 1½ Uhr zu Fuß durch das wundervolle Höllental bis Lenzkirch, das bei scharfem Marsch erst um 9 Uhr erreicht wurde. Das zufällige Antreffen eines Hamburger Schulbekannten *Ehlers* bildete ein angenehmes Intermezzo. Mittwoch wurde in verheerender Sonnenglut durch schrecklich eintönige Gegenden auf beschwerlichen Straßen der 3-stündige Weg nach Schaffhausen zurückgelegt, das in ziemlicher Abgefallenheit erreicht wurde. Anderen Morgens sollte der Rheinfall in Augenschein genommen werden.

Die Post führte uns in der schrecklichsten Mittagshitze, wo an Gehen mit Ränzeln nicht zu denken war, bis Bülach; von da wurde Zürich in 3-stündigem Marsch erreicht, sonst konnten noch Mondscheinblicke mit dem See und der Limmat gewechselt werden, worauf wir in einem gewaltig obskuren Hotel, durch Mißgeschick hineingeratend, Abendessen und schlichtes Nachtlager fanden, dafür jedoch auch anderen Tages sehr billig davon kamen.

Gestern, also am Freitag, wurde Zürich möglichst gründlich genossen, der Uetliberg erklommen und dann um 3 Uhr zu Dampfschiff in einer Stunde Horgen erreicht, von wo ein 3-stündiger Marsch uns durch die herrlichste Gegend mit vielfacher Aussicht auf die Berner Gletscher in der Dämmerung nach Zug führte.

Heute um 9½ Uhr soll uns nun das Dampfschiff nach Arth führen, von dort der Rigi bestiegen werden. Dann über Brunnen hinunter.

Dann ins untere Engadin und so bei Finstermünz ins Tyrolsche. Ein etwaiger Brief könnte uns in Meran erreichen.

In nur kahlen Umrissen habe ich unsere Fahrten geschildert: Zeit und Raum erlaubten nicht mehr: doch haben wir Herz und Augen möglichst offen gehalten, um alle Schönheiten in uns aufnehmen und fest einprägen zu können.

Körperlich befinden wir uns recht wohl, Füße hier und da etwas müd. Folge der in Schaffhausen sehr notwendig gewordenen Anschaffung von doppelt besohlten Alpenschuhen, da die Göttinger Stiefel völlig unbrauchbar geworden. Wir leben, um möglichst weit zu reisen, sehr einfach, morgens Frühstück, mittags Käsebutterbrot mit sehr billigem Landwein, abends etwas Warmes.

Herzliche Grüße an Mutter und die Geschwister. Lebwohl,
Dein Wilhelm

5.4. Meran, den 12. September 1854 [Friedrich]

Liebe Mutter,

Seit vorgestern sind wir hier glücklich zur Ruhe gekommen für eine Zeitlang und danken zunächst herzlich für die Nachrichten, die Du uns hast zukommen lassen. Unsere Reise ist bisher von unverdientem Glück begünstigt gewesen, da wir, ein paar Tage ausgenommen, wo es dann und wann regnete, das heiterste Wetter von der ganzen Welt gehabt haben. Dazu sind wir beide sehr wohl auf, haben nur in den letzten Tagen ein wenig Beschwerde von dem Schuhzeug gehabt, doch nie so, daß wir dadurch am Gehen wären verhindert worden.

Von Zug aus, wo der letzte Brief an Euch abging, hatten wir eine sehr hübsche Tour den Rigi hinauf über Arth, zuerst den See hinunter, der durch seine gebirgigen Ufer noch viele Vorzüge vor dem Züricher hat, dann sehr bequem auf den Gipfel, ohne die beschwerlichen Alpenstöcke, mit denen andere Gesellschaften angezuckelt kamen, als ob es eine gewaltig beschwerliche Gebirgsreise wäre. Oben natürlich nichts als ein Nebel, aber immer sehr merkwürdig, da wir uns noch nie so über einem Wolkenmeer, aus dem die hohen Berge wie Inseln herausragten, befunden hatten. Gegen Abend geriet die Masse in Bewegung, ward von der untergehenden Sonne wundervoll beleuchtet. Ebenso schön war der Sonnenaufgang, bei dem in der Ferne die Berner Alpen köstlich klar scharf beleuchtet wurden. Belohnend war es doch sehr, den Abstecher gemacht zu haben, zumal wir durch das Muotathal, über den Pragel hinüber nach Glarus einen sehr hübschen Rückweg hatten.

Die Schweizer Täler, durch die wir kamen, eng, hohe waldige Felswände zu den Seiten, von schäumenden Flüssen mit zahlreichen Wasserfällen durchströmt, waren alle über alle Begriffe schön. Dann gab es auch wohl steile Bergpartien, Tagesmärsche von 10 oder 11 Stunden, die wir aber, dank sei es der Bergluft und der schönen Natur, sehr gut machen konnten. Allmählich haben wir uns eine regelmäßige Tageseinteilung gebildet, bei der wir gut vorwärts kommen und uns nicht zu sehr anstrengen. Des Morgens um 6½ wird aufgestanden, bis 12 Uhr marschiert, dann ein kleines Frühstück von Wein, Brot und Käse oder Eiern eingenommen, 1½ h gerastet und bis Sonnenuntergang weiter gegangen. Bisher ist es uns noch immer geglückt, mit Dunkelwerden an unserem Ziel anzulangen, nachher wird es unangenehmer, namentlich bei schwierigen Wegen, die Wanderung noch fortzusetzen. Ein warmes Abendessen erquickt dann sehr, und um 9 Uhr befinden wir uns gewöhnlich schon zu Bette.

Von Glarus aus, wo wir am 4. Sept. ankamen, machten wir, um unbekannte und gefährliche Wege zu vermeiden, einen kleinen Umweg über Weesen und den Walenstadter See, dem die hohen, gewaltigen Felsen, die ihn überall einschließen, wie mir vorkommt, ein noch schöneres Ansehen geben, als die anderen von uns gesehen haben, nach Ragatz. Hier besuchten wir das seltsame Pfäfers, wo eine warme Quelle neben einem reißenden Gebirgswasser entspringt, das mehrere Tausend Fuß lang unter 300 Fuß hohen oben steil gewölbten Felsen hinströmt und noch nach dem Heraustritt aus dieser düsteren Schlucht bis Ragatz hin in engem tiefem Tale wunderbar wild hinströmte. Über den Rhein führte uns dann unser

Weg durch den Prättigau (Landquarttal) an den Flüelapaß, einen 7.400 Fuß hohen Berg, über den ein äußerst beschwerlicher Fußweg hinüberführt, ins Engadin. Wir kamen unter der Leitung eines kleinen Jungen, der zufällig den gleichen Weg machte, glücklich hinüber – eine merkwürdige Gegend, in der eine unbekannte Sprache, das Ladinische, geredet wird, auch die Bewohner durch seltsame Wanderlust sich von allen anderen Schweizern auszeichnen. Bei Finstermünz kamen wir aus der Schweiz heraus, in der wir 9 herrliche Tage auf Wegen, die leider sonst von zu wenigen Reisenden betreten werden, zugebracht hatten.

Das Etschtal entlang gingen wir darauf südlich, immer Chaussee, was auf die Länge entsetzlich ermüdend ist, und zogen um 10 Uhr in Meran ein. *Rumohrs* [Familie der Tante Sophie, geb. v. Hennings] trafen wir gleich und sind von ihnen mit der ausnehmendsten Freundlichkeit aufgenommen, gestern den ganzen Tag mit ihnen zusammen gewesen, ebenso Freitag, so daß wir ihr Leben hier voll haben kennengelernt. *Elis* sieht eigentlich ganz wohl aus, besser als *Adline* [v. Rumohr, geb. 1822], kann auch mehr vertragen als diese; sie leben in einem Hause mit *Ziesels*, essen und trinken Tee mit diesen zusammen und haben uns auch sowohl mit diesen wie mit ihrem Freund *Eken*, dem italienischen Priester, bekannt gemacht. Wir haben kleine Touren in die Umgegend mit ihnen unternommen, sind diese Tage ungemein gerne hier gewesen und wollen nun morgen weiter durchs Ötztal nach Innsbruck. Bis München werden wir wohl noch ungefähr 14 Tage brauchen.

Rumohrs lassen herzlich grüßen. Bitte grüße alle Bekannten,
Dein treuer Friedrich

5.5. München, den 27. September 1854 [Friedrich]

Liebe Eltern,
Als ich Euch zuletzt aus Meran schrieb, stand uns noch der schwierigste Teil unserer Tour bevor, über dessen glückliche Unternehmung ich Euch nun berichten will. Mit den Cousinen brachten wir im Ganzen drittehalb [2½] Tage zu, sie führten uns ganz in ihre Bekanntschaften ein, machten mit uns kleine Touren in die Umgegend, so daß wir ihre Lebensweise ganz nett kennen lernten. Des Morgens ward nach dem Kaffee ein kleiner Spaziergang gemacht, dann mit ihren Hausgenossinnen, den beiden *Frl. Ziesel*, gefrühstückt und nach einer längeren Nachmittagstour der Tag mit einem kurzen aber gemütlichen Tee in Gesellschaft der vier Damen beschlossen. Durch die liebenswürdige Aufnahme waren wir förmlich etwas verwöhnt worden, so daß wir am ersten Marschtage langsamer vorwärts kamen als gewöhnlich, es tat aber auch not, Kräfte zu sammeln für den zweiten Tag, den anstrengendsten der ganzen Reise.

Durch ein enges hübsches Tal der Etsch, das sogenannte Schnalser Tal, kamen wir bis zu einem kleinen freundlichen Dorf, Unser Frauen [Madonna di Senales], 5.000 Fuß überm Meer, auf einem schönen Wiesengrund gelegen, über welches finster schon die 9.000 Fuß hohen Schneegipfel der Ötztaler ferne hervorragten: Zwei Engländer, die auf das Ötztal hinunter nach Innsbruck wollten, zuerst aber auf einem anderen weiteren Wege, schlossen sich uns an, weil ihnen ein Führer auf dieser Strecke zu viel Kosten machte, das einzige Mal, daß wir auf längere Zeit eine Art Reisegesellschaft hatten. Das köstliche Wetter verführte uns, die Expedition ohne Führer zu unternehmen, obgleich wir, wie uns freilich erst nachher recht gesagt wurde, einen durch Klüfte und Gletscher gefährlichen Weg vor uns hatten. So stiegen wir denn, mit etwas Brot und Wein versehen, früh am anderen Morgen auf steilen bald schwer kenntlichen Wegen ein weites Tal hinunter, dessen Hintergrund von weiten Schneefeldern oder steil abfallenden schneebedeckten Wänden gebildet wurde.

Nach einigen Stunden waren ebenso wenig Menschen wie ein Weg zu sehen; ungefähr die zu nehmende Richtung einschlagend und ein paar verstreuten Viehspuren folgend kletterten wir beide einen steinigen Pfad hinan, während unsere Engländer in der Tiefe umherirrten. Bald ward es aber unmöglich, vor Geröll und Klippen vorwärts zu kommen. Glücklicherweise zeigte uns in dem Augenblick eine große Schafherde, die über die Sennen hinuntergetrieben worden war, daß wir einen ganz falschen Weg eingeschlagen hatten. In Eile ging es nun hinab über große scharfe Steine, die oft unter den Füßen wegglitten, zum großen Ruhm unserer neuen Schuhe, bis zur Herde, wo wir uns auch mit den *beefs* wieder vereinigten, denen dieser Fingerzeig gewiß ebenso willkommen gewesen war. Jetzt fand sich auch eine Art Weg wieder; in heißem Mittagssonnenschein stiegen wir hinan, gerad auf die schon lange gesehene Schneewand zu, zuweilen ausruhend, um uns an dem mitgebrachten Proviant zu erquicken. Nach 5 Stunden hatten wir endlich die Höhe erreicht, gegen 9.000 Fuß hoch, und befanden uns auf einem unabsehbaren ebenen Schneefeld, zur Rechten einen 11.400 Fuß hohen, im schönsten weißen Schnee glänzenden Berg, der von vielen widrigen Gletschern umgeben war. Es war höchst wonnig, auf diesem schönen Boden zu wandern, die Richtung war durch ein in der Ferne aufgestecktes Kruzifix und durch die gut kenntlichen Spuren der Herde bezeichnet. Oft mußten wir schmale, aber tiefe Klüfte überschreiten, in deren einer ein eingebrochenes Schaf zum Warnungszeichen lag, oft rutschte man mehr eine glatte Eisfläche hinab, als daß man hinabging, im Ganzen aber war die Beschwerlichkeit sehr reizend, zumal der Anblick der mächtigen Schee- und Eismassen um uns herum, über denen der Himmel eine dunkle rötlichblaue Färbung hatte, uns dafür herrlich entschädigte.

Der Weg hinab war zuerst weit mühsamer, als der Hinaufweg gewesen war, bald über große Felsblöcke, bald über Schneeflächen, die sich zur Rechten in unergründliche Abgründe senkten, nun kletterten wir vier zusammen, einer dem anderen beistehend, und kamen so nach etwa einer Stunde über den Ferner hinunter in ein grauslich weites, von aller Vegetation beraubtes Tal, das sg. Spieglertal, an dessen Ausgang das noch 3 h entfernte Dorf Fend gelegen war. Bald zeigte sich aber doch ein schmaler Weg, der freilich oft über lose Steine oder durch breite Bäche führte, die wir dann von einem Block zum anderen springend, überschreiten mußten; an der anderen Seite erstreckte sich ein weiter dachförmig gewölbter Gletscher ins Tal hinab, dessen uns zugekehrter Rand, von einem Bächlein ausgewaschen, die Tiefe unter dieser schönen Kuppel verriet, hinter uns lagen die nun überwundenen Ferner, überragt vom hohen Similaun, vor uns das einsame Tal, in welches wir rasch hinabstiegen.

Es war sehr erquickend, nach langer Zeit endlich eine Herde und Hüter, dann etwas grünes Gestrüpp und bald niedrige Tannen und eine einzeln stehende Senn-hütte wieder zu sehen, der Weg wurde sehr gut, führte, immer leise bergab, bis Fend, das wir um 2 Uhr erreichten. Nach einer kurzen Rast gingen wir von da weiter das Fender Tal hinunter, auf schönen Wiesenwegen in der lieblichsten Nachmittagsluft, vorbei an niedlichen Dörfchen, in denen sich bald Kornfelder zeigten. Mit Einbruch der Nacht erreichten wir Zwieselstein, wo wir beide über-nachten mußten in einem über alle Beschreibung scheußlichen Wirtshaus, wo es nicht bloß an Betten, sondern auch an gutem Abendessen und trinkbarem Wasser fehlte. Nichtsdestoweniger setzten wir unseren Marsch am anderen Morgen rüstig fort und gingen auf schmalen, aber guten Wegen am Rande der wilden Ache das eigentliche Ötztal hinunter. Um Mittag trennten wir uns von den Engländern, die ei-nen anderen Weg nach Innsbruck einschlugen, und genossen allein die Schönheiten des Tals, das, je mehr wir hinunter kamen, einen desto südlicheren Charakter an-nahm, zuletzt mit Maisfeldern und Nußbäumen bedeckt war, während oben auf den Gipfeln der einschließenden Berge noch dann und wann Eisspitzen glänzten. Gefähr-lich war es jetzt nirgends mehr, obgleich unzählige Gedächtnistafeln mit den schön-sten erzählenden Reimchen von Unglücksfällen berichteten, die durch herabstürzende Steine oder Lawinen oder durch Unvorsichtigkeit herbeigeführt waren.

Am 3ten Tag erreichten wir das Inntal, in der Nähe von Silz und kamen auf die große Straße, die von Landeck, immer dem Fluß folgend, nach Innsbruck führt. Das breite, von hohen ausgezackten Kalksteinwänden begrenzte Tal nahm durch die vielen Bauern und Bäuerinnen, die mit Haus und Garten beschäftigt waren, sowie durch seine üppigen Wiesen und Maisfelder einen sehr lieblichen Charakter an, besonders gegen Abend, als die weißen Bergspitzen von der untergehenden Sonne gerötet wurden und das Glockengeläute von den vielen eingestreuten Dör-fern den kommenden Sonntag verkündigten.

Die Nacht brachten wir in Zirl, 2½ h vor Innsbruck, zu und gingen früh am fol-genden Morgen in dieser Stadt an das Besehen ihrer Merkwürdigkeiten, und ein Spaziergang in ihrer Nähe, auf dem sich sehr schöne Aussichten auf die Stadt dar-boten, nahm den größeren und heißeren Teil des Tages weg, die Abendbeleuch-tung, die wieder wunderschön war, genossen wir auf Schloß Ambras, auf einer Wiese ausgestreckt, von der das ganze Tal bis zu den Kufsteiner Bergen hinab, das Tal hinauf zu übersehen war.

Den nächsten Tag verließen wir die Stadt in aller Frühe und bestiegen den be-nachbarten 6.000 Fuß hohen Patscher Kofl, um von dem aus eine Übersicht über die Tyroler Berge südlich bis zum Brenner, westlich bis gegen die Ötztaler Ferner, im Norden und Osten bis zur bayerischen Grenze und zu den Kufsteiner Bergen hin zu gewinnen. Leider verhinderten einige Wolken die Aussicht auf die höch-sten und entferntesten Berggipfel, doch belohnte schon der Anblick des Inntals mit seinen vielen Städten und Dörfern. Auf der anderen Seite stiegen wir hinunter ohne Weg durch Heide- und Kronsbeerengesträuche nach Hall, von wo uns der Stellwagen noch denselben Abend bis Schwaz brachte. Von hier bis Berchtesga-den waren es drei Tagemärsche, zuerst noch im Inntal, dann in kleineren reizen-den Seitentälern, die zu seinem Stromgebiete gehörten.

Die Krone von allen Landschaften verdient aber doch die Umgebung von Berchtesgaden, vom ersten Eintritt ins bayerische Gebiet an bis man die salzburgische Grenze erreichte. Das Ganze war ein Park, die wunderschönsten malerischsten Landschaften waren in größter Menge zusammen, dazu hatten wir bis gegen Berchtesgaden hin die herrlichste Beleuchtung. Erst hier verließ uns das schöne Wetter, NB. mit dem Mondwechsel, es war durch ein entsetzliches Regenwetter ersetzt, das jeden Gedanken an eine Tour nach dem Königssee unmöglich machte. Den ersten Abend konnten wir noch den Salzberg besehen, was uns ungeheures Vergnügen machte, von solcher Großartigkeit der unterirdischen Bauten hatte ich nie einen Begriff gehabt, am folgenden Morgen goß es dergestalt, daß wir uns den Vormittag ganz zu Hause halten mußten, es war kaum möglich, die nächsten Berge zu sehen, erst am Nachmittag ließ es so viel nach, daß wir direkt nach Salzburg gehen konnten; wo sich Berggipfel bloß zeigten, lag schon eine dünne Schneedecke auf ihnen. Es war das einzige Mal, daß uns auf der Reise ein Unglück begegnet ist, sonst sind wir immer wunderbar begünstigt und haben uns das auch wohl zu Nutzen gemacht.

Die Fortsetzung in Wilhelms Brief. Um Zeit zu sparen, was hier sehr nötig, und um ausführlicher schreiben zu können, haben wir die Aufgabe unter uns geteilt. Ende dieser Woche werden wir wohl von hier weggehen, vielleicht über Nürnberg, wenn uns nicht plötzlich Rückkehrlust ergreift.

Lebt recht wohl, grüßt die Geschwister und *Louischen*, klein *Fanny*, auch wenn sie von den Onkeln keinen Begriff hat. Ich bin sehr begierig, wie Mutter sich in England fühlen wird, bitte ersetzt *Henrietten* unsere höchst unrechterweise fehlenden Briefe,

Euer treuer Sohn

Friedrich

5.6. München, den 27. September 1854 [Wilhelm]

Lieber Papa,

Den herzlichsten Dank sagen wir Dir für Deine freundlichen Worte, die gleichzeitig mit uns hier ankamen und uns die Gewißheit verschafften, daß wir unsere Briefe an Euch nach England [Liverpool] adressieren dürften. Es wird dies wohl unser letzter auf dieser Reise verfaßter Brief sein: es hat mit solchen immer seine Schwierigkeiten, und so haben wir uns, um an Zeit zur Besichtigung der Kunstschätze Münchens zu sparen, diesmal die Arbeit geteilt: Friedrich wird Euch die beschwerliche Reise über die Ötztaler Gletscher bis Innsbruck in eisigen Farben: ich will, von München rückwärts schreitend, die etwas verregnete Tour durchs Salzburgische und Berchtesgaden bis zur Tyroler Hauptstadt in entsprechend matterer Wasserfarbe vorführen.

Nach einer unangenehmen nächtlichen Fahrt per Post von Rosenheim durch die von recht schlechtem Wetter heimgesuchte, langweilige bayerische Ebene langten wir am Montag den 25sten um 7½ Uhr hier an, flüchteten uns nach Besorgung eines Nachtquartiers im *Oberpollinger* aus dem Regen sogleich in die Industrieausstellung, die trotz ihrer äußerst geringen Belebung durch menschliche Wesen durchaus nicht den toten Eindruck macht, den ich vermutete. Der ungeheure Reichtum, der sich darin entfaltet, die außerordentlich geschmackvolle Aufstellung, wodurch alle nur denkbaren Ereignisse menschlicher Tätigkeit, von Hamburger Schiffszwiebacken an bis zu den kostbaren Gold- und Edelsteinarbeiten in sinniger Weise unter einem Dache Platz finden, die großartige Farbenpracht machen einen so überwältigenden Eindruck, daß man ein füllendes Gewühl neugieriger Beschauer durchaus nicht vermißt, sondern sich vielmehr über die Ruhe freut, mit der man zu einer genaueren Besichtigung des Einzelnen schreiten kann. Eine solche konnte bei uns freilich nur sehr fragmentarisch sein: ein 5-stündiger flüchtiger Umgang hat uns noch nicht einmal in alle Teile der Gebäude gelangen lassen: wir denken daher, den Besuch noch einmal zu wiederholen, mehr wird die Zeit kaum erlauben. Der Nachmittag, wo der Regen etwas nachgelassen, diente dazu, uns einen allgemeinen Überblick über die Stadt, deren Hauptstraßen und äußeren Merkwürdigkeiten zu verschaffen: Arkaden, Englischer Garten, Ludwigsstraße und Kirche, alle Hauptplätze. […]

Den übrigen Morgen sahen wir die Alte Pinakothek zum ersten Male, die Allerheiligenkirche, nachmittags die Bavaria und Pfarrkirche, abends im Hoftheater ein gut gespieltes Lustspiel. Der Aufenthalt wird wohl bis Ende der Woche ausgedehnt werden müssen, um die Stadt einigermaßen gründlich zu erforschen – und ein zweiter Rheinfall soll sich hier nicht verstecken. […]

Durch den erst auf der Reise beschlossenen Abstecher in die Schweiz, später ins Salzburgische, erfolgte die notwendig gewordene Anschaffung einiger Reiseutensilien; doch denke ich, daß die gehabten Genüsse uns einen solchen Schritt verantworten lassen können. Im Übrigen haben wir möglichst sparsam, ja knausrig gelebt, wie ein genau geführtes Anschreibebuch bezeugt.

Die Reise von Berchtesgaden (soweit ist Friedrich inzwischen gekommen) bis Salzburg erfolgte in einem 5-stündigen Marsche, anfangs Regen, später schöne Wolkenbeleuchtung, und hervor traten höhere Bergspitzen mit frischem Schnee im Rücken. Die anfangs beabsichtigte Tour von Salzburg über Hallein an den St. Wolfgangsee, von da über den Schafberg und St. Gilgen nach Salzburg wurde durch das schlechte Wetter verhindert. Salzburgs städtische Merkwürdigkeiten sowie Besteigung der umliegenden Hügel, Mönchsberg, Festung Hochsalzburg, Capuzinerberg, konnten in einem Morgen absolviert werden, wobei wir dankbar waren, wenn es nicht beständig regnete. Der Nachmittag diente schon zur Weiterreise über den Chiemsee nach München. Das schlechte Wetter zwang uns, in Treisendorf, 3 Std. vor Traunstein, zu übernachten: Der folgende völlig heitere Tag führte uns in starkem Marsche bis Rosenheim: Die 1½ stündige herrliche Dampfschiffahrt über den Chiemsee gestattete einen schönen Abschied von den Alpen. Die Nacht im Postwagen brachte wieder schlechtes Wetter, das sich jetzt jedoch wieder gänzlich aufgeklärt hat, aber sehr kalt geblieben ist.

Mangelnder Raum zwingt zum Schluß. Grüße an Mutter und alle Liverpooler – die schlechte Schrift rührt lediglich von der abscheulichen Gänsefeder her.

Lebewohl,

Dein treuer Sohn Wilhelm

5.7. Göttingen, den 4. Oktober 1854 [Friedrich]

Lieber Papa [in Liverpool],
Gestern abend sind wir glücklich wieder hier angekommen, nachdem wir von München aus noch eine lange Eisenbahntour gemacht hatten. Hoffentlich wird unser Brief von da aus Euch erreicht haben mit den Berichten über die Reise, die wir von Meran aus gehabt haben. In München selbst haben wir uns 8 Tage aufgehalten, nicht zu lange, um die in dieser Zeit besonders große Menge an Sehenswürdigkeiten etc. selbst kennenzulernen. Unser erster Weg war zur Industrieausstellung, die freilich des sehr schwachen Besuches wegen einen etwas toten Eindruck machte, dennoch aber uns durch ihre ungeheure Mannigfaltigkeit sehr anzog; später wiederholten wir den Besuch noch 3mal und fanden fast jedes Mal noch kleine Ecken, die uns bisher verborgen geblieben waren. Hauptsächlich waren die Maschinen sehr interessant, schade nur, daß die meisten, wahrscheinlich der Cholera wegen, von den Arbeitern verlassen waren und still standen, so daß wir uns nur ungefähr einen Begriff von ihrer Einrichtung machen konnten. […]

Die Pinakothek besuchten wir zwei Mal und konnten uns mit Hilfe eines guten Katalogs eine allgemeine Übersicht über die zahllosen Gemälde derselben verschaffen. Leider ermüdet ein solches Besehen immer sehr leicht, besonders, finde ich, von Gemälden, da uns doch der Kuntsinn fehlte, um sie mit anderen als Laienaugen zu betrachten. Fast mehr als dieses erfreute mich die Glyptothek, die nicht so schwer zu überwinden und für mich leichter zu genießen ist. Außerdem hatten wir am Besehen der neuen Pinakothek, der Residenz, der allgemeinen deutschen Kunstausstellung, der Ruhmeshalle und der vielen neueren Kirchen so viel zu tun, daß jeder Tag von morgens 9 bis abends 6 Uhr, eine kurze Essensstunde inmitten abgerechnet, ausgefüllt war. Abends hatten wir meist nichts Besseres zu tun, als ins Theater zu gehen, weil das Sitzen in den Bierhäusern entsetzlich gewesen wäre und uns ein anderes Lokal zum Lesen oder dgl. fehlte. So waren wir dann außergewöhnlicherweise viermal hintereinander im Theater, davon 2mal im Hoftheater, wo ein paar Lustspiele recht gut gegeben wurden, und 2mal in einem Volkstheater, das trotz mittelmäßigen Spielens und selten dummen Stückes uns doch unendlich amüsierte. […]

Daß wir aber zu einem anderen Besuch in München leider genötigt waren, wird W. wohl geschrieben haben, uns war das Geld für die Rückreise ausgegangen, und wir mußten uns deshalb an *Eichthal* mit der Bitte um 25 T Ct. od. 50 T Bv wenden; wir wählten, teils aus dieser Rücksicht, teils aber auch aus einer gewissen Sehnsucht, nach 6 Wochen wieder zur Ruhe zu kommen, den direkten Weg früher aus und berührten Nürnberg, Bamberg und Frankfurt nur im Vorübergehen. […]

Wir haben eben von hier an *Reimarus* geschrieben, hoffen bei sparsamer Lebensweise mit dem Gelde lange auszukommen. Es ist ganz nett, wieder ruhig im Nest zu sein und an die Arbeit zu kommen, aber unaussprechlich herrlich war die ganze Zeit.
Nun lebe wohl, grüße Mutter und die Geschwister aufs herzlichste von
Deinem gehorsamen Sohn
Friedrich

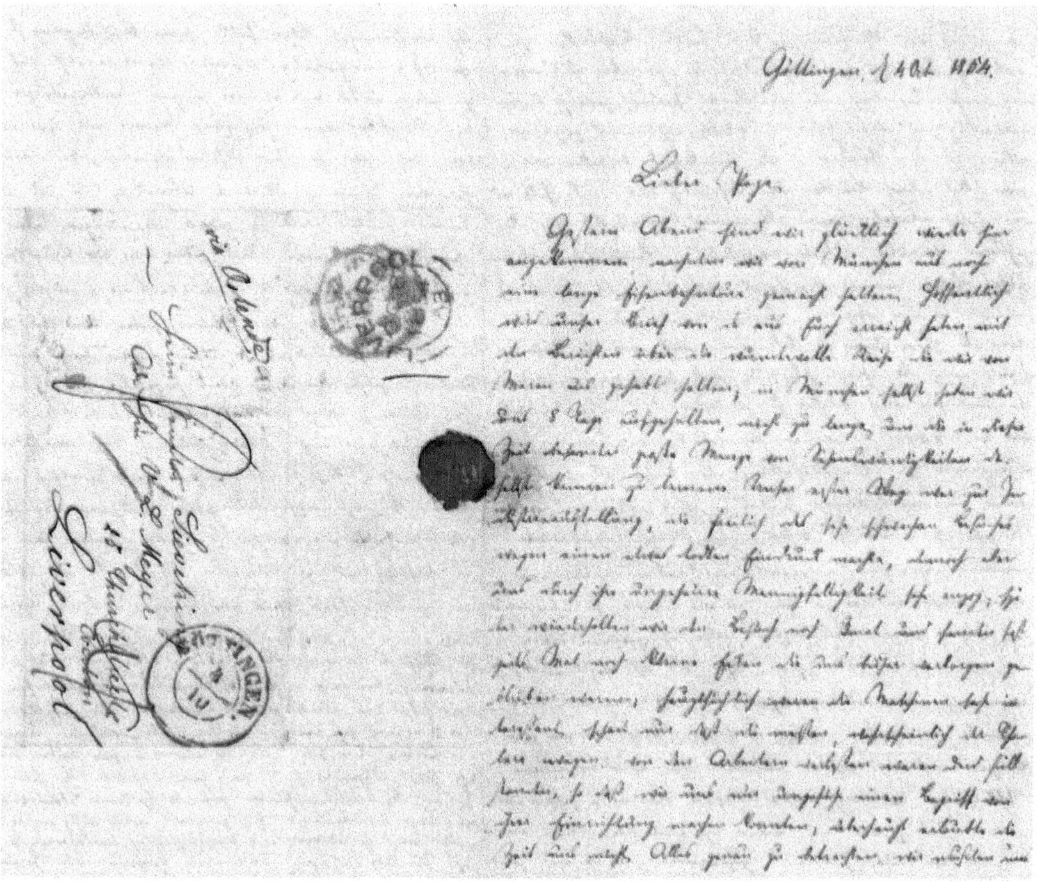

Abb. 39 Friedrichs Brief nach Liverpool vom 4.10. 1854

6. Das vierte Semester in Göttingen: Winter 1854/55

Wilhelms Belegplan für das 4. Semester:
Präparierübungen bei Hofr. Henle
Topographische Anatomie bei Hofr. Henle
Physiologie der Sinnesorgane bei Hofr. Wagner
Physiologisch zootonisches mikroskopisches Praktikum bei Hofr. Wagner
Organische Chemie bei Prof. Boedeker
Allgemeine Naturgeschichte bei Prof. Grisebach

Friedrichs Belegplan für das 4. Semester:
Kirchenrecht bei Prof. Herrmann
Lehre von der culpa bei Prof. Mommsen
Deutsche Rechtsgeschichte bei Hofrat Kraut
Deutsche Altertümer und Germania des Tacitus bei Prof. Waitz
Finanzwissenschaft bei Prof. Hanssen

[Am 31.Oktober 1854 stirbt die Schwester Eleonore („Lolly") Oldenberg bei der Geburt ihres Sohnes]

6.1. Göttingen, den 3. November 1854 [Friedrich an Johannes]

Mein lieber Bruder,
Furchtbar erschüttert hat mich die ernste Botschaft, die Dein Brief uns gestern brachte; noch nie habe ich dem Tode von Nahem ins Angesicht gesehen, und nun tritt er so unaussprechlich ernst und ergreifend an mich heran! Ich habe sie unsäglich lieb gehabt, die teure Verstorbene, ihr Heimgang macht in meinem Herzen eine Lücke, von der ich nicht weiß, wie sie ausgefüllt werden soll. Gestern um 3 Uhr erreichte mich die Nachricht. Wilhelm und ein lieber Freund, die bereits davon wußten, führten mich vom Colleg nach Hause und teilten es mir mit. Es war entsetzlich. Ich hätte so etwas nie geahnt, nie bedacht! Am Abend kam *Classen* zu uns und blieb freundlich bei uns, tröstete uns in der Einsamkeit etwas. Gott hat uns hart gezüchtigt, er hat uns unaussprechliche Trauer bereitet, und doch danke ich ihm, daß er unsere Schwester so sanft hinübergenommen hat in seine Herrlichkeit. Wie wir beiden so manchmal Freud und Leid gegeneinander ausgesprochen, wie wir uns oft mitteilten aus unserem geistigen Leben und Denken, wie wir in früheren Zeiten zusammen liefen und scherzten, das alles ging mir nacheinander trüb durch die Seele, und ich sehe jetzt erst so ganz klar, wie eng das Band geschwisterlicher Liebe zwischen uns geschlungen war. Das letzte Mal sahen wir sie an Mutters Geburtstag, wir nahmen nicht einmal Abschied von ihr, ahnten nicht, daß das Wiedersehen erst droben sein sollte! Mein geliebter Bruder, uns ist viel, entsetzlich viel entrissen, laß uns eben auch damit etwas gegeben sein, nämlich Stärkung unserer brüderlichen Liebe; unsere *Lolly* hat ihre Geschwister vielleicht am meisten im Herzen getragen, laß uns in ihrem Geist fortleben und uns lieben bis ans Ende. […]

Ich kann heute nicht mehr schreiben, meine Seele ist noch so müde, ich kann keine Worte finden für das, was mich bewegt! An die Eltern schreibe ich nächstens, leb wohl, geliebter Bruder, Gott befohlen!

Dein tief betrübter Bruder
Friedrich

Abb. 40 Eleonore (Lolly) Oldenberg, geb. Sieveking (1830-1854)
Text: *So wir im Lichte wandeln, wie er im Lichte ist,*
so haben wir Gemeinschaft untereinander.

6.2. Göttingen, November 1854 [Wilhelm]

Geliebte Ältern,
Womit sollen wir uns trösten, womit sollen wir Euch trösten nach einem solchen Schlage? Eine Tochter, Schwester, Frau und Mutter wird den in einem Augenblick Ihrigen entrissen, in einem Augenblick, an den sich seit längerer Zeit die schönsten Hoffnungen knüpften. Ach, wie schwer ist es, sich sagen zu müssen: Du siehst sie auf Erden nicht wieder, ihr Platz ist öde, ihr weites Herz hat aufgehört zu schlagen! Was können die Tausend Erinnerungen, die plötzlich wieder

auftauchen und uns in die seligsten Zeiten versetzen, die wir zusammen in Liebe, Ernst und Scherz verlebt haben, jetzt anders als mit tiefem Schmerz über vergangenes Glück erfüllen! Wie sind die Hoffnungen, die wir mit ihr so oft auf künftige Zeiten gebaut hatten, in einem Augenblick so völlig zunichte. Oh, wie wird das Herz mit einem Male so weich und offen, wenn es vorher auch noch so verschlossen: so ernst und doch so mild, wird man gestimmt.

Vater, vergib, daß wir so oft Deine Liebe nicht nach allen Kräften zu erhalten gesucht haben: Mutter vergib, daß wir Deine Liebe so oft verkannt haben, wenn sie uns mit Ernst entgegentrat. Wir müssen ihren Platz jetzt in Eurem Herzen wieder auszufüllen suchen: alle alte Schuld muß aber dazu erst abgetragen, muß verziehen sein, damit wir mit ganz reinem Herzen die schöne aber schwere Arbeit antreten können: Gott wird unser Gebet erhören und sie gelingen lassen. Wenn aber doch noch ab und an kindischer Unverstand das schwache Herz betören sollte, oh, so verzeiht es im Voraus, seid gewiß, daß die Stricke des Satans zwar zum Stolpern, aber nicht zum Fallen bringen können, wenn die Liebe Gottes und unseres Heilands im Herzen Wurzel gefaßt haben, und das hat sie, Dank sei es Euch, Dank sei es unserem ersten Lehrer: wenn auch mächtige Zweifel mich, wie wohl einen Jeden einmal, nicht verschont haben, sie sind überwunden und werden täglich neu überwunden, bis sie endlich zurückzukehrend die Geduld verlieren werden.

Wie segensreich hat diese Trauerbotschaft schon jetzt gewirkt: wie hat sie das ganze Herz umgewandelt, es vom Irdischen zum Himmlischen gewandt; wie sehnsüchtiges Verlangen hat sie erweckt nach dem Wiedersehen im Jenseits, wo kein Tod mehr trennen kann. „Ich sterbe gern", oh, welches wundervolle Wort, für den Weltmenschen unbegreiflich, ja, unmöglich, für den Christen tröstend, beseligend, ein Wort, das uns fort und fort vorschweben soll, bei jeder Handlung mahnend fragen: „Bist Du auch bereit?" Sie ist zuerst verklärt, wir anderen werden nachfolgen, es darf keiner, es wird keiner zurückbleiben, wir sehen uns alle wieder um Gottes Thron. Zwar, der Schmerz wird so bald nicht überwunden werden, er wird mit heftigen Stößen zurückkehren, wenn er für den Augenblick auch gestillt scheint, er wird sich verdoppeln, wenn wir in die Heimat zurückkehren um alle unsere Lieben zu sehen und zu begrüßen, und es fehlt das einem teure Glück. Aber auch der Trost wird nicht ausbleiben, er wird sich immer mächtiger erweisen als die Angriffe eines weltlichen Schmerzes und uns zuletzt dankbar ausrufen lassen: „Der Herr hat's gegeben, der Herr hat's genommen, der Name des Herrn sei gelobt."

Ach, laßt uns doch bald wieder etwas hören, wann und wo sie begraben ist, was das Knäblein, was der Vater macht, wie Ihr getragen habt, wie Ihr ausgehalten. Wie schön, daß wir hier zu zweien sind, die gemeinschaftlich zu tragen haben, daß wir hier Freunde gefunden, die innigen Anteil an unserem Schmerz haben: und doch, wieviel schöner wäre es gewesen, wenn wir uns alle zusammen hätten trösten, zusammen weinen und beten können. Das konnte nicht sein: auch *Henriette* und *August* werden ihr Leid allen zu tragen haben, dieser gar in der Lage, in welcher keiner seiner Nebenmenschen mit ihm fühlen wird: doch aber bleibt die Gewißheit, daß wir uns, trotz körperlicher Trennung, droben oft im Gebete treffen, und dies Gefühl einer gegenseitigen Fürbitte vermag das irdische Zusammensein zu ersetzen.

Ich vermag heute nichts mehr über unser Leben hinzuzufügen: doch geht alles körperlich wohl, und die Arbeit macht Freude. In heißer Liebe,
Euer Wilhelm

6.3. Göttingen, den 21. November 1854 [Friedrich]

Mein lieber Papa,
Schon lange treibt es mich, Dir wieder ausführliche Nachrichten von uns zukommen zu lassen, und doch haben, ich weiß nicht welche Umstände immer mich an der Ausführung dieses Wunsches verhindert. Es kam vielleicht größtenteils daher, daß ich lange Zeit durch die traurige Schickung die uns zu Teil geworden ist, so aufgeregt und wieder danach so abgespannt war, daß ich nicht den Mut und die Kraft hatte, ordentlich aus mir herauszugehen. Und doch empfinde ich es so deutlich, wie es für mich am wohltuendsten ist, zu Dir mich zu wenden und Dir offen alles darzulegen, was mich besonders bewegt. Ich kann wohl sagen, daß mich der Tod unserer *Lolly* aus meinem etwas gedankenlosen Leben aufgerüttelt hat, ich fühlte die Schläge an mein Herz, und ich habe mich ihnen nicht verschlossen, und bin für Gottes Gnade deshalb unendlich dankbar. Ich weiß es wohl, lieber Papa, daß ich Dich so oft durch ein kaltes Wesen tief betrübt habe, ich sehe das so ganz klar jetzt ein und möchte Dich für alles, womit ich Dir wehe getan, um Verzeihung bitten. Ja, ich kenne Deine große Liebe und möchte ihrer nicht ganz unwürdig sein und weiß doch, wie so sehr ich es bin. Jetzt mehr als je fühle ich eine Verpflichtung auf mir ruhen, alles, was ich sein kann, Dir zu sein, und damit zugleich empfinde ich auch in mir die Kraft, dahin zu wirken. Die große schmerzhafte Aufregung ist nun ruhiger geworden, und ein sanfter stiller Schmerz wirkt wohltätig für das Herz. Es ist so entsetzlich traurig und doch wunderschön, immer wieder aufs Neue alle bekannten Punkte aus ihrem Leben sich vorzuführen und dann daran zu denken, wie glücklich sie jetzt ist. Mir hat dieser Schlag ein starres Herz erwärmt, und ich hoffe und glaube, daß der Segen ein dauernder sein wird.

Wie freue ich mich auf das Wiedersehen Weihnachten – eine still ernste und doch selige Zusammenkunft; daß die Geschwister aus England wieder herüberkommen, ist ein wahrer freudiger Trost. Ich fühle auch in mir eine Kraft, die nicht von mir selbst kommt, mir die Trauer zu einer Quelle des Segens dienen zu lassen, ich fühle es vor allem tief schmerzlich, daß ich gegen Dich nicht immer gewesen bin, wie ich es hätte sein sollen, nicht offen, nicht herzlich genug; zugleich stärkt mich auch der Gedanke, daß das fortan anders sein soll. Darum bin ich auch hier freudig und getrost, dieser Winter ist ein sehr segensreicher für mich schon gewesen und wird es noch werden.

Ich habe Dir, glaube ich, noch nicht ausführlich geschrieben, wie ich mein Leben hier jetzt eingerichtet habe, und besser wird das auch mündlich gehen, aber so viel ich es schriftlich kann, will ich es doch versuchen. Im Ganzen fühle ich mich hier weit behaglicher als im vorigen Sommer, wo ich oft trübe zu Mut war; es war doch gut, daß ich hier blieb. Mein Studium habe ich sehr lieb gewonnen, d.h. vor allem die Wissenschaft, die Praxis will mir noch immer nicht recht in den Sinn. Ich habe oft in dieser Zeit darüber nachgedacht: es scheint mir, als könne ein Advokat, der oft eine Sache übernehmen muß, von der er sehr gut weiß, daß sie nicht so vollkommen gerecht ist, nicht immer ganz der Wahrheit getreu seie; ich fürchte mich eigentlich davor, vom Rechten vor Gericht angesteckt zu werden, jedenfalls wird es mir bei meiner Natur ein schwerer Prüfstein werden; Fälle, über die ich wohl von anderen habe erzählen hören, haben mich darin nicht sehr ermutigt. Darum möchte ich vor allem mal ein tüchtiger Mann werden, der nicht sich selbst, sondern anderen lebt, und glaube, daß die wissenschaftliche Laufbahn einem strebenden energischen Geist wohl Veranlassung genug dazu gibt. Auf keinen Fall will ich aber Deinem Urteil entgegenstehen, nur halte ich es für meine Pflicht, Dir von allem Rechenschaft abzulegen.

Mit Vergnügen habe ich mich in diesem Winter besonders ernsthaft auf das Römische Recht geworfen; Rechtsgeschichte und Pandekten sind einmal meine Vorliebe, letztere vielleicht zum Teil deshalb, weil ich an Subtilitäten Gefallen finde, erstere liebe ich wie jedes geschichtliche Studium überhaupt, mit verschiedenen Freunden zusammen arbeite ich regelmäßig an beidem; früher hat mir das nie so recht gelingen wollen, zunächst, weil ich in jüngeren Semestern noch zu wenig Übersicht hatte, um wenigstens das *Corpus Juris* selbst mit Erfolg studieren zu können, dann auch weil unter meinen Bekannten keiner war, der mir viel darin hätte nützen können. Jetzt lese ich 3 Mal morgens von 7½-10 oder 11 Uhr mit dem Hamburger *Hirsch* und einem Osnabrücker Freund *Stüve* Pandekten, beide sind mir 2 Semester voraus, machen daher auf vieles aufmerksam, was mir sonst vielleicht entgehen würde. Wir haben die Lehre von den Servituten im 7-ten und 8-en Buch gründlich durchgenommen, immer an das System anknüpfend, so daß uns nicht leicht etwas entgangen ist, studieren jetzt die Bücher *de legatio*, weil es auch ein zusammenhängendes Stück ist, wobei viel Scharfsinn von den römischen Juristen entwickelt worden ist, und das deshalb auch besonders zu einer gründlichen juristischen Durchbildung förderlich ist.

Die übrigen 3 Morgende habe ich für mich und lese dann *Kellers* Römischen Civilproceß durch, ein kleines, aber ausgezeichnetes Buch, das gerade zum Selbstunterricht über diesen Teil der Rechtsgeschichte vortrefflich anleitet. Um 10 höre ich bei *Herrmann* Kirchenrecht, ein Colleg, das mich schon deshalb interessiert, weil vielfach theologische Fragen dabei angeregt werden und es zu vielem Nachdenken Anlaß gibt. Die Stunde von 11–12 füllt sich gerade durch eine Lectüre, die wir uns mit geringen Opfern in diesem Semester möglich gemacht haben. Mit 2 Bekannten zusammen halten wir die *Augsburger Allgemeine Zeitung*, die wegen ihrer gesunden politischen Ansichten, ihrer klaren übersichtlichen und ziemlich wahrheitsgetreuen Berichte und besonders wegen der interessanten Artikel, die sich oft in den Beilagen finden, uns sehr viel Freude gewährt. Um 12 höre ich bei *Waitz* ein Colleg, das mich außerordentlich interessiert, es behandelt Deutsche Altertümer, auf Grund der Germania setzt er ausführlich alles das auseinander, was vom Leben, den Sitten, Einrichtungen etc. der alten Deutschen vor Einführung des Christentums uns bekannt ist, gibt so ein anschauliches Bild von einem Gegenstand, der auch für das Studium des Rechtes von Bedeutung ist.

Gegessen wird gemeinschaftlich mit manchen Freunden in einem Wirtshaus, kein besonders ausgezeichnetes Essen, aber reichlich und, was das Beste ist, es geht schnell und ist durch Geselligkeit angenehm gewürzt. Am Nachmittag sitze ich gerne, wenn nicht das Wetter zum Spazierengehen lacht, auf dem Museum, wo wir uns mehr mit der Lectüre der größeren Bücher, welche ausgelegt sind, beschäftigen können, weil die *A.A.Z.* für die Politik genügt. Ein Buch wird Mutter vielleicht interessieren, *Schubarths* Selbstbiographie, von der bis jetzt der erste Band erschienen ist, seine Lebensgeschichte bis zum Abgang von der Universität enthaltend. Ich habe es mit Vergnügen gelesen, wenn es auch nicht allen Ansprüchen genügt. Außerdem findet man da in den verschiedensten Büchern sehr abwechselnde Lectüre*: Heines* Vermischte Schriften, *Rückerts* Culturgeschichte, eine Art Kunstgeschichte in Novellenform von *Schadow*, sind alle mehr oder weniger interessant.

Um 4 höre ich Rechtsgeschichte bei *Kraut*, um 5 bei *Hanssen* Finanzwissenschaft, ein Colleg, das mir sehr interessant ist, weil es mir bisher ganz unbekannt gewesene Gesichtskreise aufschießt. Die Abende sind in verschiedener Weise besetzt: Durch eine genaue Lection des *Gaius*, an die sich alle Einzelheiten der Rechtsgeschichte bequem anknüpfen lassen, habe ich angenehme Gelegenheiten, mit zwei Freunden, zwischen denen ich, nach Semestern zählend, in der Mitte stehe, die römische Rechtsgeschichte zu repetieren. Ich arbeite dann auch wohl, wenn sich ein besonders schwerer Gegenstand findet, diesen genau aus – Einzelheiten üben ungeheuer. Ich fange dies alles mit großer Lust an, und es geht gut von Statten. [...]

Ich habe in früheren Briefen oft von 2 Freunden, *Mothes* und *Roquette*, geschrieben, den einen habt Ihr ja an jenem Abend in der Kerne, freilich von einer sehr stillschweigenden Seite, kennen gelernt: beide sind jetzt weg, ein brieflicher Verkehr hält uns aber noch eng zusammen und Trauerfälle, wie der war, der uns betroffen, dienen auch dazu, wahren Freundschaftsbund enger zu schließen. Das kann ich auch von einem sagen, dem ich in dieser Zeit recht nahe gekommen bin, ein *Catenhusen* aus Ratzeburg, lebhaft, gescheit, innig herzlich und wirklich religiös, nicht im äußeren Schein, sondern der inneren Natur nach – nur vielleicht etwas genial, so daß der Ernst manchmal darunter gelitten hat, jetzt ist er freilich ernster geworden. Ich kann freilich unmöglich jeden einzelnen schildern und möchte Euch doch gerne ein klares Bild von allem geben.

Bei Professoren sind wir ein paar Mal hier gewesen, einmal Sonntag vor 8 Tagen notgedrungen bei *Kraut,* ganz *en famille*, gemütlich im häuslichen Kreise, in Gesellschaft seiner Frau, Schwägerin und zweier Nichten, mit wenigen anderen Studenten zusammen, dann neulich bei *Ritter* einen Abend zum Tee, er ziemlich nüchtern, die Frau ist aber sehr liebenswürdig.

Doch das Papier ist, ehe ich michs versehe, zu Ende geschrieben – bitte laß *Tante Sophie* unseren herzlichen Dank für ihren freundlichen Brief zukommen, er war uns eine wahre Erquickung in bitteren Tagen – ich werde auch ganz gewiß darauf antworten. Grüße Mutter herzlich, ich umarme sie im Geist, möchte schrecklich gern so bald wie möglich da sein, um von Angesicht zu Angesicht Trauer und Freudigkeit zu teilen. Wenn *Johannes* einmal schriebe, würde es mir sehr große Freude machen, *Oldenberg* bestellt bitte einen brüderlich warmen Gruß. Wie ist doch ein Brief ein schlechtes Ding, so armselig ungenügend, kalt. Desto mehr freue ich mich des Wiedersehens. Lebe wohl, teurer Papa, behalte lieb,

Deinen Sohn Friedrich

6.4. Göttingen, den 4. Dezember 1854 [Wilhelm]

Liebe Mutter,

Wie könnte ich anders Dir für Deine wiederholten lieben Briefe danken und zugleich das begangene Unrecht längeren Zögerns, das Euch leider zu Besorgnissen Anlaß gegeben hat, wieder gut machen, als indem ich Dir in einem langen Brief über mein Sinnen und Trachten, mein Erfahren und Erwarten in diesem Winter Aufschluß zu geben versuche. Wenn ich bis jetzt weniger von mir habe hören lassen, so lag das nicht an einer Nachlässigkeit, die das mitteilende Element, das den Sohn stets zum Älternherzen hintreiben soll, durch die Eingebungen des Augenblicks bemeistern ließ, nein, nie habe ich lieber und öfter an das Vaterhaus und an alle Geschwister gedacht, nie mit solcher Ungeduld die Tage bis zum weihnachtlichen Wiedersehen gezählt, nie mehr das Bedürfnis nach innigster Gemeinschaft tiefer gefühlt, als in dieser Zeit.

Der Grund, daß ich dennoch so lange schwieg, war ein anderer: mein letzter Brief enthielt die guten Vorsätze, welche die ernsteste Zeit, die ich in diesem Leben durchlebt, mit lauter Stimme in mir wachrief: diese Vorsätze sind seitdem nicht wieder eingeschlafen, sie standen mir stündlich mahnend zur Seite und wurden täglich im Gebet vor Gott erneut. Aber mit bloßen Vorsätzen mochte ich nicht wieder vor Euch treten: ich mußte die Vorsätze ausgeführt, mußte ihre Folgen deutlich vor Augen sehen, um mich mit gutem Gewissen an Euch wenden zu können und Euch die frohe Botschaft mitzuteilen.

Ja, jetzt fühl ich, wie die Zeit der Trauer, die uns so plötzlich getroffen, für mich zur Quelle der Tugend geworden, wie sie mich aus gedankenlosem Treiben zu ernsterem Verfolgen des zugleich deutlicher hervorgetretenen Zieles aufgerüttelt und gestärkt hat und wie sie auch forthin einen kräftigen Trieb nach vorwärts wach halten und nicht unbefriedigt lassen wird. Mit frohem Herzen kann ich jetzt morgens das Tagewerk beginnen und es abends enden: ich habe das sichere Gefühl dabei, es wird Dir gelingen, und das Gefühl, es läßt nie ermüden: will aber der alte Unmut und Kleinmut zuweilen wieder einkehren, so gibt es probate Hausmittel, die den Feind schon zu vertreiben wissen und ihm bald die Rückkehr verleiden werden.

Die Lust zu meiner Wissenschaft sowie zu meinem späteren Arbeiten in meinem praktischen Beruf wächst immer mehr, je mehr ich davon zu wissen bekomme, und nur der Gedanke, wie wir noch so vielfach im Dunkeln herum tappen, wie der Mensch wohl herrlich zu zergliedern und zu analysieren versteht, aber nirgends etwas zusammenzusetzen, wie er höchstens der Natur etwas in die Hände zu arbeiten versteht und auch dies nur auf unsicherem erfahrungsmäßigen Grunde, den zahllose Theorien schwerlich je ergründen werden, wie also schließlich das Meiste sozusagen auf Glück hinausläuft, dieser Gedanke hat etwas Niederschlagendes: Man mag dies sich selbst nicht gern eingestehen, man darf es anderen gegenüber nicht gestehen, und kommt so leicht in eine etwas unwahre Stellung, über die sich die Meisten mit gewissenloser Dreistigkeit hinwegsetzen, die mir jedoch schwer zu verleugnen wird.

Ich fürchte, dies Gefühl wird sich noch immer mehr verstärken, je mehr ich aus den reinen Hilfswissenschaften, wie der Anatomie und Physiologie, zur eigentlichen Heilkunde übergehe, wo es gilt, einen großen Ballast an Wissen in den Kopf hineinzupraktizieren, ohne daß es nur möglich, denselben gehörig zu verarbeiten. Bis jetzt ist mir dies, wie gesagt, mehr aus der Ferne entgegengetreten, im nächsten Semester rückt das Gespenst ganz nahe und wird voraussichtlich zu manchem Unmut Anlaß geben: bis jetzt sind es die obengenannten Hilfswissenschaften sowie die der Chemie, die mich noch fast ausschließlich beschäftigen und bei denen man doch auf viel sichererem Grunde fußt.

Besondere Freude bereiten mir vor allem die Sezierübungen, viel mehr als im vorigen Winter, da sie einmal anhaltender betrieben werden, ferner sich auch auf die feineren Verhältnisse, Nerven und Gefäße einlassen können und endlich durch die seitdem erworbenen Erkenntnisse schon ein Aufsuchen der Einzelheiten ermöglichen, sich nicht mehr bloß auf ein Bestimmen des Vorgefundenen beschränken: Namentlich macht z.B. das Auffinden von Varietäten Freude, wobei Du vielleicht lächelnd an die mir zugeschriebene Seligkeit über einen gefundenen Druckfehler denken mußt: Einige derselben sind schon in ein Varietätenbuch eingetragen und werden vielleicht bald in einem von *Henle* vorbereiteten Lehrbuch der Anatomie gebraucht werden. Jeden Morgen werden 2-3 Stunden von *Hellwarden* dieser Fingergeschicklichkeit gewidmet, augenblicklich an einem kleinen Kinde, an dem ich alle Verhältnisse mit möglichster Klarheit und Reinheit herauszuarbeiten suche, um es später als zierliches Weingeistpräparat aufheben zu können. Den übrigen Teil des Morgens nimmt ein mikroskopisches Praktikum ein, in dem teils die Gewebe des menschlichen Körpers, teils tierische Organismen, wie Fliegen, Raupen, Schnecken etc., genau untersucht werden; Anleitung dazu gibt der Physiologe *Wagner*, der dabei freilich manches zu wünschen übrig läßt.

Abb. 41 Rudolf Wagner (1805-1864)

Nach dem Mittagessen, das wir nur mit einem anderen zusammen um 1 Uhr auf dem Zimmer genießen, liefert das Lesemuseum bis 3 Uhr immer reichlichen Stoff an Zeitungen und neuen Büchern: Von 3-5 Uhr Colleg, und dann steht der ganze Abend bis zur beliebigen Späte dem Arbeiten offen: Auch habe ich mir schon eine Art Pensum vorgesteckt, was in diesem Semester hoffentlich absolviert werden kann, damit ich im nächsten Sommer mit gehörigen Vorkenntnissen das eigentliche Fachstudium beginnen kann. Hierüber können wir Weihnachten näheres mündlich besprechen, ebenso die wichtige Frage, ob ich Ostern noch länger hier bleibe oder fortgehe, eine Frage, die von verschiedenen Seiten erwogen werden will und gewiß sehr schwer zu entscheiden ist.

Traurig steht es hier mit den studentischen Verhältnissen: der Gegensatz zwischen uns und den Corps hat sich zu einer grenzenlosen Schroffheit gestaltet, die in den kleinlichsten Verhältnissen auf eine oft empörende Weise zu Tage tritt: an gemeinschaftliche studentische Feierlichkeiten, wie bei Begräbnissen etc., ist nicht mehr zu denken, weil über geringe äußerliche Förmlichkeiten keine Vereinbarung erzielt werden kann. Trotz aller Vorsicht und Versuche, denselben möglichst aus dem Weg zu gehen, sind häufige Reibereien auf keine Weise zu vermeiden, und es zeigt sich dabei jedesmal die unglaubliche Rohheit und Gemeinheit auf Seiten der Corps. Es ist soweit gekommen, daß dies in viel gelesenen Zeitungen mit großer Trostlosigkeit besprochen wurde, wodurch natürlich die Erbitterung nur gestiegen und zugleich dem Rufe der Universität in den weitesten Kreisen sehr geschadet worden: Der um 50 Studenten verminderte Personalbestand der Universität in diesem Semester wird auch als Folge davon ausgelegt. Wird hier nicht höheren Ortes kräftig Einhalt geboten, so sind es traurige Aussichten für Göttingen. Unser Kreis sucht sich auf alle mögliche Weise, von diesen Verhältnissen fernzuhalten, vor allen Dingen, jegliches Provozieren zu vermeiden: Er scheut sich zwar durchaus nicht, seinen Standpunkt nach außen hin zu zeigen und überall, wo es erforderlich, seine Partei zu vertreten, vor allem aber strebt er danach, durch ein festes Zusammenhalten im Innern sich zu kräftigen und so, auf ein höheres Prinzip basiert, als das der bloßen Opposition gegen verächtliche Gemeinheit, aus unserer Freundschaft einen fürs ganze Leben dauernden Bund zu schließen.

Im Übrigen läßt das Leben hier wenig zu wünschen übrig: Natürlich, ja zum Glück ist etwas Eintönigkeit nicht zu vermeiden: das grundschlechte Wetter bannt einen ziemlich in die Stadt: Dennoch unternahm ich neulich mit 8 Anderen eine eintägige Fußtour nach dem 4 Stunden entfernten Hanstein, um mich bei ergründlichem Schmutze, eifrigem Regen und Schnee einmal recht tüchtig durchwehen zu lassen. Es ist uns Allen sehr wohl bekommen, hat auch nicht die geringste Erkältung zurückgelassen.

Bei *Prof. Kraut* und *Hofr. Ritter* sind wir einige Male gewesen: bei letzterem noch gestern zu einem großen Mittagessen: diese Gesellschaften können ja nach der Umgebung, in die man verschlagen wird, höchst langweilig oder recht gemütlich werden. Angenehmer sind meist die Abende, die man bei *Ritters* zubringen kann; der die Unterhaltung führende älteste Sohn ist freilich jetzt nach Hameln versetzt, und es fehlt nicht an manchen Pausen, doch fühlt man sich da ziemlich ungeniert und wird immer sehr freundlich aufgenommen.

In unserem Hause ist alles unverändert, wie Ihr es gesehen, nur daß mein Zimmer tapeziert und gemalt ist. Eine sehr musikalische Umgebung, oben Klavierspiel, unten Cello, an der einen Seite fast allabendlich Tanzmusik, an der anderen Kleinkindergeschrei, ist zu unserer musikalischen Ausbildung natürlich wesentlich fördernd. Dazu kommt in dieser Zeit das Gequieke der in den Häusern geschlachteten Schweine; die dagegen den Vorteil einer schönen frischen Wurstlieferung bieten. […]

Grüß doch bitte alle aufs herzlichste, namentlich *Tante Sophie*, die uns durch ihren Brief tief gerührt hat, auch die kleinen Nichten und den Neffen, auf deren Bekanntschaft ich mich unermeßlich freue.

Leb wohl, Dein treuer Sohn Wilhelm

6.5. Göttingen, den 12. Dezember 1854 [Friedrich]

Lieber Papa,

Die Zeit, wo wir nach langer Zeit wieder zu Euch kommen, rückt sehr nahe schon heran, und mit Sehnsucht harre ich darauf, einmal wieder, wenn auch nur auf kurze Zeit, in den teuren Familienkreis hineinzukommen, zumal doch zu hoffen steht, daß die Geschwister von Liverpool und vielleicht auch *August* dann eingetroffen sein werden. Es ist nun schon mehrere Jahre her, daß wir Kinder alle beisammen waren, und Gott hat es ja gewollt, daß es das letzte Mal hier auf Erden gewesen ist – desto inniger müssen und werden wir jetzt an einander halten, und eben deshalb erfüllt mich die Hoffnung auf ein so baldiges Zusammentreffen mit so großer Freude. Wie schnell ist dieses Quartal vergangen, ich kann es kaum sagen, es war ein unendlich bewegtes, und doch, wenn ich jetzt darauf zurückblicke, ein so wunderbar gesegnetes, die Trauer hat mich zur rechten Zeit getroffen und mir auch eine wahre Freudigkeit zum redlichen vertrauensvollen Vorwärtsstreben geschaffen.

Hier ist sonst alles in nötigem gewöhnlichen Gang verlaufen, immer dieselben altbekannten Lehrer, die auf den Geist wirken, derselbe Kreis von Freunden, unter denen sich doch immer einige finden, deren Bekanntschaft wirklich erquicklich und förderlich ist. Wir leben eigentlich ziemlich still für uns, bisweilen verlockt das schöne Frostwetter zu größeren Unternehmungen zu Fuß oder zu Wagen nach den schönen Punkten der Umgegend; regelmäßig bildet der Göttinger Wall die tägliche Promenade. Zuerst konnte ich mich gar nicht daran gewöhnen, als unsere Beine 10-stündige Tagesmärsche gewohnt waren, und zwar immer im Anblick der großartigen Wald- und Gebirgsmassen; als wir wieder in Göttingen einfuhren suchte ich die Berge, die mir früher so groß geschienen hatten und jetzt fast wie Koppeln vorkamen. Für etwas anstrengendere Spaziergänge finden sich aber nicht so leicht Teilnehmer, da den Meisten die Gemütlichkeit etwas darunter zu leiden scheint und allein dergleichen vornehmen. Es ist leicht, abgeschlossen und für das Ganze teilnahmslos zu sein. Außerdem liegen doch die Collegien – ich habe jeden Nachmittag außer Sonnabend zwei – so, daß dieses nur auf ihre Kosten geschehen könnte, und das Nachholen ist immer langweilig.

So konzentriert sich denn das Leben ziemlich innerhalb der Mauern und da wieder in den eigenen oder fremden Stuben, wo gegessen und gearbeitet wird, in den Collegienhäusern, dem Museum und einem am Markt gelegenen ganz freundlichen Lokal, wo, wer Lust hat, ein paar Male in der Woche um 9½ oder 10h sich einfindet, um der Geselligkeit zu pflegen. Das ersetzt dann einigermaßen die heimischen Teekreise, man teilt sich Erfahrenes und Gelerntes gegenseitig mit und muntert sich gegenseitig zu frischer Tätigkeit auf – sonstige Vereinigungspunkte, die sich zu Hause darbieten, ein Mittagessen und Teetrinken usw., fallen hier ganz weg, da der schlechte Askantee kaum länger als ¼ Stunde fesselt und auch das Teewasser doch recht bald beseitigt wird.

Im Allgemeinen, glaube ich, hat Göttingen durch solides stilles Wesen und im Ganzen regelmäßige Lebensart, viel vor anderen, besonders süddeutschen Universitäten voraus, wenn es auch wegen mittelmäßiger Dozenten und ziemlich geringer Naturschönheit lange nicht so viel Anregendes bietet als z.B. Heidelberg. Ich besuchte *Francke* neulich und sprach mit ihm darüber, ob es wohl zweckmäßig sei, übers Jahr nach Berlin zu gehen; er war wie immer mit allem einverstanden, meinte, daß es einem jungen Manne sehr gut tue, sich auch in der Welt etwas umzusehen – vielleicht ist er auch besonders deshalb so beifallsvoll, weil er von mir keinen Zuhörer mehr zu hoffen hat. Dagegen wird hier nächsten Sommer ein *Thöl'*sches Practicum des Guten noch immer genug bieten, um mich hier zu halten, besonders da ein Umzug im kurzen Sommersemester überhaupt weniger geraten ist. Doch kann das einstweilen noch auf sich beruhen. [Pläne für Weihnachten]

Dein treuer Sohn Friedrich

6.6. Göttingen, den 5. Januar 1855 [Friedrich]

Lieber Papa,

Ohne Gefahren und Beschwerden sind wir wieder im alten Nest angekommen, nach einer freilich ziemlich langweiligen Tour von 14 Stunden. Auf der Strecke zwischen Harburg und Hannover ließen sich die Folgen des ungewöhnlich kurzen Schlafes noch merklich spüren, indem verschiedene Versuche, die Zeit durch Lektüre zu vertreiben, uns beiden durch Zufallen der Augen vereitelt wurden. In Hannover trafen wir glücklicherweise einen Bekannten, der, von Bielefeld zurückreisend, mit uns nach Göttingen fuhr. Von den Überschwemmungen des Leinetals war zwar noch nicht jede Spur verschwunden, doch war der Eisenbahndamm wenigstens wiederhergestellt, so daß wir die früher gefährlichen Stellen sicher passieren konnten.

An dem Abend unserer Ankunft gingen wir bald zur Ruhe und haben uns nun wieder ganz eingelebt – nur finden wir beide Göttingen herzlich langweilig, die Collegien sind fast alle sehr trocken, wenig anregend. Daß das sonstige Leben bis jetzt einen etwas leblosen Eindruck macht, kommt wohl teilweise vom Gegensatze gegen die letzten 14 Tage, teilweise daher, daß noch manche, und gerade die mir liebsten unserer Bekanntschaften, fehlen. […]

Wir haben den Marzipankuchen gleich am ersten Tag expediert, mit einem Billet begleitet, die Schachtel kam gestern zurück, und W. erhielt durch den einen Sohn im Colleg vorläufig einen herzlichen Dank. Den heutigen Abend denken wir, zu ihnen zu gehen – es ist da regelmäßig freitags Teegesellschaft. Den Brief an *Mommsen*, wofür ich Mutter bitte, *Tante Emmy* vielen Dank zu sagen, haben wir noch nicht abgeben können – vielleicht morgen oder Sonntag. Mutter noch die Nachricht, daß der mitgenommene Tee so reichlich bemessen war, daß er nicht nur die große Blechdose, sondern noch die ganze Marzipanschachtel füllte, und ferner, daß wir den gestrigen Abend mit einer Göttinger Wurst – zur Entschädigung – gefeiert haben. Sonst gibt es hier weder Neues noch Interessantes; auch sollte dieses ganze Schreiben nur eine Nachricht von glücklicher Ankunft sein.

Herzliche Grüße an die Geschwister. Dein treuer Sohn
Friedrich

6.7. Göttingen, den 15. Januar 1855 [Wilhelm]

Liebe Mutter,
Habe herzlichen Dank für Deinen freundlichen Brief, der uns namentlich dadurch so große Freude gemacht hat, daß sich darin eine fröhlichere, hoffnungsvollere Stimmung aussprach als wie in den früheren Briefen. Wenn unser kurzes Zusammensein dazu hat beitragen können, bei Euch den Scherz über den erlittenen Verlust zu lindern, so können wir dasselbe auch von uns sagen, daß dadurch eine herrliche Auffrischung, eine Erweckung aus teilweise unbewußtem geistigen Schlendrian bewirkt ist, wie er in einem doch immer etwas einseitigen studentischen Kreise schwer genug zu vermeiden ist. Ein Gedanke an die bei Euch verlebte Zeit vermag ganz vortrefflich vor einem Zurückfallen in denselben zu bewahren, wie es denn auch mein Lieblingsplan, einst mit den Geschwistern zusammen Euch das Alter zu versüßen, es ist, dessen Ausmalung mir den besten Stachel zum fröhlichen Weiterstreben gibt.

Den nächsten Anlaß zu diesem Briefe, der im Übrigen nur ein Lebenszeichen sein soll, indem sich durchaus nichts Ungewöhnliches sonst zugetragen, gibt meine Militärpflichtigkeit. Ich habe in dieser Sache die nötigen Schritte getan: doch war der hiesigen Erhebungskommission noch nichts von Seiten der Hamburger Beschaffungskommission geschrieben worden. Da nun Sonnabend den 20sten die Untersuchung stattfinden würde, die Ärzte aber dieselbe ohne eine schriftliche Mitteilung oder Ermächtigung nicht vornehmen würden, so bitte ich, mir spätestens bis zum Freitag den in Papas Händen befindlichen Erlaubnisschein von der hamb. Beschaffungskommission zu überführen. Die untersuchenden Ärzte kenne ich nicht, kann mich bei ihnen daher auch vorher nicht gut einschmeicheln, doch habe ich auf das vortreffliche Akkomodationsvermögen meiner Augen die beste Hoffnung.

Der Empfehlungsbrief von *Tante Emmy* an *Prof. Mommsen* wurde heute von uns abgegeben und ein sehr freundlicher Empfang uns darauf zu Teil, nebst Einladung zu wiederholten abendlichen Besuchen. Er schien anfänglich etwas verlegen, aber doch bald sehr natürlich und fragte mit Interesse nach den *Rist*'schen Söhnen. Die Frau ist uns noch nicht vor Augen gekommen. Die *Ritter*'sche Familie wurde natürlich wieder einmal aufgesucht. Ein junges Mädchen aus Bremen, das dort für einige Monate wohnt, scheint dazu beitragen zu können, den Kreis zu beleben: sie ist nicht blöde und scheinbar nicht ungebildet. Das mit einem zarten Billet übersandte

Marzipan hat großen Dank eingebracht. Die beiden Abhandlungen von *Gauß*, die *Johannes* wünschte, sind beide noch im Buchhandel zu haben. […]

Das bisher immer milde Wetter ist hier plötzlich in Schnee und heftigen Frost umgeschlagen, was mich ein Zufrieren der Elbe befürchten läßt. Die Liste der ankommenden Schiffe in der *Börsenhalle* ist hier immer der erste Griff auf dem Museum, bis jetzt leider noch vergeblich [Augusts Rückkehr]. Der Sturm soll auch hier fürchterlich gehaust haben, natürlich ist der Schaden aber gegenüber Hamburg gering. Mit besonders speziellen Grüßen für Papa, *Johannes, Meyers, Oldenbergs* etc. wünscht Dir alles Gute,

Dein treuer Sohn Wilhelm

6.8. Göttingen, den 1. Februar 1855 [Friedrich]

Liebe Mutter,

Länger als billig haben sich der Dank und die Antwort auf Deinen letzten Brief hinausgeschoben, ohne daß eigentlich ein genügender Grund vorhanden gewesen wäre. Wir sind nun wieder ganz ins Göttinger Leben hineingekommen, wenn ich es auch nicht mit ganz denselben Augen ansehe wie früher. Liebe Anregung bieten die Collegien hier durchaus nicht, vielmehr sind sie mit wenigen Ausnahmen sehr trocken und leblos, und wer nicht für die Sache Interesse von vorne herein mitbringt, der soll sie hier auch nicht erhalten. Am meisten Freude macht mir daher das private Arbeiten, teils für mich allein, teils mit anderen zusammen, das gut vorwärts geht. Wenn ich nächsten Sommer noch hier bleibe, werde ich wohl nur sehr wenige Collegien hören, um mich möglichst auf mich beschränken zu können.

Doch genug davon: ich freue mich vorläufig noch der Wochen bis Ostern, ein anregender Umgang kann auch zu dieser Freude Veranlassung genug geben, er bewahrt Herz und Geist vor einer Erstarrung, die alles Interesse und alle Frische vertreibt. Unter einem Kreis von wenig über 20 Leuten sind zwar immer nur wenige, mit denen eine genauere Vereinigung durch die Tüchtigkeit und Kraft ihres Inneren möglich gemacht wird, aber wenn es auch nur einer ist, genügt es doch schon, um immer aufs Neue Anregung zu geben und munter zu machen. Ich glaube, daß ein wahrhaft inniges Zusammenleben unseren Kreis vor allen anderen hier auszeichnet und auch ein viel anderer, wissenschaftlich strebender Ton darin herrscht als in den übrigen Verbindungen, soweit sie mir bekannt sind. Allerdings geht es ziemlich still zu, und schon die verhältnismäßig kleine Zahl verbietet ein Auftreten, wie es z.B. eine andere Verbindung zeigt, die neulich den jungen Damen der Stadt, d.h. Professorentöchtern eben, eine glänzende Schlittenpartie, verbunden mit Schauspiel, Tanz und Soupée, zu Besten gegeben hat. Auf der Rück-Tour ward mal wieder ein Beispiel jener echt Göttinger studentischen Ehrenhaftigkeit gegeben, die du damals unter den Fenstern der Arvin kennen lerntest. Viele Corpsburschen machten sich ein Vergnügen daraus, die Damen, unter denen auch eine Professorin war, mit Scheebällen zu bewerfen, mit Bier zu bespritzen etc., so daß, als sie neulich eine ähnliche Schlittenpartie arrangieren wollten, eine Professorin, deren Tochter sie einluden, ihnen dies abgeschlagen haben soll.

Diese Verhältnisse sind hier wirklich gar zu widerlich; daß des Abends zwischen den Studenten Prügeleien vorkommen, ist nichts Seltenes, und die akademische Obrigkeit scheint Winterschlaf zu halten. Auf keiner anderen Universität ist es so arg wie hier, kommt es doch vor, daß ganz fremde Studenten nachts in die Zimmer der Anhänger der gegnerischen Partei einbrechen und die Mobilien zertrümmern etc. Wir haben glücklich fast nie mit diesen Dingen zu schaffen; die kleine Welt, die von unseren Bekannten gebildet wird, geht unmolestiert ihren Weg und bietet zu manchen Charakterstudien Anlaß.

Bisweilen geht es auch über sie hinaus, d.h. wenn wir bei Professoren im Hause sind. Daß wir *Ritters* unser Marzipan überreicht oder richtiger übersandt haben, schrieb ich, glaube ich, schon, aber leider ist uns so wenig wie *Classen*, der sie mit Lübecker Marzipan erfreute, als Zeichen der Dankbarkeit ein bescheidener Genuß davon zuteil geworden. Dazu stehen sie auch viel zu fern, Familie ist da nicht, nur ein tief denkender, langweilig erzählender Philosoph und Prorector als Hausvater, der sich in seiner Stellung hier offenbar sehr hochwürdig fühlt; ein Studiosus der Medizin, *Karl Ritter*, der am liebsten die Hände in die Taschen gesteckt und die Beine von sich gestreckt den ganzen Abend stumm sitzt, vertritt das junge Prinzip, und nur die Hofrätin bringt Leben in den Kreis, wobei ihr in dieser Zeit eine junge aufgeweckte Dame aus Bremen behülflich ist.

Weit angenehmer haben wir es bei *Mommsens* getroffen, wo wir dank *Tante Emmys* Güte sehr freundlich aufgenommen worden sind. Er war zuerst etwas verlegen, wenn er aber einmal im Gespräch ist, kann er sehr gut unterhalten und offenbart dabei eine echt glaubensvolle Seele. Es war eine komische Szene, als nämlich abends, wo wir mit zwei Freunden auf dieser Stube allein saßen, plötzlich an die Tür geklopft ward und Herr *Prof. Mommsen* hereintrat, die beiden natürlich eiligst das Sofa verließen, und nun ein interessantes Gespräch über Wetter und Sturmfluten angeknüpft wurde. Das Resultat war dann aber, daß er uns auf den nächsten Tag zum Mittagessen einlud. Wir fanden da außer ihm seine sehr liebenswürdige Frau, die leider kränklich ist, aber sehr zart, fein und offen herzlich, so daß man sich ihr gleich nah gefühlt und von vorn herein auf einen anderen Standpunkt zu sprechen kommt, als sonst den Göttinger Professorinnen gegenüber Sitte ist. Eine Cousine von ihm, *Frl. Emma Mommsen*, ist auch eine sehr angenehme Erscheinung, lebhaft, ungeniert von anspruchslosem aber anziehendem Äußeren, dabei in den Freuden der Brautzeit schwelgend. Der Bräutigam, ein hiesiger Privatdozent *Dr. Elvers,* scheint ein ziemlich gelehrter und gewandter Mann zu sein, wenn auch nichts weniger als ein *lumen*. Zwei kleine Kinder, ein Junge von 7 und ein Mädchen von 5 ½ Jahren, spielten trotz eines gesichtentstellenden Schnupfens sehr vergnügt dabei herum. Bis 4 ½ Uhr verging die Zeit sehr schnell, und wir hatten uns so gut amüsiert, daß wir ihrer Einladung, des Abends zum Tee uns einzufinden, gern Folge leisteten. Bitte sprich doch *Tante Emmy* nochmals unseren herzlichen Dank aus und bestelle ihr sowie Tochter *E.* die Grüße des *Mommsen*'schen Ehepaares.

Die Einförmigkeit der letzten Tage war noch angenehm unterbrochen durch eine Schlittenfahrt, die viele von uns am vorigen Freitag nach Nörten, ca. 1 Meile von hier, machten. 8 Schlitten stark dirigierten wir mit Extrapost bei herrlichem blauen Himmel hinaus, stiegen da, nachdem eine Tasse Kaffee genossen war, auf eine nahe Ruine, den Hardenberg, wo der tiefe Schnee viel Amüsement gewährte, und beschlossen den Abend in der fröhlichsten Weise. Bisweilen vereinigen sich auch kleinere Zirkel nach Tisch zum Kaffee, wo dann in dieser Zeit heftige politische Debatten geführt werden. Im Ganzen aber ein Tag wie der andere, und wir sind beide, Gottlob! immer wohlauf.

Wegen seiner glücklich abgelaufenen Militärangelegenheit will Wilhelm noch einige Worte einlegen. Lebe wohl,

Dein Friedrich

Dienstag, den 1. Februar 1855 [Wilhelm]

Friedrichs ausführlichem Briefe lege ich nur noch einen Bericht über meine glückliche Befreiung vom Militärdienst bei. Anfangs hatte ich es für das Zweckmäßigste gehalten, mich mit den Hannover'schen Studenten zugleich von den Militärärzten untersuchen zu lassen, wurde auch, nach nur geringen Schwierigkeiten wegen des mangelnden Scheines, zugelassen und am 20sten nach bloßer Untersuchung auf Kurzsichtigkeit, wobei das Lesen durch die Brille einigermaßen glückte, für frei erklärt, welches Urteil sogleich der hamburgischen Bewaffnungskommission von Seiten der hiesigen Erhebungskommission mitgeteilt wurde. Erstere scheint jedoch durch dasselbe sehr wenig befriedigt gewesen zu sein; wenigstens wurde ich in Folge eines von Hamburg eingegangenen Requisitionsschreibens vor das akademische Gericht zitiert und mir kurz mitgeteilt, ich habe mich Sonntag, den 28. Jan. zw. 1 und 3 Uhr bei Landphysikus *Dr. Langenbach* zur körperlichen Untersuchung einzufinden. Auch diese ist nun glücklich überstanden: Sie war im Übrigen etwas gründlicher, in Bezug auf die Kurzsichtigkeit, jedoch, wegen fehlender Conskriptionsbrille, sehr leicht. Doch wird hoffentlich der von ihm angefertigte Bericht die Gemüter in Hamburg völlig beruhigen und ich von ferneren Plackereien in dieser Sache verschont bleiben.

Im Übrigen ist aus dem stillen Göttingen wenig zu melden: fesselt doch die Außenwelt jetzt alle Gemüter am meisten und läßt auch in unsern Kreis hinein ihre aufregende Kraft verspüren. Doch ein ander Mal mehr über dies und jenes. Grüße an alle verstehen sich von selbst, speziell von *Professorin Mommsen* an *Tante Emmy*, welche ich zu bestellen bitte. *Johannes* seine Bücher sollen nun auch bald abgeschickt werden, hoffentlich ist er nicht zu ungeduldig.

Lebt recht wohl. Euer treuer Sohn

Wilhelm

6.9. Göttingen, den 24. Februar 1855 [Wilhelm]

Meine liebe Mutter,

Es wird endlich wieder Zeit, von uns hören zu lassen. […]

Der Winter geht mit raschen Schritten seinem Ende zu, in 14 Tagen sind die Collegien geschlossen, und es folgt eine 5-wöchige Ferienzeit. Dies nahe Ende erschreckt mich, ich habe noch so vieles vor mir, was bis dahin beendet sein sollte, um mich im Sommer wohlgemut ins eigentliche Kampfgewühl hineinbegeben zu können, und doch verlangt dies alles seine gehörige Vorbereitung und läßt sich nicht im Sturmschritt machen: in den Ferien wird sich freilich hoffentlich sehr viel machen lassen, sie sind doch unendlich viel ungestörter; da hoffe ich, besser als mancher andere vorbereitet, an die eigentliche Medizin gehen zu können: ich habe bis jetzt nicht oft Gelegenheit gehabt, mich mit anderen in Bezug auf meine Kenntnisse zu vergleichen: doch wo es mir möglich war, da schwoll mit der Mut oft hoch an, und ich ging getrost darauf los, immer weiter und weiter strebend, um einst würdig neben den Ersten meinen Beruf ausfüllen zu können. Dann folgen freilich wieder Momente verzweifelten Kleinmuts, in denen nichts gelingen will, wo alles wüst und erdrückend auf mich einwirkt und mir keine Hilfe möglich scheint. Doch weiß ich nachgerade, daß solche Stimmungen, wenn auch oft genug am Platz, um den natürlichen Hochmut zu bändigen, ungesund sind, daß sie dem frohen Mut doch wieder Platz machen müssen und dieser schließlich die Oberhand behalten wird: und so lasse ich sie auch nicht mehr aufkommen, wenn ich ihren Anzug fühle, so trete ich ihnen schon von fern entgegen, und wirklich gelingt es, sie in gemessener Ferne zu halten.

Ich fühle in mir die immer wachsende Gewißheit, daß ich mir das Rechte zu meinem Berufe ausersehen habe: ein gewisser Hang zur alles nach Ursache und Wirkung sichtenden Beobachtung sowie eine entschiedene Vorliebe für alles praktische Handeln und Ordnen, wobei es nicht auf Zungenfertigkeit, sondern auf eine rasch und sicher eingreifende Tat ankommt, scheinen mir, mich dazu am meisten zu befähigen, und wenn erst die Gewißheit der Tätigkeit da ist, dann ist mir vor den vielen kleineren und größeren Beschwerlichkeiten nicht bange: sie dienen mir immer, wach und aufmerksam zu sein und das Eintreten des abscheulichen Schlendrians zu verhüten.

So etwa sieht es in meinem Inneren aus, liebe Ältern; Hoffen und Streben, oder Streben und Hoffen, das ist mein Losungswort, das mich zum Ziel führen muß, vor dem aller Kleinmut zurückweichen muß.

Äußerlich geht alles seinen gemessenen regelmäßigen Gang; die allwinterlich wiederkehrende Erkältung hat zwar auch diesmal eine kleine Unterbrechung veranlaßt, ist aber durch 1-tägiges Bettliegen und 8-täg. Haushüten so ziemlich bezwungen und wird jetzt als unzurechnungsfähig betrachtet: die plötzlich wieder eingetretene Kälte hatte eine große Anzahl unserer Bekannten auf diese Weise affiziert, und die wenigen Gesunden konnten nur eine Krankenvisite der anderen folgen lassen: jetzt ist es glücklich bei allen überstanden.

Die beiden in eine Woche fallenden Leichenbegängnisse von *Hofrat Osiander* und *Abt Lücke* haben den meisten sehr geschadet. Jetzt folgt die Bestattung des alten *Gauß*, der gestern Morgen seinen Leiden endlich erlegen ist, im 78sten Lebensjahr: Mit ihm hat Göttingen den berühmtesten Mann, den es je besessen, verloren; es fühlt sich verwaist, so wenig er auch in den letzten Jahren demselben hat nützen können und so gewiß man auch seit langem seinen Tod voraussah; mir ist es unendlich viel wert, den Mann gesehen und gehört zu haben.

Seine Stelle soll wohl nicht von auswärts wieder besetzt werden, dagegen scheint eine Umgestaltung der theologischen Fakultät in Aussicht zu stehen: *Prof. Radepenning*, ein rechter Rationalist, ist als Superintendent nach Ilfeld berufen, und als seinen Nachfolger bezeichnet man den extremen Altlutheraner *Hofmann* aus Erlangen: die heftigen Differenzierungen zwischen der hiesigen unierten Fakultät und der altlutherischen Pastorenkonferenz wären damit höheren Ortes zu Gunsten der letzteren entschieden.

Die politischen [Dinge] nehmen unsere gespannte Aufmerksamkeit in Anspruch und kommen, da unter uns ziemlich geteilte Ansichten, oft zur Sprache. Namentlich die Russenfreunde, die mit gewisser Schadenfreude den unglücklichen Zuständen in der Krim zusehen und in ihren Angriffen auf England nie genug tun können: freilich wird es allmählich sehr mißlich, ihnen da überall entgegenzutreten, jedenfalls scheint mir England auf einer äußerst bedenklichen Krisis zu stehen; der Respekt vor seiner unantastbaren Größe, bis jetzt allgemein verbreitet, ist plötzlich völlig vernichtet und wird sich sehr schwer wieder gewinnen lassen. Ein sehr interessantes Buch, was Englands Schwächen mit Sachkenntnis schonungslos aufdeckt, ist kürzlich erschienen: *Bucher*, „Der Parlamentarismus wie er ist", mit dem Motto: „England wird nie fallen, es sei denn durch sein Parlament". Wenn man ihm auch hierin nicht Recht geben kann, ist man doch dankbar über den Blick, den er in die Schäden der alles zentralisierenden englischen Verwaltung tun läßt.

Hierbei fällt mir ein zu melden, daß ich das medizinische Buch vom Vetter Doktor [*Edward Sieveking*, London] meinem verehrten Lehrer *Henle* vorgelegt habe und dieser mir als unparteiischer Beurteiler den von ihm herrührenden Teil gelobt, dagegen den von *Jones* geschriebenen als sehr schwach beurteilt. Übrigens ist das ganze nur ein Kompendium, Neues ist so gut wie gar nicht enthalten, dagegen ist die deutsche Gelehrsamkeit fleißig benutzt. [...]

Den Nachrichten von Hause sehen wir stets mit Spannung entgegen: Der Brief aus Pernambuco [August] wurde uns auch noch versprochen: *Berthe Köhn* ist ein langweiliges Schiff. Meinen besten Glückwunsch dem Brautpaar [wohl Hermann Sieveking und Mary Merck], leider habe ich nicht das Glück, mich der Braut zu erinnern.

Grüße alle, vor allem auch *Meyers* und *Oldenbergs*.

Mit Innigkeit,

Euer Wilhelm

Friedrichs Tagebuch II: Göttingen, Ostern 1855

Im Original des folgenden z.T. recht intimen Textes sind die Namen verschlüsselt wiedergegeben durch Anfangs-, Endbuchstaben und Punkte, entsprechend der Zahl der Zwischenbuchstaben. Hier sind die aus den Briefen ableitbaren wahrscheinlichen Namen vollständig eingesetzt, die anderen abgekürzt.

Mittwoch, April 4

Die Veranlassung dazu, daß ich nach so langer Unterbrechung dieses Buch wieder in die Hand nehme, bildet der gerade jetzt besonders lebhafte Wunsch, gewissermaßen einen Spiegel meines Tuns und Denkens zu haben, in welchem ich noch nach langer Zeit die Wege zu erkennen vermöge, die mich der liebreiche Herr Tag für Tag geführt hat, in welchem ich später mein eigenes Bild schaue, wie ich heute war und wie morgen.

Besonders jetzt ist dieser Wunsch lebhaft in mir entstanden, denn der Besitz eines lieben treuen Herzens, in welches ich allen meinen Schmerz senken, mit dem ich alle meine Freuden teilen kann, ersetzte mir früher einen leblosen Vertrauten dieser Art, an *Catenhusen* hatte ich den besten Prüfstein meiner selbst, den besten Anhaltspunkt, um vergangene Freuden und vergangene Leiden mir vor die Seele zurückzurufen. Er ist nun fort, gestern morgen in Mülhausen gaben wir uns den letzten Abschiedskuß, ihn führte die Post weiter nach Gotha, von wo aus er noch an demselben Tag Rudolstadt zu erreichen hoffte, ich hatte einen langen Rückweg vor mir, den ich einsam zu Fuß zurücklegen sollte. Der Morgen war trübe, der neblige Niederschlag verwandelte sich von Zeit zu Zeit in einen feinen Regen, dem keine Hülle zu widerstehen vermochte, Berge und Felsen, in diese Wolken gehüllt, boten bei der an sich wenig schönen Gegend einen doppelt trostlosen Anblick dar. Mich kümmerte das wenig, meine Gedanken waren anderswo, so daß ich kaum eher merkte, daß meine Kleidung ziemlich völlig durchnäßt war, als bis ich in Heiligenstadt angelangt, im Wirtshaus Muße und Wärme fand. Hier traf ich auch *Stüve* und meinen Bruder, die den Rückweg bis Reinhausen zu Fuß, von da in einem Wagen mit mir gemeischaftlich zurücklegten.

Heute hat mich nun ein langer Schlaf die Leiden des gestrigen Tages vergessen machen, ich sitze wieder behaglich in meiner Stube, die freilich von *Catenhusens* froher Stimme nicht mehr widerhallt. Es gilt die Einsamkeit zu ertragen, eine frische Tätigkeit, froher Mut und die Aussicht auf ein baldiges Wiedersehen werden das Ihrige tun, um dazu zu helfen.

Donnerstag, April 5

Aus der Arbeit ist gestern nichts geworden, obgleich mein Zimmer zu diesem Zweck geheizt worden war. Ein zufälliger Weg, den ich am Morgen abzugehen hatte, verleitete mich, einen Teil des Vormittags bei *Gensch* zu versitzen; ich fühlte auch das Bedürfnis, mit Menschen zu sprechen – mag sein, was es wolle, so sind sie doch immer besser als all die toten vielen Bücher. Es schien mir gestern, als kämen alle mir besonders freundlich entgegen, wenigstens *Gensch* und *Ls.*; wollen sie mir vielleicht den mangelnden Freund ersetzen? Davon ist unter ihnen doch jeder himmelweit entfernt – einerlei wer um mich ist, ich fühle immer ein quälendes Gefühl der Leere, der Einsamkeit.

Gestern war *Ußlar* auch ziemlich viel mit uns zusammen – seine materiellen Gespräche sind etwas sehr widerwärtig, wenn auch eine gute Seele durchblickt, so sind ihm alle höheren Interessen doch fremd. „Wenn jemand mir einen ganz neuen *Göthe* und daneben die alte Auflage von *Berzelius* [Lehrbuch der Chemie] anböte, so würde ich das letztere wählen", sagte er unter anderem. Sehr charakteristisch! Der arme *Bruhns* war wieder in trostloser Stimmung, ein Brief aus Frankreich hatte die Nachricht gebracht, daß *Classen* am Nervenfieber darniederliege, die Ungewißheit, wohin er sich nun wenden soll, ob nach Lübeck, oder ob er hier bleiben, ob er später vielleicht nach Würzburg oder Leipzig statt nach Breslau gehen soll, scheint ihn fast zu Boden zu drücken. *Gaedechens* ist nun heute früh abgereist, er konnte ihn wohl noch am Ehesten etwas trösten – mit ihm auf ein paar Tage auch *Ußlar; Sommer* und *Cl.* sind schon früher fortgereist, *Dedekind* hat seine neue Wohnung bezogen, so daß wir jetzt, eine ganz kleine Anzahl, im Hause *Deppe* zusammen sind.

Auf dem Museum las ich gestern „Norika" – anziehend hübsch geschrieben, aber zu wizzenhaft, um einen genügenden Einblick in das Künstlerleben Nürnbergs zu gewähren. Die Kunst, die Kunst! Wann wird sie mir wohl auch einmal Vertraute werden, wenigstens ihre Geschichte hoffe ich bald mal studieren zu können.

Heute nun, der erste Tag des Osterfestes. Mir ist zu Sinn wie im Traum, wenn ich an diesen Winter denke, an das rasche Vorüberfliegen der Zeit, ganz unerwartet überrascht mich das fast nun schon. Es ist wohl das erste Mal, daß ich es nicht im Elternhause feiere – seltsam genug kommt mir das vor, der Vogel fliegt immer weiter aus dem Nest, mög' ihn Gott auch in der Ferne behüten!

Freitag, April 6 (Charfreitag)

Mir fiel es gestern so schwer aufs Herz, wie schreckliche Gleichgültigkeit mich oft erfüllt, wenn mich nicht etwas von außen etwas wärmt. So in einem Gespräch mit Wilhelm, der dies wohl empfindet, sich dadurch, wie natürlich, verletzt fühlt und nur leider nicht durch eine offene Frische diesem Mangel abzuhelfen weiß. Wir empfinden aber beide, was uns fehlte und versprachen uns, die Lücken auszufüllen.

Ich empfinde es übrigens als segensreiche Folge meines Umgangs mit *Catenhusen*, daß ich fähiger geworden bin, meine egoistischen Neigungen zu bekämpfen, auch wenn mir etwas begegnet, das meinen Wünschen entgegen ist, anderen gegenüber das weniger merken zu lassen. Mehr Herrschaft über mich selbst wünsche ich mir noch, mehr Kraft, mehr Selbständigkeit gegen andere.

Sonnabend, April 7

Ein schöner Festtag war es gestern. Nach langer Zeit hörte ich wieder zum ersten Male eine Predigt, von *Serninghausen*. Er sprach warm und offen, hielt rückhaltlos jedem seine Sünden vor – besonders erfreute mich, daß er zum Schluß von der Kanzel herab ein Bußgebet las und die Absolution erteilte („Ich, als Verordneter Deiner, der christlichen Kirche, verkündige, daß denen" usw.).

Der reguläre Kaffee fand dann beim älteren *Stüve* statt und war sehr gemütlich, ein Spaziergang auf den Hainberg, wo wir auf dem von der Sonne erwärmten Boden uns ausstreckten, folgte ihm. Meine Gedanken schweiften wie immer oft zu *Catenhusen* hinüber, seine Lebendigkeit fehlt vor allem bei solchen gemeinsamen Unternehmungen. *Bruhns* war in ganz erfreulicher Stimmung, er spricht davon, nach Würzburg zu gehen, da *Classen* nach den neuesten Nachrichten im nächsten Sommer kaum nach Breslau wird gehen können. Ich tue mein Mögliches, um ihn in diesem Vorhaben zu bestärken – damit er den Plan, nach Leipzig zu gehen, wovon er auch spricht, nicht ausführt. […] *Dedekind* trank am Abend bei uns Tee, er ist heute morgen fortgereist nach Braunschweig; der Abschied war kalt, wie gewöhnlich, dieses Mal jedoch mehr als je. Ich hoffe sehr, unter den neuen Bekannten, die das nächste Semester bringen wird, einen zu finden, dessen Lebendigkeit mir zusagt. Die geht doch wenigstens *Dedekind* ganz ab, er ist ein sehr friedlicher Strom. Wie leicht kommt man doch immer zum Kritisieren! Täte ich es doch mit gleicher Bereitwilligkeit an mir selbst!

Heute ist Ruhetag – für mich noch in besonderer Beziehung, denn nach dem Feste müssen die Pandekten wieder dran kommen. Glück auf!

Montag, April 9

Das Osterfest ist nun gleich zu Ende, schnell, wie es gekommen, und doch war es ein schönes Fest! Gestern hörte ich *Sernighausen* wieder, er sprach von dem, was Christus für uns geschafft hätte, nämlich Gerechtigkeit und Seligkeit, und von dem wozu dies uns verpflichtete, nämlich zur Wahrheit und Lauterkeit. „Für uns", in dem Worte liegt aller Glaube beschlossen, ich merke, wie schwach der meine oft ist. […]

Heute bricht die letzte Woche der Ferien an, ich freue mich sehr auf das Ende, besonders, weil ich hoffe, daß mein Gefühl der Einsamkeit dann aufhört. An *Catenhusen* habe ich vorgestern geschrieben, ich warte sehnlich auf einen Brief von ihm. Auch nach Hause schrieb ich, deutete meine Absichten an, Michaelis hier wegzugehen. Hundertmal Gesagtes! Am Ende ist's langweilig, zu Hause verstehen sie nun einmal meine Gründe nicht. Ja, wer so ein ehrsamer Philister wäre, der nicht rechts, nicht links sähe!

Montag, April 16

Belebter und voller ward es mit jedem Tage am Ende der vorigen Woche in unserem Kreise und in Göttingen überhaupt. Das milderte schon bedeutend meine noch immer schmerzlichen Gefühle, und nun ist gestern endlich auch ein Brief von *Catenhusen* angekommen. Er schreibt wenig von sich, doch daß er wohl und vergnügt ist, und das ist ja genug. Heute ist er schon in Leipzig und wir für ihn, so fängt auch für mich das Semester heute an.

Ich hatte in den vorigen Tagen viel zu laufen. Freitag machten wir einen Spaziergang nach der Plesse. Es war ein herrlicher Frühlingssonntag, im Wald blühten Hepatica und Schneeglöckchen, oben vom alten Turme, der häßlich mit Flickwerk und neumodischen Zinnen restauriert ist, waren die warm beleuchteten Berge und Täler bis zum Meißner und Nordheim in der einen, bis zum Hohenhagen und dem Harz in der anderen Richtung gar prächtig zu übersehen. […]

Ich kam zuletzt mit *Ml.* auf religiöse Gespräche, seine Zweifel finde ich sehr natürlich und begreiflich, wenn auch wunderlich ausgedrückt. Aber freilich, können wir denn irgend entscheiden und richten über die Beweggründe der göttlichen Liebe, als sie die Menschen schuf in dem Vorauswissen, daß viele verloren gehen werden, oder können wir das göttliche Leiden begreifen oder das Geheimnis des Altarsacramentes? Nicht Vernunft ergründet dies – Glauben gib aber, o Herr, Glauben und Freudigkeit, die ich so oft nicht in meinem Herzen trage. Mir sind die Wahrheiten der Liebe von Jugend auf gelehrt, und ich halte an ihnen fest bis jetzt, Gottlob, trotz manchen Zweifels. Nach erstem Kampf überwindet der Herr auch diese in mir. […]

Sonnabend, April 21

Mir ist eigentlich wunderbar zu Mut, um mich regt und lärmt und schwirrt alles durcheinander, Spaziergänge, Kaffees, Kneipen, Collegien, alles jagt sich, und kaum habe ich je einen Augenblick Zeit, in Ruhe über mein Leben und Denken nachzusinnen. Nur abends, wenn ich mich eben zu Bette gelegt habe, treten die Bilder der vergangenen Zeit mir ruhig und lebhaft vor die Seele, dann empfinde ich mein Alleinsein so schmerzlich und weiß nicht, was unternehmen, um mir Trost zu verschaffen. Am Tage reißt der Strom mich fort, auch ersetzt mir die Freundlichkeit des Einen oder Anderen wohl Einiges, aber ich brauche ganze, warme Herzen und solche Menschen, die sich durch ihr tüchtiges Streben wirklich an Herz und Geist auszubilden suchen.

Durch neue Bekanntschaften könnte ich vielleicht Zerstreuung erhalten – aber mit wem? *Schlesinger* ist mir einer der Wertesten, mit der Zeit komme ich ihm vielleicht nahe, jetzt hält mich noch, ich weiß nicht recht was, von ihm ab, es ist schwer, in sein Herz zu dringen – möglich, daß er auch von dem Einen was ich ihm bieten kann, nämlich einer vertrauenden Liebe, nicht befriedigt ist.

Mit Jüngeren bin ich zwar vielfach zusammengekommen, aber doch nur sehr oberflächlich, und wie unbefriedigend ist das! Um eines ziemlich fern liegenden Zweckes willen seinen Geist zum großen Teil opfern – oft wohl vergeblich, noch öfter ohne eignen Nutzen! Ich bin vielleicht zu egoistisch, verlange vom Umgang zu viel: doch scheint es verzeihlich, weil sonst wenig geistige Nahrung hier geboten wird. Ich muß allerdings noch lernen, meine Gelüste hintan zu setzen und mit größerem Vergnügen anderen leben, wenn mir auch wenig geboten wird, gewöhnlich wird der Nutzen erst später erkannt. Vor einem Jahr trieb mich meine Bequemlichkeit und mein Hochmut zur Isolierung, jetzt soll eine bessere Erkenntnis die Freude an der Geselligkeit in mir fördern.

7. Das Fünfte Semester in Göttingen: Sommer 1855

Belegplan lt. Wilhelms Studienbuch:
Spezielle Nosologie und Therapie bei Hofr. Fuchs
Chirurgie bei Prof. Baum
Augen- und Ohrenkrankheiten bei Prof. Baum
Über Knochenbrüche und Luxationen bei Prof. Baum
Entbindungslehre bei Hofrat v. Siebold
15-stündiges chemisches Praktikum bei Prof. Boedeker

Friedrichs Belegplan:
Handelsrecht und Civilpracticum bei Prof. Thöl
Obligationenrecht bei Prof. Mommsen

7.1. Göttingen, den 7. April 1855 [Friedrich]

Lieber Papa,

Mehr als sonst lenken sich gerade in dieser Zeit meine Gedanken nach Hause, weil es mir so wunderlich vorkommt, das Osterfest nicht daheim zu feiern, wie ich es bis jetzt noch immer getan habe. Dazu kommt noch, daß fast alle unsere Freunde und Bekannten uns jetzt verlassen haben, so daß wir ein höchst einsames beschauliches Leben in diesen Feiertagen führen.

Ein schöner Gruß von Hause, besser als durch irgendwelche Briefe, ward uns neulich durch *August* gebracht – wir waren einen halben Tag mit ihm zusammen, ich fand ihn eigentlich ganz unverändert, gemütlich, wie immer ohne viel zu sagen, herzlich brüderlich. Wir hoffen, daß er auf der Rückreise uns hier aufsucht.

Wir haben bis jetzt die Ferien ganz in gewöhnlicher Weise zugebracht, so daß ich, außer daß die Collegien aufgehört hatten, kaum ihr Dasein merkte – nur einmal unterbrach diese Stille ein ziemlich starker Spaziergang, den wir neulich machten. Ich hatte einen Freund, der über Rudolstadt nach Leipzig reiste, bis Mühlhausen begleitet, war die Nacht durch gefahren und wanderte nun durch Nebel und Schmutz einsam zurück bis Heiligenstadt, von hier in Gemeinschaft mit Wilhelm und einem Bekannten, die sich auch durchgeschlagen hatten; die 7 Meilen [ca. 52 km] waren doch etwas ungewohnt.

Übermorgen über 8 Tage fängt das neue Semester nominell an, die Collegien vielleicht Dienstag oder Mittwoch: ich denke daran, nicht zu viel zu hören. Hauptsächlicher Nutzen ist, daß die Collegien den Tag zweckmäßig einteilen, ich beabsichtige deshalb, bei *Thöl* um 7 Uhr Handelsrecht und um 4 – 6 Uhr ein Civilpracticum zu hören, vielleicht auch Staatsrecht um 12 Uhr und die Obligationen bei *Mommsen*. Das letzte Colleg würde vielleicht das interessanteste von allen werden: Der Gegenstand schien mir schon immer geeignet für eine besondere Vorlesung, weil es doch der wichtigste Teil des Römischen Rechts ist und in den Pandektenvorlesungen gewöhnlich schlecht wegkommt. Außerdem ist *Mommsen* der Einzige, der nicht diktiert, sondern so vorträgt, daß der Zuhörer, um aufschreiben zu können, wirklich aufmerksam sein muß. Die andern Collegien sind schon rein aus diesem Grund, weil sie diktiert sind, wahrhaft geisttötend; aus

Büchern läßt sich dasselbe, weil vollständiger und interessanter dargestellt, lernen. Vom Praktikum gilt das natürlich nicht, ich verspreche mir viel davon, es bietet eine gute Gelegenheit zur Repetition und Auffrischung der Pandektenkenntnisse.

Abb. 42 Johann Heinrich Thöl (1807-1884)

Im Übrigen habe ich auch ziemlich die Collegien der hiesigen Juristen durchgehört, mir bleiben nur *Brieglebs* Proceß und Proceßpracticum und der Criminalproceß übrig, wenn ich mich auf das ganz Notwendige beschränke.

Mit großem Interesse habe ich in diesem Winter ein Colleg über Altertümer bei *Waitz* gehört, der auch für den Juristen großen Wert hätte. Ich bin überzeugt, *Waitz* könnte die Deutsche Rechtsgeschichte weit besser vortragen als *Kraut*, der seine 10 - 20 Zuhörer mit ganz gewöhnlichen Mitteilungen continuierlich langweilt. *Mommsen* ist einer der tüchtigsten hiesigen Professoren – außerdem im Umgang äußerst liebenswürdig, ebenso seine Frau, die leider kränkelt. Wir haben sie ungezogen lange nicht besucht, als ich neulich mal bei ihnen war, waren er jedoch sowie seine Frau sehr freundlich und hoffen, uns bald einmal wiederzusehen. Im Ganzen tut es mir doch nicht leid, daß wir hier nicht gar zu viele Professorenbekanntschaften haben, ich höre und merke von manchen, die damit sehr beladen sind, daß es eine große Last ist, zu der die Annehmlichkeiten in keinem Verhältnis stehen. Die Professoren stehen den Studenten meist doch immer als Professor gegenüber, nicht als Familienvater – nur wo dies ist, wie gerade bei *Mommsen*, der vom Professorentick nicht im Mindesten angesteckt ist, kann es sehr gemütlich sein.

Wenn ich ungefähr meine noch vor mir liegende Studentenzeit überlege, so legt sie sich in meinem Kopf ungefähr so zurecht, daß ich im nächsten Sommer noch hier studiere, dann vielleicht einen Winter und Sommer auf einer anderen Universität, und zuletzt hier meinen Doktor mache. Ich würde Dir sehr dankbar sein, wenn Du mich wissen ließest, ob Du mit diesem Plan übereinstimmst.

Das Beziehen einer anderen Universität ist mir hauptsächlich deshalb wünschenswert, um aus den auf die Länge abziehenden Verhältnissen, die der Umgang hier mit sich bringt, herauszukommen und eine kleine Zeit ganz egoistisch für mich zu leben. Wohin? ist daher auch ziemlich gleichgültig, da ja doch keine bedeutenden Professoren existieren, die hierauf erheblichen Einfluß haben könnten. Das Geratenste wäre vielleicht Leipzig – jedenfalls eine der besten juristischen Fakultäten. Doch hängt das ja noch im weiten Felde.

Vorerst also nur noch die Mitteilung, daß Deine Söhne sich beide sehr frisch und wohl fühlen und darauf hinzielen, Dir einmal Freude zu machen. Damit möchten wir gern den Wunsch verbinden, in nächster Zeit etwas Geld für das kommende Quartal geschickt zu bekommen, da das vorhanden gewesene, mit Ausnahme des für die Collegien bestimmten Geldes, verbraucht ist.

Grüße bitte die Geschwister – sind denn *Lorenz* und *Henriette* schon fort? *Hermann* wünsche ich zu seinem bevorstehenden Ehestand von Herzen Glück.

Von Wilhelm herzlichste Grüße,
Dein treuer Sohn Friedrich

7.2. Göttingen, den 20. April 1855 [Friedrich]

Meine liebe Mutter,
Zugleich mit dem besten Danke für Papas freundliche Zeilen und Sendung schicke ich Dir heute Wilhelms und meine herzlichsten Glückwünsche zum Geburtstag. […]

Wir, wenigstens ich, stehen ungefähr in der Mitte unserer Studienjahre, die beiden jetzt verflossenen waren reich gesegnet und ich denke immer, es sei nur noch eine kurze Zeit, bis das Examen zurückgelegt und die Trennung aufgehoben ist. Dennoch aber freue ich mich auch, daß ich noch nicht so ganz bald mit dem Studentenleben fertig bin, denn gerade jetzt bin ich in einer etwas unruhigen Entwicklung begriffen, die auch durchgemacht sein soll, ehe diese freien Jahre, diese Gelegenheit, im ungezwungenem Umgang mit gleich strebenden Altersgenossen sein eignes Ich abzurunden und abzustoßen, vorüber sein werden. Wenn ich auch mit dem Vorrücken der Semester den Freuden der Geselligkeit mich mehr und mehr entziehe, so werden mir die verflossenen Jahre immer eine wunderschöne Erinnerung bleiben, denn ich habe die Gelegenheit gehabt, auf die mannigfaltigste Weise in Wissenschaft und Verkehr mich auszubilden, und hoffe, sie nicht unbenutzt gelassen zu haben.

Dem kommenden Sommer sehe ich mit besonderem Vergnügen entgegen, der Frühling, der jetzt, nach einem sehr regnerischen Osterfest, wunderprächtig in die offenen Fenster hereinguckt, muß auch wohl erfreuen und die Herzen zum Jauchzen bringen. Wir haben die letzten Tage der Ferien noch dazu benutzt, ein paar sehr liebliche Spaziergänge in die Umgegend zu machen. Es war zwar noch nicht grün, aber alles knospte und duftete doch schon, Veilchen und Leberblümchen blühten, die ganze Natur war belebt und belebend. Das eine Mal waren wir auf der

Plesse, eine schön gelegene Ruine in einer Entfernung von ca. 2 Stunden, mit weiter Aussicht in das Leinetal und nach dem Harz zu. Das andere Mal ging es, immer durch den Wald, auf die Gleichen, zwei dicht beieinander liegende Burgtrümmer, von denen die Aussicht auf den Harz und über Göttingen weg auf die Weserberge gar schön ist. Des Abends um 8½ kamen wir erst zurück im Schein der jungen Mondsichel.

Am Abend waren wir in der Regel auf dem Bahnhof, um die aus den Ferien zurückgekommenen Bekannten zu begrüßen. [Freunde]

Vetter [Johann Peter] *Sieveking* aus Altona ist schon längere Zeit hier, hoffnungsvoller *studiosus* der Bergwerkskunst und Chemie, ein netter offener gescheuter Mensch. [...]

Daß Papa den Plan, nach Leipzig zu gehen, billigt, freut mich unendlich, ich denke, da viel profitieren zu können. Einstweilen haben wir ja die schöne Aussicht, wenn *August* nach Hamburg kommt, uns alle da noch einmal zu vereinigen, *Johannes* seine Pläne kann man sich erfreulich ausmalen – ob er wirklich mit einem Aufenthalt in Indien zufrieden sein kann, scheint mir freilich noch etwas zweifelhaft. Was fängt er denn jetzt eigentlich an, wann sind *Lorenz* und *Henriette* weggereist, wie geht es *Oldenberg*? etc. etc.

Ich schließe den Brief, weil er noch vor 6 weg soll, mit den herzlichsten Grüßen an Papa und die Übrigen, unter Anderen besonders auch *Tante Malchen* [Amalie Sieveking], wenn Du sie mal sehen solltest.

Im Geiste feiern wir morgen mit Dir – leb wohl!

In Liebe Dein treuer Sohn

Friedrich

7.3. Göttingen, den 28. April 1855 [Wilhelm]

Lieber Papa,

Es war mir unmöglich, den gestrigen Tag dazu zu benutzen, um Dir einen Geburtstagsglückwunsch noch zu rechter Zeit zukommen zu lassen. [...]

Die Osterferien sind unglaublich rasch vergangen: einsam sind sie uns nie vorgekommen; aber es ist doch etwas anderes, das Fest im älterlichen Hause zu verleben als im öden, eintönigen, alltäglichen Göttingen: eine mehr festliche freudige Stimmung fand hier nirgends Anhalt, Anerkennung, alles ging ruhig den gewöhnlichen Gang vorwärts, als wenn die Tage nichts zu bedeuten hätten. [...].

Ich muß aufrichtig gestehen, daß gar manche Rücksichten mir einen längeren Aufenthalt in Göttingen verleiden würden: Dagegen würden beim Fortgang von hier eine Unterbrechung in den beiden Hauptcollegien, der Chirurgie und der spez. Nosologie und Therapie veranlaßt werden, die schwer ausgeglichen würden, beides im Winter vorgetragen, und ist namentlich die Chirurgie bei *Baum* ein unbezahlbares Colleg, das ich nur mit dem größten Widerstreben aufgeben würde.

Vielleicht ließe sich da der Mittelweg treffen, daß ich nach einjähriger Unterbrechung für einen Winter hierher zurückkäme und vielleicht schon zu Ende desselben, nachdem ich auch den zweiten Teil beider Collegien gehört, promovierte.

Ich habe dies *Baum* vorgetragen, der aber natürlich viel lieber sieht, wenn die Unterbrechung vermieden würde, und daher den Plan nicht unbedingt billigen wollte.

Sollte die Wahl einer anderen Universität wünschenswert erscheinen, so wäre auch meinerseits nichts gegen Leipzig, und ist es alsdann eine herrliche Aussicht, daß wir Brüder noch zusammen bleiben könnten. Als Chirurg ist dort *Günther*, als Physiolog und Anatom *Weber*, als Augenarzt und Polykliniker *Runte* bedeutend.

Ein Hauptaugenmerk bei der Entscheidung dieser Frage ist namentlich auch der, wie viel Zeit Du mir bis zur Beendigung meines Studiums noch lassen willst; es kommt jetzt schon mehr bei der Verteilung der verschiedenen Fächer auf die verschiedenen Semester darauf an, wie lange, wie eingehend ich mich den einzelnen widmen darf. Es sind dies natürlich Fragen von der höchsten Wichtigkeit, davon nähere Erörterung mündlich besser scheint: ich kann mir hier übrigens kaum irgendwo nähern Rat erholen: „Je länger je lieber" und „hier bleiben" das ist das Einzige, was man zu hören bekommt und was sich auch im Voraus schon erwarten ließ.

Einstweilen habe ich auf *Bauers* Rat das Besuchen der Kliniken vorläufig noch aufgesteckt und dafür in den Morgenstunden ein chemisches Praktikum belegt, das unter *Boedekers* Leitung eigens für Mediziner eingerichtet ist. Überhaupt ist der Tag jetzt außerordentlich stark besetzt; um 6 beginnen die Collegien und dauern mit ½ stünd. Unterbrechung für das Frühstück bis 12 fort: nachmittags sind die Stunden von 2-6 ganz oder teilweise besetzt. Da bleiben natürlich nur wenig Abendstunden zum eignen Arbeiten übrig, und auch diese werden fast genug durch die Vorbereitungen und Repetitorien in Anspruch genommen. Doch fürchte ich nicht, daß es mir zu viel werden wird: ich habe an allem das regste Interesse, namentlich weiß *Baum* einen für die Chirurgie zu begeistern.

Natürlicherweise ist bei einer so stark in Anspruch genommenen Zeit das übrige Leben hier ein sehr stilles geworden: Alles hat sich geregelt und geht ungestört ebenmäßig fort. Die Aufregung, in welche die Außenwelt uns eine Zeitlang versetzte, ist durch die unerträglichen Vezögerungen sehr abgekühlt. Die Verhältnisse der studentischen Verbindungen, die zu Ende des Winters aufs Höchste widerlich wurden, scheinen sich etwas gebessert zu haben dank dem strengeren Einschreiten von der Behörde, wenigstens herrscht wieder einigermaßen Ruhe und persönliche Sicherheit. So sind es denn nur noch Göttinger Stadtereignisse, die hin und wieder einige Abwechslung bieten: So hatten wir neulich wieder nachts ein bedeutendes Feuer, in dem eine Scheuer und ein Hausdach abbrannten und wobei natürlich wieder der Tätigkeit der Studenten ein großer Teil des schnellen Erfolges der Spritzen zu danken war! Ein solcher Vorfall ist immer ein welthistorisches Ereignis, und es ist auch wirklich interessant, die hier herrschenden Urzustände bei der Gelegenheit einmal näher kennenzulernen. […]

Wir sehen sehnlichst frohen Nachrichten aus England und über *Augusts* Ankunft entgegen, der Tag seiner Abreise aus Antwerpen ist uns durch die *Börsenhalle* bekannt, und kommt er vielleicht gar heute zu Deinem Geburtstag.

Friedrich läßt seinen herzlichen Glückwunsch bestellen und alle grüßen.
In treuer Liebe,
Dein Wilhelm

7.4. Göttingen, den 10. Juni 1855 [Wilhelm]

Lieber Papa,

Gewiß hattet ihr schon früher eine Nachricht über unsere glückliche Ankunft erwartet. Der schöne Sonntagmorgen paßt jetzt herrlich dazu, die Gedanken zu den vor kurzem so froh zu Hause verlebten Tagen zurückzuwenden und Euch auch von den schönen Tagen zu erzählen, die ich noch vor meiner Rückkunft hierher erlebte. Daß ich nach überstandenen Fußleiden glücklich von dannen kam, wißt Ihr, die lange einsame Reise stand mir etwas bevor mit dem verzögernden Aufenthalt in Wittenberge und der traurigen Fahrt durch die Elbniederung. Ich freute mich deshalb sehr, wenigstens bis Hagenow einen ganz amüsanten Reisegefährten neben mir zu haben, dem Anschein nach ein Mecklenburger Gutspächter, der aber weit in der Welt herumgekommen war und statt der Gespräche über Kornpreise, die man sonst erwartet hätte, viele unterhaltsame Reisehistorien aufzutischen wußte. Wir trennten uns ungern, er fuhr weiter nach Schwerin und ließ mich in der Gesellschaft eines höchst langweiligen preußischen Kaufmannes und eines noch unausstehlicheren Handwerksgesellen, der in einem Studenten einen guten Gefährten gefunden zu haben meinte und durchaus überall mein Begleiter sein wollte. Daß mir in Wendisch Warnow [Grenze zwischen Mecklenburg und Preußen] mein Paß abgefordert ward, war mir doch sehr angenehm, ich hätte mich sonst geärgert, den langen Aufenthalt noch in Hamburg gehabt zu haben. Von einer Visitation hatte ich natürlich durchaus keine Unannehmlichkeiten, und so kam ich wohlbehalten um 11½ in Wittenberge an, eine sehr lange Fahrt! Die Fahrten auf der Bahn scheinen überhaupt sehr langsam von statten zu gehen, da besonders wenn die Züge, wie ein Conducteur mir erzählte, daß es jetzt häufig der Fall wäre, 70-80 Wagen stark sind und nur eine Lokomotive zur Disposition steht. Daß ich mich am anderen Morgen sehr freute, früh wieder abzureisen, könnt Ihr Euch denken, wenn ich auch gegen Hamburger Feriengewohnheit nur 4 Stunden geschlafen hatte; preußischer Kaufmann und Mecklenburger Handwerksgeselle fanden sich auch getreulich wieder ein und leisteten mir bis Magdeburg Gesellschaft. Die Hitze ward allmählich so stark, die Gesellschaft immer größer, die Gegend langweiliger.

In Magdeburg besah ich den Dom, von einer verständigen Küstersfrau geleitet, die mir beim Zeigen von Tillys Rüstung sehr offenherzig sagte, daß die Echtheit sehr zweifelhaft sei, aber mit großem Stolz auf Ottos I. und seiner Gemahlin Grabmal hinwies, sowie auf einen vom Nürnberger Meister P. Wischen wunderschön gebauten Sarcophag eines Herzog Ernst von Sachsen. Die Aussicht vom Umgang um das Dach war nicht eben sehr klar, der Harz war nicht zu sehen, nur eine unermeßliche Ebene, und durch einen großen Teil dieser Ebene ging es dann um 10 Uhr 45 drei Stunden lang fort in einem vollgequetschten Wagen, hinter mir eine Gesellschaft von Frauenzimmern, die sehr das *air* feiner Damen annahmen und über die abgeschmackten Witze eines Berliner Halbgentlemans beständig kicherten, rings um mich *jute* Sachsen, an deren *scheener Sproche* ich mich bald genug zu ärgern hatte. Aber auch das ging vorüber, und wunderfroh war mir zu

176

Mute, als ich endlich um 2 Uhr in Leipzig ankam und außer *Catenhusen* auch einen Freund aus Göttingen, *Schlesinger*, auf dem Bahnhof fand.

Ich sag Dir nochmals meinen innigen Dank, lieber Papa, daß Du mir diesen Umweg gestattetest, ich freute mich, von dem Leipziger Leben einen Begriff zu bekommen, freute mich vor allem aber an dem wenn auch kurzen Wiedersehen mit *Catenhusen*. Ob ich Euch schon einmal von ihm geschrieben, weiß ich nicht, gewiß etwas erzählt, und ich hoffe, er wird in den Herbstferien ein paar Tage nach Hamburg kommen und sich zeigen. Wir sind uns im vorigen Winter sehr nahe gekommen und sein reiches frommes Herz, verbunden mit seiner fröhlichen Frische war mir unendlich viel in den letzten Monaten des verflossenen Jahres und in allen jetzigen. Was hilft aber alles Beschreiben? – nur von meinem Aufenthalt kann ich Euch einen Begriff geben.

Wohnung fand sich hier für mich in *Catenhusen*s Zimmer, wo ich auf dem Sofa herrlich schlief, in einem palastähnlichen Gebäude am großen Augustusplatz, wo gegenüber die stattlichen Universitätsgebäude, zu deren Füßen die Promenade liegt, die gerade jetzt im schönsten Blütenschmuck prangte. *Catenhusen* wohnt da mit einem Freunde aus Rudolstadt, der früher auch in Göttingen studierte, zusammen, namens *Bamberg*, stud. jur., so daß wir uns unsrer drei in 3 Zimmern behelfen mußten. Das ging aber auch prächtig. Morgens um 6 standen wir gewöhnlich auf, genossen die herrliche Morgenluft auf einem vor den beiden Wohnzimmern herlaufenden Balkon und bummelten dann in der Stadt umher, lernten sie kennen, soweit es in ein paar Tagen möglich war. Mir gefiel Leipzig sehr gut, die Stadt an sich ist schön, umgeben von einer Promenade, die unserem Wall den Rang streitig macht, mit stattlichen Häusern, denen man in einigen Straßen ihren Ursprung aus der Zeit der Blüte des Bürgertums ansah, wohlhäbig, etwas altertümlich – in den neueren Straßen vor allem sehr großartige, der Universität gehörige Gebäude.

Und, worüber Ihr Euch vielleicht wundert, mich entzückte besonders auch Leipziger Musik sehr. Am ersten Abend begleitete ich die anderen ins Stadttheater, wo Figaro gegeben wurde, das Spiel, besonders einer Schauspielerin, war reizend, die Gräfin ward von unsrer *Frl. Tietjens* pompös gesungen. Ich amüsierte mich sehr, und noch mehr erfreute mich die köstlich schöne K., die ich an zwei Tagen da hörte. In der Thomaskirche, wo Bach als Organist angestellt war, singt jeden Sonnabendnachmittag ein Chor junger Schüler vierstimmige geistliche Gesänge – diesmal waren es zwei Motetten, ich glaube von Haydn. Am Sonntagmorgen gingen *Catenhusen* und ich zuerst in die Nikolaikirche, wo von eben demselben Thomaschor eine Messe von Haydn mit Orchesterbegleitung gesungen wurde, wirklich bezaubernd schön, wenn es mir auch einen sehr fatalen Eindruck machte, zuerst die Kirche ganz gefüllt zu sehen, und wie die Predigt anfangen sollte, alle Türen sich entleerten. Trägt schöne Kirchenmusik auch zur Erbauung viel bei, so war doch hier zu deutlich, daß viele nur einen ästhetischen Genuß suchten, von dem sie für ihr Herz wenig mitnehmen konnten. Freilich, wir machten es nicht besser, denn der Prediger, *Tempel*, war uns wenig gerühmt, und wir gingen lieber in die Paulinerkirche zu *Prof. Brückner*, Universitätsprediger, dessen Predigt mir aber keinen angenehmen Eindruck machte. Aber auch da hatte ich große Freude am erquickend lebendigen Orgelspiel, von einem *Director Langer*, unter dessen Leitung ein sehr bedeutender Gesangsverein der Pauliner in Leipzig steht.

Professoren lernte ich nicht kennen, da noch keine Collegien gelesen wurden, nach dem, was mir davon erzählt ward, soll aber die Jurisprudenz da in hohem Ansehen stehen, besonders von *Wächters* klarem interessanten Vortrag waren alle sehr erbaut und die, die *Francke* kannten, erhoben *Wächter* über diesen in den Himmel. Was noch besonders angenehm ist – man lernt auch ohne Empfehlungen die Professoren leicht kennen, steht ihnen weit näher als hier. Um das Studentenleben kümmerte ich mich weniger, es scheint ein ganz netter Ton zu herrschen, jeder stützt den anderen, so wird man leicht bekannt, aber auch nur oberflächlich, so daß keinerlei Behinderungen daraus entstehen können.

Der Nationalcharakter der Sachsen scheint freilich nichts weniger als angenehm: flach, liederlich, geschwätzig, dabei in einer herzzerreißenden Sprache. Du siehst aber, im Ganzen gefiel es mir sehr schön da. Auerbachs Keller lernten wir *curiositatis causa* natürlich auch kennen, erbauten uns an der alten Faustchronik und dem Exemplar seiner Biographie, in dem *Göthe* zuerst studierte, sowie den, freilich, bis auf 2, modernen Bildern aus Faust, welche die Wände dieses, sonst nicht sehr feierlich aussehenden Lokals, bedecken. Auch eine sehr schöne, wenn auch kleine, Gemäldegalerie mit manchen italienischen Originalen besahen wir. Die Zeit verging nur gar zu schnell.

Am Montag reisten *Schlesinger* und ich zusammen wieder fort, über Gotha, Naumburg, stiegen noch unterwegs auf die Rudelsburg bei Kösen und fuhren von Gotha diesmal per Post nach Hause. Es waren herrliche Tage, diese kühlen Morgen und köstlich stillen Sommernächte, in denen wir meist noch spät auf dem Balcon saßen und plauderten. Das nächste Semester steht mir sehr angenehm bevor, Wilhelm scheint jetzt doch auch die feste Absicht zu haben hinzugehen, so daß ich *Catenhusen* bitten wollte, sich für uns nach einer Wohnung umzusehen.

Nun sitze ich wieder stille wie sonst in Göttingen, bin mit dem Nachholen fertig und arbeite besonders an den *Thöl'*schen Rechtsfällen sowie am Obligationsrecht. Einen netten Besuch haben wir gerade jetzt bekommen von *Dr. Schlesinger* aus Hamburg, der seine Mutter nach Lauterberg ins Bad gebracht hat und bis morgen hier bleibt. Heute nachmittag wollten wir das schöne Wetter benutzen, um einen Spaziergang nach der Brück, ca 2 Stunden von hier, einem hübschen bewaldeten Berge jenseits des Hainberges mit der Aussicht auf den Harz, zu machen.

Leb wohl, lieber Papa, grüße Mutter und *August* viel Tausend Mal,
Dein treuer und dankbarer Sohn
Friedrich

7.5. Göttingen, den 29. Juni 1855 [Friedrich]

Meine liebe Mutter,
Meinen innigsten Herzensdank sage ich Dir für die freundlichen liebevollen Zeilen, die Du mir zu meinem neulichen [19.] Geburtstag geschrieben. Ich hatte schon einige Zeit auf einen Gruß von Hause gehofft und freute mich sehr, als Dein lieber ausführlicher Brief ankam. Er traf mich gerade dicht vor meinem Ein-

tritt in ein neues Lebensjahr, und besonders zu diesem meinem Geburtstag erfüllten mich bewegte und ernste Gedanken. Da rollte sich der verflossene Winter wieder vor mir auf mit seinem Weh und seinen Freuden, mein vergangenes Leben, das ich so fröhlich mit den lieben Geschwistern unter Eurer Hut, geliebte Eltern, verlebt, meine Studentenjahre, in denen ich gesucht habe, Aussaat zu sammeln für mein Herz und meinen Geist. Mir war sehr freudig zu Mut, und, reißt er auch alte Wunden wieder auf, ein solcher Rückblick, fühlte ich mich dann auch wohl einsam im Herzen, wenn ich an die Teure dachte, die Gott von uns genommen, so tröstete mich doch seine Gnade, die er mir bis jetzt immer und seit vorigem Winter so reichlich erwiesen.

Mir ist es doch gar merkwürdig ergangen, hier auf der Universität: scheinbar still ist das Leben gewesen, einförmig im Äußeren dahin gegangen, und doch gab es auch Zeiten, da mir schwer ums Herz war. Als ich herkam, da erfreute mich die Frische und Lebendigkeit des Lebens, das ich hier kennen lernte; ich hatte es früher so nie gekannt, war ich doch in stillem friedlichem Leben aufgewachsen und vom Lärm und der Unruhe junger frischer Gemüter wenig berührt worden. Ich schloß mich leicht und gern an den an, der mir ein offenes Herz zeigte, und kannte die Menschen dabei eigentlich wenig, denen ich vertraute. Dabei lockte mich das Studium der Wissenschaft, von der ich übrigens noch keinen Begriff hatte, und ich wollte gerne weit hinaus über die Grenzen der Jurisprudenz, auf die ich zuerst angewiesen war. So verging mein erstes und ein Teil des zweiten Semesters: allmählich verließen mich da meine früheren Bekannten, und neue kamen, die ich schwerer kennen lernte, zugleich empfand ich mehr und mehr, wie schwer es sei, auch um der einen Wissenschaft ganz Herr zu werden im vollen Sinne des Wortes. Das stimmte mich bisweilen etwas trüb, ich konnte mich mit der Juristerei nicht so recht befreunden, ihr Studium war nichts für mein inneres Leben, und mein Herz erkaltete und ward teilnahmsloser. Ich dachte viel daran, hier wegzugehen, freute mich nicht am lauten Getriebe des jetzigen Lebens. Jetzt freue ich mich doppelt, hier geblieben zu sein, der vorige Winter, er brachte mir viel Trauer, aber eben die Trauer machte auch mein Herz empfänglich aufs Neue, und zur rechten Zeit führte mir Gott einen lieben Freund zu, der mich in damaliger Zeit in sein Herz schloß, der mir seitdem treu zur Seite gestanden hat.

Und nun stehe ich dicht vor dem Ende meines hiesigen Lebens, und habe ich auch viel Schönes hier, so freut es mich doch, daß ich auch einmal anderswo hinkomme, in ein Leben, das wieder ruhiger, friedlicher ist, in dem das still nachwirken kann, was ich hier in mich aufgenommen. Wenn ich an diese beiden Jahre zurückdenke, da weiß ich wohl, daß ich es bisweilen an strengem Fleiße habe fehlen lassen, daß ich mehr hätte arbeiten können, aber ich bin doch von Herzen dankbar für das, was Göttingen an meinem Herzen getan hat, und weiß auch, daß die Zeit nicht ungenutzt vorüber gegangen ist. Um einzelne Kenntnisse zu vervollständigen, da ist mir der Rest dieses Sommers und der dann folgende Winter eine liebliche Aussicht.

Meine liebe Mutter, Du batest mich, einen ruhigen prüfenden Blick auf meine letzten Jahre zurückzuwerfen, ich lege es Dir offen vor, was ich darüber denke, und wenn Euch, Liebe Eltern, ein Bedenken kommt über dies und jenes, da möchte ich gerne mir zeigen lassen, was so sein sollte und was anders.

Ich bin jetzt voll frohen Mutes, meine Arbeit macht mir großes Vergnügen, und sehe ich auch wohl ein, daß ein Herausgehen über die Jurisprudenz, die fürwahr ihren Mann ganz will, erst später vielleicht erfolgen kann, so gebe ich doch diesen Gedanken nicht ganz auf, beschränke mich aber fürs Erste gerne und vertiefe mich in das Römische Recht mit großem Behagen.

Aus Leipzig hatte ich zu meinem Geburtstag einen sehr netten liebevollen Brief, fatal ist nur, daß man da früh nach Wohnungen sich umsehen muß, weil die guten sonst vergriffen sind, und das will etwas bedeuten, denn selbst die besten sind selten verschont von Wanzen. Nun weiß Wilhelm noch immer nicht, ob er Michaelis hingehen soll, und eine Wohnung für zwei wird noch schwerer zu finden sein. Vorläufig reflektiert *Catenhusen* auf ein sehr niedliches Zimmer in der Dresdener Vorstadt in der Nähe der Universitätsgebäude; zieht dann auch keiner von uns beiden ein, so kann es immer noch ein anderer nehmen, der wahrscheinlich auch Michaelis nach Leipzig geht, namens *Moraht*. […]

Nun lebe wohl, liebe Mutter, grüße Papa aufs Herzlichste von seinen Söhnen, insbesondere von

Deinem Friedrich

7.6. Göttingen, den 28. Juli 1855 [Wilhelm]

Liebe Mutter,
Ich glaube, ich habe entsetzlich lange nicht nach Hause geschrieben, und mache mir schon seit längerer Zeit täglich Vorwürfe darüber, und doch trage ich wirklich weniger die Schuld daran, da Tag aus Tag ein etwas dazwischen gekommen ist, das mich absolut daran verhindert hat. Ich bin in diesem Sommer etwas sehr mit Collegien überladen: von des Morgens um 6 bis des Abends um 6 geht es fast in einem Zuge mit kurzer Unterbrechung für Frühstück und Mittagessen fort, und dann bleibt des Abends kaum noch etwas Kraft und Zeit zum Arbeiten zu Hause übrig, und doch muß dieses Wenige durchaus benutzt werden, um das Tags über Gelernte ordentlich zu verarbeiten, hier und da auch etwas vorarbeiten zu können. Hinzu kommen nun auch allerhand Schreibereien etc., wie sie einem das hiesige Verbindungsleben auferlegt, die stets promt besorgt werden müssen und immer einiger Sorgfalt bedürfen, wenn sie auch eben kein großes Kopfzerbrechen verursachen. So gibt es denn immer vollauf zu tun. […]

In wenig über 14 Tagen ist nun auch das Sommersemester wieder hin, das letzte Göttinger; die 2½ Jahre haben einem das Nest doch lieb gemacht, und es wird der Abschied von so vielen lieben Freunden, von so vielen alten Gewohnheiten gewiß nicht leicht werden; erst wenn es zu Ende geht, so fühlt man so recht, daß es eigentlich die förderndsten und schönsten Jahre des Lebens gewesen sind, in denen das Verständnis für so unendlich viel bisher gar nicht Geahntes aufgegangen, in denen Geist und Herz nach allen Seiten hin hat aufnehmen und auch wieder mitteilen können.

Während der Ferien wird es hier natürlich sehr ruhig werden, vielleicht gar etwas sehr öde; doch freue ich mich auch darauf schon, habe mir schon manches dafür aufgespart, was einstweilen liegenbleiben mußte, und hoffe, gut unterrichtet in Leipzig nächsten Winter weiterkommen zu können; auch bleiben immer noch mehrere Bekannte wenigstens die ersten Wochen hier, die dann natürlich nur noch enger zusammenhalten werden; wenn das Wetter es erlaubt, lassen sich dann auch herrlich einige Touren in die Umgebung, in einem etwas weiteren Kreise als es jetzt möglich ist, improvisieren.

Das Leipziger Leben wird gewiß von dem hiesigen ein himmelweit verschiedenes werden: große, langweilige Stadt in unabsehbarer Sandwüste, die Einwohner nur in Musik, von der ich nichts verstehe, und in widerlichen sinnlichen Genüssen lebend, das ist der Rahmen, in dem 3 helle Sterne, *Weber, Günther* und *Lehmann*, sowie wenige aber sehr genaue Freunde eingefaßt sind. Nun aber muß man lernen, über eines beim Genuß des anderen sich hinwegzusetzen, und so suche ich mir das Unangenehme ganz aus dem Sinn zu schlagen und denke nur voll Freude an das viele Schöne, was mir da zuteil werden kann. Ich habe hier *Baum* noch nicht mitgeteilt, daß ich zum Winter fort will; er wird gewiß sehr ungehalten darüber sein, und fürchte ich mich daher etwas vor der Mitteilung; aber es ging doch nicht gut anders; ein Wechsel zwischendrin ist fast notwendig, und wäre es vielleicht besser gewesen, schon ein Semester früher daran zu denken.

Was ich in Leipzig für Collegien hören werde, ob ich schon die Kliniken besuche, ist mir noch etwas unklar; große Lust hätte ich, noch ein Semester ein chemisches Praktikum zu belegen, wozu die schönste Gelegenheit bei *Lehmann* ist; es wird die physiologische Chemie jetzt täglich wichtiger für die Medizin. Durch sie allein fast lassen sich augenblicklich größere Fortschritte erwarten; ich aber muß nun es praktisch treiben, durch Lesen kommt man nicht viel weiter; ich habe diesen Sommer schon nach Herzenslust gekocht, destilliert, filtriert etc., was, wie Du Dir wohl denken kannst, so recht mein Leben ist, weil es etwas Praktisches ist, zu dem aber doch ein gut Teil Spekulation gehört, das daher durchaus nicht rein mechanisch ist. In einem Sommer läßt sich da nun freilich nicht viel erreichen; das Feld ist zu weit, als daß sich in der Zeit auch nur einige Übersicht über das Geleistete erreichen ließe, geschweige denn sebstständige Arbeiten vornehmen lassen. Vielleicht kann ich nun im Winter noch etwas dafür erübrigen. Außerdem würde ich bei *Weber* den Cursus der Anatomie noch einmal repetendo durchmachen und bei *Günther* Chirurgie hören.

Unser Leben hier bietet jetzt ebenso wenig Abwechslung wie früher. Hin und wieder zeigen wir uns mal bei *Ritters* oder *Mommsens*. Letztere gaben neulich ihren Gästen *Rehhoffs* zu Ehren eine kleine Soirée, zu der wir auch geladen wurden. *Rehhoffs* lassen Euch einen Gruß bestellen. Der Abend verging ganz leidlich; mit den Töchtern scheint sich ganz gut ein Wörtchen sprechen zu lassen, sie sind offen und natürlich. Übrigens verstehen sich *Mommsens* herzlich schlecht darauf, den Wirt zu spielen; auch schien der Professorin die Sache etwas zu lange zu währen, da sie einzuschlafen drohte.

Hin und wieder kommen hier jetzt Bekannte durchgereist: so z.B. ein junger *Sieveking* aus Altona auf dem Wege nach Kreuznach. […]

Nun lebt wohl, grüßt alle, bes. auch *Oldenberg,*

von Eurem Wilhelm

7.7. Göttingen, den 25. August 1855 [Wilhelm]

Meine liebe Mutter,

Habe Dank für Deinen lieben Brief, mit dem Du uns trotz längeren Schweigens wieder überrascht hast; jetzt soll nun auch die Antwort nicht lange auf sich warten lassen und Dir im Einzelnen über unsere Pläne, wie wir sie uns einstweilen auszumalen gewagt haben, Auskunft geben. Darüber, daß wir den ersten Teil der etwa 10-wöchigen Ferien ruhig hier zu verleben beschlossen, wirst Du zufrieden gestellt sein, wenn Du bedenkst, daß es keinen passenderen Ort zum Arbeiten gibt als Göttingen, wo der ganze Apparat von Büchern, Manuskripten, Präparaten etc. am Orte ist, wo ferner namentlich in der öden Ferienzeit jeder Anlaß zur Zerstreuung fast vollständig hinwegfällt, während dagegen in Hamburg, wenn auch an hinlänglicher Räumlichkeit kein Mangel sein mag, doch erfahrungsgemäß mehr oder weniger ein herrliches Schlaraffenleben geführt wird, in dem aus einem anhaltenden Arbeiten erbärmlich wenig wird. So lockend daher der Gedanke auch ist, einmal wieder längere Zeit im älterlichen Haus zuzubringen, so verlassen es uns hier dann und wann zu Mute wird, so müssen diese Gedanken doch noch eine Zeitlang fern gehalten werden. […]

Übrigens wollten wir hier etwa Mitte September aufräumen, uns hier loseisen und dann noch einige Tage durch den Harz stiefeln: 2 oder 3 Freunde, die hier mit ausgehalten, würden sich von uns daselbst herumführen lassen und zum Teil auch über Braunschweig, wo wir unsere älteren Bekannten aufsuchen möchten, nach Hamburg reisen. Wenn *Oldenberg* Lust hätte, sich uns anzuschließen, so wäre das ja eine herrliche Zugabe; ich glaube, er würde sich auch mit unseren Gefährten ganz gut vertragen, und wir hätten Gelegenheit, ihm einmal etwas näher zu rücken, als es bisher in den vorübergehenden Augenblicken unseres Zusammenkommens möglich gewesen, vielleicht könnten wir ihn dadurch auch einmal ordentlich auffrischen und durch jugendlichen Frohsinn und Harzer Bergluft gekräftigt nach Hamburg zurückbringen. Viel über 8 Tage würde die Tour nicht dauern, und allzu viel Geld kann sie auch nicht kosten, wenn man sich gehörig einrichtet. Dann würden wir also etwa im letzten Drittel des September bei Euch eintreffen und noch fast 3 Wochen in friedlich häuslichen Genüssen schwelgen können; in Leipzig brauchten wir nicht vor dem 23. Oktober zu sein, doch wird es wohl notwendig sein, daß ich wenigstens die Reise dahin schon einige Tage früher über Göttingen mache, da ich, um mein Abschiedszeugnis zu bekommen, noch ein Testat von einem Professor für den Besuch seiner Vorlesung haben muß, der noch vor Schluß des Semesters plötzlich abgereist war und erst zum 15ten Oktober zurückkehrt. Dann könnte ich auch zur gleichen Zeit selbst die Verschickung unserer Sachen nach Leipzig übernehmen, was sonst noch allerhand Plaudereien gibt.

Über das Leben in Leipzig haben wir kürzlich Gelegenheit gehabt, uns bei durchreisenden Studenten genauer zu unterrichten; in vieler Beziehung widert es mich an; um ganz der fast unvermeidlichen Wanzen zu geschweigen, so scheint mir das ganze Volk daselbst im Schmutz der tiefsten Sinnlichkeit vergraben und verkommen; andererseits ist wieder der Gedanke an den engen niedlichen Kreis, den wir da zusammen bilden werden, sowie die Aussicht auf so große Lehrer in hohem Grade anziehend. Auch über meine Tageseinteilung bin ich mir schon ziemlich klar geworden: Morgens 3 Stunden in der Klinik, nachmittags auf der Anatomie, Abends bis 7 Uhr im Colleg. An ein chemisches Practicum, wie ich es so sehr gewünscht, ist diesen Winter noch nicht zu denken; da die Kliniken mit der Vorlesung über Anatomie zusammenfallen, so muß ich letztere aufgeben und dafür lieber noch einmal an den Nachmittagen präparieren.

Vor Kurzem wurden wir hier durch *Tante Carolin* und *Carlota* sehr angenehm überrascht; sie kamen spät abends und blieben am anderen Morgen bis 10½ Uhr, so daß wir ganz nette Zeit hatten, uns frische Nachrichten über Euch und alle Hamburger Bekannte einzusammeln und sie schließlich noch zur Post nach Kassel zu bringen. *T.C.* schien im Ganzen sich ziemlich wohl zu befinden, nur litt sie wiederholt an längerem Nasenbluten. [...]

Es hat sich im Laufe der 5 Semester doch allmählich und unvermerkt ein kleines Defizit hereingeschlichen, namentlich noch eine Nachwehe der Reise von letztem Sommer; eine Bücherrechnung von 30 M und die Hausmiete von derselben Summe sind noch unbezahlt, wenn wir nun letztere auch recht gut von Leipzig aus berichtigen können, so geht das doch mit ersterer nicht gut, und vielleicht ist der liebe Papa so freundlich, uns das Geld dafür schon früher zu übersenden, in Leipzig, denke ich, wird es nicht schwer sein, sich etwas einzuschränken, namentlich in der 2ten Hälfte des Winters, wo z.B. die 50-60 M für Collegien, die ich jetzt allein zu Anfang jedes Semesters zu begleichen habe, ausfallen; die Wohnungen sind freilich dort bedeutend teurer als hier, dafür aber wird es in vielen anderen Beziehungen dort viel billiger sein, besonders in Bezug auf das Verbindungsleben, das dort ja ganz entfält.

Unsere Koffer mit Wäsche sowie auch eine Kiste mit überflüssigen Büchern würden wir direkt nach Hamburg vorausschicken und uns nur soweit in unserem Ränzel verproviantieren, daß wir uns einigermaßen in Braunschweig, z.B. bei der Familie *Dedekind,* blicken lassen könnten.

Friedrich läßt Euch herzlich grüßen.
Euer treuer Sohn Wilhelm

7.8. Göttingen, den 8.9.1855 [Friedrich]

Liebe Mutter,
Fast im Begriffe, Göttingen Lebewohl zu sagen, wende ich mich noch einmal an Dich, um Dir über unseren letzten Aufenthalt hier und unsere Pläne für die nächste Zukunft noch einiges zu erzählen. Fast 4 Wochen von den Ferien liegen jetzt schon hinter uns, Göttingens Straßen sind leer und langweilig geworden, indem die ehrbaren Bürger, der Meinung, zu Vertretern der Studenten berufen zu sein, in ihnen des Tages jedem im Wege stehen und des Abends Skandal machen. Und

doch sind mir diese Wochen schnell vergangen, teils in stiller Arbeit, teils im Zusammensein mit den wenigen Bekannten, die noch hier geblieben sind. Die letzten Tage des verflossenen Semesters waren noch ziemlich laut, es waren mehrere Freunde aus Halle und Magdeburg von Verbindungen, die zufällig mit der unsrigen bekannt geworden und in ein freundschaftliches Verhältnis zu uns getreten sind, zum Besuch hier, kamen am letzten Sonnabend im Semester und reisten nach gefeiertem Abschiedscommers am Montag wieder fort.

Auch *Catenhusen* war auf der Heimreise von Leipzig hier durchgekommen und blieb gegen 14 Tage hier, hat sich einige Tage in Hamburg aufgehalten, wenn Du da vielleicht vor acht Tagen mal einen Studiosus mit blau-weiß-goldener Mütze, rotwangig und mit kleinem blonden Schnurrbart hast umherwandeln sehen, so wird er's wohl gewesen sein. Er hat mich dringend gebeten, in den Ferien auf ein paar Tage in Ratzeburg ihn und seine Mutter zu besuchen, versprechen konnt' ich ihm's natürlich nicht, weil ja alles, was in diesen Ferien aus mir wird noch so unsicher ist, aber übel Lust hätte ich nicht. Durch seine liebenswürdige Offenheit und Frische ist er mir in diesen Tagen wo möglich noch mehr ans Herz gewachsen, so daß ich immer noch glaube, daß es ganz gescheit war, von hier gerad nach Leipzig zu gehen. Die eigne Anschauung, die ich Pfingsten von dem dortigen Leben, von der belebten Stadt, ihren musikalischen Reizen und ihren Bewohnern empfing, machte mir schon angenehme Aussichten. Freilich ist das Leben der Sachsen, wie es scheint, samt und sonders, in sittlicher Beziehung ein furchtbar gesunkenes, soweit mir dasselbe beschrieben ist – dennoch aber machten mir einige, mit denen ich damals zusammenkam, einen ganz gemütlichen, wenn auch flachen und schwatzhaften Eindruck. [geplante Collegien]

Sehr viel verspreche ich mir von Leipzigs Stille und namentlich der Stille meines, oder vielmehr unseres Zimmers. *Catenhusen* hat für uns eine Wohnung gemietet auf derselben Etage, wo er im Sommer wohnte – eine große Stube mit Kammer, wie wir es im ersten Semester auch hatten, wenn ich nicht irre, für 80 M jährlich. Dazu gehört ein sehr niedlicher Balkon mit der Aussicht auf den großen Augustusplatz, an dem die Universitätsgebäude liegen, zu denen es kaum 200 Schritt Weges ist. Ich werd wohl den ganzen Tag allein auf meinem Zimmer sein, da Wilhelm sehr viel in Kliniken herumziehen wird. Für ihn ist Leipzig übrigens in jeder Beziehung ausgezeichnet – wir sahen noch gestern einen jungen *Dr. Weber* (Sohn des berühmten Professor *Ernst Heinrich Weber*), der sich vor kurzem in Leipzig habilitiert hat: er schilderte die medizinische Fakultät als zum großen Teil aus solchen Menschen bestehend, von denen gerade in höheren Semestern viel zu lernen sei. Obgleich er Mediziner ist, so war es mir doch auch sehr angenehm, ihn kennenzulernen: er ist ein liebenswürdiger äußerst lebhafter ungenierter Mann, der außerdem das Glück hat, Mitglied einer höchst liebenswürdigen Familie zu sein – beim Abschied forderte er uns auf, ihn in Leipzig zu besuchen; wir werden das natürlich benutzen und hoffentlich durch ihn mit seiner Familie bekannt werden.

Doch zu Göttingen zurück und zu unseren Ferien. Du hast durch Vetter *Sieveking* von Harzreiseplänen gehört, und allerdings wird hier viel davon gefaselt, aber nichts Bestimmtes vorgenommen. Einen Reisegefährten hatten wir an *Schlesinger*, der auch stark die Absicht hat, mit der Rückreise eine Harztour zu verbinden. Ich werde mich doch aber wohl schwerlich daran beteiligen, um nicht der brüderlichen Gerechtigkeit in Bezug auf die Teilung unserer Kasse zu nahe zu treten. Denn, abgesehen von der Pfingstreise über Leipzig, habe ich vor einigen Wochen auch eine Ausgabe von einigen Talern gemacht, die nur mir allein Genuß brachte:

Wir waren nämlich sämtlich eingeladen worden, zur Feier des Abschieds- commerses die uns bekannte Verbindung *Germania* in Marburg zu besuchen, und weil die Ferien hier schon begonnen hatten, auch die Reise dahin wenig mehr als 2 Taler kostete, machten sich unserer 5 auf den Weg dahin, fuhren die Nacht durch per Omnibus nach Kassel; außer uns waren noch mehr Bekannte mit, die auch zufällig nach Marburg reisten, so daß es eine Gesellschaft von 8 Jünglingen war. Dann am anderen Morgen direkt nach Marburg. Es war ein prachtvoller Morgen, besonders schön in der wirklich reizend am Abhang eines Berges in ei- nem von bewaldeten Bergen umgebenen Tal gelegenen Stadt, die sich durch eine prachtvolle Kirche sehr zum Guten, im Übrigen durch entsetzliche baufällige Häuser und schlechte Straßen auszeichnete.

Wir wurden äußerst freundlich empfangen, mit den schönsten Punkten in und bei der Stadt bekannt gemacht, dann am Nachmittag per Eisenbahn nach einer einige Meilen entfernten Ruine, der Badenburg, gebracht, wo, am Ufer der Lahn, auf einem Hügel, der eine schöne weite Aussicht auf die das Tal einschließenden Berge bietet, unter furchtbarem Gewitterregen bei Donner und Blitz der Commers gefeiert wurde. Es waren vielleicht 40 Studenten, die meisten davon uns unbe- kannt – dennoch vereinigte gemeinsame Fröhlichkeit und gemeinsames Studium schnell, so daß ich die schönsten Erinnerungen mit fortnahm. Ein Zusammentref- fen mit vielen unbekannten Leuten wäre früher höchst peinlich für mich gewesen, und eine gewisse Befangenheit haftet mir auch noch oft, mehr als ich möchte, an. Doch freue ich mich gerade deshalb, noch einmal vor dem Beginn des geräusch- losen Leipziger Lebens, einen so gemütlichen, frisch angeregten Kreis kennenge- lernt zu haben. Und besonders das machte mir auch Vergnügen zu sehen, wie es an anderen Universitäten ernst gesinnte Jünglinge gibt, die durch das Zusammen- halten in einer Verbindung dasselbe Ziel zu erstreben suchen wie wir. Es war eine in jeder Beziehung gelungene Tour, am anderen Morgen genossen wir noch erst im Freien die Schönheiten des Ausblicks, fuhren dann nach Marburg zurück, wo die Schönheit der Umgegend sowie die angenehme Gesellschaft uns noch Gele- genheit genug bot, einen Tag, den Montag, fröhlich zuzubringen. Von den schö- nen Einschüben noch ganz erfüllt reisten wir am Dienstag unter Gesang und in fröhlicher Unterhaltung wieder ab und kamen in der Nacht hier wieder an – frei- lich, wie zu erwarten, mit leeren Beuteln, d.h. die Reise hatte ca 4-5 Taler gekos- tet, ohne zu viel Zeit genommen zu haben; das Resultat ist nun aber, wie gesagt, daß ich mich zur Harzreise kaum berufen fühle. [Kosten]

Hier vergeht der Tag etwas sehr regelmäßig. Morgens wird gearbeitet, nach dem Essen um 12 Uhr manchmal spazieren gegangen, manchmal das Bocciaspiel, das wir nach langer Untätigkeit wieder hervorgeholt haben, benutzt und dabei gerade dieselben Reden geführt wie vor 7 Jahren in unserem kleinen Haus in Brandsende, so daß ich unwillkürlich an jene schönen Zeiten oft zurückdenken muß. Einen Nachmittag amüsierten wir uns auch neulich am Scheibenschießen mit ein paar Pistolen, die einer von uns im Besitz hat und zu denen Tags zuvor die erforderlichen Kugeln etc. hergeholt waren. Abends wird dann wieder gearbeitet bis 10, dann vereinigen wir uns wieder auf irgendeinem unserer Zimmer, oder wir sitzen bis 11 an der Arbeit. […]

Der Brief muß notwendig auf die Post, um Euch noch morgen zu erreichen.

Leb wohl, liebe Mutter, grüße Papa aufs Herzlichste von Wilhelm und

Deinem treuen Sohn Friedrich

7.9. Göttingen, den 12.9.1855 [Wilhelm]

Liebe Mutter,

Hierin schicke ich Dir den Schlüssel zum gelben Koffer, der nebst den anderen Koffern und einem Nachtsack in ein paar Tagen in Hamburg ankommen wird. Die beiden anderen Schlüssel liegen im unteren Teil des gelben Koffers oben auf. Unsere Wäsche, soweit sie nicht in Hamburg ist oder von uns mitgebracht wird, liegt im schwarzen Koffer, die schmutzige im Nachtsack.

Wir schicken diese Sachen voraus, um uns auf der Harzreise, die uns Papas gütige Sendung zu machen erlaubt, nicht damit zu belasten. Wir reisen morgen früh über Herzberg, Brocken, Ilsenburg, Blankenburg, Selketal etc. wieder in altbekannte Gegenden, ich freue mich unendlich darauf, das Wetter scheint uns sehr zu begünstigen.

Sollten die Sachen vor uns ankommen, so sage doch bitte, wenn es angeht, *Johannes*, daß er unter den im Nachtsack enthaltenen Stiefeln einen heraussucht, dessen Sohle an der einen Seite etwas aufgelöst ist, und denselben zum Schuster bringt. Mich hat hier die Abreise überrascht, ehe es möglich war, ihn machen zu lassen.

Ungefähr nächsten Donnerstag oder Freitag kommen wir nach Hause. Wir sind im entsetzlichsten Packenaufruhr, daher die Eile und Unordnung des Briefes.

Also auf baldiges Wiedersehen in der lieben Heimat!

Dein treuer Sohn

F. Sieveking

8. Das sechste Semester in Leipzig: Winter 1855/56

Wilhelms Collegs:
Anatomie und Physiologie bei Prof. Günther
Innere Medizin, Physiologische Chemie bei Prof. Wunderlich
Mikroskopie der pathologischen Anatomie bei Dr. habil. Weber

Friedrichs Collegs:
Prozeßrecht bei Prof. Osterloh
Deutsches Privatrecht bei Prof. Albrecht
Civilpraktikum bei Prof. Dietzel
Pandekten bei Prof. Wächter

8.1. Leipzig, den 19. Oktober 1855 [Friedrich]

Lieber Papa,

Ich habe mit dem Bericht meiner glücklichen Ankunft noch etwas gezögert, um erst zu erfahren, wie es mit der Vollständigkeit meiner Zeugnisse behufs der Immatrikulation beschaffen sei. Damit steht es nun so, daß mir zwar die Legitimationskarte ausgehändigt worden ist, die Matrikel aber vorläufig zurückgehalten wird, bis ich einen gerichtlich attestierten Erlaubnisschein von Dir werde beigebracht haben. Ich möchte Dich daher bitten, für mich sowie auch für Wilhelm einen Erlaubnisschein, ganz wie den von Dir uns mitgegebenen, nun mit einem notariellen Attestat über die Echtheit Deiner Unterschrift versehen, auszustellen und im nächsten Brief uns zu übersenden.

Dies abgemacht kann ich Euch, liebe Eltern, nur einen sehr fröhlichen Gruß aus der neuen Heimat zurufen, in den sich freilich wohl etwas Heimweh nach Hamburg und Göttingen mischt. Ehe mein Zimmer ganz in Ordnung gebracht ist, hat meine Existenz hier auch noch nicht die rechte Grundlage, ich hoffe aber, daß Wilhelm sehr bald ankommen und dann alles comfortabel eingerichtet wird. Von der Wohnung habe ich schon Pfingsten geschrieben – es ist drinnen noch alles ebenso, dieselben hohen Treppen, dieselbe schöne Aussicht, nur ist's draußen kälter und eher an Einheizen als an Sitzen auf dem Balkon zu denken. Von den beiden Zimmern, die uns angeboten waren, habe ich das größere genommen, weil es nach der Sonnenseite liegt, eine Fußdecke bekommen soll, außerdem einen Balkon hat und nur 3 Taler mehr kostet als das andere, d.h. 86 Taler jährlich incl. Aufwartung, aber exclusive die Kosten für das Bettzeug, die 1 T à Person monatlich betragen, und natürlich ebenso exclusive Wäsche und Stiefelputzen. Hoffentlich wird der kleine Ofen gut heizen, denn die Fenster sind, wie ich fürchte, etwas undicht.

Gestern fing schon mein erstes Colleg an, Prozeß bei *Osterloh*, der Vortrag mäßig in abscheulichem Dialekt, bisweilen trivial, aber doch ganz klar und praktisch, er liest, glaube ich, 6-stündig von 11-12. Um 10 liest *Albrecht* Privatrecht, und am Nachmittag will ich wohl bei *Dietzel*, einem jungen aber, wie ich höre, bedeutenden Professor, ein Civilpraktikum belegen, außerdem vielleicht einige nicht juristische Publica hören. Von einer regelmäßigen Tageseinteilung läßt sich bis jetzt aber schon deshalb nicht schreiben, weil die dafür Maß gebenden Collegien noch nicht angefangen haben. Menschen sehe ich hier zwar viele, spreche aber, bis jetzt wenigstens, mit wenigen. Wir vier, die zusammen wohnen, dann *Moraht* und ein Erlanger Theologe, *Bischof*, werden wohl ziemlich auf uns beschränkt leben und mit anderen Bekannten nur flüchtigen Umgang pflegen.

Empfehlungen habe ich natürlich noch nicht abgegeben – nur zu *Albrecht*, an den *Kraut* mich speziell empfohlen hat, kann ich auch vor Wilhelms Ankunft hinsteigen. Von Wilhelm habe ich noch nichts gehört, nur, daß er glücklich in Hannover angekommen ist, wie mir ein Vetter von *J. Sieveking, Semper*, der mit den anderen über Harburg reiste, in Magdeburg erzählte. […]

Von ganzem Herzen,
Dein treuer Sohn Friedrich

8.2. Leipzig, den 27. Oktober 1855, Poststraße 20, 4. St. [Friedrich]

Meine liebe Mutter,
Nachdem mein Aufenthalt hier nun bald 14 Tage gedauert hat und die Unbequemlichkeit der ersten Einrichtung und die Unbehaglichkeit der neuen Umgebung, letzteres wenigstens zum Teil, überwunden sind, gebe ich Dir in größerer Ruhe, als es mir zuerst möglich war, ein Bild von unserem hiesigen Leben und Treiben. Wilhelm kam hier unerwarteter Weise schon heute vor acht Tagen an, und vor wenigen Tagen sind auch die Göttinger Effecten sämtlich angelangt, im Ganzen wohlbehalten, nur einige Bilderrahmen beschädigt. Dessen unbeachtet haben wir unsere Stube nett behaglich eingerichtet, und wenn in diesem Augenblick die Nachmittagssonne durch die Fenster hereinscheint, macht sie trotz ihrer Größe einen ganz gemütlichen Eindruck.

Wo unser Haus liegt, weißt Du: Am Augustusplatz, demselben, der auf dem Titelblatt der Illustr. Zeitung abgebildet ist.

Abb. 43 Leipziger „Illustrirte Zeitung" von 1856, Titelblatt

188

Die Aussicht vom Balkon, der an der ganzen Vorderseite entlang läuft und breit genug ist, um, in der Nachmittagssonne wenigstens noch, einen angenehmen Sitzplatz zu gewähren, geht auf die jenseits des Platzes gelegenen Universitätsgebäude ab, die Paulinerkirche, dann weiter rechts über den Eingang der Hauptverkehrsstraße Leipzigs, der Grimm'schen Straße, noch weiter zur Rechten folgen große stattliche Häuser, hinter denen der häßliche Turm der Nicolaikirche, weiter hinten der nichts schönere Turm der Thomaskirche hervorragt, weiter nach vorne erstrecken sich zu beiden Seiten des Augustusplatzes die Promenaden, die noch im schönsten Herbstschmuck stehen, breite, mit Baumgruppen geschmackvoll bepflanzte Spaziergänge in der Art des Hamburger Walles, die die ganze Stadt umgeben. Über den Magdeburger Bahnhof und die diesseits gelegenen schönen Häuser und Gärten der Dresdner Vorstadt, in der auch wir wohnen, geht der Blick nördlich noch weit in die Ebene zwischen hier und Halle hin, ein flaches uninteressantes Land, meist kahle Felder, hier und da ein einsames Dorf. Aber nett ist es, wenn die 115 Stufen glücklich erklommen sind, einen so feinen weiten Überblick zu genießen, in der reinsten Herbstluft ohne vom Staub der Straßen gestört zu sein. Ich wollte, Ihr wohntet in demselben Hause, frische Luft und Aussicht sind noch weit schöner als ehemals in der Welckerstraße. Wenn jetzt abends der Vollmond links um die Hausecke kommt und das dunkle stille Leipzig, die düsteren Bäume der Promenade und den weiten weißen Platz, auf dem nur noch wenige Menschen von dem Getümmel, das tags herüber und hinüber wogt, übrig geblieben sind, bescheint, dann ist es gar zu köstlich.

Nachmittags ist es wirklich amüsant, die verschiedenen Gestalten, die sich unten herumtummeln, zu beobachten, spazierengehend oder eilig geschäftig, von allen Sorten und Ständen, dazwischen immer die gelb uniformierten Briefboten, die von der links von uns gelegenen Post beständig ausströmen. Abends tönt auch oft ein munteres Posthorn zu uns herauf, ankommende oder abgehende Reisende geleitend.

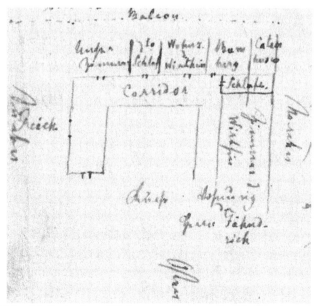

Abb. 44 Leipziger Wohnung, Poststraße 20, Stockwerk

Und innen? Da tritt man von der Haustür auf einen ziemlich breiten Corridor, der sich bald rechts umbiegt, dann den Hof rechts, die Zimmer zur Linken liegen hat. Die erste Tür links führt in eine von einer Familie *Reichard* bewohnte Abteilung, die ein unnahbares Heiligtum bildet. Dann kommen links nebeneinander erst unser Wohnzimmer, unsere Schlafstube, dann die Wohnstube der Wirtin, dann *Bambergs* Wohnzimmer – er studierte mit uns 3 Semester in Göttingen – dahinter *Catenhusens* Wohnstube, dann beider letzteren Schlafzimmer und noch weiter rechts nach Norden Zimmer, die teils der Wirtin, teils einem Mieter *Fähndrich*, von sonst unbekannter Natur, als daß er Kaufmann ist, gehören. Jetzt unsere Stube, Du weißt ja doch gern, wie es inwendig aussieht, bis auf Stühle und Waschtisch. Ergo folgendes ist der Grundriß:

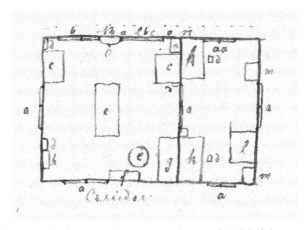

Abb. 45 Leipziger Wohnung: Wohn- und Schlafzimmer

a	Türen, alles Flügeltüren, vermittels derer sämtliche Zimmer der ganzen Etage verbunden sind;		
aa	Balcontür in der Schlafstube	b	Fenster
c	Sekretär und Küchenbord	d	Stühle
e	Tische	f	Kommode
g	Sofa	h	Ofen	i Siegeltisch
k	Betten hart, von Wanzen noch nicht belästigt, Preis à Bett 1 T. monatl. horrende!		
l	Kleiderschrank, in Voraussicht unserer an Überfluß nicht leidenden Garderobe, bloß in der Einzahl vertreten, zugleich Behälter für Stiefel und schmutzige Wäsche		
m	Waschtisch		

Das ist die ganze Herrlichkeit, an Höhe übertreffen sie wohl unsere Neustraßenzimmer, die Größe ist unbeschreibbar.

Im Ganzen hat sich alles bis jetzt gut gemacht. Die Wirtin ist eine echte Sächsin, geschwätzig in sehr hohem Grad, überall herumfummelnd, von nicht allzu fester Ehrlichkeit, aber, von ihrem eigenen Nutzen abgesehen, gefällig, freundlich, läuft Wege, macht Einkäufe etc. Mit den Stuben unserer Hausgenossen correspondieren die unsrigen durch den Balcon und den Corridor.

Lebensweise: Morgens ca 7 aufgestanden, alle zusammen Kaffee getrunken, dann gearbeitet, 10-12 Colleg, gegen 1 gegessen, bisweilen Kaffee getrunken und Zeitungen gelesen, spazieren gegangen, 3-4 2mal wöchentlich 4-6 3mal wöch.

Colleg, abends zu Hause, gearbeitet, hin und wieder auf den Balcon gegangen, Mondschein gesehen. Um 11h zu Bett. Von Collegien schreibe ich noch nichts, teils weil ich erst zu wenig gehört, um mehr als den ersten Eindruck schildern zu können, teils weil davon wenig zu sagen ist.

Empfehlungen sind noch nicht benutzt, aber morgen, Sonntag, wird passende Zeit dazu sein. Am vorigen Sonntag hatte ich einen herrlichen Genuß: *Ahlfeld* predigte – eine Predigt, die nach meiner Meinung über allen steht, die ich je gehört habe, lebensvoll, gedankensprühend, voll Geist und Feuer in fast jedem Wort, schonungslos und doch voll Liebe. Ein graubehaarter Greis, mit funkelnden Augen und sonst zwar ehrwürdigem aber nicht gewaltigem Ansehen, im schwarzen Talar, der von einem weißen halben Chorrock und der Halskrause unterbrochen wird – seine Bewegungen lebhaft, seine Sprache scharf, eindringend, so predigte er 1 Stunde lang über den Aufstand des Demetrius in Ephesus an Hand des Textes, den er bewunderungswürdig auslegte, über den Aufruhr gegen die Obrigkeit und Gottes schützende Gnadenhand über die Christen reckend. Er predigt leider nur alle 14 Tage, seine Kirche ist immer gedrängt voll.

Mit herzlichem Gruß von Wilhelm, der bald schreiben wird,
Dein treuer Sohn F.Sieveking

8.3. Leipzig, den 9. November 1855 [Wilhelm]

Lieber Papa,
Ich habe wieder einmal recht lange warten lassen auf direkte Nachrichten von mir, und ich fange an zu verzweifeln, ob ich mich noch von dieser Untugend werde befreien können. Nun hat es freilich diesmal den Vorteil, daß ich dadurch in Stand gesetzt worden bin, Euch nicht jene oberflächlichen Eindrücke, wie sie einem, der in neue Länder und neue Verhältnisse hineinkommt, zuerst so leicht einseitig irrtümlich sich gestalten, mitteilen zu müssen, sondern vielmehr schon durch längere Beobachtung und Erfahrung begründeten Ansichten auszusprechen. Ich muß sagen, daß ich mich etwas schweren Herzens von Hause trennte, wo es sich so traulich lebte und wo die Ankunft der lieben Geschwister so nahe bevorstand, daß ich mich vor der unbekannten Zukunft in der großen unbekannten Stadt etwas fürchtete, und ich freute mich daher wenigstens, als einen Übergang Gelegenheit zu haben, noch einmal für einige Tage nach Göttingen zu kommen, wo ich drittehalb so wunderschöne Jahre verlebt, noch einmal die Freunde zu sehen, in deren Gesellschaft ich glücklich gewesen.

Die Reise über die Lüneburger Heide, die hoffentlich jetzt für längere Zeit zum letzten Mal passiert, verging in angenehmer Begleitung sehr rasch, und langte ich, nachdem der Aufenthalt in Hannover mit einem früheren Göttinger Freund sehr angenehm zugebracht war, um 9 Uhr abends glücklich in Göttingen an, wo ich mich augenblicklich in meiner alten Wohnung einquartieren konnte, in der 1 Zimmer die ersten beiden Tage noch unvermietet blieb; die beiden letzten Tage mußte ich mich freilich dem Vetter aufdrängen, wobei wir uns um Sofa und Bett dann auch ganz gut vertrugen. Die Mehrzahl meiner Bekannten war schon eingetroffen, und so gab es dann in den Tagen viel zu erzählen und zu hören von Ferienerlebnissen etc. Viele alte schöne Erinnerungen konnten noch einmal wach gerufen und zugleich ein erfreulicher Blick auf den hoffentlichen Nachwuchs unserer Verbindung, die mir zeitlebens ans Herz gewachsen ist, geworfen werden. Außerdem wurden aber auch die wichtigen Geschäfte, die meine Reise über Göttingen notwendig gemacht, prompt und exakt ausgeführt; namentlich gelang es mir unter der höchst anerkennenswerten treuen Beihilfe meines würdigen Stiefelputzers, über das lästige und ziemlich umfangreiche Geschäft des Packens aller möglicher Siebensachen, die sich allmählich zusammengehäuft, mit Glück und Schnelligkeit herauszukommen. 2 große und eine kleine Kiste, zusammen im Gewicht von über 4 Zentnern, wurden vollgepfropft und dem Transport übergeben. Am Freitag abend war ich mit allem ins Reine gekommen: *Ritters* und *Mommsens* waren zum Abschied besucht und hatten mich sehr freundlich gebeten, wenn ich zurückkäme, sie wieder aufzusuchen, was ich dann jedenfalls häufiger tun werde als bisher. Auch von *Henle*, dem ich kühn genug war, zum persönlichen Abschiede auf sein Zimmer zu dringen, wurde ich sehr freundlich entlassen und mit einem speziellen Gruß an *Günther* versehen.

So konnte ich denn Sonnabendmorgen früh um 5 Uhr mich zur Reise anschicken; ich hatte den Weg über Braunschweig, Magdeburg, Halle als den bequemsten, da er ganz auf der Eisenbahn geht, und billigsten gewählt; doch konnte ich noch am selben Abend in Leipzig ankommen und hatte außerdem 4 Stunden Zeit, um Magdeburg genau kennenzulernen. Die Reise war weder durch Wetter, noch durch schöne Gegend, noch durch Gesellschaft, noch endlich durch eine besonders heitere Stimmung verschönert, doch verging sie unter Versetzen in vergangene und bevorstehende Zeiten unter Betrachtung der Umgebung, sowie unter ein wenig Lektüre ziemlich erträglich, und ohne Unfall gelangte ich um 10 Uhr abends hier an, fand auch sehr leicht den kurzen Weg zu unserem Hause, einem himmelhohen Palaste, der mit 113 Stufen erklommen werden muß, und brachte auch glücklich das Volk, das schon zu Bett gegangen war, wieder zu Gange.

Den folgenden Sonntag konnte ich dazu benutzen, einen ungefähren Überblick über die Stadt sowie über die bevorstehenden Verhältnisse zu gewinnen, um dann am Montag zum ersten Mal wieder einen regelmäßigen Lebenslauf zu beginnen. Der erste Eindruck, den alles auf mich machte, war ein kalter, ungemütlicher; an eine häusliche Einrichtung war ja noch nicht zu denken, das übermäßig große Zimmer war öde, es fehlte ja noch das Füllende und Zierende, das die Kisten bringen sollten. Auch außen war wenig Anziehendes: die palastähnlichen Wohnhäuser sind für einen Hamburger nichts Besonderes; das Volk ist vor genauerer Bekanntschaft vorläufig einmal durch die widerwärtige Sprache unangenehm. Besondere Merkwürdigkeiten gibt es nicht, bis auf die Gemäldegalerie, die viel außerordentlich Schönes bietet und die ich sehr befriedigt durchging; dem Rosental kann man freilich auch seine guten Seiten nicht absprechen, doch ist es ja leider das Einzige in seiner Art und dadurch leicht langweilig.

Zum Glück hatten die Kollegien und Kliniken schon angefangen, so daß ich gleich vollauf zu tun hatte, um mich nach dieser Seite hier in den neuen Verhältnissen zurechtzufinden. Ich hatte zunächst zwei neue Lehrer, *Günther* und *Wunderlich,* zu bearbeiten.

Abb. 46 August Friedrich Günther (1806-1871)

Ersterer, ein schon ziemlich bejahrter langer hagerer Mann mit scharf markierten intelligenten Zügen, schönen Augen, langen grauen unordentlich herabhängenden Haaren, von schlechter Haltung, gänzlich vernachlässigtem Äußeren, mit einem Hute, den ein Bettler zu tragen sich schämen würde; er spricht mit der größten Natürlichkeit und Einfachheit, vollkommen ohne Prunk, aber eben dadurch und durch seine große Klarheit viel fesselnder als häufig die brillanten Vorträge; seine Stunden verlaufen wie Minuten, und alles, was man von ihm hört, prägt sich mit der größten Festigkeit ein, so daß man es spielend zu lernen meint; er ist durch und durch ein praktischer Mensch und dadurch für seine Zuhörer von größerem Nutzen als *Baum* in Göttingen (dem an Geist und allseitiger Bildung er, und so leicht auch kein anderer, nicht gleichkommt), indem er mit ungeheurer Gewissenhaftigkeit, die manchmal etwas ans Pedantische streift, einen auf alle Einzelheiten, die auch nur möglicherweise in Betracht kommen könnten, aufmerksam zu machen weiß; man lernt bei ihm beobachten, kombinieren und dann auch praktisch eingreifen; jeder einzelne seiner Praktikanten wird gründlich vorgenommen, und es zeigt sich gar bald, wer etwas kann und wer nichts. Ich will mir alle Mühe geben, soweit zu kommen, nächstes Semester noch bei ihm praktizieren zu können; gerade für den Anfänger ist es eine vortreffliche Schule, namentlich da hier in Leipzig doch auch schon mehr zu sehen ist als in Göttingen, und doch nicht so viel, daß es nicht zu verarbeiten wäre. Es ist mir gelungen, mich persönlich durch mehrfache Grüße, die ich ihm zu bestellen hatte, in ein vortreffliches Verhältnis zu ihm zu setzen; er hat noch immer eine große Vorliebe für Hamburg und hat mich daher vielleicht auch besonders freundlich aufgenommen; er gibt mir, so oft ich ihn besuche, ein Buch mit nach Hause, stellt mir sein Kupferwerk zur Disposition, erlaubt mir somit, ihn so oft es mir gefällt aufzusuchen und um Rat zu fragen.

Abb. 47 Carl Reinhold August Wunderlich (1815-1877)

Sehr verschieden von ihm ist *Wunderlich*, der die innere Klinik zu leiten hat; ein feiner Weltmann, mit einem hohen Maße von Eitelkeit begabt, vermöge derer er sich außerordentlich gern sprechen hören mag; mit affektierter Aussprache hält er ellenlange Vorträge, die freilich durch ihre Klarheit und nüchternes Urteil in ihrer Art vortrefflich sind; aber darüber wird die praktische Ausbildung der Einzelnen, wie die Klinik sie besonders erzielen soll, etwas vernachlässigt, wenn er weniger zum eigenen Produzieren als zum beständigen Hören genötigt wird. Auch im Umgang mit seinen Kranken ist er das Gegenstück von *Günther*; während dieser überall das weichste fühlende Herz hervorkehrt, durch Scherze und schlechte Witze sich bei den Kranken beliebt zu machen versucht, ihnen überall Mut einzuflößen weiß, tritt *Wunderlich* mit kalt reflektierendem Verstand ans Krankenbett, behandelt sie mehr wie Stückgüter wie als Menschen. Übrigens ist er auf alle Fälle ein außerordentlich feiner Beobachter, ein ausgezeichneter Kopf und gründlich gebildeter Mann, und, da er für seine Praktikanten einen offenen Abend in der Woche hat, so freue ich mich, ihn nächsten Sommer kennen lernen zu können.

Die Kliniken wie die Kollegien bei diesen beiden Männern bilden meine Hauptbeschäftigung für den Tag; leider war es nicht möglich, beim großen *Weber* auch die Anatomie noch einmal zu hören, die ich in Göttingen nur einmal gehört und die doch nicht häufig genug durchgenommen werden kann; dafür denke ich, nach Weihnachten und während der Ferien noch einmal alles durch zu präparieren. Bei *Webers* Sohn, den ich in Göttingen schon kennen gelernt habe und der hier jetzt Privatdozent ist, nehme ich ein mikroskopisches Praktikum in pathologischer Anatomie, das sehr hübsch zu werden verspricht; es ist dies Mikroskop doch auch wohl der Weg, von dem aus in der nächsten Zukunft die wichtigsten Resultate und Fortschritte der wissenschaftlichen Medizin zu erwarten sind.

Zu Hause zu arbeiten bleibt immer noch mehr Zeit, als ich Anfangs erwartet; des Nachmittags bin ich meistens bis 4 Uhr frei und des Abends nach 6; morgens vor 8 oder 9 fällt auch noch etwas Zeit ab. Ich will alles aufbieten, diese Zeit so zu benutzen, daß ich nächsten Sommer in die chirurgische und medizinische Klinik als einer der tüchtigeren Praktikanten einzutreten im Stand sein werde; es sind da noch viele große Lücken vorher auszufüllen, das fühle ich sehr wohl, manches hätte in Göttingen schon früher angefaßt werden können, wenn alles reiflich vorher erwogen worden wäre; doch fühle ich mit großer Gewißheit, daß alles glücklich gelingen werde. In wissenschaftlicher Hinsicht bin ich also in hohem Maße, eigentlich mehr als ich erwartet, mit Leipzig zufrieden, allmählich auch in häuslicher und menschlicher. Nachdem die lang ersehnten Effekten glücklich angekommen (NB. unter den zerbrechlichen Sachen waren nur ein Rahmenglas und eine Lampenkoppel entzwei gegangen), Bücher aufgestellt, Bilder aufgehängt, Teegeschirr etc. nutzbar gemacht war, nachdem ferner durch eingetretenes Novemberwetter eine gemütliche Heizung mit gutem Gewissen gewagt werden konnte, nachdem endlich eine Art Fußdecke (freilich die schmierigste, die ich in meinem Leben gesehen) in unser Zimmer gelegt wurde, stellte sich auch eine angenehme häusliche Erquickung ein. Die Liebenswürdigkeit der beiden nebenan wohnenden Freunde, die schwatzhafte Gemütlichkeit der alten Hauswirtin, die, wenn man auch etwas auf ihren Dienst aufpassen muß, doch die Gefälligkeit selber ist, erhöhen die Annehmlichkeiten erheblich.

Neue Bekanntschaften suche ich hier möglichst wenig zu machen; ohnehin gehört die große Mehrzahl meiner Herren Kollegen nicht gerade zu den appetitlichsten; umso mehr freue ich mich daher, daß ich hier einige ältere Freunde habe, denen gegenüber ich mich offen aussprechen kann. […] *Mad. Crusius* ist noch auf ihrem Landgut und wird wohl vor Weihnachten nicht hereinziehen. Wenn die versprochenen Briefe von *Ullrich* ausbleiben sollten, so würde das nicht gerade sehr viel schaden, da zu viele Bekanntschaften doch leicht viel Zeit zersplittern würden. Würde er sie noch schicken, so müßten wir ihm wohl unseren Dank in einem schriftlichen Glückwunsch ausdrücken: sein bräutliches Glück interessiert und amüsiert uns außerordentlich. Was Hamburgereien betrifft, so sind wir jetzt eigentlich ausschließlich auf die Briefe von Hause beschränkt; da das unvergleichliche Göttinger Lesemuseum hier ganz entbehrt werden muß, so kommt uns auch keine Hamburger Zeitung mehr zu Gesicht, und es ist schmerzlich, die inneren Verhältnisse seiner Vaterstadt aus den Augen verlieren zu müssen. […]

Lollys Todestag fiel hier mit der Feier für das Reformationsfest zusammen; ich hörte zum ersten Male *Ahlfeld* predigen, wirklich von außerordentlichem Eindruck, doch ganz anders als *Harms*. […]

Und nun lebt wohl, grüßt und küßt Klein und Groß von Eurem treuen Sohn
Wilhelm

8.4. Leipzig, den 8. Dezember 1855 [Wilhelm]

Lieber Papa,

Da ich vermuten darf, daß Du von der Geleitreise unseres *Johannes* glücklich wirst zurückgekommen sein, so wende ich mich, anstatt zuvor Mutter auf ihre die Londoner Briefe begleitenden Zeilen geantwortet zu haben, wieder an Dich, um Dich, um Dir zunächst über eine Angelegenheit eines meiner Freunde, der sich um Rat und Fürsprache an mich gewandt hat, zu berichten. Sie betrifft nämlich meinen Freund *Schrönn*, für dessen Bruder Du vor einem Jahr eine Stelle auf dem Schiffe *Wiedemann* nach Melbourne verschafftest, von welcher Reise dieser kürzlich zurückgekehrt ist. Er ist jetzt seit 3 Jahren zur See gefahren, anfangs auf einem Bremer Schiff, wünschte aber jetzt von Neujahr an die Hamburger Navigationsschule zu besuchen, also, wenn es möglich, von der Pflicht, zuvor 6 Jahre zur See gefahren zu sein, dispensiert zu werden. Ich weiß nun zwar, daß es bei *August* mit einer solchen Dispension keine große Schwierigkeit gab, weiß jedoch nicht, wie streng in anderen Fällen auf diese Regel gehalten wird, und möchte Dich daher in dieser Beziehung um Auskunft bitten, resp., wenn Du vielleicht darüber zu bestimmen und es nicht aus irgendeinem Grunde für unpassend hälst, ein gutes Wort für ihn einzulegen. […] Der junge Aspirant ist freilich erst 17 Jahre alt, doch glaube ich, daß er fähig sein wird, dem Unterricht zu folgen (er hat es früher bis Tertia gebracht), sonst würde er sich noch durch Privatunterricht nachhelfen lassen.

Unser Leben hat sich hier jetzt zu einem ganz regelmäßigen gestaltet; fast ganz zurückgezogen und auf den Umgang der nächsten Freunde beschränkt ist es ein sehr stilles und arbeitsames, und ich glaube wirklich, daß die Übersiedlung ein sehr glücklicher Griff war und daß nicht leicht ein anderer Ort so viel Vorzüge vereinigt hätte wie Leipzig. Wäre ich noch ein Semester in Göttingen geblieben, so hätte der Tod von *Fuchs*, dem Direktor der inneren Klinik, eine höchst unangenehme Störung veranlaßt, während ich jetzt bei einer späteren Rückkehr dorthin wohl auf einen tüchtigen Nachfolger rechnen darf. Übrigens ist mir *Fuchs'* plötzlicher Tod sehr nahe gegangen; wenn sein Colleg auch langweilig war, so war er doch am Krankenbett ausgezeichnet und durch persönliche Liebenswürdigkeit sehr beliebt,

Abends sind wir hier regelmäßig zu Hause bei dem blendenden Licht der Photogenlampe [neu patentierte Petroleumlampe] und der angenehmen Wärme eines mit Holz und Braunkohlen geheizten eisernen Ofens, der bis jetzt auch in bitterkalten Tagen das Zimmer ziemlich gleichmäßig erwärmt hat und auf dem ein Teekessel gemütlich brodelt, hin und wieder Äpfel und durchschnittene ungeschälte Kartoffeln gebraten werden, uns einig gegenübersitzend an einem in der Mitte der Stube befindlichen langen Tisch, der mit Büchern vollgepfropft ist und freilich nur äußerst selten leergeräumt wird, während dagegen der übrige Teil des Zimmers ein Muster von Ordnung ist.

Einmal sind wir einen Abend in der Familie des Physiologen *Weber* [Abb. 54] gewesen, durch dessen Sohn, den wir in Göttingen kennen lernten, eingeführt. Höchst liebenswürdige Familie, nur sehr musikalisch, wie hier denn wohl überhaupt kaum eine Gesellschaft ohne Musik denkbar ist. Einen Abend war ich auch bei *Wunderlich*, der für seine Kliniker mittwochs einen freien Abend hat, wo man seine interessante Unterhaltung, seiner Frau (einer Württembergerin, Tochter des Chemikers *Gmelin*) sehr angenehmes Wesen und ein Glas Wein zu vielen Butterbroten genießen kann. Zu *Günther* gehe ich ungefähr alle Woche einmal, um mir ein neues Buch von ihm einzutauschen; auf diese Weise habe ich schon Vielerlei zu lesen bekommen, komme häufig mit ihm zusammen und kann ihn in jeder Kleinigkeit um Rat fragen. *Dr. Brockhaus* hat nach der ersten Visite noch immer nichts von sich hören lassen, wir müssen natürlich ruhig darauf warten.

Leipzigs Umgebung und selbst viele Teile der Stadt sind uns noch völlig unbekannt. Das kalte, schneereiche Wetter ladet auch zu keinen Entdeckungsreisen ein, die überdies wohl nicht sehr ergiebig sein würden.

Die Briefe aus London schicke ich mit herzlichem Dank zurück; über *Johannes'* schnelles Glück muß man sich doch wohl nur freuen, wenn er uns auch für 4 Jahre entrückt wird; schade, daß er uns hier nicht einmal hat aufsuchen können. Von *August* ist wohl keine Kunde angelangt. Herzliche Grüße an alle Lieben: über den Zustand von Mutters Augen, über *Oldenbergs* und *Lorenz'* Gesundheit, dann über das Kindergebrüll, über das bevorstehende Weihnachtsfest etc. hörten wir gern bald wieder einige erfreuliche Nachrichten; vielleicht erübrigt *Henriette* ein Stündchen; auch *Louischen* schreibt gewiß schon sehr schöne Briefe.

Gute Nacht, liebe Ältern, seid Gott befohlen von Eurem treuen Sohn
Wilhelm

8.5. Leipzig, den 18. Dezember 1855 [Friedrich]

Lieber Papa,

Aus unserem stillen Leben möchte ich Dir gerne einen Weihnachtsgruß herüber senden, da es uns dieses Mal doch wohl nur möglich ist, durch Briefe zu zeigen, daß wir das Fest im Geiste mit Euch feiern.

Es wäre ganz hübsch, wenn *Webers*, bei denen wir einige Male waren, uns an dem Abend einlüden, aber bei der Größe der Familie und dem entfernten Verhältnis in dem wir doch am Ende zu ihr stehen, ist doch nicht daran zu denken. Es ist dies bis jetzt die einzige Familie, mit der wir bekannt sind; *Brockhaus* hat, obgleich er uns sehr freundlich aufnahm, nie wieder etwas von sich merken lassen, scheint uns also nur in der Eigenschaft als Briefträger gewürdigt zu haben. *Crusius's* haben wir noch nicht aufsuchen können, da sie erst vor einigen Tagen in die Stadt zurückgekehrt sind und es doch nicht angeht, so kurz vor Weihnachten ihnen unsere Aufwartung zu machen.

Außerdem hatte mir *Kraut* in Göttingen eine Empfehlung an *Prof. Albrecht* mit gegeben – er bezeigte mir großes Wohlwollen, erinnerte sich auch vieler Hamburger, mit denen er zusammen studiert hatte, Dich kannte er auch noch, obgleich schon als älteren Studenten. Er ist übrigens wenig umgänglich, hat, wie ich glaube, keine Familie und steht viel zu hoch, um sich auf Bekanntschaften mit Studenten einzulassen, so daß die ganze Frucht dieser Empfehlung wohl in einer Abfüllung bestehen wird. Er ist übrigens der einzige Professor unter denen, die ich höre, dessen Colleg wirklich etwas wert ist. Sein Deutsches Privatrecht, 6-stündig von 10-11, ist zwar sehr kurz, regt aber sehr zum Denken an, die affektierten und eingebildeten Manieren abgerechnet, die *Albrecht* nicht bloß im Vortrag, sondern in jeder, auch der kleinsten Bewegung, an sich hat, ist er äußerst anregend, scharf und geistreich läßt er seine Zuhörer eigentlich mehr nur einzelne Blicke in das Gebiet des Deutschen Privatrechts tun, als daß er sie mit den Einzelheiten derselben genau bekannt machte; er will nur die Prinzipien, den Geist jedes Instituts seinen Zuhörern klar vor Augen führen; das, was nur auswendig zu lernen ist, überläßt er jedem selbst. So ist das Colleg für den, der es zum zweiten Mal hört, gerade ganz ausgezeichnet.

Abb. 48 Wilhelm Eduard Albrecht (1800-1876)

Ein unangenehmer Abstand ist es daher jedes Mal, wenn ich nach diesem Colleg um 11 Uhr bei *Osterloh*, einem ganz offenen Manne, Zivilprozeß höre: Etwas Gewöhnlicheres, Trivialeres läßt sich wirklich kaum denken, was doppelt unangenehm ist, da der Gegenstand, um interessant zu wirken, mehr als irgendeine andere Jurisprudenz, eine geistvolle Behandlung verlangt. [Studienplanung]

Außer dem Staatsrecht fehlt mir nur noch ein Zivilprozeßpraktikum: das ist aber etwas, was hier gänzlich fehlt. Die beiden Professoren für Zivilprozeß, *Günther* und *Osterloh*, sind, der eine alt und unbedeutend, der andere jung und auch äußerst unbedeutend, so, daß ich gewiß nicht gut daran tun würde, bei ihnen zu hören. Dazu kommt, daß ich im nächsten Sommer hier ein sehr tristes Leben führen würde, da Wilhelm, der jetzt schon außer des Abends und zwei Stunden am Nachmittag immer aus ist, dann den ganzen Tag bis abends spät gewiß außer Hause sein würde, wir also nur ein paar Stunden am Abend zusammen sein könnten. Von unseren Bekannten verlassen uns alle Nichtmediziner, die einzigen, die hier bleiben, sind ebenso den ganzen Tag aus. Dem Mangel eines guten Prozeßpraktikums, was auf jeden Fall die Hauptsache ist, ist aber hier unter keinen Umständen abzuhalten, ich könnte das nur in Jena oder in Göttingen finden, dort bei

Gugel, hier bei *Briegleb*; vielleicht auch bei *Planck* in Kiel, der einen sehr bedeutenden Ruf hat. Nach Jena würde mich wahrscheinlich unser Hausgenosse *Bamberg*, der mit mir im gleichen Semester steht, also die gleichen Collegien hören würde, begleiten; wir arbeiten täglich zusammen und kommen ganz gut mit einander vorwärts. Nur spricht gegen Jena das, daß ich da keinen Falls meinen Doctor machen würde, da der dort nicht im besten Rufe steht; ich müßte dann doch noch auf kurze Zeit zurück nach Göttingen. Ginge ich nun gleich im Sommer nach Göttingen, so würde ich bei *Briegleb* ein ausgezeichnetes Colleg hören, auch das Staatrecht absolvieren und dann im Winter promovieren – gehe ich dagegen erst über's Jahr nach Göttingen, so entgeht mir das unentbehrliche Prozeßpraktikum ganz. Ich bin, wie Du siehst nicht ganz sicher und möchte unendlich gern Deinen Wunsch darüber hören – mir scheint doch Rückkehr nach Göttingen das Geratenste für nächstes Semester.

Bei *Wächter* höre ich nur ein kleines Publicum über einzelne Abschnitte aus den Pandekten; er liest im Winter nur Pandekten, und ich hätte gewiß nicht gut getan, die zum zweiten Mal zu hören, weil es täglich 2 Stunden wegnimmt und das Colleg doch auch nicht so brillant ist, daß man die Zeit gern opferte. Seine Weise zu dozieren ist gewiß sehr gut – populär anschaulich trägt er alles vor, sehr übersichtlich, aber nicht tief in Einzelheiten eingehend, in nicht gerad eminent geistreicher Weise, wie sich das doch von *Albrecht* wohl sagen läßt. [Seite fehlt]

Abb. 49 Karl Georg von Wächter (1797-1880)

8.6. Leipzig, Sylvesterabend 1855 [Wilhelm]

Lieber Papa,

Ich habe Dir sowie Mutter noch für die beiden letzten Briefe nebst den darin enthaltenen angenehmen Überraschungen zu danken, die Deinige kam uns gerade am Weihnachtsabend in die Hände, als wir mit zweien unserer nächsten Freunde auf unserem Zimmer Tee trinkend schweigsam nebeneinander saßen, jeder etwas wehmütig an frühere Weihnachtsfeste zu Hause zurückdenkend; da konnte uns keine schönere Weihnachtsfreude bereitet werden als durch Nachrichten von den Lieben und insbesondere von Deiner Hand, die stets mit ganz besonderem Jubel erbrochen wurden.

Wir hätten Dir schon länger darauf geantwortet, wenn wir nicht beschlossen hätten, der Einladung einiger Freunde in Halle zu folgen, am ersten Feiertage mit ihnen eine ernste doch gemütliche Christfeier zu begehen, und diese uns nicht mit Gewalt genötigt, noch einige Tage länger bei ihnen zu verweilen. Wir haben da bei prächtigen Menschen einige prächtige Tage verlebt, in dem herrlich milden Wetter Halle und dessen nächste Umgebung ziemlich genau kennen gelernt, einen kleinen Abstecher nach dem zur Eisenbahn etwa ¼ Stunde entfernten Merseburg gemacht, anderer Völker Leben und Sitten studiert und erst am Sonnabend wieder unser hiesiges Quartier erreicht. Jetzt kann ich gleichzeitig mit der schuldigen Antwort Dir, Mutter, und den Geschwistern unsere herzlichsten Glückwünsche zu dem neuen Jahre bringen. Der heutige Jahresschluß erweckt natürlich die mannigfaltigsten Erinnerungen aus dem verflossenen Jahr, ebenso die besten Vorsätze für das zukünftige, es verursacht mir aber zugleich auch einen festen Glaubensmut, daß Gott es einem ernsthaften Streben wird gelingen lassen, wie ich es bei aller Schwachheit mir doch stets bewußt bin. Das Streben, Dir Freude und Ehre zu machen, begleitet mich ins neue Jahr hinüber, und ich freue mich über jeden Schritt, der mich einem tätlichen Beweise, in wie weit mir dasselbe gelungen, näher bringt; wenn auch häufig dazwischen noch Zaghaftigkeit überhand zu nehmen droht, so weicht sie doch stets wieder und macht neuer Hoffnung Platz.

Der Leipziger Aufenthalt wird für mein Leben, glaube ich, von großer Wichtigkeit; ich fühle jetzt schon, wie in dem kurzen Vierteljahr sich manches in mir verändert, frühere Auffassungen berichtigt, vervollständigt, ganz neue sich aufgetan, wie endlich das ganze früher unübersehbare Arbeitsfeld sich mehr und mehr abrundet, umgrenzt. Ich danke Dir daher dafür, daß Du damit einverstanden, wenn ich nächsten Sommer hier noch bleibe und zum Winter nach Göttingen zurückgehe; so schwer mir der Gedanke wird, von Friedrich mich auf längere Zeit trennen zu müssen, so sehe ich doch klar ein, wie für ihn ein längeres Bleiben hier ziemlich zwecklos, und suche mir einzureden, daß es auch für mich ganz nützlich sein möchte, einmal eine Zeit lang ihn zu entbehren.

Was Du mir von weiteren Absichten und Aussichten nach der Promotion schreibst, hat in mir allerhand Gedanken angeregt und erneuert, über die ich ein anderes Mal weitläufiger zu schreiben gedenke; vorläufig kann ich sie noch nicht vollständig übersehen; sie laufen nämlich auf die Frage hinaus, wann es geratener sei, eine Reise in die großen Städte zu machen [s. Lit 1], ob vor oder nach dem

Cursus im Hamburger Krankenhaus, von dem es mir, nach allem, was ich jetzt zu beurteilen verstehe, höchst plausibel erscheint, ihn durchzumachen. […]

Ein herzliches Lebewohl von Deinem treuen Sohn
Wilhelm

8.7. Leipzig, den 9.1.1856 [Friedrich]

Meine liebe Henriette,
Einen fröhlichen und herzlichen Neujahrsgruß zu Dir und nun außerdem Dank für Deinen Brief, der, obgleich ich ihn gern doppelt so lang gehabt hätte, mir eine sehr große Freude gemacht hat.

Am Sylvesterabend schrieb Euch Wilhelm, und er wird Euch wohl geschildert haben, wie wir den Weihnachtsabend hier feierten. Es war ein ganz stiller Abend, und wohl wünschte ich mich manchmal hinüber zu Euch, um am Kinderjubel und am großen hellen Tannenbaum, den ich nun schon so lange nicht gesehen, mit fröhlich Anteil nehmen zu können. Es war aber nicht zu machen, und nun ist es mir auch ganz recht, das Fest über hier geblieben zu sein, da wir manche fröhliche Tage hier verlebt haben. Am Weihnachtsabend waren wir, unserer vier, allein zu Hause, tranken Tee und suchten uns durch kleine Geschenke daran zu erinnern, daß wir ein Fest zu feiern hatten, wanderten dann etwas durch die Straßen, um Christbäume leuchten zu sehen.

Eigentlich Weihnacht gefeiert haben wir erst am ersten Feiertag. Da hörten wir zuerst eine köstliche Predigt von *Ahlfeld* über Joh. 1,14 – so etwas, wovon sich jemand, der nur Hamburger Prediger, selbst *Rehoff, Bertheau und Wichern*, gehört hat, gar keinen Begriff machen kann –, setzten uns dann auf die Eisenbahn und fuhren, 1 Stunde weit, nach Halle. Dorthin hatten uns befreundete Studenten eingeladen, um mit ihrer Verbindung zusammen zu feiern. In einem großen Saal standen 4 Tische, in der Mitte ein Tannenbaum, an jedes Platz seine Geschenke und selbst der Kuchen fehlte nicht, so daß alles an eine feierliche Weihnachtsfeier erinnerte. Zur Einleitung sprach ein Superintendent aus Halle einige Worte, die freilich ebenso gut hätten unterbleiben können, aber doch, verbunden mit den Chorälen, die zum Anfang und Schluß gesungen wurden, dem Ganzen einen netten ernsten Charakter gaben. Inzwischen wurde Schokolade getrunken, die Verslein, die eines jeden Geschenke begleiteten, mitgeteilt und einige Lieder gesungen. Kurz, das Ganze war überaus gemütlich und vergnügt. Ein paar Tage blieben wir dann noch da, fuhren dann am Sonnabend wieder zurück, um hier miteinander das Neue Jahr zu beginnen.

Am Sylvesterabend ist hier in allen Kirchen Gottesdienst, wir hörten wieder *Ahlfeld* predigen, über Ps. 104, eine Dank- und Bußpredigt voll Kraft und Feuer, durch kleine Erzählungen aus der Kirchengeschichte oder aus dem Leben seiner Gemeinde, durch herrliche Bilder und dadurch, daß er auch nicht das geringste Blatt vor den Mund nimmt, reißt er gewaltig hin, am Schluß jeder Predigt spricht er ein Bußgebet, erteilt dann die Absolution – seine Kirche ist auch immer gedrängt voll. Dann um 8 versammelte sich unsere kleine Schar auf unserer Stube, wo eine kleine Punschbowle veranstaltet wurde. Nach einem ernsten Lied, das einem fröhlichen folgte, erscholl die 12te Stunde, und wir wünschten uns alle von Herzen ein glückliches neues Jahr. In den Straßen war es ganz still, nichts von dem fatalen Schießen und Lärmen der Hamburger Neujahrsnächte, wir durchwanderten sie noch einmal und hörten von vielen Vorübergehenden: Prosit Neujahr! So daß es an Wünschen gewiß nicht gefehlt hat. Möchte es nur an der Erfüllung auch nicht fehlen!

Abb. 50 Pastor Friedrich Ahlfeld (1810-1884)

Am Neujahrstage ging einer *Ahlfeld'schen* Predigt eine wundervolle Kirchenmusik in der Nikolaikirche voraus; ich höre sie immer unendlich gerne, obgleich es mir nicht recht in den Sinn will, daß solche, wenn auch geistliche Musik, die von einem zahlreichen Orchester ausgeführt wird, bei der nur wenige die Textworte verstehen können, viel zur Erbauung der Gemeindeglieder beitragen wird; wenigstens Unmusikalische sind darin, glaube ich, mit mir einer Meinung – das zeigt sich auch darin, daß, wenn die Predigt langweilig ist, viele nur die Musik anhören und dann wieder fortgehen, sie wollen nur den ästhetischen Genuß und kümmern sich um den eigentlichen Gottesdienst nicht.

Jetzt sieht das neue Jahr ganz wie das alte aus, dasselbe eintönige Leben, nun ist auch derselbe Kreis wieder beisammen. Etwas Abwechslung bietet nur die Neujahrsmesse, die nun schon bald 14 Tage dauert – der ganze Augustusplatz ist mit Buden bestückt, in vielen Messen ist es auch vor Buden und Gewimmel kaum durchzukommen. So gefährlich wie in der Ostermesse ist es aber doch noch nicht, namentlich fehlt aller Lärm von Kunstreitern etc., der Leipzig dann beunruhigt.

[...] In beiliegendem Schächtelchen möchte ich Dir, zwar nicht als Weihnachts- aber doch vielleicht als Neujahrsgeschenk, ein kleines Produkt italienischer Kunstfertigkeit, als Zeichen vom Dasein der Messe, verehren. Es wurde mir durch die Gunst des Glückes zu Teil von mehreren, die es unter sich ausspielten, ich der Glücksvogel war, dem es zufiel, da Du aber ohne Zweifel eine viel würdigere Besitzerin bist, so erlaube ich mir, das Sächelchen Dir anzubieten. Im Übrigen darfst Du Dich nicht wundern, wenn ich, unbekannt in der großen Stadt und zurückgezogener Bewohner meiner Stube, Dir nicht so viel Neuigkeiten mitteilen kann, als es Dir aus der Menge Hamburger Ereignisse möglich ist. Sollte doch auch der Brief eigentlich nur ein Neujahrsés- und Liebesgruß sein, und als solchen wirst Du ihn hoffentlich auch annehmen.

Von ganzem Herzen,
Dein F. Sieveking

8.8. Leipzig, den 13.2.1856 [Friedrich]

Lieber Papa,

Als Antwort auf Deinen letzten Brief möchte ich Dir einige Gedanken mitteilen, die schon im vorigen Jahr unbestimmt sich in mir bemerklich machten, in diesem Jahr aber ziemlich feste Gestalt genommen haben. Die Absicht, die ich im letzten Brief aussprach, nach Göttingen im nächsten Semester zurückzukehren, die Du auch billigtest, war doch nicht ganz unzweifelhaft fest gewesen, und ich glaube jetzt entschieden, eine bessere Wahl für nächsten Sommer treffen zu können. So sehr für Göttingen auch das *Briegleb*'sche Praktikum spricht, so glaube ich doch kaum, ein so stilles und zurückgezogenes Leben da führen zu können, daß da die Zeit ersprießlicher werden würde, als wenn ich eine andere Universität, wo es an einem guten Prozessualisten nicht fehlt, besuche. Von allen Bekannten, die bald neue um sich versammeln werden, würde ich in Göttingen noch viele treffen, die mich doch immer sehr stören würden, von denen sich ganz abzuschließen auch viele Unannehmlichkeiten zur Folge hätten. Doch würde sich dies vielleicht noch überwinden lassen, wenn ich nicht anderswo, wo solche Hindernisse fehlen, auch ebenso gute Collegien, besonders Praktika, finden könnte. In der Hinsicht empfiehlt sich mir Jena am meisten – nur ein Umstand ist dabei, daß ich nämlich doch nach einem Sommer Jena wieder verlassen müßte, weil das dortige Examen keinen besonders guten Klang hat. Aber abgesehen hiervon finde ich da in jeder Hinsicht, was ich suche, viele Jenaer Studenten, die ich danach gefragt habe und die doch die besten Quellen für solche Dinge sind, schildern mir *Gugel* als einen ausgezeichneten Prozessualisten, dessen Praktikum außerordentlich lehrreich sein soll; außerdem sind auch fürs Staatsrecht nicht unbedeutende Kräfte in Jena, *Michelsen* und von jüngeren *Schulz* und *Hahn*: obgleich der Vortrag der beiden ersten viel zu wünschen übrig lassen soll, so rühmte sie mir *Prof. Albrecht* doch in wissenschaftlicher Hinsicht sehr. [...]

Auch sollen sich die Professoren in Jena den Studenten gegenüber sehr leutselig benehmen, namentlich auch *Gugel*, und ich habe hier leicht Mittel, Empfehlungen an sie zu bekommen. Gehe ich einmal nicht nach Göttingen, so ist Jena als nah, billig, als reine Universität ohne abziehende Vergnügungen und dergleichen gewiß das Empfehlungswerteste, auch abgesehen von wissenschaftlichen Rücksichten; dazu kommt, daß es nicht gar weit von hier ist, besonders von Ostern an nach Eröffnung der Leipzig-Weißenfels'schen Bahn, so daß Wilhelm und ich leicht einmal zusammentreffen können.

Ich fragte *Albrecht* neulich um seinen Rat, er war zwar von *Briegleb* sehr eingenommen, sagte aber doch ebenso viel für Jena, und am Ende kann auch die Meinung eines Professors, der einen Dozenten einer ihm fern stehenden Disziplin beurteilen soll – selbst wenn er, was *Albrecht* nicht tut, dem einen unbedingt vor dem anderen den Vorzug gibt –, nicht so maßgebend sein, wie die älterer Studenten, die aus eigener Erfahrung die Mängel und Vorzüge des Vortrags etc. kennen. Bei der Gelegenheit übrigens hatte ich mit *Albrecht* eine mehrstündige Unterhaltung, die mich sehr interessierte. Wir tranken, ganz für uns allein, Tee und kamen dann in juristische Gespräche, zunächst über juristische Personen, was gerade *Albrechts* Steckenpferd ist, indem er hier in ganz selbständiger Weise die juristische Persönlichkeit, in unvollkommener Weise wenigstens, auf weit mehr Subjekte ausdehnt als irgend ein anderer. Er ist gerade hierin sehr abweichend von *Wächter* – meiner Meinung nach bedeutend gründlicher und geistreicher, von W.'s Argumentation meinte er immer, sie wäre nicht schlagend. Es war ein sehr hübscher Besuch – er sehr zuvorkommend und liebenswürdig. Sein Colleg ist wahrhaft ausgezeichnet, macht mir jeden Morgen mehr Freude – so gar kein Überfluß an beschwerlichem Stoff, der nur eine tote Masse ohne Geist und Leben ist. Alles ist scharf durchdacht auf bewunderungswürdig einprägende Weise vorgetragen – kurz meisterhaft, so daß ich die Mängel des Prozeßcollegs wohl verschmerze. […]

Ich verfiel neulich auf ein Thema, das am Ende Gegenstand einer Dissertation werden könnte, nämlich der *modus.* Ich habe nirgend darüber eine einzelne Abhandlung gelesen oder gesehen, obgleich gerade hier die Quellen sehr reich sind. *Savigni* spricht davon auf ein paar Seiten. Ich finde nur fast, das Ding ist zu umfangreich, denn die verschiedenen Lehren der Bedingungen, der Innominalcontracte sind gar nicht zu umgehen dabei und führen doch ein bißchen zu weit.

Vom sonstigen Leben läßt sich hier kaum viel berichten – so viel Lärm in der Stadt ist, so berührt uns in unserem hohen Palais doch wenig davon, sogar von den Gewandhauskonzerten, die nach Vieler Meinung doch jeder, der so lange in Leipzig war, gehört haben mußte, hat uns keins angezogen. Vor einigen Tagen haben wir endlich auch *Dr. Crusius* getroffen – der Besuch hatte sich, teils dadurch, daß die Familie erst um Weihnachten in die Stadt kam, teils durch Mißlingen einiger Versuche verzögert, der erste Eindruck war ein sehr angenehmer – wir werden wohl manchmal abends bei ihnen Tee trinken, viel Genuß freilich darf ich mir wenigstens nicht mehr von der Bekanntschaft versprechen.

Sonstige Gesellschaften haben wir in der letzten Zeit keine mitgemacht, da die sich öfter wiederholenden Einladungen zu Professorenbällen wegen Nichttanzens constant abgelehnt werden mußten; diese Kunst vermißt man hier wirklich schmerzlich, denn überall bieten sich Bälle dar, die gewiß zur Kenntnis der Leipziger Gesellschaft ein sehr gutes Mittel wären. So ist denn der Segen davon, daß die Universität in einer großen Stadt liegt und die Studenten unter dem Schwarm anderer junger Herrn etc. verschwinden, nicht groß, die Eigentümlichkeiten studentischen Lebens verlieren sich, von dem Großstädtischen der hiesigen Gesellschaft wird nicht viel verspürt. Ich bin's aber gerad für diesen Winter sehr zufrieden, ich suche keines von diesen beiden Dingen – nur möchte ich keinen langen Aufenthalt hier als Student. [...]

Grüße herzlich Mutter und die Geschwister. Von *Henriette* kommt hoffentlich <u>bald</u> wieder ein <u>langer</u> Brief.

Dein treuer Sohn
Friedrich

8.9. Leipzig, den 23. Feb. 1856 [Wilhelm]

Liebe Mutter,

Mit großem Dank sende ich Dir die Briefe der Brüder zurück; *Johannes* sein Brief ist eben dadurch, daß er mehr tagebuchartig niedergeschrieben, die Eindrücke und Gefühle des Augenblicks dem Freunde gleich mitteilt, sehr interessant, freilich aber auch dadurch oft etwas ungeordnet, unzusammenhängend. [...] Jammerschade ist es, daß er *August* in Calcutta wohl schwerlich noch getroffen; der hätte ihm das Einbürgern im fremden Volk und Klima gewiß wesentlich erleichtert, den gehörigen Respect vor den Sonnenstrahlen beizubringen gewußt etc. Ob *August* von China nach Hamburg zurückkommt, ist wohl noch ganz ungewiß? [...]

Mir wird der Sommer wohl etwas sehr einsam hier vorkommen; doch hat das auch sein Gutes, und wenn auch viele Annehmlichkeiten dieses Winters damit schwinden, so würde ich doch, auch wenn Friedrich noch hier bliebe, nur sehr wenig mit ihm zusammenkommen können, da eine ausgedehnte Praxis von allen Seiten meine Kräfte den ganzen Tag lang in Anspruch nehmen wird. Das stolze Logis hier werde ich denn natürlich auch verlassen und mir ein bescheideneres aussuchen; ich will mich in den nächsten Tagen schon nach einem solchen umsehen, doch bleiben wir bis zum ersten April jedenfalls noch zusammen in unserem Palais wohnen.

Das Semester wird in 2-3 Wochen schon geschlossen; dann folgen einige stille erwünschte häuslich arbeitsame Ferienwochen, die zuletzt vom Messe-Schwindel in das neue Semester hinüber geleitet werden. Hoffentlich ergabele ich eine messefreie Wohnung. Das tägliche Leben geht seinen Alltagsgang fort; nichts Ungewöhnliches passiert, doch macht das Lernen und das Gefühl vorwärtszukommen viel Spaß. Hin und wieder fällt Zeit für Unterhaltungslektüre ab; als solche haben wir jetzt die meisten Sachen von *Macaulay*, dann *Immermanns* Münchhausen vor. Ein Lesemuseum, wie es in Göttingen in größter Vollkommenheit bestand, wird hier schmerzlich vermißt; man sieht so viele anziehende Tagesneuigkeiten in den Buchläden ausliegen und kann nicht dazu kommen. Zum Glück werden in dem Wirtshaus, wo wir zu Mittag essen, einige anständige Zeitungen, dann auch die Hamburger Nachrichten, gehalten.

Augusts Brief aus Panama ist nicht mehr in unseren Händen; wenn ich nicht irre, so war es Weihnachten vor einem Jahr, als er von *G. Poel* befördert wurde.

An *Henriette, Lorenz, Oldenberg* die herzlichsten Grüße, vor allem aber an den lieben Papa, der hoffentlich wieder völlig hergestellt sein wird, sonst um möglichste Schonung gebeten wird von seinem treuen Sohne
Wilhelm

Abb. 51 Johannes Sieveking (1832-1909)

8.10. Leipzig, den 3. März 1856 [Friedrich]

Lieber Papa,

Durch Henriettes freundlichen Brief mit der Einlage von *Johannes* haben wir die frischesten zugleich sehr erfreuliche Nachrichten von Hause bekommen, und beeile ich mich, ihr unseren beiderseitigen Dank, der aber nur Vorläufer eines Antwortschreibens sein soll, auszudrücken. Es war sehr nett, daß Ihr uns die Briefe der Brüder zuschicktet: besonders *August* seine waren sehr nett zu lesen, der ausführliche Brief von *Johannes* zwar lang und mühsam durchzustudieren, aber doch nicht so glatt und eben, etwas abgerissen, obgleich stellenweise ganz interessant. Um die Reise [nach Indien] beneide ich ihn, es muß ein wunderbar gewaltiges Gefühl sein, hart an allen den Ländern vorüberzufahren, sie teilweise selbst zu betreten, von deren Geschichte und Bedeutung man so unendlich viel und lange gehört, die einem dadurch so vertraut geworden sind. Er wird durch seinen jetzigen Beruf in himmelweit verschiedene Kreise geführt und von unendlich anderen Anschauungen erfüllt als wir jüngeren Brüder, die still auf der Scholle haftend im ruhigen Studierzimmer das in uns aufnehmen, was uns im späteren Leben der Hauptsache nach beschäftigen wird und sich später entwickeln soll. In Gedanken an eine spätere Zukunft freue ich mich sehr dieser verschiedenen Führung – was der eine nicht miterlebt und sieht, erfährt der andere, und wenn dann wir uns vielleicht in Ruhe einmal vereinigen, so werden sich die verschiedenen Interessen, die jeden erfüllen, herrlich ergänzen.

Daß mir der stille Teil des Juristen zugefallen, ist mir dabei sehr angenehm – ich sehe das Studium als eine Bahn an, auf der möglicherweise viele schöne Ziele erreicht werden können, auf der man, mehr als auf irgendeiner anderen, vor Einseitigkeit bewahrt und darauf angewiesen wird, sich ruhig im Leben umzutun, auf der sich zugleich die mannigfaltigsten Interessen, bezeichnet durch den weiten Umfang der Staatswissenschaften, vereinigen. Je weiter bei fortschreitendem Studium und zunehmendem Interesse an den gegenwärtigen Ereignissen der Gesichtskreis wird, desto mehr freue ich mich meiner Wahl. Im Augenblick herrschte, wie natürlich, in mir die spezifisch juristische Tendenz vor, und es macht mir Vergnügen, auch die kleinsten persönlichen Vorfälle im Leben juristisch aufzufassen und zu begreifen, zugleich die Äußerungen der Gesetzgebung z.B. in der preußischen und bayerischen Kammer, soweit sie gerade das Privatrecht betreffen, zu verfolgen. Durch das hiesige Leben bin ich auch von selbst darauf gewiesen: in einer Wohnung, ja fast in einem Zimmer mit einem Juristen [Bamberg], der mit mir im gleichen Semester steht, und ganz dieselben Arbeiten treibt – habe ich genug Gelegenheit, die Wissenschaft in Mitteilung und Mitsammenarbeiten zu pflegen Die Häuslichkeit hat sich hier ganz nett gestaltet, wenn schon das Leben etwas sehr einförmig ist. Der Mangel fast jeden Familienumgangs und anregender Bekanntschaft bringt das selbstverständlich mit sich; ich sage das übrigens nicht so, als bedaurte ich diese Einförmigkeit sehr, sie hat viel Gutes, darf nur nicht zu lange währen, und deshalb ist es mir auch nicht unlieb, Leipzig Ostern den Rücken zu kehren, weil ich im nächsten Sommern ganz auf mich beschränkt sein will.

Die Ferien haben wir bis jetzt die Absicht, hier in aller Stille zuzubringen. Wilhelm bereitet sich zum Praktikanten vor, denkt deshalb hier noch die Wochen fleißig zuzubringen, woraus in Hamburg natürlich nichts werden kann, ich möchte gern auch einige Abschnitte noch hinter mir haben, ehe ich ins nächste Semester trete, wobei es mir freilich – anders als Wilhelm natürlich – gleich ist, ob ich die Arbeiten hier mache oder gleich auf die andere Universität gehe; nur in Hamburg ist ein arbeitsames Leben in der Ferienzeit unmöglich.

Dazu freilich möchten wir um die Sendung des Quartalswechsels bitten: Trotz sparsamer Haushaltung, bei Vermeidung aller Extravaganzen, verschlingt [ihn] das Leipziger Leben doch ziemlich rasch [offene Rechnungen], dennoch wird ein fortgesetztes ökonomisches Umgehen mit dem Geld es uns möglich machen, keine weiteren Bitten tun zu müssen.[…]

Mit herzlichem Gruß an Mutter und die Geschwister in treuer Liebe,
Dein Friedrich

8.11. Leipzig, den 16. März 1856 [Friedrich]

Lieber Papa,
Unseren herzlichen Dank sage ich Dir für die glücklich an uns gelangte Sendung von 250 T, deren unerwartet reicher Segen eine höchst angenehme Überraschung war. Was Deinen Brief anbetrifft, so freute ich mich sehr, daß Du meine Absicht, nach Jena zu gehen, billigst. Ich halte es wirklich für das Beste, wiewohl Göttingen mir noch nicht völlig aus dem Sinn geschwunden ist; ich werde da ein sehr ruhiges Leben führen und die Lücken meiner Kenntnisse fast in allen Beziehungen ausfüllen können.

Wann ich von hier abreise, weiß ich noch nicht bestimmt: unsere Wohnung ist nur bis zum 1. April gemietet, und etwas früher als mit dem Beginn des nächsten

Semesters möchte ich deshalb abreisen, weil die neue Einrichtung, Hausmieten, Immatrikulation etc. gar zu sehr stören, wenn die Collegien erst ihren Anfang genommen haben. Freilich wird der Bestand meiner Arbeiten hier wohl entscheidend sei, da ich in den Ferien noch gern einige bestimmte Gegenstände absolviert hätte. Diese Ferien haben heute begonnen, und außer am Aufhören der Collegien bemerke ich sie schon an der immer zunehmenden Ruhe und Einsamkeit. Unser Hausgenosse *Bamberg* ist gestern morgen abgereist, *Catenhusen* wird wohl in den nächsten Tagen gehen, heute und gestern sind noch mehrere von hiesigen Bekannten abgezogen, und so werden wir beiden hier bald ziemlich allein sein – um in Gesellschaft eines alten Juristen, der in einigen Wochen sein Examen machen wird und neben uns in der früher von *Bamberg* inne gehabten Stube sein Wesen treibt. […]

Auf Deine Durchreise durch Leipzig freue ich mich unendlich, umso mehr, als ich in den Herbstferien doch vielleicht nicht dazu komme, nach Hamburg zu reisen. Das vergangene Semester hat mir doch trotz seiner Mängel eine schöne Erinnerung an Leipzig geschaffen, der Abschied wird mir freilich nicht so gar schwer – das Leben im Sommer wird ebenso ungemütlich wie das Studium bei der Beschaffenheit der hiesigen Collegien unersprießlich. […]

Eine angenehme Bekanntschaft haben wir hier, leider nur etwas spät, an der Familie des *Dr. Crusius* gemacht, besonders er macht durch liebenswürdiges Aussehen und große Freundlichkeitn einen sehr guten Eindruck, überhaupt aber ist es schon erfreulich, eine Familie zu kennen, die das menschliche Element noch zu Ehren kommen läßt; als Lübeckerin hat die *Frau Doctorin Crusius* besonderes Interesse am Norddeutschen, besonders auch an Hamburg; außer den Eltern ist gegenwärtig nur eine erwachsene Tochter im Hause, die weniger durch Schönheit als durch ein freundlich heiteres Wesen einnimmt. Es tut mir leid, ihrer Aufforderung, sie auf ihrem Gut bei Altenburg zu besuchen, nicht nachkommen zu können, weil ich dann nicht mehr in Leipzig bin: doch kann sich ja möglicherweise auch einmal von Jena aus Gelegenheit dazu finden. Ebenso forderte und Frau *Brockhaus* uns zu einem Besuch auf ihrem Landsitz auf, ich hielt mir die Möglichkeit wenigstens offen.

Morgen schreibe ich an *Johannes*, ich kann heute abend noch nicht dazu kommen und wollte Dir doch die glückliche Ankunft des Geldbriefes schleunig berichten. Nächstens muß ja wohl der versprochene längere Reisebericht von *Johannes* eintreffen – bei seinem Aufenthalt in Calcutta hat er doch gewiß Zeit, ihn auszuarbeiten. Aus seinem Brief amüsierte mich am meisten die Beschreibung von Alexandrien – im Übrigen scheint er, namentlich auf dem Dampfboot bis Alexandria und auch auf dem Indischen Ozean wenig angenehme Gesellschaft und also auch wenig Anregung gehabt zu haben. Seine Beschreibung der Engländer paßt eigentlich genau auch auf die englischen Rhein- und Schweizreisen, nur nahmen sie dort vielleicht ein noch etwas souvaineres Aussehen an, als sie es doch hier in Deutschland wagen. Mich hat das immer auf der Reise den Rhein hinauf geärgert, und es freut mich sehr, daß der abscheuliche Stolz der Engländer durch den letzten [Krim-]Krieg doch einmal eine etwas schwere Kränkung erfahren hat, indem sie doch Rußland nicht überwunden haben und Frankreich jetzt so gut wie ganz sich fügen müssen. Wir haben in letzter Zeit natürlich die Zeitungen sehr eifrig studiert: nach Tisch finden sich immer die Augsburger Allgemeine und die Kreuzzeitung zu unserer Disposition in dem Gasthaus, wo wir essen. Durch letztere habe ich auch Interesse für die preußischen Kammerverhandlungen genommen, in denen mich besonders die Verhandlungen über Gegenstände aus dem Privatrecht, überhaupt aus der Rechtswissenschaft – die Richtung und Fortschritte der Gesetzgebung in dieser Hinsicht interessieren. Hamburgensien erfahren wir, so gut es geht, durch die Hamburger Nachrichten, in kirchlichen Bewegungen erwecken sie großes Interesse, hoffentlich geben die jetzigen Reibungen den Anlaß zu einem neuen Leben in kirchlicher Hinsicht.

Ich schreibe mit meinen Gedanken sinnend über Leipzig hinaus – wüßte aber auch kaum, wenn ich wieder zurückkäme, etwas Besonderes von hier zu berichten. Höchstens das, daß wir heute den weltberühmten Azteken den schuldigen Besuch abstatteten, wenn sie auch durch die angebliche Abstammung von einer besonderen, ausgestorbenen Nation nicht interessieren, so amüsieren doch die wunderlichen Gestikulationen, Sprünge, das papageiähnliche Geschrei dieser Individuen, die nur durch 3 oder 4 englische Worte, die sie aussprechen können, ihre menschliche Natur verraten – sonst die allerabsoluteste Dummheit, die sich denken läßt; bei dem etwa nur faustgroßem Umfang ihrer Köpfe wäre es auch höchst auffallend, wenn sie irgend eine bemerkenswerte Spur von Verstand hätten. Etwas mehr Verstand zeigen der Buschmann und die Korehne, die sie begleiten; obgleich auch deren Fähigkeiten, da sie zu nichts als zum Gelderwerb durch Vorstellungen gebraucht werden, in hohem Grad unentwickelt sind.

Im Übrigen, denkt nur an unser stilles Zimmer, wenn Ihr unseren Lebenslauf während der Ferien verfolgen wollt, wir werden uns wohl ziemlich getreulich an dasselbe halten.

Dein treuer Sohn
Friedrich

8.12. Leipzig, den 21.März 1856 [Wilhelm]

Liebe Mutter,
Einliegend schicke ich Dir die Briefe der Brüder mit herzlichem Dank zurück. [...]

Bei uns geht es, abgesehen von den regelmäßigen Fruhlingserkältungsleiden, ganz gut; die Collegien sind seit laängerer Zeit schon geschlossen, mehrere unserer Freunde für immer oder nur für die Ferien abgereist; doch sind auch noch einige zurückgeblieben, so daß das Gefühl des Verlassenseins, welches den, der die Ferien auf der Universität zubringt, so leicht befällt, nur ziemlich mäßige Grade erreichen wird. Allerliebst war der dreitägige Besuch, den *Classen* uns hier machte, als neugebackener Doctor war außerordentlich wohlauf, war entzückt von dem Leben in Breslau, sowohl in wissenschaftlicher wie in gesellschaftlicher Beziehung, letzteres namentlich wegen des vertrauten Umgangs mit *Th. Mommsen*; daher wird er dann auch im Sommer wieder hinübergehen und erst zum Winter vielleicht eine größere Stadt besuchen. Persönlich war er ganz unverändert geblieben, frisch, offen, natürlich, wie wir ihn in Göttingen gekannt und liebgewonnen haben; wenn er von seinem Triumphzug nach Frankfurt zurückkehrt, wird er hier wohl wieder einige Zeit vorsprechen.

Dicht nach dem Feste beginnt hier die lärmende Ostermesse; ich freue mich eigentlich darauf, sie einmal von Anfang bis zu Ende ansehen zu können, da ich mir von dem großen Menschengewühl, dem bewegten Leben und Treiben der Tage keinen rechten Begriff machen kann. Glücklicherweise ist unsere Wohnung messefrei, so daß man sich jeden Augenblick nach Belieben zurückziehen kann.

Außer zu häuslichen Arbeiten kann ich die Ferien hier auch schon vortrefflich praktischen Sachen zuwenden, da natürlich die meisten Studenten verreist sind und so für die Zurückbleibenden desto größerer Stoff bereit ist. Viel Gewinn habe ich namentlich von dem jungen *Dr. Maler*, den ich schon in Göttingen etwas kennen lernte und der sich unserer jetzt auf eine prächtige Weise annimmt; er strömt beständig über von medizinischer Belehrung, zieht mich zu seinen wissenschaftlichen Versuchen hinzu, kurz, weiß sich nicht nützlich und beliebt genug zu machen. Seine nähere Bekanntschaft wird mich hoffentlich im Sommer die Einsamkeit weniger fühlen lassen, in die mich der Abzug fast aller unserer Bekannter versetzt.

Die Geschwister und Nächsten bitte ich freundlich zu grüßen; wie gern wäre ich – wenn auch nur für die Feiertage – in Eurem Kreise; zu einem solchen Feste gehört doch einmal die Familie, wenn es den rechten Segen haben soll; man bleibt sonst so leicht kalt und gleichgültig, ohne sich dagegen wehren zu können.

Mit herzlicher Liebe Euer treuer Sohn
Wilhelm

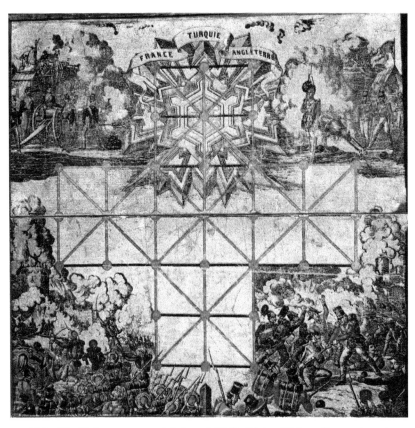

Abb. 52 Belagerungsspiel (um 1855): Krim-Krieg: Sewastopol

9. Das siebte Semester in Leipzig und Jena: Sommer 1856

Wilhelms Collegs in Leipzig:
Medizinische Klinik bei Weber

Friedrichs Collegs in Jena:
Civilprozeßpraktikum bei Prof. Gugel
Pandektenrepetition bei Dr. Koeppen
Staatsrecht bei Hofrat Schulz

9.1. Jena, den 5. April 1856 [Friedrich]

Jena, Johannisplatz, Zeugschmidt Brätsch

Lieber Papa,

Vielleicht ist Euch schon durch einen Brief von Wilhelm die Kunde von meiner Übersiedlung hierher zuvorgekommen, so daß ich mit meiner Nachricht nicht mehr überrasche; keinesfalls aber hat er Euch davon benachrichtigen können, wie es mit mir in Jena zugeht, und will ich deshalb den Anfang meiner neuen Laufbahn Euch berichten.

In Leipzig hatte der unglaubliche Wirrwarr und Handel der durch die Vorbereitungen zur Messe hervorgerufen war und am Anfang der nächsten Woche über alle Begriffe enorm zu werden versprach – verbunden mit großer Kostspieligkeit des dortigen Lebens –, meine Abreise beschleunigt. Nachdem ich durch die Fülle der Straßen, Märkte und Wirtshäuser, durch die Mannigfaltigkeit von Physiognomien, Sprachen, Trachten, durch unaufhörliche Gespräche über Geld und Geschäfte, die einen auf der Messe verfolgen, durch Hunderte von neuen Judengesichtern, die sich der Menge von den alten Leipziger Mauschels zugesellt hatten und einige Straßen fast unpassierbar machten, und endlich rasch aufeinander folgende Ankündigungen von Kunstreitern, Zaubervorstellungen etc. etc. einen Vorschmack vom Messegetümmel bekommen hatte, entzog ich mich eiligst dem der Zeit wie dem Beutel gefährlichen Gewimmel, machte die nötigen Abschiedsvisiten, packte und reiste von Leipzig am Dienstag, den 3. April, ab.

Die Trennung fiel mir nicht gar schwer, die Aussicht auf ein sehr erspießliches – soweit es nicht an mir liegt, kann ich das wenigstens schon jetzt sagen – Semester in Jena, auf einen ganz verfehlten Sommer, wie ein in Leipzig zugebrachter gewiß geworden wäre, erleichterten den Abschied, und das einzige, was mir ungewohnt ist, die Trennung von Wilhelm, wird auch durch die Hoffnung auf baldiges Wiedersehen im Sommer und dann in Göttingen gemildert.

So zog ich höchst fidel fort, noch von drei Freunden, den letzten, die noch in Leipzig waren, an den Bahnhof gebracht, und kam auf der neu eröffneten Leipzig-Corbethaer Bahn um 10½ Uhr in Apolda, von da zu Einspänner in einer guten Stunde um Mittag hier an. Ich freute mich ungeheuer, als ich auf dem Weg von Apolda hierher wieder Berge sah, die allmählich höher wurden und enger an einander herantraten, bis plötzlich bei einer Biegung des Weges das kleine Jena, mitten zwischen herrlich-geformtesten Bergen liegend, freundlich hervorguckte. Wieder eine kleine Stadt mit schiefen Häusern, winkligen Straßen, schlechtem

Straßenpflaster und noch schlechterer Straßenbeleuchtung – das ist doch besser als die langweiligen geraden gedrängt vollen Straßen Leipzigs mit den brüllenden Läden und der Commisbevölkerung, mit dem mißlungenen Bestreben, den Charakter einer Großstadt zu tragen. Dabei die herrliche Lage, in einem schönen Tal, das nach oben und unten eine ziemlich weite Fernsicht durch leise voreinander sich vorschiebende Berge hindurch gewährt, nach beiden Seiten ziemlich dicht von Höhen begrenzt ist, die nur durch kleine Täler unterbrochen sind und dadurch noch mehr in ihren eigentümlichen Formen hervortreten. Dies alles gegen die ewige unendliche Ebene Leipzigs mit ihren Feldern, mit Dörfchen und Kirchtürmen ohne Hügel, ohne Wald, ohne ordentliches Wasser – ich erhielt dadurch den herrlichsten Eindruck von der Welt, den eine köstliche Sommerwitterung noch erhöhte.

Mit Hilfe eines bewanderten Postillons, an den ich hier gewiesen war, fand ich nun auch bald nach meiner Ankunft eine hübsche Wohnung, eine Treppe hoch, an der Promenade, dem nobelsten Spaziergang in der Stadt, mit der Aussicht auf Syringenbüsche und aus einem Seitenfenster auf eine von Birken umgebene Turmruine, die zur alten Stadtmauer gehörte. Die Benutzung dieses Turmes sowohl, auf dessen Zinne man ganz Jena und das Saaletal weit hinauf und hinunter, zu beiden Seiten ebenso ganz frei auf die nahen Berge sieht, sowie die eines niedlichen hinter dem Hause gelegenen Gasthauses, steht mir frei; im Sommer kann ich unter einem Aprikosenbaum herrlich an einem kleinen runden Steintisch arbeiten, auf der Spitze des Turmes frische Luft genießen.

Zugleich ist das Zimmer kühl, die Wirtsleute sind nach allem, was ich gehört und soweit ich bis jetzt aus eigener Erfahrung weiß, höchst rechtliche gefällige Leute – eine Familie bestehend aus einem noch kräftigen Alten und zwei Töchtern, die die Aufwartung behende besorgen. Durch eine Vordiele getrennt liegt ein anderes Zimmer, das ich für einen mir schon von Göttingen und Leipzig her befreundeten Juristen, der mit mir im gleichen Semester ist und mit dem ich zusammen arbeiten werde, *Bamberg*, gemietet habe.

So läßt sich alles aufs Beste an. Habe ich nur meine Kiste erst, die wohl morgen eintreffen wird, so kann ich auch meine Arbeiten erweitern, die bis jetzt auf das Studium von zwei Büchern beschränkt sind, zugleich durch den Mangel einer Lampe für den Abend ziemlich erschwert.

Den gestrigen und vorgestrigen Nachmittag benutzte ich natürlich gleich zu zwei Spaziergängen, einen die Saale aufwärts nach einer niedlich gelegenen Schnupftabaksmühle, den andern nach dem berühmten Ziegenhain. Heute ist mir das Gehen durchs Wetter verzurrt, es gießt von Zeit zu Zeit bedeutend vom Himmel – ist aber ein warmer Landregen, der herrlich grün machen wird: dabei zwitschern und singen die Vögel herrlich lustig zum offenen Fenster herein. Ich habe heute nachmittag mit dem Jenaer Lesemuseum Bekanntschaft gemacht, wo einige gute Zeitungen liegen, außerdem volle drei juristische Zeitschriften, die gewöhnlichen periodischen Blätter, wo übrigens weder gesprochen noch geraucht werden darf, dennoch ist es sehr angenehm, und in Leipzig fehlte solch Institut ganz.

Es ist stockdunkel, ich habe weder Lampe noch Papier mehr.

Herzliche Grüße an alle zu Hause,

Dein treuer Sohn Friedrich

9.2. Leipzig, den 7. April 1856 [Wilhelm]

Liebe Mutter,

Deiner Mahnung, Euch doch einmal wieder Nachricht zukommen zu lassen, will ich mit möglichster Eile Folge leisten und Dich vor allen Dingen darüber beruhigen, daß wir dieses Mal glücklicherweise nicht von so häufig gerade die Ferien belästigendem Unwohlsein betroffen, vielmehr ganz wohlauf sind und nur einmal wieder durch nachlässiges Aufschieben den verdienten Verweis uns zugezogen haben. Das heißt, wenn ich hier per „uns" uns „wir" spreche, so gilt das für die letzten Tage nicht mehr, wo ich allein der Sünder bin, indem Friedrich seit vorigem Donnerstag Leipzig den Rücken gekehrt hat und Euch von Jena schon ausführlichere Mitteilungen über sein dortiges Leben und die großen Erwartungen, die er an den Sommeraufenthalt knüpft, gemacht haben wird. Mir ist die Trennung begreiflicherweise sehr schwer geworden, die erste Zeit war alles traurig und öde, und erst allmählich haben mich die Gedanken, daß wir ja nicht in unerreichbarer Ferne voneinander, daß wir jedenfalls im Winter wieder zusammenleben, endlich, daß eine Trennung für beide auch einige sehr gute Seiten, beruhigt und ermuntert. Für ihn war, da an ein längeres Bleiben in Leipzig schwerlich gedacht werden konnte, so weit ich es beurteilen kann, Jena die passendste Wahl, wo er sich mit seinem gleichaltrigen Freund *Bamberg*, der ihm mit Recht zusagt, ziemlich wird isolieren und gehörig arbeiten können.

Ich bin nun seit seiner Abreise alleiniger Bewohner der großen Räumlichkeiten, werde auch bis zum 15ten darin verbleiben, wo mein Nachfolger einzurücken gedenkt. Zu meinem großen Jubel habe ich es möglich machen können, mir den schwer bevorstehenden und jedenfalls sehr umständlichen größeren Umzug zu ersparen, indem in derselben Etage bei denselben Wirtsleuten ein einzelnes Zimmer zu etwa dem halben Preise unserer Winterwohnung frei geworden und wieder unter der vorteilhaften Bedingung monatlicher Kündigung in Beschlag genommen. Dasselbe liegt zwar nicht nach vorn, bietet nicht die Annehmlichkeit eines Balkons, hat außerdem vier schiefe Ecken, diese kleinen Nachteile werden aber reichlich aufgewogen durch Vorteile, als da sind: helle hohe Räumlichkeit nach Nordosten gelegen, mit glänzender Aussicht über Gärten, Bahnhöfe, Dörfer etc. in unbegrenzte Ferne. Außerdem ist es eine bedeutende Annehmlichkeit, daß ich die Wirtsleute als rechtlich schätze, mich gut mit ihnen stehe, in allen Dingen mit großer Aufmerksamkeit und Gefälligkeit bedient werde. Daß das Bett im Wohnzimmer steht, bietet für den Sommer so gut wie keine Unannehmlichkeit, da ja die Fenster gleich geöffnet werden können, ich außerdem morgens beständig aushäusig sein werde.

Ganz sicher ist die Zeiteinteilung für den Sommer noch nicht festgestellt, im Großen und ganzen wird jedoch die Zeit von 8 Uhr morgens bis 9 Uhr abends mit kurzen Unterbrechungen besetzt werden; da bleibt für häusliche Arbeiten wenig Zeit; doch fehlt da nichts, ich muß jetzt vor allen Dingen suchen, mich in die Praxis hineinzufinden, habe auch Lust dazu und, wie ich zu meiner großen Freude hie und da zu bemerken glaube, einiges Glück, bei Leuten Vertrauen zu erwecken; davor bangte mir oft etwas, daß ich mit armen Leuten nicht umzugehen wissen würde, leicht steif, blöde und dadurch hochmütig erscheinen könnte; ich suche diese Fehler möglichst zu bekämpfen, natürlich zu sein, den Leuten entgegenzukommen.

Von meinen Göttinger Freunden hält keiner nach dem Sommer mit mir aus; zuletzt hat sich auch *Moraht*, dem ich als Fachgenossen und Landsmann sehr nahe stand, entschlossen, nach Würzburg, dem medizinischen Eldorado, zu gehen; der Quasi-Vetter *Rumohr* aus Travendal, mit dem wir in der letzten Zeit häufig zusammen kamen, ist nach Kiel übergesiedelt. Mein Hauptumgang ist daher jetzt ziemlich beschränkt und zwar vorzugsweise auf einen gewissen *Sunder*; dieser hatte anfangs 3 Jahre Theologie studiert, war aber zuletzt vollständig mit seinem Fach zerfallen und entschloß sich, zu Medizin überzugehen, die ihm dann auch vollkommen zusagt. Er ist jedenfalls der interessanteste Mensch, der mir bisher vorgekommen, hat er sich seit 6 Jahren überall herumgetrieben, eine außerordentliche Weltkenntnis und weiß sich in alle Verhältnisse mit ungeheurer Leichtigkeit hineinzufinden; obgleich ich in vielen Punkten prinzipiell gewaltig mit ihm disharmoniere, so stehen wir doch sehr gut miteinander und bleiben zum Glück auch noch im Sommer zusammen.

Die Nachrichten, die Du mir von den beiden Tanten schriebst, haben mich tief ergriffen, namentlich der Fall von *Tante Emmy* [Schwester der Mutter] macht mich besorgt, und wüßte ich gern Näheres über die Art des Knotens, ob weich, hart, offen oder geschlossen, wie lange er besteht. Auch von *Tante Carolin* [Schwägerin des Vaters] erführe ich gern, daß es ihr fortdauernd besser ginge, da die letzten Nachrichten doch sehr zweifelhaft gestellt waren.

[Kommentare zu Hamburger Zeitungsnachrichten]

Hier hat die Messe denn jetzt glänzend begonnen; die Straßen sind zum Erdrücken voll, der Augustusplatz vor meinem Hause ist mit ca. 300 Buden dicht besäet; Leipzig ist förmlich nicht wiederzuerkennen; die sonst ehrbare, stille Stadt ist in dieser Zeit wie umgewandelt, die sonst streng aufrecht gehaltene Sonntagsheiligung hört plötzlich auf, alles kauft und verkauft an diesem Tage. Ein paar Tage werden ich das Gewühl wohl noch mit Interesse ansehen, dann aber das Ende sehr herbeiwünschen.

An die Geschwister, an Papa, an die Tanten und Nächsten die herzlichsten Grüße; die Briefe von *Johannes* einliegend zurück. [...]

In treuer Liebe,
Dein Wilhelm

9.3. Jena, den 16. April 1856 [Friedrich]

Meine liebe Mutter,
Um *Johannes* seinen Brief schnell zurückgelangen zu lassen, zugleich aber auch, um Euch über den Fortgang meines hiesigen Lebens möglichst genaue und schnelle Kunde zukommen zu lassen, greife ich gleich heute zur Feder, um Dir für Deinen lieben Brief, der mir gestern Morgen zugekommen ist, zu danken. Und weil doch nur wenige Tage zwischen dem heutigen und Deinem Geburtstage liegen, so fange ich den Brief gleich damit an, Dir meine innigsten Glückwünsche zu

sagen. In Deinem Brief machst Du mir ernste Vorwürfe über mein nachlässiges Schreiben und daß dieselben nicht umsonst gemacht sein sollen, das, denke ich, wird Dir der nächste Sommer zeigen. Je mehr ich durch die Trennung von Wilhelm allein gestellt bin, desto mehr wird das, was mir immer Freude gemacht hat, ein enger Verkehr mit dem elterlichen Hause, durch den ich mit diesem sowohl fortlebe, wie mit allem, was in der Vaterstadt, in bekannten und befreundeten Kreisen vorgeht, vertraut bleibe, zum Teil auch bekannt werde, Bedürfnis. Und da wird es sich auch von selbst machen, daß ich mit größerem Eifer als früher das, was mich hier bewegt und mir hier begegnet, mitteile, indem die Trennung vom Bruder mich anspornt, das, was ich erlebe und in Berührung mit anderen wie im eigenen Inneren erfahre – was mitzuteilen ich früher, wo ich es nie allein erlebte, weniger Bedürfnis fühlte –, vollständig und häufig auszusprechen.

Dazu kommt, daß ich jetzt, anders als früher, anfange, ein lebendigeres Interesse für meine Vaterstadt zu empfinden: früher knüpfte mich eigentlich nur das eine, elterliche Haus an Hamburg; die ganze große Stadt mit ihrem großartigen Handelsverkehr und allem ihrem Lärmen und Treiben war mir lange Zeit ziemlich zuwider: eine reine Kaufmannswelt mit rein materiellen Interessen, ohne tiefes geistiges Leben, ohne Sinn für Wissenschaft, ohne Glauben und ohne Eifer für religiöses Leben war mir Hamburg, und der Gedanke, meine Tätigkeit und Kräfte ganz überwiegend der Wissenschaft zu widmen, zog mich vom Hamburger Leben ab. Ich glaube jetzt, daß ich damit zu weit gegangen bin, und denke mir bei noch so großem Materialismus der meisten echten Hamburger doch, daß auch viel Tatkraft, viel aufgeweckter Sinn und viel Empfänglichkeit für ernste, wissenschaftliche und religiöse Dinge neben dem Zahlen- und Geldsinn, wenn auch zum Teil von diesem beherrscht, vorhanden ist. Mit Letzterem werde ich mich freilich nie anfreunden können; wenn ich mir aber früher deshalb als wissenschaftliches Ziel eine rein akademische Tätigkeit dachte, so glaube ich doch, jetzt auch in Hamburg viel Gelegenheit finden zu können, um im praktischem Leben meine Wissenschaft, die mich durch und durch erfüllt und erfreut, nützlich anwenden und ausbilden zu können.

Die letzte Zeit gerade der Hamburger Verfassungskämpfe hat mich vielfach in diese Beziehung angezogen und zum Nachdenken angeregt. Gewiß ist in Bezug auf die Rechtspflege viel noch in Hamburg zu wirken, und gerade in dieser Zeit scheint ein eifriger Sinn zu herrschen, trotz des zähen Festhaltens am Alten von seiten Vieler, zu bessern und vorwärts zu kommen. Organisation der Gerichte, Ausbildung des Strafrechts, das doch bei uns noch sehr im Argen liegt, Besserung des gerichtlichen Verfahrens – alles das sind Dinge, mit denen sich jetzt ja just Gesetzgebung beschäftigt und jeder eifrige Jurist herumträgt, und was überall, mit wenigen Ausnahmen, geschehen, das kann auch gewiß bei uns durchgesetzt werden. Zugleich erregen die kirchlichen Verhältnisse Hamburgs mein Interesse in hohem Grade; aus dem jetzt so lebhaft entbrannten Kampf des alten Rationalismus mit dem neu gekräftigten und durch die jetzige Wissenschaft unterstützten orthodoxen Glauben, der sich gewiß so bald nicht legen wir, wird hoffentlich auch Hamburg lebendiger, kirchlicher hervorgehen; wenn nur erst der Indifferentismus, den das alleinige Vorherrschen der materiellen Interessen erzeugt hat, gebrochen ist, so, glaube ich, findet sich nach vielen Seiten hin Gelegenheit, an ernster und ersprießlicher Arbeit teilzunehmen, und ich rüste mich darauf, um kein unnützer Arbeiter zu werden.

Endlich verschwindet auch mehr und mehr ein Vorurteil in mir, das mich früher gegen ein dauerndes Leben in Hamburg sehr einnahm: durch langen Mangel an größerem Umgang war ich dem geselligen Leben früher sehr abgeneigt geworden und dachte mir besonders unter Hamburger Gesellschaft nichts weiter als ein für die Sinne berechnetes Zusammenleben, bei dem gutes Essen und Trinken die Hauptsache wären. Diese Abneigung habe ich, glaube ich, besonders in Folge lebhafter Berührung mit vielen Altersgenossen, zu der mir meine Studienjahre Gelegenheit boten, ziemlich überwunden, und, statt mich einsam in mich zu verschließen, wie ich es bis vor wenigen Jahren getan, suche ich gerne jetzt Anregung und Förderung durch einen lebendigen Umgang. Wenn mir dazu bisher hauptsächlich die Kreise meiner Mitstudenten sich boten und ich in Folge etlicher Verhältnisse, namentlich in Göttingen, von Familienbekanntschaften wenig Vorteil und Annehmlichkeit hatte, so wird sich auch das in diesem Sommer anders verhalten. Mit Studenten werde ich hier wenig in Berührung kommen, so daß Du jedenfalls schon dadurch beruhigt sein kannst, wenn Du auch nicht glauben solltest, was mir nach eigener Anschauung und anderer Aussagen Factum zu sein scheint, daß das frühere etwas wilde Treiben der hiesigen Studenten durchaus jetzt gemildert und zahm geworden ist.

Dafür werde ich hier manche Gelegenheit haben, in Familien Umgang zu pflegen, außer Deinem Brief an *Frommann* erhalte ich durch die Güte eines Rudolstädter Professor *Clüsmann,* Schwager meines Freundes und Hausgenossen *Bamberg,* eine Reihe von Empfehlungen an hiesige Professoren. Was übrigens *Frommanns* betrifft, so war ich über die Familienverhältnisse nicht so genau unterrichtet, daß ich hätte unternehmen können, ihnen ohne Weiteres ins Haus zu fallen, und jetzt erfahre ich eben, als ich Visite machen wollte, daß Fr. Frommann auf die Leipziger Messe gegangen ist. Der Arzt ist aber, wie ich höre, hier, und so mache ich mich am Ende, da der Vater erst in ca. 14 Tagen zurückkommen wird, nächster Tage einmal ohne Umstände mit ihm bekannt.

In nächster Woche beginnen nun auch die Collegien, bestimmt weiß ich bis jetzt, daß ich eines um 7 und eines um 12 hören werde – andere, die nicht notwendig sind, aber vielleicht sehr der Mühe wert sein werden, höre ich mir erst mal an, um das noch zu entscheiden. Mittlerweile benutze ich die Stille der Ferien, um noch einige Arbeiten zu beenden. Es ist mir dabei ganz willkommen gewesen, daß ich durch einen Leipziger Bekannten an einen alten Juristen, *Horn* mit Namen, der sich nächstens als Privatdozent habilitieren wird, gekommen bin und so Gelegenheit gehabt habe, durch mündliche Nachprüfung das für mich allein Gearbeitete mir fester einzuprägen. Auf Grund der Quellen haben wir hier bisher täglich 2 Stunden lang einzelne Lehren des Römischen Rechts repetiert und dabei redlich herumgezankt. Auf diese Weise wird aber das Interesse viel lebendiger und das Gedächtnis wird gut unterstützt.

Kommt zur Stille des hiesigen Lebens eine so schöne Natur hinzu, wie wir sie hier finden, so kannst Du Dir denken, daß ich mit großer Freudigkeit ins nächste

Semester gehe. Eine angenehme Unterhaltung wird die Reise nach Leipzig werden, wo ich Dich und Papa sehen werde – denn ich setze voraus, daß Du ihn nach Karlsbad begleitest. Wilhelm wird hier auch wohl mal herkommen, die Reise dauert nur ein paar Stunden, und es ist ihm gewiß sehr wohltuend, wenn er aus seinem einsamen, städtischen Leipziger Leben einmal ins niedliche frische Jena kommt. Ich hoffe, ihn eigentlich schon Himmelfahrt hier zu sehen. Aus meinem Brief an *Henriette* ist nun noch immer nichts geworden, sage ihr aber bitte, daß ich nur noch um eine kleine Gnadenfrist bitte, ich möchte zu gern mit ihr in eifrigem Briefwechsel bleiben. Grüße Papa und die Geschwister herzlich und denke in Liebe Deines treuen Sohnes

Friedrich

P.S. Mein Hausschild heißt nicht *Krätsch*, sondern *Brätsch*, übrigens kommen die Briefe jetzt wohl auch schon ohne jene Bezeichnungen an.

9.4. Leipzig, den 20. April 1856 [Wilhelm]

Liebe Mutter

Leider muß ich Dir aus der Ferne meine innigen Glückwünsche zum Geburtstage bringen; viel lieber wäre ich bei Euch, um Dich von Angesicht ins Angesicht zu sehen, um Dir durch Wort und Blick zu zeigen, wie lieb ich Dich habe, um Dir durch die Tat zu zeigen, daß es mein Hauptwunsch ist, Dir Freude zu machen. Jetzt kann ich Dich alles dessen nur noch brieflich versichern, doch wird hoffentlich nun bald die Zeit kommen, wo das nicht mehr nötig, wo ich wieder dauernd bei Euch bleiben kann und einen Teil Eurer Liebe durch söhnliche Pflege und Aufmerksamkeit vergelten.

Wenn ich früher wohl öfter die Vaterstadt freudig im Rücken hatte und mir nichts Schöneres denken konnte, als in fremden Ländern und Weltteilen herumzuwandern, wenn ich mir selbst eine bleibende Stätte überall schöner dachte als daheim, so wird jetzt umgekehrt der Zug ins Vaterhaus täglich stärker, von Semester zu Semester drängt es mich stärker zu eilen, um möglichst bald in der Vaterstadt mich nützlich machen zu können. Ein solches heimwehartiges Sehnen soll jedoch nicht den offenen strebenden Sinn für die Außenwelt verdunkeln; den will ich mir umfänglich erhalten für alles Große und Schöne, was mir überall aufzufassen Gelegenheit gegeben ist, und die Gedanken zu Euch sollen mir einstweilen nur das endliche Ziel stets vorhalten, das mir immer wieder vor Augen tritt, wenn einmal Gefahr eintritt, daß ich den rechten Weg nicht zu finden vermag.

Ich bin jetzt mehr wie wohl je in meinem bisherigem Leben auf mich allein angewiesen, bedarf daher mehr wie früher eines solchen Leitfadens und danke Gott, daß er mir dazu in dem Gedenken an Ältern, Vorfahren, Verwandte, Namen und Erziehung einen hell leuchtenden gesetzt hat, wie sich das bei nicht vielen zusammenfindet. Bei solchen Gefühlen wird mir immer froh und hoffnungsvoll zu Mute, dann kann ich mich selbst freuen, daß ich einmal ganz allein stehe und zeigen darf, was ich leisten kann und ob ich der Vorteile wert bin, die Gott mir vor anderen gegeben hat. Du siehst, daß ich mich im Ganzen also in meinem Leben hier recht wohl zu finden weiß; einsam habe ich mich eigentlich noch keinen Augenblick gefunden; häufige Briefe von Friedrich lassen mich vollständig mit ihm fortleben, und auch sonst fehlt es nicht an Anregungen von den verschiedensten Seiten her; ich fürchte, der Sommer wird mir fast zu rasch verfliegen, es sind ja keine 4 Monate mehr, und in den Monaten muß viel getan werden. Der regelmäßige Geschäftsgang fängt erst morgen wieder an, dann dauert's kaum 3 Wochen, so ist Pfingsten mit seiner Ferienwoche wieder da.

Der kleine Umzug ist vor einigen Tagen glücklich ausgeführt, und fühle ich mich ausnehmend gemütlich in meiner neuen kleineren Behausung; ich fürchte nur, daß Dir im Sommer die 112 Stufen zu beschwerlich fallen würden, sonst würdest Du meine Wahl gewiß vollkommen billigen und Dich über die Freundlichkeit, Wohnlichkeit der Zimmer und über die Vorzüge meiner Wirtin persönlich überzeugen können. Wie gewöhnlich will ich durch eine kleine Zeichnung dich über Proportionen und Möblierung zu orientieren suchen. [...]

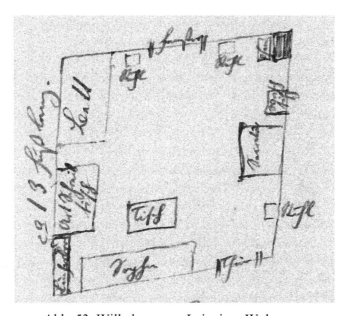

Abb. 53 Wilhelms neue Leipziger Wohnung

Herzliche Grüße an alle von Deinem treuen Sohn
    Wilhelm
    Wann kommt Ihr etwa hier durch?

9.5. Leipzig, den 27. April 1856 [Wilhelm]

Lieber Papa,
[Geburtstagswünsche]
    Seit einer Woche bin ich hier nun wieder in voller geregelter Tätigkeit; manche Tage sind etwas überhäuft, so daß ich öfters von 8 Uhr morgens bis 9 Uhr abends kaum auf ein Stündchen nach Hause komme; doch läßt sich das nicht ändern und macht mir eigentlich viel Vergnügen. Ohne Überanstrengungen, weil überall auch Tatsachen und Handlungen, nicht allein trockene Worte entgegentreten, regt mich

der Stoff nach allen Seiten hin mächtig an, und macht mir mein Fach mit jedem Tag nur noch lieber. Wenn ich dann zurückdenke an die Zeit, wo ich mich nach langem Hin- und Hersuchen zuletzt für dasselbe entschied, an die Gründe, die mich dazu trieben, die Vorstellungen, die ich daran knüpfte, so muß ich mich als wahren Glücksvogel betrachten, daß ich gleich das Richtige getroffen, ohne eigentlich eine Ahnung von dem zu haben, was ich mir ausmählte. Das sogenannte Umsatteln kann ich keinem übelnehmen, am wenigsten als Charakterschwäche auslegen; ich hätte es, glaube ich, selber an mir erfahren, wenn ich, was so leicht hätte geschehen können, anfangs anders gewählt hätte. Merkwürdig ist, daß gerad eine Reihe der größten Mediziner früher etwas anderes studiert hatten.

Meine Tätigkeit ist dadurch, daß ich zum sogenannten Praktizieren übergegangen, von der des vorigen Winters ziemlich verschieden: ich habe jetzt doch meine eigenen Kranken, und wenn da von selbstständigem Handeln natürlich noch keine Rede ist, so ist man demselben doch schon ein gut Stück näher gerückt, kann schon hier und da ein bißchen eingreifen und seine Kräfte erproben; außerdem ist das Interesse für Kranke, die einem speziell übergeben wurden, doch weit größer, als wenn man nur als Beobachter figuriert. Anfangs wird mir, da ich ja erst seit letztem Winter Kranke zu sehen bekomme, manche Schwierigkeit entgegenstehen, und wieder werde ich mich wohl auch noch gehörig blamieren; das soll aber nicht abschrecken vorwärts zu gehen, und wird bald immer seltener werden.

Abb. 54 Ernst Heinrich Weber (1795-1878)

Ich schwanke noch, ob ich auch schon in der Stadt die Kranken von einem Teil eines Armenviertels übernehmen soll; da würde ich den Kranken gegenüber ganz selbstständig auftreten, unter der denselben mehr unbewußten Leitung des *Dr. Weber*, von dem ich wohl mal schrieb; ich würde wohl nirgend anderswo so schön Gelegenheit haben, in die eigentliche Praxis hineinzukommen, zumal da ich mich mit *Weber* sehr gut stehe und einerseits von dessen ungeheurer Regsamkeit, andererseits von dem reichen Stoff, der ihm in dieser Beziehung zu Gebote steht, außerordentlich Anregung erwarten kann. Dagegen spricht die schon so stark in Anspruch genommene Zeit sowie auch wohl der Mangel an gehöriger Sicherheit und Entschiedenheit, mit denen man doch wenigstens den Kranken gegenüber auftreten muß. Vielleicht mache ich einmal einen Versuch und trete zurück, wenn es noch nicht gehen würde.

Seit heute hat Leipzig sein ehrbares Aussehen wieder angenommen; der Messeschwindel ist vorüber, alle Buden über Nacht verschwunden; anfangs fand ich Vergnügen an dem Leben und Gewühl, zuletzt wurde es aber doch sehr störend, und tut die hergestellte Ordnung daher außerordentlich wohl.

Doch hat die Unruhe des Tages jetzt einer wohl noch schlimmeren nächtlichen Platz gemacht; das sind die gefürchteten Wanzen, die in dem warmen Wetter plötzlich fidel geworden sind und allen ihren Mutwillen an den armen heißblütigen Menschenkindern auszulassen wissen. Vorläufig will ich doch versuchen, ob ich mich nicht an die Bestien gewöhnen kann, ehe ich an Ausziehen denke, das ja doch nur wieder von Neuem aufs Ungewisse hier geschehen würde, da Häuser ohne Wanzen hier zu den Seltenheiten gehören. Auch sind die übrigen Vorzüge der Wohnung zu groß, um durch diese Unannehmlichkeit aufgehoben zu werden.

In einer Woche ist hier alles grün geworden; die Gärten unter meinem Zimmer stehen im schönsten Blütenflor; die Luft ist so warm, daß ich das Fenster bis zum Schlafengehen offen lassen kann. Da reizt es mich sehr, einmal den Katzensprung nach Jena zu machen, und vielleicht benutze ich den Himmelfahrtstag dazu; mich verlangt doch sehr, Friedrich zu sehen, zu sprechen. Obgleich ich mich hier nicht einsam fühle, so kann er mir doch von keinem nur annähernd ersetzt werden, da mich doch keiner so versteht wie er und ich keinen wie ihn.

Mutter und den Geschwistern liebevolle Grüße; Hoffnung auf baldige gute Nachrichten über Gesunde und Kranke,

Dein treuer Sohn Wilhelm

9.6. Jena, den 28. April 1856 [Friedrich]

Mein lieber Papa,
Zum letzten Male wohl von der Universität aus bringe ich Dir heute meine Glückwünsche zu Deinem [58.] Geburtstag, der, wenn auch um einen Tag verspätet, doch aus nicht minder tiefem, dankerfülltem Herzen kommt. [Beteuerungen]

Ich bin jetzt bereits lange mit meinen Arbeiten sowohl wie Collegien im besten Zug, und das ganze hiesige Leben begünstigt ein ungestörtes Arbeiten weit mehr als es bisher je, selbst in Leipzig, der Fall war. Von Collegien ist das wichtigste ein Civilprozeßpraktikum bei *Gugel*, um dessen willen ich hauptsächlich hergegangen bin und das mich ausgezeichnet befriedigt. *Gugel* ist, abgesehen von seiner wissenschaftlichen Bedeutung, ein Lehrer, wie es sein muß: durch sein Äußeres imponierend – eine kräftige Gestalt, trotz grauer Haare ein lebensfrisches kerngesundes Aussehen – gewinnt er zugleich jeden durch seine fast übermäßige Liebenswürdigkeit; sein Vortrag ist fließend, einfach, höchst gemütlich, dadurch äußerst ansprechend, von den Studenten wird er allgemein „Papa *Gugel*" genannt. Wöchentlich 3mal werden schriftliche Ausarbeitungen eingeliefert, die er sehr sorgfältig korrigiert und noch in der Runde bespricht. Bisher haben wir jetzt Klagen zu machen gehabt – eine Arbeit, die freilich nicht schwer war, aber durch ihre Neuheit und dadurch, daß man sowohl zur Repetition dadurch Anlaß erhält, wie sich schon ins praktische Leben hineinversetzt fühlt, großes Interesse gewährt. Die Zahl der gesammelten Arbeiten für das Semester wird zwischen 40 und 50 betragen, so daß Aussicht ist, zur Repetition ziemlich viele Materien des Rechts sowie zu geeigneter Ausbildung in prozessualischen Kenntnissen, Gelegenheit genug zu finden. Ein Colleg, das übrigens erst in 8 Tagen anfängt, verspricht auch viel Nutzen. Zwölfstündig wöchentlich wird von einem *Dr. Köppen* eine Pandektenrepetition gelesen, vor ca. 6-10 Zuhörern, in dem in mündlicher Mitteilung durch Frage und Antwort die gesamten Pandekten durchgenommen werden.

Abb. 55 Albert Köppen (1821-1898)

Was mich aber am meisten befriedigt, ist das häusliche Leben. Schön ist die Wohnung, freilich nicht wie die Leipziger es war, aber vollkommen ihren Zweck erfüllend: eine niedliche Stube mit drei Fenstern nach Norden und Westen, also kühl, dabei an der Promenade, mit der Aussicht ins Grüne; hinten am Hause ein Gärtlein mit Aprikosenbäumen, Rosen und Syringen – dabei brave Hausleute (in deren Namen ich übrigens bis jetzt dank der Jenaer Aussprache, gewaltig irrte: sie schreiben sich nämlich *Pretzsch*).

Vor allem freue ich mich an meinem Stubenburschen, *Bamberg* – ein stiller, fleißiger, dabei sehr frischer und herzlicher Freund; er hört meine Collegien mit mir, arbeitet mit mir, kurz, wohnt, ißt und tut alles mit mir. Da wir uns sehr gut vertragen und sonst kaum Menschen hier gefunden haben, mit denen wir gerne vertraut umgingen, beschränken wir uns ganz aufeinander und befinden uns beide dabei ganz vortrefflich.

Seitdem die Collegien angefangen haben und besonders das Praktikum, das sehr viel zu tun gibt, bin ich in der Umgegend wenig herumgekommen; solange die Ferien noch dauerten, streifte ich eifrig auf den Bergen umher und lernte alle Schönheiten des Saaletals ziemlich kennen. In diesen 8 Tagen war ich kaum anderswo als auf dem Graben, dem regulären hiesigen Spaziergang, wo die Jenaer *beau monde* an diesen schönen Abenden immer paradiert. Jena liegt übrigens wie keine Universität zum Spaziergengehen: In einer Viertelstunde ist man am Fuß der Berge, auf denen man dann immer die schönste Aussicht hat – ist es auch immer dasselbe Tal, das vor den Augen liegt, so macht doch der Strom und der grüne Wiesengrund den Anblick immer herrlich, besonders wenn, wie jetzt, alle Bäume sich mit Blüten bedecken und alles im frischesten Grün sprießt.

Davon habe ich noch nicht geschrieben, daß ich nach mehren vergeblichen Versuchen neulich endlich den *Dr. Frommann* getroffen und mich mit ihm bekannt gemacht habe. Die Aufnahme in die Familie war eine äußerst liebenswürdig herzliche; er führte mich gleich denselben Abend zu seiner Mutter, ich trank Tee mit der Familie und lernte sogleich eine sehr ansprechende Häuslichkeit von der gemütlichsten Seite kennen. Gestern besuchte mich der Doktor, sagte mir, daß sein Vater von der Messe zurückgekehrt sei; ich werde morgen meinen Besuch bei ihm machen. […]

Von Wilhelm habe ich bald 16 Tage keine Nachricht; der Briefwechsel ging zuerst sehr eifrig; ich begreife nicht, warum er jetzt so lange zögert. Hoffentlich kommt er selbst mal herüber – vielleicht zu Pfingsten, das wäre sehr hübsch.

Grüße Mutter, *Henriette* und *Lorenz* vielmals. Dein treuer Sohn
Friedrich

9.7. Leipzig, den 18. Mai 1856 [Wilhelm]

Liebe Mutter,
Ich habe Dir und *Henrietten* für freundliche Briefe zu danken und will dieses denn auch nicht lange aufschieben, um, wenn auch nichts besonderes gerade vorgefallen, doch keinen Anlaß zu ja so leicht entstehenden Besorgnissen zu geben. Nun, in 14 Tagen werdet Ihr ja wohl selbst hier durchkommen, und da könnt Ihr Euch überzeugen, wie es mir in jeder Beziehung vortrefflich geht, da mußt Du doch auch wenigstens einmal Dich entschließen, die 8 mal 14 Stufen zu steigen (sie sind ganz bequem und lassen auch wiederholtes Ausruhen zu), um mein freundliches Stübchen mit der herrlichen Aussicht kennen zu lernen; so sehr ich sonst Leipzigern gegenüber ihre Gegend schlecht zu machen pflege, so ist der Kontrast

mit der Neust. Neustraße doch in diesem Falle zu groß, als daß man sich dadurch nicht in die schönste Gegend versetzt denken könnte, und so muß es Dir auch gehen, damit Du Dir ein möglichst angenehmes Bild von meiner hiesigen Existenz mit fortnimmst.

Während der jetzt verflossenen Pfingstferien habe ich mehr davon genießen können als es sonst möglich, wo ich oft den ganzen Tag nur für ein Stündchen nach Hause kam; ich habe dann auch wieder etwas mehr studieren können, und es freut mich daher, daß ich die schon einmal mächtig in mir aufsteigende Lust, Pfingsten etwas vorzunehmen, durch die antizipierte kleine Tour nach Jena abgeschnitten habe, umso mehr da auch das Wetter eine größere Unternehmung nur sehr wenig begünstigt haben würde. Dagegen hat mir das Wiedersehen mit Friedrich nach der ersten längeren Trennung ungeheure Freude gemacht; ich fand ihn wohl und behaglich, wie er sich doch in Leipzig, glaube ich, nie so ganz befunden hatte und wie er sich wohl überhaupt in einer größeren Stadt nicht recht fühlen kann. Am Himmelfahrtstage, wie ich anfangs beabsichtigte, war ich nicht dazu gekommen und wählte daher den Sonnabend darauf, fuhr früh morgens ab, kam um 10 Uhr in Apolda an, wo mich Friedrich schon erwartete und gleich mit mir nach Weimar spazierte, wo *Johanna Wagner* in einer Oper singen und ich zuhören sollte! Da es sich nun aber in Weimar herausstellte, daß die Oper erst am nächsten Tage gegeben würde, da ferner die Freunde, mit denen Friedrich verabredet, die direkt von Jena nach Weimar fahren wollten, dies frühzeitig genug erfahren hatten und nicht kamen, so blieb uns nichts anderes übrig, als nach Besichtigung der wenigen Denkwürdigkeiten denselben Abend noch nach Jena zu spazieren, wo wir dann in der Dämmerung glücklich anlangten, gerade früh genug, um mich über die Lage der Stadt, des Flusses und der umliegenden Berge auch einigermaßen orientieren zu können. Der Sonntag wurde natürlich zur Besichtigung näherer und entfernterer Punkte gründlich verwendet; trotz der etwas rauen Luft war das langersehnte Bergsteigen wunderschön; dazu kamen Momente herrlicher Beleuchtung, Aussicht auf die Schwarzburger und Thüringer Berge etc.

Da ich den Montagmorgen wieder in Leipzig sein mußte, standen wir in der Nacht schon um 2½ Uhr auf, und brachte mich Friedrich auf dem ziemlich leicht verfehlbaren Wege über die Berge etwa ½ Stunde weit, bis ich Apolda vor mir sehen konnte. Präzise 8 Uhr war ich in Leipzig und konnte daher direkt vom Bahnhof mich zur Klinik verfügen, wo mir freilich Jena etwas mehr im Kopf und Herzen lag als die Herzkrankheiten, welche gerade besprochen wurden.

Die beiden Empfehlungsschreiben von *Ullrich* kamen so unerwartet wie nur irgend etwas; jedenfalls können sie mir jetzt nur sehr wenig nützen, wo ich keine 3 Monate mehr hier bleibe; doch müßte ich sie natürlich abgeben, um die Gewogenheit der Professoren nicht zu verscherzen, bin auch schon bei *Dürbigs* sehr freundlich aufgenommen, zu Mittag gewesen, zahlreichen Kindern und Schwiegerkindern vorgestellt, die jedoch alle kein besonderes Interesse anzuregen wußten. Ich sehe gar wohl ein, daß durch ein Familienleben dem Studenten in vieler Beziehung außerordentlich genützt werden kann, würde auch, wenn ich noch einmal anfinge, dasselbe viel besser benutzen; aber gerade jetzt damit anzufangen, ist nicht angebracht. Dennoch aber bitte ich, *Ullrich* einen Dank von mir zu sagen, da ich die freundliche Absicht wohl zu würdigen weiß.

Was die Sommerferien betrifft, so fangen sie hier Mitte August an, und denke ich jetzt daran, am 15ten abzureisen; natürlich kann ich nicht daran denken, volle 8 Wochen zu Hause zu bleiben, wo das Arbeiten doch immer nur nebenbei getrieben würde, was doch jetzt nicht mehr geht, und werde daher wohl Mitte September schon nach Göttingen reisen; für den Mediziner gibt es ja eigentlich gar keine Ferien, und kann der Einzelne am meisten lernen, wenn die Mehrzahl fort ist.

Henriette, Lorenz, Oldenberg und den Kindern die zärtlichsten Grüße, den Tanten innige Glückwünsche zur überstandenen Gefahr von Deinem treuen
Wilhelm

9.8. Jena, den 25. Mai 1856 [Friedrich]

Liebe Mutter,
[…] Ich reise Mittwoch nach Tisch von hier fort, denke, bis Apolda zu Fuß zu gehen und gegen Abend in Leipzig zu sein, wo ich Euch hoffentlich mit Wilhelm am Bahnhof erwarten kann. Bis dahin habe ich noch ziemlich zu arbeiten, da ich namentlich die praktischen Arbeiten, die in die Zeit meiner Abwesenheit fallen, nicht gerne versäume, sie also vorher abmachen muß. Außerdem umgibt mich ein Regal schweinslederner Folianten aus denen eine historische Arbeit, die am 12. Juni fertig sein muß, komponiert wird, ich hatte sehr viel Spaß davon, nur schade, daß ein weitergehendes Studium für den Augenblick zu zeitraubend ist.

An *Henriette* schrieb ich einiges von meinem Tun und Treiben – wie mir einfällt, war ihr Brief nur ein Bruchstück, das mehr verhieß, hoffentlich ist sie darüber nicht unwillig, das Papier war, ehe ich mir's versah, zuende und die Zeit drängte. Von meiner kleinen Pfingstreise hat sie Euch wohl erzählt, sie war sehr gelungen und nett.

Hier hat sie mir auch noch eine viel versprechende Bekanntschaft eingebracht, ich machte nämlich in Rudolstadt einen Besuch bei *Bambergs* Schwager, *Professor Klüßmann*; kurz nach meiner Rückkehr kam dieser mit seiner Frau hierher und stellte mich seinem Bekannten, *Dr. Widmann*, dem bekannten Schriftsteller, vor. *Widmanns* Frau ist eine Nichte und Pflegetochter von *Neander*, soll eine sehr gescheute Dame sein, die gerne junge Leute um sich sieht. So besteht mein Umgang mehr aus Familien als aus Studenten, letzterer sogar so wenig, daß, wenn meine andere Hälfte, *Bamberg*, mich viel auf eine Zeit verläßt, ich immer ganz einsam in der Welt stehe. Ich kenne wohl manche, finde aber an ihnen wenig Gefallen, und viele Bekanntschaften zu machen, fehlt mir Lust und Zeit.

Ist vielleicht in Hamburg noch ein Hemd von mir? Meine hiesigen bestehen nur aus 11, und von denen sind viele Alters wegen in einem recht schlechten Zustand, indem sich das Leinen zwischen den gesteiften Stellen spaltet, auch die Kragen auflösen, so daß ich wegen einer Reparatur durch Einsetzung neuer Vorderteile in Unterhandlung stehe. Sollte sich noch eins finden, so möchte ich Dich bitten, ihm Platz in Deinem Koffer zu gönnen.

Also auf baldiges Wiedersehen. Ich freue mich gewaltig darauf; auch in Leipzig wieder ein paar Stunden zu sein, ist mir ganz erfreulich, obschon ich mich sonst nie wieder hin gesehnt habe. [...]

Von Herzen,
Dein Friedrich

9.9. Leipzig, den 4. Juli 1856 [Wilhelm]

Meine liebe Mutter,

Es hat mir in der Seele leid getan, daß Ihr Euch um meinetwegen geängstigt habt; ich habe allerdings teils aus Nachlässigkeit, teils weil der eintönige Verlauf der letzten Wochen wenig reizte, teils endlich weil zu wiederholten Malen, wo ich ans Schreiben gehen wollte, das heimtückische Schicksal etwas dazwischen führte, etwas länger als gewöhnlich die Antwort auf Deinen freundlichen Brief verzögert.

Ich erwarte mit einiger Ungeduld den Zeitpunkt, wo ich die Heimat nach langer Zeit und für längere Zeit wieder zu sehen bekomme und dann in die zweite Heimat, das alte Göttingen, zurückkehren darf, andererseits aber der Fortgang von Leipzig mir auch nicht ganz leicht fallen wird, an das ich mich allmählich so schön gewöhnt, wo ich gute Freunde gefunden, wo ich viel habe lernen können und auch bei längerem Aufenthalt noch manches besser als anderswo lernen würde. Die Rückerinnerung an Leipzig wird mir daher für mein ganzes Leben außerordentlich lieb sein; ich ging mit einigem Widerwillen hin, kehre jedoch ganz bekehrt heim und will nichts mehr wünschen, als daß ich mich im späteren Leben auch überall so wohl befinden möge, wie es mir hier zu Mute war.

Wenn ich so über mein ganzes vergangenes Leben zurückblicke, so finde ich überall eigentlich nur Sonnenblicke, für die ich Gott und Euch nicht genug danken kann; und wenn ich damit vergleiche, was andere meines Alters schon alles haben durchmachen müssen, wie viel besser ich es in jeder Hinsicht gehabt, dann kann ich mich des Gedankens nicht erwehren, daß auch mir bald einmal schwere Stürme drohen werden; ich will daher keine Zeit verlieren, mich zu rüsten, um gut vorbereitet den Kampf aufnehmen zu können und erfolgreich durchzukämpfen.

Mein Leben ist hier seinen gewöhnlichen Gang fortgegangen, ohne die geringste Abwechslung, bis auf die Durchreise einiger Verwandter: Ich werde eines Sonntagmorgens früh 3 Uhr zu einer Geburt gerufen, die sich aber bis nach Mittag hinzieht, so daß ich von da gleich zum Essen gehe und nachher etwas herum bummle, auf diese Weise erst um 5 Uhr wieder nach Hause komme; zu meinem großen Leidwesen fand ich da die Nachricht vor, daß die *Sievekings* aus Altona samt dem in Göttingen studierenden Sohn sich den ganzen Morgen hier aufgehalten und wiederholt meiner habhaft zu werden gesucht haben, dann um 3 Uhr nach Dresden weitergefahren seien. Noch viel größer wurde aber die Betrübnis, als am Freitag darauf der liebe Vetter durchkam (die Eltern waren auf anderem Wege nach Hause gereist) und mir mitteilte, sie hätten die Absicht gehabt, mich mit nach Dresden und der sächsischen Schweiz zu nehmen!! Ein seltener Leckerbissen, der mir da entgangen, sowohl in Bezug auf die Reise als auf die Gesellschaft. *Vetter Peter* blieb noch ½ Tag hier, reiste dann nach Jena, um auch Friedrich noch zu besuchen. [...]

Ich will zum Schluß, Papas freundlicher Aufforderung zufolge, Titel und Preise einiger Bücher hinsetzen, nach denen Bedürfnis und Verlangen zunächst stehen würde. Die Größe dieser mit Überlegung ausgefertigten Auswahl soll natürlich keine entsprechenden Erwartungen involvieren, und wird Papa wohl die richtige Grenze zu ziehen wissen; ich möchte nicht gern unbescheiden erscheinen. Die Preise sind, nach Abzug der Rabatte, folgende:

Förster, Atlas der pathologischen Anatomie	3 sh
Förster, Handbuch der pathologischen Anatomie	5 sh
Rosen, Chirurgische Anatomie	2 sh 27 ½ Ngr
Osterlen, Heilmittellehre	4 sh 20 Ngr
Lehmann, Physiologische Chemie	6 sh 20 Ngr
Arlt, Augenheilkunde	5 sh 17 ½ Ngr
Virchow, Gesammelte Abhandlungen I, II	4 sh 5 Ngr

Mit herzlichen Grüßen, Dein treuer
Wilhelm

9.10. Jena, den 25. Juli 1856 [Friedrich]

Lieber Papa,
Ein soeben erhaltener Brief von Wilhelm läßt mich endlich das unverzeihliche Zögern im Briefschreiben unterbrechen, und setzte ich mich augenblicklich hin, um Euch die Briefe der Brüder zurückzusenden, zugleich von mir selbst wieder Nachricht zu geben. Einen Grund für das lange Schweigen anzugeben würde mir freilich schwer werden, wenigstens einen stichhaltigen. […]
Der ganze Sommer war wie eine Woche, ich kann mich kaum in den Gedanken finden, daß er herum ist, nur das erinnert mich daran und läßt es mich zugleich weniger bedauern, daß ich so bald wieder zu Euch komme. Auf die Ferien freue ich mich sehr, auf das Wiedersehen mit allen Verwandten, besonders *Henriette* und *Lorenz*; ich male mir den Hamburger Aufenthalt schon manchmal recht nett aus, besonders sollte es mich freuen, wenn ich *Bamberg* überreden könnte, mit mir zu reisen, der würde die erste Woche noch vergnügter machen. Zwar ist das Gelingen meiner Überredungskünste mir deshalb noch zweifelhaft, weil er als 7-Semestriger sich manchmal sehr lebhaft das preußische Examen vergegenwärtigt und daher keine Zeit zu haben fürchtet. Doch hoffe ich, ihn mitzubringen. Über die Zeit kann ich freilich Gewisses noch nicht mitteilen, weil mir unbekannt ist, wie lange die Herren hier lesen. Das Gericht läßt gerade seine Professoren bis zum 22ten lesen, viele schließen schon am 15., und entschließe ich mich vielleicht, um die Rückreise mit Wilhelm zusammen machen zu können, schon dann mit der Majorität abzuschließen. Im Ganzen werden also höchstens 4 Wochen vergangen sein, bis wir uns wiedersehen. Hurra!
 Sehr habe ich mich gefreut, aus Wilhelms Brief zu sehen, daß es Euch während der Badezeit so durchweg gut gegangenn, besonders Mutter so wohl ist. Und die Häßlichkeit von Franzensbad wird gewiß wenigstens das Gute haben, daß das

Leben in der Neustraße zu Anfang nicht so schwer, die Sehnsucht nach der schönen Natur nicht allzugroß wird.

Ich habe hier während der letztverflossenen Zeit manche Abwechslung gehabt, zwar keine, die sehr der Rede wert wäre, aber genug, um das Leben nicht langweilig werden zu lassen. Sehr angenehm überrascht war ich, als Ende des vorigen Monats plötzlich eines Nachmittags Vetter *Peter Sieveking* in die Stube trat – er war auf der Rückreise nach Göttingen aus der sächsischen Schweiz begriffen, wohin er mit seinen Eltern gereist war, ganz unverändert der Alte –, fidel und zugleich phlegmatisch, treu vetterlich gesinnt, wußte auch manches von Göttingen und Leipzig zu berichten.

Dann war ich mehrfach in verschiedenen Manieren *Frommanns* Gast, einmal zu Tisch, neulich mal wieder auf einer Nachmittagspartie nach Wollnitz, einem kleinen Dorf in der Nähe: im schönsten Wetter ging man, d.h. ein halb Dutzend junger Damen, eine gleiche Zahl junger Herren und ziemlich auch eine gleiche Zahl ältlicher resp. alter Damen, dahin, tranken im großen Wirtshaussaal Tee, kegelte dann unten – groß und klein zusammen. *Frommanns* erkundigten sich natürlich mit größter Aufmerksamkeit immer nach Euch, lassen vielmals grüßen. Der Kreis der alten Damen hat sich neuerlich noch um eine Schwester der *Frau Herzelieb* vermehrt, dagegen hat sich *Fräulein Frommann* zu einer befreundeten Familie begeben. Von den drei großen Söhnen sind wir in letzter Zeit mit dem Mittleren, gegenwärtig Buchhändler im Geschäft seines Vaters, mehrfach zusammengekommen, er spielte nicht übel Geige, und diese Tugend ward, da sich außerdem ein guter Cellist fand, gleich ausgebeutet, um mit *Bamberg* als Klaviervirtuosen ein Trio zu constituieren. Die drei spielten, ich war mit einigen Bekannten andächtiger Zuhörer, das Ganze fiel zu allseitiger Zufriedenheit aus und wird jetzt allwöchentlich wiederholt.

In nähere Beziehung bin ich jetzt auch mit Professor *Droysen* gekommen. Ob mein Vortrag ihm gerade sehr behagt hat, weiß ich nicht, denn die Resultate waren so ziemlich entschieden denen entgegen, die er mit vielen schönen Worten, aber so viel ich sehe, vollständig aus seiner eigenen Phantasie heraus in seiner „Preußischen Politik" veröffentlicht hat. Jedenfalls forderte er mich bei dem nächsten Besuch, den ich ihm machte, auf, ihn mal auf seiner Villa zu besuchen, schickte mir dann eine Einladung zum Tee, 3 Tage darauf wieder eine, desgleichen vor etwa 14 Tagen und schalt mich neulich sogar, daß ich nicht unaufgefordert den Sonnabendabend zu ihm herausgekommen wäre. An seiner Familie habe ich nun freilich keine auffallend interessante Bekanntschaft gemacht. Die Frau, eine geborene Holsteinerin und natürlich enragierte Dänenhasserin, ist zugleich wissenschaftlich gebildet und sehr beredt; seine älteste Tochter, die einzige, die während des ganzen Abends erscheint, weder hübsch noch sehr interessant. Von anderen Professoren traf ich auch nicht die hervorragendsten bei ihm: er scheint sich hier überhaupt unbehaglich zu fühlen, wie es hier allgemein Sitte ist, daß der eine vom anderen und dieser wieder von jenem wenig Gutes zu erzählen weiß. *Droysens* Sinn steht entschieden nach Berlin; als neulich in den Zeitungen von verschiedenen an ihn ergangenen Berufungen die Rede war, nach Königsberg, Erlangen und Tübingen, sagte die böse Fama, daß er sich, in Preußen wenigstens, selbst einmal hätte in Erinnerung bringen wollen. Es ist aber eigentlich unwert, so von ihm zu sprechen, und ließe mir sein ganzes Wesen nicht zu, so etwas sich wenigstens als möglich zu denken.

Abb. 56 Johann Gustav Droysen (1808-1884)

Aus dem historischen Seminar bin ich übrigens quasi ausgetreten. Es kostete mich zu viel Zeit, noch eine Arbeit zu machen; ich komme nicht regelmäßig, werde aber nicht herausgeworfen, wenn ich komme.

Eine weit angenehmere Bekanntschaft ist die des *Dr. Widmann*: Sein Name wird Dir bekannt sein, er arbeitete bis 1849 in preußischen Staatsdiensten, hat sich später zurückgezogen und lebt hier jetzt den Wissenschaften, der Literatur und dem Vergnügen, welches er großenteils mit Studenten, wenig mit Professoren teilt. Höchst interessant und geistreich unterhaltend ist er zugleich gegen Jüngere überraschend zuvorkommend und liebenswürdig – jeden Dienstagabend öffnet er Haus und Keller seinen jungen Freunden. Seine Frau ist eine Pflegetochter von *Neander*, fein und geistreich und ihrem Gatten zärtlich anhängend. Der ganze Ton ist im höchsten Grade fein und anziehend, die Frau, gegenwärtig in Kösen im Bad, soll dieser Tage, vielleicht übermorgen, von ihrem Gemahl besucht werden; er hat uns beide aufgefordert, ihn zu begleiten – gewiß eine sehr amüsante Partie. Nun steht vielleicht in Aussicht, daß ich mit ihm nach Hamburg reisen kann; reist dann auch *Bamberg* mit und treffen wir Wilhelm unterwegs, so wird es eine famose Tour.

Von hiesigen Familienbekanntschaften bleibt nur noch *Michelsen* zu erwähnen: ich freue mich, ihn kennengelernt zu haben, habe da einige ganz amüsante Mittage zugebracht. Bei seiner fast komischen Eitelkeit hat der Mann doch etwas sehr Gemütliches und Unterhaltendes: Charakteristisch ist für ihn, daß er neulich in großer Mittagsgesellschaft erzählte, wie der Großherzog [von Sachsen-Weimar], der hier auf ein paar Wochen zu Besuch war, ihm gesagt habe, er wolle in einer der nächsten Stunden bei ihm hospitieren, wie unglücklich er aber dabei sei, weil gerade jetzt so sehr viele Studenten schwänzten, daß er dann einen seiner studierenden Gäste apart nahm und ihn bat, er möchte doch, aber unter der Hand, sehen, daß recht viele am nächsten Tag ins Colleg kämen, damit er sich dem Großherzog präsentieren könne. Wirklich waren am Tag darauf statt 15, die sonst da waren, 30 Zuhörer im Auditorium – nur fehlte, leider, der Großherzog! Die Unterhaltung, die er führt ist übrigens eine höchst angenehme, er erzählt viel, wenn auch oft dasselbe, zugleich ist seine Frau, die *Gräfin Brockdorf*, eine sehr angenehme Dame.

Abb. 57 Andreas Ludwig Jakob Michelsen (1801-1881)

So das Gesellschaftsleben hier, und damit eigentlich auch das gesellige Leben, das ich von weiteren Bekanntschaften, die irgend mehr bedeuteten, als daß ein gemeinsamer Spaziergang oder dann und wann eine Teegesellschaft aus ihr hervorginge, kaum zu sagen wüßte.

Am meisten Freude macht mir das Arbeiten, je länger, je mehr. Ich hoffe doch auch, durch mehrjährige Erfahrung so viel gelernt zu haben, daß ich in Hamburg zu etwas darin komme. Gewöhnlich kommt da freilich wenig heraus, aber ich möchte doch gar zu gern einige Aufgaben weniger wichtiger Art da absolvieren, vielleicht auch eine Dissertation versuchen, zu der mir mehrere Themata im Kopfe liegen. Dazu gehört freilich auch Zeit und Ruhe, und ich weiß nicht, ob ich die in Hamburg finde. Mein Lehrer und Gönner, *Dr. Köppen,* hier rät mir immer dringend, eine zu machen: Er will mich immer zur akademischen *Carrière* haben und meint, dann wäre es immer gut, so etwas hinter sich zu haben. Kommt Zeit, kommt Rat. Die gewaltige Hitze jetzt bekommt mir unbeschreiblich gut, wie mir denn alles hier gut bekommt. Jetzt wird auch, nach längerer Unterbrechung, wieder gebadet – ein Seebad ist's freilich nicht, aber doch fließendes Wasser. Den Tag über hält sich meine Stube mäßig kühl, die Abende sind köstlich. Morgen abend werde ich mal zu *Droysen*s pilgern, Sonntag geht's vielleicht nach Kösen.

Ich will den Brief doch gleich expedieren. Bitte nochmals, verzeiht das lange Schweigen und gedenkt in Liebe

Eures Friedrich

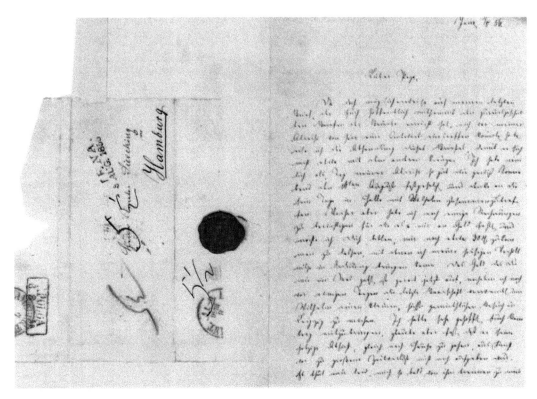

Abb. 58 Friedrichs letzter Brief aus Jena vom 5.8.1856
mit Stempeln aus Jena, Apolda und Hamburg

9.11. Jena, den 5. August 1856 [Friedrich]

Lieber Papa,

Da doch möglicherweise auf meinen letzten Brief, der Euch hoffentlich mitsamt den zurückgeschickten Briefen der Brüder erreicht hat, noch vor meiner Abreise von hier eine Antwort eintreffen könnte, so beeile ich die Abfassung dieses Briefes, damit er sich nicht mit dem anderen kreuze. Ich habe nämlich als Tag meiner Abreise so gut wie gewiß den Sonnabend, den 10ten August festgelegt und denke, an diesem Tage in Halle mit Wilhelm zusammenzutreffen. Vorher aber habe ich noch einige Rechnungen zu berichtigen, für die es mir an Geld fehlt, und möchte ich Dich bitten, mir noch etwa 30 T zukommen zu lassen, mit denen ich meine hiesigen Verhältnisse in Ordnung bringen kann. Das Geld, das Du mir im Mai gabst, ist gerade jetzt auf, nachdem ich noch vor einigen Tagen die letzte Barschaft verwendet, um Wilhelm einen kleinen, höchst gemütlichen Besuch in Leipzig zu machen.

Ich hatte sehr gehofft, Euch *Bamberg* mitzubringen, glaube aber fast, daß er seine jetzige Absicht, gleich nach Hause zu gehen, aus Furcht vor zu großem Zeitverlust nicht noch aufgeben wird. Es tut mir leid, mich so bald von ihm trennen zu müssen; das Zusammenleben mit ihm war höchst angenehm, und ist er vor allem die Ursache, daß mir dies Semester fast als das schönste von allen erscheint. Es ist wie ein Traum vorübergeflogen, hinterläßt aber die schönsten Erinnerungen.

Ich schreibe nicht weitläufiger über das, was mir hier begegnet, seit ich meinen letzten Brief schrieb. Sind's doch kaum mehr als 8 Tage, daß wir uns, so Gott will, wiedersehen.

Von ganzem Herzen,
Dein Friedrich

9.12. Leipzig, den 6. August 1856, 4 Uhr morgens [Wilhelm]

Liebe Mutter,
[…] Es bleibt vorläufig dabei, daß ich Sonnabend über 8 Tage abends bei Euch einzutreffen hoffe; wahrscheinlich treffe ich mich mit Friedrich in Halle, sollten wir einen Tag später kommen, so ängstigt Euch aber nicht. Mir geht es übrigens recht gut; dasselbe kann ich von Friedrich sagen, der mich hier neulich überraschte und mit dem ich mich nicht entschlagen konnte, einen ganz kleinen Ausflug nach Dresden und den schönsten Teil der Sächsischen Schweiz zu machen; hätte sich doch im Leben wohl schwerlich wieder eine so naheliegende und günstige Gelegenheit gefunden. Einzelnes darüber nächstens mündlich. Bis dahin grüße alle Lieben von Deinem treuen Sohn
Wilhelm

10. Das achte Semester in Göttingen: Winter 1856/57

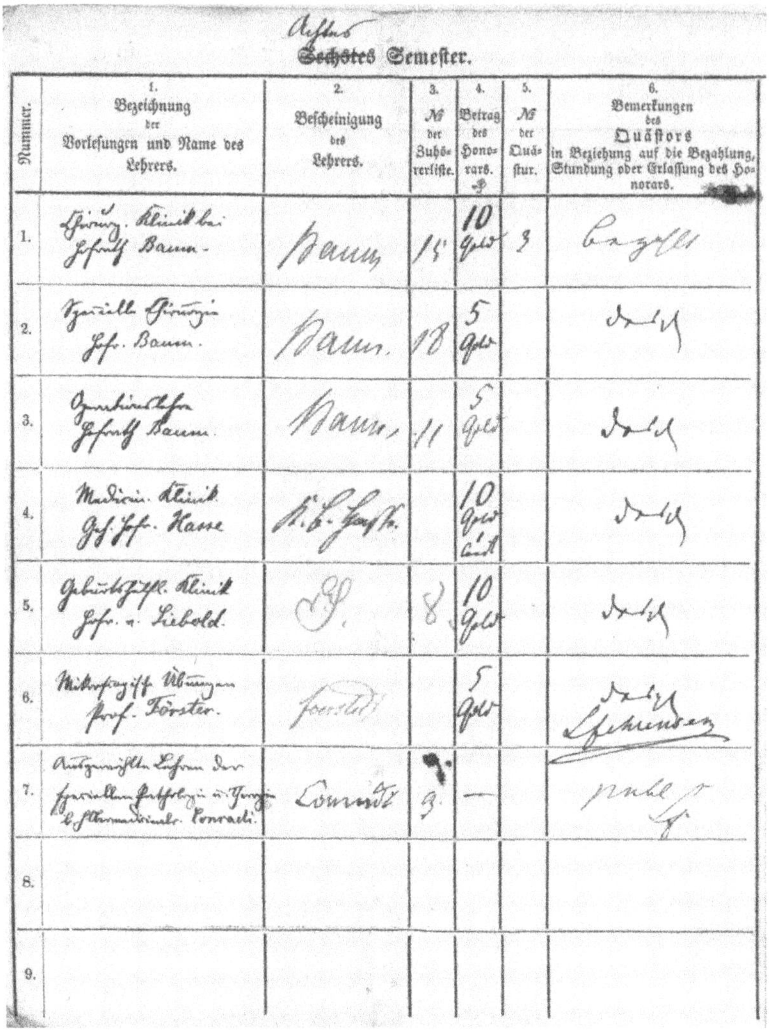

Abb. 59 Wilhelms Studienbuch: Achtes Semester

Belegplan lt. Wilhelms Studienbuch:
Chirurgische Klinik bei Hofrat Baum
Spezielle Chirurgie bei Hofrat Baum
Operationslehre bei Hofrat Baum
Medizinische Klinik: Geh. Hofrat Hasse
Geburtshilfliche Klinik bei Hofrat v. Siebold
Mikroskopische Übungen bei Prof Förster
Ausgewählte Lehren der speziellen Pathologie u. Therapie
bei Obermedizinalrat Conradi

Friedrichs Belegplan:
Prozeßrecht bei Prof. Briegleb
Criminalprozeß und Praktikum bei Prof. Herrmann
Staatsrecht bei Prof. Kraut

10.1. Göttingen, den 20. September 1856 [Friedrich]

Mein lieber Papa,

Herzlichen Dank für Deinen Brief vom 26sten, der in höchst willkommener Weise mir in einem Punkte entgegenkam, über welchen ich in letzter Zeit natürlicherweise schon manchmal nachgedacht habe. Der Gedanke, in Hamburg im nächsten Sommer noch keine bestimmte Tätigkeit finden, nicht einmal suchen zu können, war mir bisher immer störend gewesen, und hatte ich mich nur durch die Vorstellung [getröstet], im friedlichen elterlichen Hause eifrig und ungestört der wissenschaftlichen Tätigkeit, die ich begonnen und je länger mit desto lebhafterem Eifer fortsetzen werde, nachgehen zu können. Was dabei zunächst meine Aufgabe gewesen sein würde, ist ein genaues Studium des Hamburgischen Particularrechts, was auf der nunmehr gewonnenen Grundlage des gemeinsamen Rechts gewiß eine bald zu überwältigende Sache ist.

Dabei fürchtete ich nur immer die Lücke, die eine im Wesentlichen nur theoretische, wenn auch durch Praktika in Einigem ergänzte, juristische Bildung bei einem unmittelbaren Übergang zu praktischem Leben lassen muß. Gerade deshalb hatte ich manchmal im Stillen mir eine Tätigkeit gewünscht, durch die ich, ohne die mir lieb gewordenen theoretischen Studien ganz verlassen zu müssen, doch bis zu der Zeit, wo ich als Advokat selbst an der Praxis teilzunehmen versuchen kann, in die Praxis eingeweiht werden – wo möglich zugleich nach Kräften in irgend einer Weise mich nützlich machen könnte.

Sehe ich recht, so erfüllt sich eben dieser meiner Wünsche in der erfreulichsten Weise, wenn die Aussichten, die Du mir in Deinem Brief eröffnest, sich verwirklichen. Es wäre zu kühn gewesen, wenn ich bei meinen Plänen schon darauf hätte rechnen wollen, bei einem erfahrenen Hamburger Advokaten die praktische Bildung zu erreichen, auf die es mir für die nächste Zeit so wesentlich ankommt. Gleichwohl drängte sich ein solcher Gedanke bisweilen in mir auf – als ein Ziel, dessen Erreichung mich in hohem Maße glücklich machen würde. Die Aussicht, nun gerade bei *Dr. Knauth* eine solche Tätigkeit zu erlangen, die für mich von unberechenbarem Nutzen, vielleicht auch meinem Gönner nicht ganz ohne Nutzen würde sein können, übertrifft alle meine Hoffnungen.

Ich habe nur wenige Bedenken darüber, ob meine Kräfte ausreichen werden, um *Dr. Knauth* bei seiner Tätigkeit Dienste leisten zu können, die mich ihm nicht beschwerlich machen, sondern in der Tat auch geeignet sind, ihm wenigstens einigen Nutzen zu gewähren. Was eben ein junger Doktor des Rechts, der zum Wenigsten für seine Wissenschaft schwärmt, und danach strebt, sich ihrer nicht ganz unwürdig zu zeigen, vermag, das werde ich nach besten Kräften zu leisten suchen. Ist also *Dr. Knauth* geneigt, es mit mir zu versuchen, so schlage ich natürlich mit tausend Freuden ein. Etwas Erwünschteres konnte mir wohl nicht angeboten werden. Darüber zu entscheiden, worin meine Tätigkeit bei ihm bestehen soll, steht natürlich ganz in seinem Ermessen, für mich wird gewiß jede Art Beschäftigung von großem Nutzen sein. Sprichst Du bei Gelegenheit wieder mit ihm über diese Sache, so teilst Du ihm also wohl meine dankbare Bereitwilligkeit mit. Lust und Liebe zur Sache bringe ich mit und hoffe, die Kraft zu besitzen, sie durchzuführen. [...]

Heute morgen überraschte uns *August Classen* urplötzlich. Auf der Reise von Frankfurt nach Rostock, wo er eine Assistenzstelle angenommen hat, kommt er hier durch, bleibt bis morgen. Heute mittag sollen wir als Vettern mit ihm bei *Hanssens* essen – auch eine alte Bekanntschaft von uns, die aber in diesem Semester gänzlich eingeschlafen ist, von uns nicht wieder angeregt, weil sie wenig Ersprießliches bot, blos ein oder 2 Teeabende oder Spaziergänge im Semester, ganz nach Art der hiesigen Professorenbekanntschaften. Überhaupt haben wir den Familienumgang hier ziemlich für jetzt aufgegeben, es würde so dicht vor dem Examen etwas viel Zeit in Anspruch nehmen, und schlägt man mal eine Einladung nicht aus, so muß man gleich alle annehmen. Daher kommt auch dies Mittagessen etwas ungelegen – indeß hat das doch eine besondere Veranlassung.

Im Übrigen ist alles beim Alten. An Mutter und die Geschwister die besten Grüße. […] Von ganzem Herzen

Dein Friedrich

P.S. Wilhelm teilt mir mit, daß er bis jetzt den Gedanken festhält, im Sommer sein Examen in Hamburg zu machen. Das hiesige macht er gleichzeitig mit mir. Die Kosten des Doctorexamens sind für uns beide gleich.

Ich freue mich unendlich auf den nächsten Sommer im vollen Haus – nach langer Abwesenheit wieder ganz nahe bei Eltern und Geschwistern und ein tätiges Leben vor sich!

10.2. Göttingen, den 11. Oktober 1856 [Friedrich]

Meine liebe Mutter,
So können wir denn endlich wieder aus dem alten Göttingen schreiben, können auch wieder gar „wir" sprechen und gemeinsames Leben und Tun erzählen. Zwar, Neues kann man Euch vom altbackenen Ort nicht erzählen, da alles hier wirklich wunderbar unverändert geblieben ist, aber hoffentlich wird Gelegenheit genug sich bieten, frohe und vergnügte Briefe, wenn auch unwichtigen Inhalts, zu schreiben. Das werdet Ihr denken können, daß uns gleich nach unserer Ankunft hier zu Mute war, als wären wir zu Haus, die alten Straßen, das alte Haus mit der treuen *Mine*, die uns in alter Manier mit durchdringender Sprache begrüßte, obgleich das Alter ihr einige Zähne mehr geraubt hatte, auch das alte Göttinger Bürgerpublikum, das einzige, was sich in den Ferien hier zeigt – kurz, alles ebenso, nur wir selbst vielleicht anders. Von mir läßt sich das wenigstens sagen, andere, und sind es auch Brüder, lassen sich in vielen Dingen weniger beurteilen, oder es bleibt ihnen doch besser überlassen, selbst von sich zu berichten.

Ich lebte diese Tage viel in der Vergangenheit, weniger in meinen Göttinger Jahren als in der Erinnerung an die beiden letzten Semester. Vor allem freue ich mich, anderwärts gewesen zu sein, andere Kreise, andere Verhältnisse gesehen, dadurch in manchen Dingen andere Anschauungen gewonnen zu haben. Dann aber fühle ich jetzt ein nicht unangenehmes Gefühl der Beruhigung nach manchen äußerlich und innerlich aufgeregten Monaten und Semestern, ein Gefühl, das durch einen in stiller Arbeit dahinfließenden Winter vermutlich noch begünstigt werden wird. Es ist sehr schwer, von solchen Dingen so zu schreiben, daß das

Geschriebene klar und keinen Mißverständnissen ausgesetzt ist, doch denke ich, wird ein Mutterherz und Mutterauge wohl klar fühlen und sehen. Göttingen ist ein guter Hafen, in dem sich gut vor Anker gehen läßt – so ist mir auch zu Sinn, als sollte ich hier in Ruhe Jahre beschließen, die für mich inhalts- und, will's Gott, segensreich waren. Daß es Arbeit vollauf gibt, das ändert daran nichts, das macht nicht unmutig, vielmehr sehr stille, wenn auch sehr beschäftigt.

[Geplante Tagesabläufe]

Ich würde Dich gewiß langweilen, wenn ich Dir über mein Studium Genaueres schriebe, ob nun gerade dieses oder jenes Kapitel mich im Augenblick beschäftigt, ist ziemlich einerlei – genug, daß es mir Freude macht und ich voran komme. Zur besseren Einprägung gelernter Dinge repetiere ich mit einem Freunde, angehenden Privatdozenten *Dr. Schlesinger*, einem jener unglücklichen Hamburger jungen Advokaten, die keine Praxis haben können, der deshalb sein Glück mit der akademischen *Carrière* versuchen will.

Vielleicht bewege ich auch *Prof. Mommsen* noch, mir einige Stunden zu widmen, doch muß ich dazu erst eine Gelegenheit abwarten, da die Geschichte jedenfalls vorsichtig angefangen werden muß. Fürs erste haben wir nur da sowie bei den anderen Professoren Visite gemacht. Er war äußerst liebenswürdig, wie immer, und bei der so lange unterbrochenen Bekanntschaft war es auch nicht schwer, Stoff zur Unterhaltung zu finden, was sonst bei großer Verlegenheit von seiner Seite manchmal schwer zu erreichen ist. Wir waren auch bei *Kraut* und Gemahlin, wurden auch dort sehr herzlich empfangen und werden wohl bald eine Einladung bekommen. Ich weiß nicht, ob Du Dich seiner aus früheren Beschreibungen erinnerst – ein sehr wohlwollender, leider nur ebenso langweiliger Mann, dessen Gunst mir aber schon dadurch etwas wert ist, daß er mein künftiger Examinator ist. […]

Auch *Bertheau* suchten wir wieder auf, als Fachgenossen besuchte ich auch *Thöl* und *Francke*, die mich freundlich aufnahmen. So werden wir wohl manche Abende bei Professoren zubringen, und ist mir das jetzt auch nicht unangenehm.

Die vorigen zwei Tage besuchte mich hier Freund *Mollwo* aus Lübeck auf der Reise nach Stuttgart, wo er beim preußischen Gesandten, *Grafen v. Seckendorff,* als Hauslehrer fungieren wird; dies war der Grund, weshalb ich Deinen Brief nicht umgehend beantwortete. Bitte sei mir nun nicht mehr böse und halte uns nicht mehr für unwürdig, Nachrichten aus Hamburg zu bekommen!

Von Herzen,
Dein Friedrich

10.3. Göttingen, den 23. Oktober 1856 [Wilhelm]

Liebe Mutter,

[…] Nach Verlauf der ersten noch in die Ferien fallenden Wochen hat sich mit dem Beginn der regelmäßig geordneten Tätigkeit auch erst allmählich ein Überblick über die uns im künftigen Winter bevorstehenden Verhältnisse und Bedingungen genauer gewinnen lassen. Es ist mir immer deutlicher geworden, daß es eines außerordentlich anstrengenden Arbeitens bedarf, um zu Ende des Winters das Examen mit Ehren bestehen zu können, zugleich sehe ich immer mehr, daß ich mit der erneuten Wahl Göttingens gerade das Rechte getroffen, um die meisten der noch bestehenden Lücken im Wissen und Können hier auszufüllen.

Unangenehm, aber unvermeidlich ist es, daß ich fast täglich den ganzen Tag von morgens 8 bis abends 7 Uhr außerhalb des Hauses zubringen muß; dadurch wird das Privatstudium sehr zurückgedrängt und muß sich eigentlich lediglich auf Repetition in den 8 verschiedenen Fächern beschränken, die im Examen verlangt werden. Ein Unglück, das sich aber nicht umgehen läßt, ist, daß die Kliniken täglich etwa 4 Stunden in Anspruch nehmen, ohne daß man verhältnismäßig darin lernt; notwendiges Eingehen des Lehrers auf Unwissenheiten jedes Einzelnen, ferner Wiederholungen ganz gleichartiger Fälle, die nur Zeit rauben, ohne viel Belehrendes zu bieten, nehmen da manchen kostbaren Augenblick in Anspruch. Dies ist aber eine Schattenseite, die sich überall finden muß, und ich bin nur glücklich, daß die Lehrer mir fast durchweg so vollkommen zusagen.

Abb. 60 Wilhelm Baum (1799-1883)

Da ist vor allen *Baum*, Professor der Chirurgie, der mein ganzes Herz genommen hat; ich habe jedenfalls schon in früheren Göttinger Briefen viel von ihm gerühmt, damals kannte ich ihn nur aus seinen Vorlesungen, kam fast gar nicht mit ihm zusammen; jetzt, da ich die praktischen Arbeiten mit mache, stehe ich ihm natürlich viel näher und hoffe, mir seine Gunst zu erwerben; wissenschaftliche Größe und persönliche Liebenswürdigkeit vereinigen sich bei ihm in seltener Weise;

dabei besitzt er immer religiös sittlichen Ernst, der sein ganzes Wesen und seine Wissenschaft tief durchdrungen hat und welcher bei seinen Fachgenossen eine große Seltenheit zu sein pflegt. Ihm zunächst stelle ich *Professor Förster*, den ich bisher nur aus seinen Büchern, die ich ja auch in Hamburg gehörig vorhatte, kannte [s. Kap. 9.9.], aus denen ich aber enormen Respekt vor ihm bekommen; beim ersten Besuch, den ich ihm gemacht, hat er mir auch einen höchst angenehmen persönlichen Eindruck gemacht, und hoffe ich, ihm näher zu rücken, wenn er mein Interesse für seine Spezialwissenschaft bemerkt.

Der erst neu herberufene *Prof. Hasse* aus Heidelberg hat eine außerordentliche Menge von Studenten hergezogen; ich kann bis jetzt noch nicht recht beurteilen, wie hoch man ihn zu stellen hat; doch scheint er gründlich, mit richtigem Blick begabt, guter Lehrer und persönlich liebenswürdig; ein etwas langsames Sprechen wird vielleicht zuweilen zur Ungeduld reizen, die Aufmerksamkeit leicht abziehen; der Ruf, der ihn hergeleitet, ist sehr groß; aus Heidelberg, wie früher aus Zürich hat man ihn höchst ungern scheiden lassen.

Abb. 61 Karl Ewald Hasse (1810-1902)

Von anderen Professoren haben wir diejenigen, an die wir früher empfohlen waren, wieder aufgesucht und werden auch wohl etwas häufiger bei ihnen sein als damals, wo die Neigung für solche Zirkel geringer war; außerdem werden wir wohl in die Häuser von *Prof. Curtius* und *Weber* kommen, in letzteres dadurch, daß ein Sohn des Leipziger *Prof. Weber*, den wir in Leipzig kennen gelernt hatten, hier seine Studien begonnen hat und bei seinem Onkel ein und aus geht; es scheint, abgesehen von einigen Eigentümlichkeiten, ein sehr netter Mensch zu sein, und es ist mir besonders angenehm, durch seine nähere Bekanntschaft mit seiner Familie näherem Zusammenhang zu bleiben, zumal da diese ja auch in Hamburg verzweigt ist. […]

Die Nachrichten über die neulich von *Lorenz* gefundene befriedigende Beschäftigung haben uns herzinnig gefreut, und möchte ich Euch bitten, ihm unsererseits dazu, wie zu seinem heutigen Geburtstag einen recht warmen Glückwunsch zu bringen. Der Gedanke daran, *Henriette* dauernd aus Hamburg fortziehen zu sehen, war mir ungeheuer gräulich, die freudige Überraschung, daß er in Hamburg die Beschäftigung gefunden, bedeutend erhöht. […]

Grüßt doch alle Verwandten recht herzlich von Eurem treuen Sohn
Wilhelm

10.4. Göttingen, den 24. November 1856 [Friedrich]

Liebste Mutter,
Innigen Dank für Deinen liebevollen Brief, den ich heute morgen erhalten habe und der gerade über das, worüber ich so lange mit Dir die gegenseitigen Gedanken auszutauschen gewünscht hatte, so eingehend tief sich aussprach. Ich will nun auch mein Versprechen, Dir von meinem hiesigen Leben, was ich bisher noch nicht getan, eine genaue Beschreibung zu geben, wahrmachen. Zwar wird es Dir nicht gerade von großem Interesse sein zu erfahren, in welchen Regionen der abscheulichen Juristerei Dein Sohn sich herumschlägt, aber entschuldigen wirst Du mich hoffentlich, da ja auch die Briefe, die Deine Adresse tragen, zugleich immer an Papa gerichtet sind und dieser sich doch gewiß in mein Arbeiten hineindenken mag und wird. Zumindest aber doch eine Bemerkung, die eigentlich etwas, aber doch nur sehr entfernt, in das Thema des vorigen Briefes hineinschlägt: Nämlich, ich erinnere mich, daß, als ich mich für die Jurisprudenz entschied, ich Dir eigentlich damit keinen Gefallen tat, da Du eine ziemliche Abneigung gegen dieses Fach besaßest, und fast glaube ich, dem ist noch so, wenn Du auch davon nie ein Wort hast fallen lassen. Ich möchte Dich sogar gerne davon überzeugen, wie hoch und edel gerade dieser Beruf ist, möchte so gerne, daß Du die Lichtseiten desselben so recht genau besiehst und dann bei den Schattenseiten nicht verzweifelst.

Bis zu einem gewissen Grade gebe ich Deinem Gedanken Recht: wenn man bei einem Juristen an einen jungen Advokaten denkt, der weiter nichts aufzuweisen hat als einen Doktortitel und weiter nichts zu leisten berufen ist, als sich in Gesellschaften herumzutreiben und seine Zeit zu vergeuden, der dann bestenfalls, wenn er glücklich eine Praxis erwischt hat, um nun recht viel zusammenzuscharren, kein Mittel, gutes oder böses, scheut, um lauter Geld abzupressen, Unrecht und Recht gleich achtet, wenn nur sein Beutel voll wird, dann kann und muß man sagen: ein Jurist ist der erbärmlichste Mensch von der Welt und schafft nur Unheil. Gewöhnlich stellt man sich eben gerade solche Menschen vor, wenn man die gangbaren Phrasen von Rechtsvertretern, die Rechts verdrehen, und von Juristen, die schlechte Christen sind, im Munde führt. Das trifft aber, wie ich glaube, nur einzelne, nicht den Stand oder noch weniger die Wissenschaft. Sieht man bloß auf letztere, so kann ich mir nichts Schöneres denken, als den Beruf, Recht zu schaffen und Unrecht zu entfernen; das ist aber grade das Streben, in dem ein Jurist, wenn er ein ordentlicher Kerl sein will, aufgehen muß, dem er mit ganzem Ernst und unerschütterlicher Selbstverleugnung sich hingeben muß. Die Schönheit dieser Aufgabe aber trifft zu im kleinsten Fall wie im größten; helfe ich jemandem zu einem einzigen Schilling, den ihm ein anderer mit Unrecht vorenthält, so ist das nicht weniger notwendig und nicht weniger hoch zu achten, als wenn ich die Gerechtigkeit gegen einen Verbrecher walten lasse, der seinen Vater und seine Mutter ermordet hat. Ich möchte sagen, die Gerechtigkeitspflege, und das ist das Nächste, was unsere Wissenschaft soll und will, ist das Höchste, was dem Menschen auf Erden zu leisten gegeben ist, die Rechtswissenschaft daher die höchste unter allen Wissenschaften.

Man stellt nach altherkömmlicher Sitte unter den Wissenschaften unserer Fakultäten gewöhnlich die Theologie voran und will ihr damit den ersten Rang einräumen. Aufrichtig gesagt halte ich von der theologischen Wissenschaft so viel nicht, deshalb nicht, weil sie meiner Meinung nach für den Menschen viel zu hoch ist. Wir können in der Wissenschaft nur mit dem Verstand operieren, in der Theologie aber ist nichts möglich ohne den Glauben, wo der herrscht, da muß eben der Verstand und mit ihm die Wissenschaft aufhören. In diesen Jahren, wo ich mit Studierenden der Theologie viel zusammen war und überhaupt die Aufmerksamkeit mehr der wissenschaftlichen Seite der Religion zuwandte, hat sich mir diese Überzeugung aufgedrängt: Wo die Theologie Wissenschaft werden, d.h. mit dem Verstand erforschen will, da würdigt sie sich selbst herab und zieht Göttliches durch Kritik herab: wo sie aber aufhört, verstehen zu wollen, da ist auch keine Wissenschaft mehr. Das, was den Theologen Bedeutung gibt, ist nie die Theorie, nur die Praxis; die Praxis eines wahren Theologen ist aber Gebet und Arbeit an den Seelen, im Glauben, nicht Studium und Kritisieren und Begreifen wollen. In der theologischen Wissenschaft ist daher auch nie eine Einigung, sondern sind immer die traurigsten Zwiespälte, weil dem Ganzen ein Widerspruch innewohnt – Verstand und Glaube –, nun sucht der eine sich nur auf dem Gebiet des Glaubens zu halten, der steht dann fest auf dem Boden wörtlicher Schriftauslegung und blinder Befolgung der symbolischen Bücher und trotzt allen Einwänden gegen die Vernünftigkeit seiner Ansichten mit dem Grundsatz des blinden Glaubens; der andere aber baut sein Religionssystem auf aus seiner Vernunft oder verwirft es ganz; wenn er, wie die Materialisten eigentlich tun, sich selbst die Vernunft abspricht, hat dann gar keinen Boden als den seiner himmlischen Natur. Zwischen beiden in der Mitte steht nun noch eine Schar Unglücklicher, die sich abmühen, Verstand und Glauben zu vereinigen, und in der allersubjektivsten und grundlosesten Weise dies unlösliche Problem zu lösen versuchen. Auf dem ersten Standpunkt stehen z.B. die Mecklenburger, auf dem zweiten die alten Tübinger, auf dem dritten die Jenaer, die Göttinger Theologen.

Ganz anders bei uns. Da ist eine bestimmte, faßbare, erreichbare Aufgabe, da ist nun Menschliches, aber dies Menschliche dazu, um Gottes Wege zu bahnen. Nicht was die Theologie will, sittliche Vollkommenheit, will auch das Recht, es beschränkt sich auf einen engeren Kreis, es schützt die äußere Ordnung des menschlichen Verkehrs; oft ist etwas unmoralisch, was vom Recht erlaubt wird, aber deshalb darf man das Recht nicht tadeln, denn der Mensch ist nicht berufen, in die Seele seines Mitmenschen zu dringen und zu richten; das ist Gottes Auge. Wir können nur richten, wenn menschliche Ordnungen verletzt sind, und damit ist die menschliche Gerechtigkeit allerdings ein Abglanz göttlicher Gerechtigkeit, da ja auch das, was dem Recht heilig und unverletzlich ist, der Staat, die Familie, das Leben des Mitmenschen usw. ebenso durch göttliches Gebot für heilig erklärt ist.

Ist nun freilich die Ausübung oft mangelhaft und schafft oft Unrecht statt Recht, so kann man freilich deshalb den sündigen unvollkommenen Menschen anklagen, der das Recht nicht zu finden herauszustellen im Stande ist, nimmer aber die Wahrheiten des Rechts selbst, die ewig da stehen, unabhängig von menschlicher Schwäche, und dereinst sich gewiß Geltung verschaffen werden. Das Recht in seinen Grundzügen ist nichts vom Menschen willkürlich Ersonnenes, es ist ihm eingeboren ebenso wie das Gottesbewußtsein, es ist ihm anerzogen, angebildet durch seine Nationalität, die Sitten, die Anschauungen seiner Zeit. Freilich das Einzelne des künstlichen Baus muß er selbst schaffen auf Grund eben seiner eingepflanzten Auffassungen; es ist jeder dazu berufen, und ist auch jeder dazu tätig, das, was Recht ist, herauszufinden und darzustellen. So, wenn einer sagt: dies oder das scheint mir recht zu sein, d.h. vom Recht erfordert zu werden, und deshalb tue ich es, so ist das zwar zunächst nichts weiteres als eine vereinzelte Idee; aber es finden sich andere, die dieselben denken, von denselben nationalen Auffassungen und Triebfedern geleitet, und so bildet sich an einem Ort, in einer Stadt, einem Land, in einem ganzen Volk ein Rechtsbewußtsein, das sich, eben weil vom ganzen Volk getragen, Geltung verschaffte. So machen also nicht die Juristen das Recht, es entspringt vielmehr unmittelbar aus dem Volk, oder doch mittelbar aus demselben durch das Gesetz, denn auch das Gesetz muß auf dem Volkswillen ruhen, sonst bricht es gleich zusammen. Im Rechte spiegelt sich am klarsten die Nationalität, in ihm sieht man am deutlichsten den Charakter jeder Nation.

Dies ist heutzutage unzweifelhaft, früher galt dies im gleichen Maßstab von der Religion, die darin dem Recht ganz gleich stand. Durch das Christentum ist das anders geworden, die Religion von der Nationalität abgelöst, und interessant ist es zu sehen, wie auch die Rechte der einzelnen Völker sich ausgleichen; in alter Zeit galt jeder Fremde als rechtlos, hatte er keinen besonderen Schutz, so konnte ihn jeder ungestraft töten; jetzt steht man ziemlich unter denselben Gesetzen, einerlei ob man in Hamburg oder London oder Sidney ist – auf der ganzen zivilisierten Welt fast dasselbe Handels-, dasselbe Seerecht, und auch im Kriminalrecht, in vielen anderen Rechtsteilen zeigt sich dieselbe nivellierende Tendenz. Erkennt man so aber an dem Rechtszustand am sichersten den Charakter des ganzen Volks, seine Eigentümlichkeiten, seine Akkomodationsfähigkeit, den Fort- oder Rückschritt seiner Auffassungen, so ist es auch gewiß von höchstem Interesse aufzusuchen: Was gilt denn nun als Recht? Das aber hat der Jurist zu *tun*, nicht das Recht zu machen, und um das zu tun, darf er keine Mühe, keine alten *judices*, keine entlegenen Winkel scheuen, er muß aber zugleich ein offenes Auge fürs Leben, dem das Recht entquillt, haben, die Überzeugungen der Edelsten und

Tüchtigsten seines Volkes beobachten, in sich aufnehmen und ihren Wert für das Recht prüfen.

Vor fast 2000 Jahren nun schon haben Männer gelebt, die mit bewunderungswürdigstem Scharfsinn und einem die Schranken ihrer Nationalität weit überragendem Geiste die Normen aufgestellt haben, die sich, für einen, aber den wichtigsten, Teil des Rechts wenigstens, aus den Grundsätzen der allgemeinen Wahrheit, des Treu und Glaubens, aus dem Zweck der menschlichen Ordnung überhaupt ergeben, und diese Männer haben uns zugleich Beispiele überliefert, wie man diese Normen anwenden, wie die Theorie verwirklichen, das Gesetz mit dem Leben vereinigen soll. Was an dieser Schöpfung spezifisch national war, ist vielfach abgestreift, wird allmählich immer mehr abgestreift, aber bei weitem das Meiste behält seine Wahrheit unter den Hottentotten so gut wie im Spruchcollegium der eingefleischtesten Romanisten [Katholiken?]. Daher ist es lächerlich, die Phrase im Mund zu führen: Was sollen wir im 19. Jahrhundert mit dem, was vor 2000 Jahren und darüber bei einem Volke Recht war? Laß die Leute, die so sprechen, einmal selbst ein Rechtssystem aufbauen – ich glaube, wenn ihrer auch nur zwei diese Aufgabe bekämen, sie stritten sich so, daß nie etwas dabei herauskäme, und tappten bestenfalls immer im Dunkeln herum. Es ist aber nicht so gemeint, als sollten wir nun staunend vor dieser 2000-jährigen Weisheit stehen und alle eigene Arbeit dabei aufgeben: nein, das Recht ist ein ewig lebendiger Strom, solange das Volk lebendig ist, verändert sich daher mit ihm, hat seine Geschichte gerade wie das Volk. Wie das ganze Volk berufen ist, Gott als Werkzeug zu seinen Zwecken zu dienen, so ist dasselbe der Beruf des Rechts, in dem Volksansicht und Volkscharakter sich ausprägen. Jahrhunderte haben an dieser Arbeit auf Grund jener alten Rechtsdenkmäler sich schon versucht; wir stehen jetzt gerade in einer Zeit, wo mit ungewöhnlichem Eifer diese Arbeit wieder aufgenommen ist und viel nach allen Seiten darin geleistet wird.

Muß man bei solcher Arbeit nun auch mühsam Stein auf Stein zusammentragen, damit ein fester Bau zu Stande kommt, so entschädigt dafür doch die Größe der Aufgabe, die eben die ist: die Regeln festzusetzen, nach denen sich Menschen gegen Menschen, Völker gegen Völker, Untertanen gegen Staatsoberhäupter in allen denkbaren rechtlichen Verhältnissen bewegen sollen. Daher hatte man früher gewiß Recht, wenn man von einem Juristen verlangte, er solle alles anzufassen wissen, und wenn man ihnen dies jetzt nicht zutraut, so ist das wohl vielfach Schuld der traurigen Rechtspflege, aber nie der Rechtswissenschaft.

Ich will aber abbrechen, denn dieser Gegenstand läßt sich in Briefen doch nicht erschöpfen; das habe ich aber hoffentlich erreicht, daß Du sagst: Ich freue mich, daß er solch ideale Auffassung hat, und hoffe, das Leben wird sie ihm nicht nehmen – will nicht sogar noch etwas mehren.

Nun aber fort aus dem Gebiet der Theorie und *Raisonnements*. Du hast schon lange gedacht; wozu die lange Einführung? Das konnte ich nun mal nicht helfen, liebe Mutter, denn, wes das Herz voll ist, des geht der Mund über, aber nun etwas anderes. Ich habe von Collegien noch nicht geschrieben, obgleich ich doch gerade mit meinen jetzigen sehr zufrieden bin, wenigstens im Ganzen. Zunächst bei *Briegleb* Prozeß, 8-mal in der Woche, musterhaft, dann bei *Herrmann* Criminalprozeß, nicht uninteressant, verbunden mit einem Criminalpraktikum, 6-mal wöchentlich, endlich noch Staatsrecht bei *Kraut*, der nun freilich, obgleich er es schon 28 Jahre liest, viel zu wünschen übrig läßt.

Die Zeit liegt nun höchst angenehm: montags, mittwochs, freitags von 10-1 h, sonnabends von 12-1, die übrigen Tage von 11-1 und außerdem alle Tage außer Sonnabend von 4-5. So habe ich immer einen freien Morgen, wenigstens bis 10, an dem ich eben allein auf meiner Stube sitze und arbeite. Angefangen wird, wenigstens bei nicht verspätetem Aufstehen um 7 Uhr, dann um 8 mit Wilhelm und *Vetter Sieveking* gefrühstückt, um 9 geht W. in die Klinik, Vetter S. schon um 8 ins chemische Laboratorium. Am Nachmittag bin ich gewöhnlich allein zu Hause, von 5-7 werden Pandekten durchgenommen mit *Dr. Schlesinger*, dann Tee getrunken, gearbeitet. Abends sind wir selten aus, nur Sonnabend, gewöhnlich von 10 an, mit den anderen zusammen.

Abb. 62 Wolfgang Sartorius von Waltershausen (1809-1876)

Außerdem kommen öfter Einladungen. Wir wurden bei *Sartorius* unverändert liebenswürdig empfangen, gleich eingeladen. Nun ist es da freilich, unter uns gesagt, etwas langweilig, sie höchst verlegen und er womöglich noch mehr, darum öfter Pausen u. dergl., aber immer Liebenswürdigkeit und guter Wille. Mit *Krauts* ist der alte Reigen dann auch glücklich wieder los gegangen: Visiten, Einladung, langweilige Diners, Visite. Da kommt nichts heraus; nur muß ich mir seine Gunst erhalten, da er im Examinatorencollegium sitzt. Dann sind *Ritters* da, die Hofrätin laboriert aber an den Folgen eines Sturzes auf der Straße, daher ist von der Seite alles still. Bei *Mommsens* waren wir öfter, höchst liebenswürdige, angenehme

Leute, anspruchslos, freundlich – die Professorin leider etwas kränklich, aber treue Gattin und Mutter, angenehm, weiblich; er bei einiger Verlegenheit doch bisweilen ganz interessant, jedenfalls nichts weniger als unbedeutend.

Mehr alte Bekanntschaften haben wir liegen gelassen, bei der heutigen Sitte, einmal im Semester Abfütterungen zu geben, ist es wirklich ein Zeitverlust, sich damit abzugeben; so haben wir *Hanssen* nicht aufgesucht. Dagegen machten wir [Ernst] *Bertheau* [1812-1888] und seiner (dritten) jungen Frau unsere Aufwartung, fanden ihn, umringt von einem halben Dutzend häßlicher Kinder, griesgrämlich wie immer, womöglich noch mehr – etwa der Ernst des Hamburger Bruders [Carl Bertheau, 1806-1886, Rektor des Johanneums] in 10-fachem Maßstabe und dann zu menschenfeindlichem Unmut verzerrt. Eine Einladung ist noch nicht erfolgt, wird auch nicht sehnlich erwartet.

Abb. 63   Ernst Curtius (1814-1896)

Die Reihe beschließt sich mit *Curtius*, wir waren ihm ja in Hamburg von Papa vorgestellt, machten ihm hier unsere Visite, doch leider ohne ihn zu treffen, und wurden in Folge dessen zum Tee eingeladen. Dabei lernten wir seine Frau Schwägerin kennen, jene macht den Eindruck einer echten Berlinerin, gesprächig, maliziös, fein, gescheit, wenn sie will, liebenswürdig – wenigstens ein interessanter anregender Umgang. Er ist immer etwas zerstreut, gedankenlos oder gedankenvoll bei solchen Zusammenkünften, hört halb zu und spricht ziemlich wenig; ich weiß nicht, ob es Originalität oder Genie ist oder sein soll.

Dieser Tee war vorigen Mittwoch, nun sind wir morgen abend wieder eingeladen – *grand monde*; ich habe gelinde Angst vor dem Ball; denn meine Tanzstunden haben noch nicht angefangen, ich muß erst mit dem Herrn *Höltzke* mich über das Nähere unterhalten, kann also morgen noch nicht mich präsentieren und fürchte schreckliche Langeweile, doch das muß abgewartet werden.

Nun habe ich noch eine Familienbekanntschaft vergessen, nämlich *Professor Vater,* Physikus, der hier mit einer jungen (d.h. schon etwas ältlichen) Nichte und einem Neffen, jüngerem Studiosus, der uns ebenda bekannt machte, zusammen lebt, und uns, d.h. uns 3 Sievekings, neulich die Ehre einer Einladung zu einem Leseabend zukommen ließ. Wir waren ganz unter uns – man las Wallensteins Lager und 2 Akte von den Piccolomimi, natürlich nichts weniger als meisterhaft, und trennte sich, hoffentlich beiderseits, befriedigt.

Du siehst, wir haben doch ziemlich viel Familienbekanntschaften hier, und leicht ließen sich dieselben so cultivieren, daß man erschrecklich viel Zeit damit verlöre. Deshalb wird auch Maß darin gehalten. Es gibt übrigens diesen Winter gewiß eine glänzende Saison, da 3 Prinzen und x Freiherren und Grafen hier futiert werden müssen. Erster großer Prinzenball war neulich bei *Waitz.*

Nun muß ich aber doch mal schließen – ich habe auch gleich Colleg.
Grüße an Papa und die Geschwister,
Dein Friedrich

10.5. Göttingen, den 6. Dezember 1856 [Friedrich]

Liebe Mutter,
Mit der Bitte um Nachsicht für verspätete Besorgung sende ich hierbei den Brief von *Johannes* zurück, daß er so munter und herzlich schreibt, hat mich gefreut, und scheint er doch auch nach diesem Briefe Bedacht darauf zu nehmen, daß er eine gesunde Lebensweise führt, so daß wir gewiß alle Hoffnung haben können, daß er sich mit dem dortigen Klima verträgt. […]

Aus unserem Nest denn nicht viel Neues – damit bist Du hoffentlich nicht unzufrieden. An Comfort oder Gemütlichkeit fehlt es nicht, besonders, weil Wilhelm und ich immer auf einer Stube sitzen und die Morgen- und Abendmahlzeiten häufig auch Vetter *Peter* mit uns einnimmt. Abends wird Tee getrunken und bisweilen gegenseitig wissenschaftlicher Austausch gemacht. Im Allgemeinen läßt sich das freilich nicht weit ausdehnen, da die Specialia zu wenig Berührungspunkte bieten, nur in der allgemeinen Behandlung ist doch vieles ähnlich, und läßt sich manches, was von der Jurisprudenz gilt, auch von der Medizin sagen.

Eine sehr angenehme Aussicht ist jetzt das Weihnachtsfest – eine 3wöchige freie Arbeitszeit. Wie wir Weihnachten feiern, weiß ich noch nicht; vielleicht laden uns *Mommsens* ein, und würde ich das nicht ungern annehmen, da in dem Hause viele Kinder sind, die das Fest am nettesten machen. Sonst bleiben von unseren Bekannten vielleicht 8 oder 9 hier, und machen wir wohl zusammen eine Bescherung im Kleinen.

Neulich mußten wir mal wieder dafür büßen, daß wir Terpsichores Kunst nicht uns angeeignet; wie ich Dir schon schrieb, bei *Curtius.* Es war glücklich kein solemner Ball, sondern ganz Familientanz, an dem sich auch die ältesten und ernstesten Professoren, bei denen Tanzunfähigkeit ja Selbstverstand ist, zu tanzen nicht schämten. Es ward uns auch einige Mal die unverdiente Ehre eines

Cotillonamtes zu Teil, was aber die gütigen Geberinnen, nachdem sie ihren Zweck, mit uns zu tanzen, erreicht, denn doch wohl etwas bereut haben werden. Ich habe mich schon mehrfach beim Tanzcursus gemeldet, bin aber bis jetzt noch nicht da gewesen, da ich jedenfalls die Kunst schnell erlernen möchte und fürchte, bei zu frühzeitig erworbenem Kunstwissen später alles vergessen zu haben. Außerdem kostet es enorme Zeit – ein regelrechter Cursus 3 Monate, und zwar darin 4 mal wöchentlich von 8–10 –, ganz abgesehen von dem Preis von 8 T, der freilich im Vergleich zur Zeit nicht bedeutend ist.

Nun muß ich noch von einer Sache schreiben, die es vielleicht nicht wert ist, erwähnt zu werden. Es kam nämlich vor einigen Tagen ein altes Frauenzimmer, die schon etwa 12 mal in meinem Hause gewesen, von der aufmerksamen *Mine* aber durch das Vorgeben, ich sei aus, immer abgewiesen war, zu mir und erzählte nach den nötigen Einleitungen, wie sehr sie an Alter, Brustschwachheit, Gicht und teuren Zeiten litte, daß sie früher bei Papa, als der hier studierte, gewaschen habe – sie heißt *Borchers* – davon, daß Papa Senator sei, auch von *Onkel Karl* [Sieveking] wußte sie, behauptete auch, vor 20 Jahren Papa mal in Hamburg besucht zu haben. Nun war die erste Pointe die: sie habe einen Sohn auf den Sandwichinseln [Hawaii], der dort Minister sei, habe aber oft an ihn geschrieben und nie Antwort bekommen; jetzt wisse sie kein anderes Mittel, Nachrichten und, was natürlich die Hauptsache ist, Unterstützung von ihm zu erhalten, als wenn ein Brief von ihr durch einen Capitain oder durch den Hamburgischen Consul auf den Sandwichinseln persönlich besorgt und durch diesen ihr eine Antwort verschafft würde. Sie meinte deshalb, durch Papas Gefälligkeit vielleicht in den Stand gesetzt werden zu können, einen Brief in die Hände eines nach den Sandwichinseln segelnden Capitains gelangen zu lassen. Ich wußte nun vor allem nicht, ob diese Frau die Wahrheit sagte, konnte sie aber auf keiner Unwahrheit ertappen, und versprach ihr deshalb, zu Hause anzufragen, ob sich vielleicht ein Capitain zu solcher Besorgung finden ließe oder ob und wer auf den Sandwichinseln Hamburgischer Konsul sei. Bis zu erfolgter Antwort hierauf muß sie sich natürlich gedulden. Wenn die ganze Geschichte Papa zu lästig ist, schreibst Du mir wohl ein Wort im nächsten Brief darüber; wenn es aber vielleicht eine so ausgezeichnete Wäscherin war, daß sie eine Vergeltung wert ist, würde ich einen Brief von ihr zu gelegentlicher Übersendung nächstens schicken. Mit dieser Erinnerung an *Witwe Borchers* – beiläufig ist Witwe nur Bezeichnung des Alters, denn einen Mann hat sie, wie sie sagt, nie gehabt – schließe ich heute meinen Brief und bleibe mit der Bitte, Papa, *Lorenz*, *Henriette* und *Oldenberg* herzlich zu grüßen,

Dein Dich liebender Sohn Friedrich

10.6. Göttingen, den 22. Dezember 1856 [Wilhelm]

Liebe Ältern,
Den herzlichsten Dank sage ich Euch für den Brief mit so mannigfaltigem erfreulichen Inhalt; ich will mich nach Kräften bestreben, Eurer mir täglich bewußter werdender Liebe würdiger zu werden, will Euch stets ein gehorsamer Sohn sein. Wenn ich auch einige Zeit geschwiegen und Friedrich es übernommen, Nachrich-

ten zu geben, so bin ich doch täglich mit meinen Gedanken bei allen Meinigen gewesen und habe ängstlich guten Nachrichten von ihnen entgegengesehen; ich brauche zum Schreiben einiger Sammlung, und die geht mir in diesem Winter begreiflicherweise fast ganz ab, wo es Tag ein Tag aus und nicht selten auch die Nächte ohne längere Unterbrechung zu tun gibt; das strengt an und macht zuletzt am Abend schlaff, und da muß doch noch erst recht gearbeitet werden. Doch bekommt mir dieses Leben sehr gut; ich fühle mich gesund und arbeitslustig, und mich faßt täglich neue Freude an meiner Wissenschaft; so sehr verkehrt es mir vorkommt, so im Allgemeinen eine Wissenschaft über die andere zu stellen, so gebührt doch, glaube ich, der meinigen augenblicklich der Vorzug, daß ihr in den nächsten Jahrzehnten unendlich viel größere und vielleicht auch praktisch folgenreichere Fortschritte bevorstehen als irgendeiner anderen, und das erhöht, wenn auch nicht ihren Wert, doch ihr Interesse bedeutend und regt so außerordentlich an, selbst zu spüren und an ihr weiterzubauen, nicht nur das bis jetzt Erkannte und Geglaubte entgegenzunehmen. Daher freue ich mich sehr auf die mir vielleicht bevorstehende Stellung im Hamburger Krankenhaus, wo das neue Material gewiß nach allen Seiten hin Anknüpfungspunkte an einzelne mir besonders lieb gewordene Themata bieten würde.

Durch *Baums* anregendes Wesen ist mir jetzt die Chirurgie viel lieber geworden als früher; *Günther* hatte doch etwas viel Schulmeisterliches und Stereotypes, als daß er einen so recht für die Größe seiner Wissenschaft begeistern konnte, auch war es ihm nicht recht gelungen, die großen Fortschritte, die dieselbe in den letzten Zeiten, besonders durch die Ausbildung der pathologischen Anatomie, genommen, zu verfolgen; während dagegen *Baum* neben einer enormen Lebhaftigkeit und Vielseitigkeit auch noch das Zeug hat, einen durch Geist, Liebenswürdigkeit, wie andererseits durch den tiefsten sittlichen Ernst zu fesseln.

Auch *Hasse,* der für diesen Winter zuerst die medizinische Klinik dirigiert, hat mich, so sehr ich in Leipzig durch *Wunderlichs* Scharfsinn und Lehrtüchtigkeit verwöhnt war, sehr befriedigt, und freue ich mich daher, daß ich Gelegenheit gefunden, persönlich mit ihm bekannt zu werden. Bei Gelegenheit eines Fackelzuges, den ihm die Mediziner zu Ehren seiner Ankunft kürzlich brachten, war ich zum Kommissionsmitglied erwählt und wurde als solches später von ihm zu Tische geladen; da fanden sich dann bald Anknüpfungspunkte durch *Mad. Lange* als Tante seiner Frau etc. und wurde beim Abschiednehmen mit einem freundlichen „Auf Wiedersehen" entlassen, was ich denn auch, so viel an mir liegt, nicht unbenutzt lassen will.

Überhaupt sind wir jetzt vielleicht etwas häufiger in Gesellschaft bei Professoren als in früheren Jahren, vorzugsweise bei *Curtius, Webers, Mommsens, Sartorius;* bei *Ritters* sind leider durch Krankheit der Frau die wöchentlichen freien Abende vorläufig ausgesetzt. Wir waren auch von 2 Seiten aufgefordert, den Heiligen Abend in der Familie zuzubringen; da wir uns aber schon vorher mit den paar Bekannten, die die Ferien mit hier aushalten, verabredet, einen Tannenbaum zurecht zu putzen, so lehnten wir dies ab. Am liebsten würde ich den Abend bei Euch zubringen; hoffentlich ist das nächstes Jahr der Fall, und vielleicht weiß Mutter es dann so einzurichten, daß die Bescherung von *Henriettes* Kindern bei ihr ist, das wäre allerliebst, wenn auch minder prächtig als die allgemeine Herrlichkeit in der Catharinenstraße [bei *Meyers*]. Nun trotz der Ferne werden wir das Fest gemeinschaftlich verleben, uns vereinigt fühlen durch die Freude an der frohen Botschaft, die uns an jedem Weihnachtsfest von Neuem verkündigt wird; wenn die Freude recht rein und kindlich im Herzen wohnt, da kann einer auch ganz einsam das köstlichste Fest feiern.

Den lieben Geschwistern und Nichten vor allen die innigsten Grüße, dann aber auch *Vetter Hermann* meinen herzlichsten Glückwunsch zur Vaterfreude und endlich sämtlichen Tanten die besten Empfehlungen. Unser *Vetter Johannes Peter Sieveking* wird Euch wohl ehestens aufsuchen und kann dann über dies und jenes Auskunft geben, was wir in Briefen sollten vergessen haben. Einliegend die Briefe von *Johannes* und *August*.

Dein treuer Wilhelm

10.7. Göttingen, den 9. Januar 1857 [Friedrich]

Liebe Mutter,

Spät freilich, aber darum doch umso gewichtiger, kommt unser herzlicher Dank für die Weihnachtsüberraschung – gewichtiger deshalb, weil wir die Schönheiten derselben nun schon fast bis auf die Neige genossen haben. Es ist nicht schwer, mit anderen Liebhabern zusammen, die sich gewöhnlich einzufinden nicht verfehlen, auch noch so langeaussehende Vorräte sehr schnell zu vertilgen, wie Du das vielleicht von diesem Fall denken wirst – darum ist auch dieses Weihnachten kein verdorbener Magen vorgekommen, vielmehr geht es uns beiden vollkommen wohl, äußerlich gesund und innerlich behaglich.

Vom Weihnachtsfest habt Ihr von uns noch keine Nachrichten; es war ganz gemütlich, soweit dies ohne Kinder und ohne Eltern möglich ist, gewiß gemütlicher, als bei einer Feier in der Familie des *Prof. Bertheau*, zu der wir eingeladen waren, geworden wäre, wo uns nichts als eine Unzahl häßlicher Kinder, vielleicht mit großem Skandal, und ein sehr freundlicher, aber ungemütlicher, bärbeißiger Hausvater erwartet hätte: leider mußten wir aber dieser Einladung wegen auch eine später nachfolgende zu *Mommsens* ablehnen, wo ich den Abend doch ganz gerne gewesen wäre, da gerade alles, was zu einem noblen Fest gehört, vergnügte Kinder, liebevolle und liebenswürdige Eltern, da anzutreffen gewesen sein würden.

So mußten wir uns auf einen Kreis von etwa 8 Bekannten beschränken – eine zudem dazu gewählte Commission hatte freilich ihr Bestes getan, alles recht weihnachtlich zu machen. Ob das dazu gehört, daß in einem Nebenzimmer vor der Feier ein Abendessen von Roastbeef und Plumpudding arrangiert war, weiß ich zwar nicht, man müßte denn englische Sitte der deutschen dann vorziehen, wenn diese, d.h. Karpfenessen, unausführbar ist, wie das hier in Göttingen der Fall ist. Daß aber der Tannenbaum zuerst nicht sichtbar war, sondern erst nach etwa einstündigem Harren angezündet ward, war ganz in der Ordnung, und unter dem Tannenbaum fand jeder diese und jene Gabe, die ihm von befreundeter Hand zu Teil geworden war. Das liebste Geschenk, das mir zufiel, ist mir [Theodor] *Mommsens* Römische Geschichte, in der 2-ten Auflage, erst ein Band. Zwar habe ich jetzt zu der Lektüre wenig Muße, konnte bisher nur so viel sagen, daß es ein höchst lesenswertes Buch ist, das durch seine selbständige Forschung und eigentümliche, geistreiche Auffassung der gesamten antiken Verhältnisse ausgezeichnet ist. Die erste genaue Kunde davon und das große Interesse dafür war mir dadurch gekommen, daß *Wattenbachs* es in Breslau, wo ja der Verfasser lebt und viel mit ihnen verkehrt, mit so großem Enthusiasmus gelesen haben – außerdem hat es ja vielfach Furore gemacht. Ich dachte schon daran, ob es *Henriette* vielleicht nächsten Sommer interessieren würde – es ist freilich bekanntlich ein eigen Ding mit dem Vorlesen – es macht oft so müde und die Zeit dazu und die Zerstreuung mitten in! Nun das wird sich finden, und ist es dies nicht, so ließe sich doch wohl ein anderer Gegenstand zu ähnlicher anregender und fördernder Beschäftigung im Familienkreise ausfindig machen.

Außer durch jene Einrichtungen aber hatte die Festcommission auch ihren Witz zum Besten gegeben durch allerhand kleine spaßhafte, oder doch spaßhaft sein wollende Überraschungen, die von den nötigen Knittelversen begleitet, einen netten Eindruck machten. So verging der Abend doch nicht ganz, wie jeder andere, und hatte noch etwas gefehlt, so ward das durch ein am ersten Feiertag erfolgtes Mittagessen bei *Mommsens* ersetzt, wo natürlich der Erstefesttagsjubel der Kinder noch in vollem Gange war.

Seitdem haben wir die Ferien fleißig zu Hause sitzend verbracht, und da alles jetzt wieder ganz im alten Gleise, merkt man kaum, daß man im neuen Jahr steht. Auch von der Sylvesternacht, von der man vieles besorgte, hatte ich wenig Lärm gemerkt – nur ließen sich jetzt lärmende Handwerksburschen und Stiefelputzer sehen, die das Privileg auszuüben zu dürfen meinten, das im Semester allein den Studenten zusteht – aber schlimm machten sie es auch nicht. Vor zwei Jahren ward hier mal in einem Sylvesterabendübermut von einem Stiefelputzer einem Studenten, um ihn zur Ordnung zu bringen, ein Säbelhieb beigebracht, an dem dieser starb. Seitdem stellte man sich natürlich die Göttinger Neujahrsbräuche als nur Tod und Wunden bringend vor; von diesem ist mir dergleichen nicht zu Ohren gekommen.

Am Neujahrstag waren natürlich Visiten zu schneiden, das war im Ganzen ziemlich langweilig. *Curtius* trafen wir leider nur *en passant* auf der Straße – *sie* sehr gnädig, uns einen Vorwurf daraus zu machen, daß wir nicht einmal in den Ferien unaufgefordert des Abends zum Tee gekommen wären – ein Vorwurf, der freilich innerlich gar nicht traf, da sie uns nie dazu aufgefordert hatte, so uneingeladen zu erscheinen, der aber für den Augenblick eigentlich immer um eine Antwort verlegen macht und daher nie gemacht werden sollte. Auch Professorin *Sartorius* war so herablassend, uns anzunehmen; sonst tut sie das fast nie, wir waren schon mehrmals vergeblich da, obgleich sie zweifellos zu Hause war.

Einliegend schicke ich den schon erwähnten Brief der alten *Borchers*. Sie war in der letzten Zeit öfters bei mir, scheint eine sehr rechtliche Frau, die sich aber in höchst ärmlichen Umständen befindet, an Gicht leidet, so daß sie kaum etwas stricken kann, und von der Armenkasse nur 8 ggr [Gutegroschen] wöchentlich erhält. Ich gab ihr Weihnachten 3 T, die sie auch sehr vernünftig angewendet hat, zuerst um sich einen Wintermantel anzuschaffen, dann um mal etwas Fleisch zu essen.

Damit sie mich jetzt nicht alle Augenblicke belästigt, habe ich ihr bis Ostern wöchentlich 4 ggr versprochen. Papas erinnert sie sich noch ganz genau, neulich erzählte sie, wie sie mal Heetwicken [Heißwecken] für ihn hätte backen müssen. Von ihrem Sohn habe ich einen Brief gelesen, den er von den Sandwichinseln an einen Bekannten in Bremen geschrieben hat, vom Jahr 1848; danach hat er merkwürdige Schicksale erlebt, ist erst Seemann gewesen; dann, warum, weiß ich nicht, hat er sein Schiff verlassen, auf den Sandwichinseln zuerst ein Salzbergwerk geleitet, ist dann durch Zufall mit dem X. bekannt und wird zum Aufseher eines seiner Gärten. Bei einer gelegentlich einer Einladung veranlaßten Audienz bei dem König erfährt dieser, daß er etwas von Militärischem versteht, und stellt ihn als seinen Generaladjutanten an, in welcher Eigenschaft er sich einige Monate mit Einexerzieren von Sandwichinsulanern abquält. Hiermit nicht mehr zufrieden, läßt er sich als Richter in einem Distrikt des Königreiches anstellen, macht dann ein Advokatenexamen, praktiziert mit Erfolg und war bei der Abfassung dieses Briefes im Begriff, als High Sheriff seiner Majestät an einem neuen Bestimmungsort abzugehen. Der Brief ist sehr fließend geschrieben, verrät auch englische Kenntnisse, überhaupt einige Bildung, die freilich eine stark demokratische Färbung hat. Jetzt soll er nach Zeitungsberichten, wie die Mutter sagt, Premierminister sein und lautet dementsprechend auch die Adresse, die sie mich bat, in englischer Sprache auf den Brief zu setzen. Ich möchte, lieber Papa, darum bitten, weil mir z.B. der Titel eines Premierministers auf den Sandwichinseln unbekannt ist. Ich würde setzen:

Mr. Francis Funk, Prime Minister to His Majesty King Kamehameha III.,
Honolulu, Sandwich Islands

Die Alte dauert mich, weil der Flegel von Sohn sich in guten Umständen befindet und sie so ganz vernachlässigt. Außerdem ist auch der Brief noch zu schließen. [Personen und Fakten historisch belegt, 1857 regierte allerdings Kamehameha IV.]

Zum Schluß aus ganzem Herzen viel Glück zum Neuen Jahr – besonders Euch, liebe Eltern und den Geschwistern, den Nichten meinen herzlichen Gruß, wenn sie Onkel F. noch kennen. Leb wohl,

Dein Dich liebender Sohn
Friedrich

10.8. Göttingen, den 14. Februar 1857 [Wilhelm]

Lieber Papa,
Ich hatte mir gerade vorgenommen, den heutigen Tag, an dem mir das zufällige Ausfallen einiger Collegien einen freien Nachmittag verschafft, dazu zu benutzen, Euch zu schreiben, als mir Mutters mahnender Brief zukam, wodurch der Entschluß natürlich noch wesentlich befestigt wurde; vor allem möchte ich mich von der Verdächtigung befreit wissen, als würden Nachrichten von Hause mit Gleichgültigkeit betrachtet; das ist ein schwerer Vorwurf, und er trifft doch so ganz mit Unrecht; der Gedanke an die Liebe der Ältern und Geschwister vermag es immer am ersten, zum unermüdlichen Fortstreben aufzumuntern, jeder erfreuliche Kunde von ihnen bringende Tag wird als Festtag begrüßt. Wenn trotzdem unsererseits zuweilen eine mit diesen Gefühlen nicht zu harmonieren scheinende Nachlässig-

keit auftritt, so bitte ich innigst, sie durch den stets gleichmäßigen Fortgang des täglichen Lebens, wie es sich naturgemäß in diesem Winter mehr wie je geregelt hat, zu erklären. […]

Meinen Wunsch, das Examen vor dem Feste zu machen, habe ich aufgeben müssen, als mich eine kürzlich im neuen Jahr erlassene Verordnung überraschte, worauf von Doktoranden der Medizin in Zukunft eine schriftliche Abhandlung verlangt werden soll, als Ersatz für die damit wegfallende öffentliche Disputation, die zu einer reinen Komödie herabgesunken war. Da ich auf eine solche nicht im Geringsten vorbereitet bin, so bedarf ich jedenfalls noch der Ruhe der Osterferien zu angestrengtem Arbeiten, hoffe aber doch, in der letzten Woche des Aprils ins Feuer gehen zu können und Euch dann nach wenigen Tagen zu umarmen. In denselben Tagen hofft auch Friedrich fertig zu sein.

Was soll aber dann werden? Mein auch von Dir gebilligter Entschluß, den Sommer in Berlin zuzubringen, ist durch mehrere Umstände wankend gemacht. Einmal hätte ich gern das Hamburger Staatsexamen hinter mir, ehe ich in Berlin noch ein Semester den speziellen Lieblingsstudien der Augenheilkunde und pathologischen Anatomie widmete; dann aber würde mir ein winterlicher Aufenthalt in Berlin sowohl in Bezug auf Kollegien, wie Kollegen, mit denen ich dort zusammentreffen würde, als auch auf das ganze Leben in der großen Stadt meiner Ansicht nach viel mehr nützen und zusagen als der sömmerliche. Ich könnte dann die Sommermonate recht hübsch dazu benutzen, mich auf das Hamburger Examen vorzubereiten, Hamburgische Pharmakopoe zu studieren etc. und daneben häufig das allgemeine Krankenhaus besuchen. Ich weiß gar nicht, wie diese Ideen mit Deinen und Mutters Plänen zusammenfallen, und möchte sie nur als Vorschlag abgesehen wissen, von dem ich augenblicklich abstehen würde, wenn Ihr etwas dagegen hättet, der mir aber als immer plausibler vorgekommen ist. […]

Ich kann nicht sagen, daß mir vor dem Doktorexamen sehr graut; in den Hauptfächern hoffe ich gut zu bestehen, in einigen Nebenfächern habe ich freilich nicht viel getan und mir persönlich unbekannt gebliebene Examinatoren vor mir, von denen man vielleicht nicht so ganz vor einigen Schikanen sicher ist, doch hoffe ich, mich auch da so gut wie andere durchzuschlagen. Angenehm ist, daß man durch Kliniken und andere Practica, mehr als es in anderen Wissenschaften der Fall ist, auf seine eigenen Schwächen und *forcen* aufmerksam wird und sich mit anderen leichter vergleichen kann. Die Kosten für Examen und Diplom betragen für jeden 150 Thaler.

Vom Leben und Treiben läßt sich eigentlich gar nichts erzählen; wir kommen abgesehen von den gewöhnlichen Berufswegen eigentlich nie zum Hause hinaus. 2 Hausgenossen, nämlich *Vetter Sieveking* und ein Hamburger namens *Seebohm,* Jurist, bilden eigentlich den alleinigen Umgang; das Studentenleben ist natürlich vollständig in den Hintergrund gedrängt, auch ziemlich gleichgültig geworden. Von Professoren sehen wir besonders *Mommsens* und *Curtius* zuweilen, sind von ihnen sehr freundlich aufgenommen und recht gern da. Frau *Curtius* ist eine lebhafte, ganz interessante Frau, während der Mann nicht viel spricht; eine unverheiratete, doch nicht mehr ganz junge, aber weise Schwester der Frau ist die dritte im Bunde. Im familiären Teekreis, zu dem wir so oft wir wollen kommen können, ist es recht wöhnlich da; größere Gesellschaften haben hier leicht etwas Steifes,

Langweiliges und werden gern vermieden. Jetzt, nachdem der Hauptheros Göttinger Gesellschaften, *Dr. Aegidi,* nach Erlangen berufen ist, wird es noch einmal so langweilig werden. […]

Dürfen wir vielleicht um *Augusts* Brief anhalten, nach dem uns *Henriette* den Mund hat wässern machen, und der auch schnell zurückgeschickt werden soll.

Herzlichste Grüße an alle Tanten, Schwäger, Vetter Hermann

von Deinem treuen Sohn Wilhelm

10.9. Göttingen, den 26. März 1857 [Friedrich]

Mein lieber Papa,

Die schon längere Zeit von mir gehegte Absicht, endlich wieder einen Brief nach Hause zu schreiben, erfülle ich erst jetzt, weil ich bisher noch nicht im Stand gewesen war, über mein Examen Dir genauer Auskunft zu geben. Jetzt habe ich mich gemeldet und denke, soweit sich das im Voraus berechnen läßt, am Sonnabend den 25ten April damit durch zu sein. An diesem Tage findet nämlich wahrscheinlich das mündliche Examen statt. Bis dahin habe ich 2 kleinere Abfassungen über oder eigentlich nur Kommentare zu Stellen zu schreiben, die mir auf mein von obligatem *curriculo vitae* begleitetes in üblichen Latein abgefaßtes Gesuch von hoch würdiger Juristenfakultät zugestellt sind. Vielleicht interessiert es Dich, die beiden Stellen anzusehen: es sind *c2 in VI 1, Nr.21* über den Beginn des Laufs des *quadriennium* bei Restitution der Kirchen und *l IX § de pact.dotel 23,4,* beides Stellen, über die sich sehr nett schreiben läßt. Die Kommentare müssen lateinisch abgefaßt sein, ungefähr 10-12 Tage vor dem Examen eingereicht werden, ich hoffe, da der Gegenstand nicht allzu umfangreich ist, in der richtigen Zeit fertig zu werden, um am obengenannten Tage ins Feuer gehen zu können. Beiläufig gesagt sind übrigens die Herren Examinatoren sämtlich ausnehmend liebenswürdig, vor allem der Dekan *Francke,* der 1 Stunde zu examinieren hat, während die übrigen 4 nur ½ h jeder fragen.

Nun ist aber der wunde Punkt bei der Sache noch das Geld, oder vielmehr Goldpunkt, da hier nach Louisdoren gerechnet wird. Im Ganzen werden dem Doktoranden und neugeborenen Doktor ca. 30 Louisdor abgefordert, von denen 27 den Examinatoren zufallen, die anderen üblicherweise als milde Gaben an dienstbare Geister ausgestreut werden müssen. Die ersten 9 für das eigentliche Examen werden nach Einreichung der Arbeiten abgefordert, 18 für die Promotion nach dem Examen. Du siehst gewiß mein bittendes Gesicht? …

Wilhelm verfaßt jetzt auch eine Arbeit, die er vor der Zulassung zum mündlichen Examen einreichen muß – über einen Gegenstand der Geburtshilfe –, denkt dann möglichst an einem Termin mit mir ins Examen zu gehen.

Im Übrigen verzeih den Mangel an Nachrichten. Es geht uns beiden sehr gut. In der Ferienstille wird fabelhaft gebüffelt, einträchtiglich auf einer Stube, einziger Hausgenosse ist *Vetter Sieveking,* der auch aufs Examen arbeitet.

Weißt Du etwa Präjudicate über eine dieser Stellen? Die wären mir sehr willkommen, sind aber wohl schwerlich vorhanden. […]

Sonst noch herzliche Grüße zu Hause,

Dein treuer Sohn F.

10.10. Göttingen, den 6. April 1857 [Wilhelm]

Lieber Papa,

Herzlichen Dank für die richtig empfangenen 30 Doppel Friedrichsd'or; ich wollte nur, sie wären schon aus unseren Händen, dann wäre einem doch ein Stückchen leichter ums Herz. Ich kann nicht gerade über Angst klagen, aber ein bißchen niederdrückend wirkt die Zeit dennoch; es steigen dann so leicht Gedanken auf, wie es hier und da doch bedeutend hapern könnte.

Wahrscheinlich muß ich das Examen allein machen; sonst dürfen ja drei sich immer vereinigen, diese finden sich aber zu Anfang eines Semesters nur schwer zusammen, da die Promotionen gewöhnlich gegen das Ende eines Semesters fallen. Dadurch wird die Geschichte für mich wohl etwas anstrengender, zumal da sie gar nicht viel dadurch abgekürzt werden soll; andererseits ist dann aber auch weniger der Zufall im Spiele, und es wird sich leichter herausstellen, ob man was gelernt hat.

Am meisten Zuversicht habe ich in der Chemie, Anatomie und Chirurgie; am wenigsten in der Arzneimittellehre, wo ein Mann examiniert, der mich nie gesehen, in dessen Fach ich überhaupt nie ein Kolleg gehört habe, der aber ziemlich auf Altertümlichkeiten gibt. In der Botanik brauche ich mich nur auf die offizinellen Pflanzen gefaßt zu machen; da mir ein derartiges Herbarium zu Gebote steht und ein botanischer Freund mich mit den wesentlichsten Familiencharakteren bekannt macht, so wird es sich hierin schon machen. In der inneren Medizin und der Physiologie habe ich zum Glück von den abwechselnd examinierenden Professoren die mir angenehmeren getroffen, mir bekannt und weniger altmodisch als die beiden andern.

Das letzte Fach bildet die Geburtshilfe; das Theoretische des Faches ist leicht und mir der Professor desselben [v. Siebold] besonders gewogen, weil ich ihn um ein Thema zu einer schriftlichen Arbeit gebeten habe. Mit dieser bin ich jetzt glücklich bis auf die Abschrift fertig; im Ganzen ist sie zu meiner Zufriedenheit geraten. Natürlich enthält sie keine neuen Entdeckungen, die einer viel längeren Zeit bedurft hätten, als ich darauf verwenden konnte; es ist ein Vergleich zwischen 2 Operationsmethoden, der bedeutend zu Gunsten der Neuzeit vor der mittelalterlichen Geburtshilfe ausfällt. Ich hatte keine Lust, nach der gewöhnlichen Sitte eine Reihe von Krankengeschichten aus Büchern zusammenzuschreiben und diesen zuletzt noch 1 oder 2 selbsterarbeitete analoger Art zu kleben; zu einer etwas mehr dynamisch gehaltenen Arbeit schien mir aber aus der Geburtshilfe am leichtesten Stoff zu holen zu sein; sonst ist es durchaus etwa keine Vorliebe für dies Fach, die mich zur Wahl veranlaßt.

Nach der Abschrift werde ich mich folglich zur Meldung zum Dekan begeben, der dann den Tag des Examens festzulegen hat; wahrscheinlich wird es den Professoren sehr lästig sein, mir allein die Zeit opfern zu müssen, doch kann ihnen nicht geholfen werden.

Abb. 64 Eduard Caspar von Siebold (1801-1878)

Friedrich wird auch in einigen Tagen seine Arbeiten beendet haben. Ich fürchte, es wird sich nicht so einrichten lassen, daß wir gleichzeitig ins Feuer gehen; wahrscheinlich komme ich 8 Tage früher dran.

Jetzt sind schon seit einigen Wochen Ferien, herrliche stille Zeit; die meisten Bekannten sind verreist; in unserem Hause ist nur noch der Vetter, und auch der reist morgen früh, um seine Schwester [Therese Sieveking] zu feiern; gern würde ich mit ihm fort, und mit Ungeduld zähle ich die Wochen, die uns noch trennen; ich freue mich auf den Sommer, wo ich Euch allen nahe bin und zugleich meine erste Beschäftigung vor mir habe; hoffentlich läßt sich das Staatsexamen bis Michaelis bewältigen. Bis jetzt weiß ich freilich noch gar nicht, welche Ansprüche darin gemacht werden, habe nur von den meisten Bekannten, die es noch vor sich hatten, es als außerordentlich schwer beschreiben hören.

Friedrich hat den verheißenen Brief an *Dr. Knauth* schon vor mehreren Tagen erhalten und darauf geantwortet. Der Brief war außerordentlich freundlich, enthält aber nichts Spezielles, wie das Verhältnis sich gestalten solle.

Von einem der Brüder ist doch gewiß wieder einmal ein Brief eingegangen, um den wir betteln dürfen; die häufigen Vergiftungsgeschichten haben mir etwas Angst gemacht, doch scheint ja kein Unglück dadurch geschehen zu sein. Mutter geht es hoffentlich fortwährend gut, da Du nichts Gegenteiliges schreibst; für ihren liebevollen Brief zu meinem Geburtstage sage ich ihr meinen innigsten Dank. Schwester und Schwager die besten Grüße. Es umarmt Dich in Liebe Dein treuer

Wilhelm

10.11. Göttingen, den 17. April 1857 [Friedrich]

Meine liebe Mutter,
Mit dem Briefe von *Johannes,* für dessen Übersendung wir bestens danken, erfolgen heute auch die herzlichsten Glückwünsche zu Deinem bevorstehenden Geburtstag. Gebe Gott, daß diese Glückwünsche auch darin sich erfüllten, daß er die Betrübnis, die Onkel *Charles'* [Hanbury] Krankheit Euch und uns macht, bald weg nimmt! Des kleinen Sieveking'schen Sohnes Tod ist doch sehr traurig, umso mehr, da er so schnell in das Glück hereinbrach; ich hatte mich besonders darauf gefreut, das Glück der Familie [Hermann und Mary S.] zu sehen und daran teilzunehmen. [Examenstermine, Rückkehrpläne]

Ich bin mit meinen Arbeiten schon seit mehreren Tagen fertig. Die Mitteilungen Papas für die eine Arbeit haben mir leider nur als Nachweisungen zu verarbeiten dienen können, da ein Eingehen auf die speziell in demselben behandelte Frage meine Arbeit, die schon 22 Seiten lang geworden ist, allzu sehr ausgedehnt haben würde. Es wird von den Herren Professoren gar nicht gern gesehen, wenn man sie mit so langen Arbeiten plagt.

Nächstens, schon Montag, muß ich nun herumlaufen und bei den Examinatoren Visite machen, dann geht die Handlung Sonnabend um 5 vor sich und dauert bis 8, ohne *souper,* das ist nur eine Ehre der Mediziner, nur Zuckerwasser wird gereicht. Lieb ist mir, daß ich die Examinatoren bis auf einen kenne, und zwar sind es höchst liebenswürdige Leute. Abends beim Tee am 25sten denkt an mich, dann bin ich hoffentlich *Doctor iuris utriusque*! Den Freitag vorher sollen wir bei *Curtius'* zubringen. Das hat die Professorin, die eine sehr liebenswürdige Dame ist, sich ausbedungen; sie will mir ein Colleg über Examina lesen. Letzten Sonntag waren wir bei ihnen zu Tisch. Sonst gar keine Gesellschaften. Nur Bücher und wenn das Wetter gar zu schön ist, daß sich's zu Hause nicht aushalten läßt, doch auch Spazierengehen. Meine Stube ist jetzt bereits vermietet, ich logiere daher nebenan bei meinem Vetter; obgleich es etwas eng ist, vertragen wir uns doch sehr gut. Wilhelms Zimmer ist glücklicherweise noch nicht besetzt; später wird er wohl auch heraus müssen, bleibt aber doch wohl in demselben Hause bei einem guten Freund. Allmählich lösen sich hier aber alle Bande, und ich freue mich darauf, nach Hause zu kommen.

Kaum mag ich dies Läppchen absenden, hoffe aber, Du nimmst die Kürze nicht übel. Tausend Grüße an Papa und die Geschwister und nochmals Dir, liebste Mutter, die treuesten Glückwünsche von
Deinem Friedrich

10.12. Göttingen, den 27. April 1857 [Friedrich]

Mein liebster Papa,
In neuer frisch erlangter Würde zwar, aber in alter Liebe bringe ich Dir dieses Mal meinen Glückwunsch zu Deinem Geburtstag, hoffentlich zum letzten Mal aus der Ferne für lange, lange Zeit. Daß ich ganz besonders vergnügt bin, kannst Du Dir denken, ich freue mich im Rückblick auf die Vergangenheit und schwelge im Ge-

danken an die Zukunft. Bei diesen Gedanken bewegt vor allem die Liebe zu Dir, herzliebster Papa, mein Herz; wie Deine Liebe mir immer bisher nah gestanden und mich immer begleitet und, wenn auch oft im Stillen geleitet hat, das erkenne ich je länger je besser und mit desto größerem Danke.

Ich will Dir etwas erzählen, wie ich mein Universitätsleben ansehe und wie ich mir mein künftiges Leben, das jetzt beginnt, denke. Mein Leben lang werde ich, das hoffe ich gewiß, mit Freuden dieser Jahre gedenken, die ich studiert, und nie die Eindrücke vergessen, die ich in ihnen empfangen. Ich glaube sagen zu können, daß sie fruchtbare Jahre gewesen sind, Jahre der Förderung für Gemüt und Erkenntnis. Ich habe gelernt, nicht allein menschliches Wissen – das ist zwar recht nützlich und gut –, sondern auch vor allem Leben und Liebe, was ich früher eigentlich nicht kannte. Nicht als ob ich ausgelernt hätte, vielmehr bleibt viel, sehr viel noch übrig zu lernen und zu erkennen, und daß mir dazu Gelegenheit, Zeit und Lust nicht fehlt, das macht mich unglaublich froh. Aber es ist doch ein Grund gelegt, der, wie ich meine, kein ganz vergänglicher ist. Meine Studienjahre sind mir dadurch unvergeßlich, daß ich in ihnen zusammengekommen bin und mich oft gestoßen, gerieben aber auch oft zusammengefunden habe mit allerlei Menschen, gelernt habe, wenigstens etwas in andere hineinzusehen und mir die auszuwählen, die mir förderlich sein können, an denen ich mich weiterbilden kann. Früher – warum soll ich davon schweigen? – war ich wenig, fast gar nicht mit anderen in Berührung gekommen. Daher war mir hier zuerst alles so neu, ergriff mich so heftig, begeisterte mich, da ich es so gar nicht kannte. Aus meinen Briefen hast Du es ja verfolgen, aus meinem Wesen, das Du besser als ein anderer kannst, es erschließen können, wie ich in der ersten Zeit meines Studiums dachte und lebte. Und nie werde ich bereuen, wie ich damals gelebt habe.

Es gab freilich eine Zeit, wo mich mancherlei Gefahren umgaben, Ihr habt sie mit Eurer Elternliebe wohl erkannt – und weit früher als ich. Ich will davon ganz offen sprechen, da kein Geheimnis zwischen unseren Herzen sein soll, freilich auch nur zu Eurem Elternherzen sprechen. Ich habe hier in Göttingen einen Menschen gehabt – Ihr wißt, wen [Catenhusen?] – der mir so nahe stand, wie nie einer auf der Welt, vor dem mein ganzer Hochmut weggefallen war, dem ich alles hätte aufopfern können. Er hat mir ein ganzes Jahr lang so nahe gestanden, ein halbes Jahr körperlich entfernt, aber doch in ununterbrochener Verbindung. Da aber gingen unsere Wege auseinander, er wandte sich von mir ab, zuerst zu meiner äußersten Betrübnis, ich habe ihn immer seitdem verfolgt, nachdem er schon lange auf eine andere Universität gegangen, schon lange unser Verkehr untereinander abgebrochen war. Da habe ich freilich keine freudigen Dinge von ihm gehört, er hat sich allem ernsten Leben mehr und mehr abgewendet, sich gehen lassen, rücksichtslos seinen Neigungen gehuldigt. So ist unser Verhältnis völlig gebrochen, und ein Wunder wäre es, wenn es sich wieder anknüpfen sollte. Aber mir ist es doch unvergeßlich und lieb in der Erinnerung, denn ich kannte bisher kein herrlicheres Gefühl, als ganz eins zu sein mit einem anderen Menschen. Für meine Menschenkenntnis, denkst Du, spricht das aber nicht. Das gebe ich zu, aber doch kenne ich mehr als einen Erfahreneren, als ich bin, der sich ebenso wie ich hat berücken lassen, um ebenso wie ich getäuscht zu werden. Ich habe dennoch Vorsicht gelernt, zugleich aber auch die Seligkeiten empfunden, die eine Aufopferung des eigenen stolzen Selbst an ein anderes Herz mit sich bringt.

So ist mein Leben innerlich nicht so ganz ruhig gewesen, wie es nach dem ruhigen Verlauf des Äußeren wohl scheinen könnte. Ich habe manche heftig bewegte Stunde gehabt, noch im verflossenen Sommer. Erst in diesem Winter bin ich zur Ruhe gekommen, d.h. ich habe ein stilles friedliches Leben geführt, beruhigt durch eine ziemlich eifrige Tätigkeit, doch nicht ohne Freuden und angenehme erheiternde Stunden. Gewonnen habe ich doch in diesen Jahren einige Herzen, die mir teuer bleiben werden und mit denen mich kein bloß äußerliches Band verknüpft. Vor allem aber bin ich empfänglich für anderer Ansichten, suche sie zu prüfen, wo sie gut sind, mir anzueignen, und darin werde ich, wie ich hoffe, keine Rückschritte, sondern Fortschritte machen. Kein Ersterben innerer Bewegung und gemütlicher Ausbildung durch den tödlichen Einfluß des zunehmenden kritischen Verstandes, sondern ein offenes Herz zugleich mit einsichtig prüfendem Verstand, das hoffe ich in mir zu entfalten und zu kräftigen. Zu diesem Ende aber kann ich mir keine glücklichere Aussicht denken, als die, mit Euch wieder zusammenzuleben, ganz eng aneinander geschlossen in söhnlicher und elterlicher Liebe, miteinander auslauschend, was den einen und was den anderen bewegt – ein lebendiger häuslicher Kreis, wenn auch nur eng. So male ich mir das innere Leben der folgenden Zeit aus; das äußere soll hauptsächlich ein der Wissenschaft gewidmetes werden. Wenn ich schon in die Praxis hineinkomme, so ist das doppelt erwünscht. Nie aber, hoffe ich, werde ich über der Praxis die Wissenschaft vergessen, vielleicht soll sie sich ganz auf wissenschaftlichem Boden erbauen – kein oberflächliches übers Knie brechen, um nur das tägliche Brot reichlicher zu gewinnen, sondern ein ernstes forschendes Leben. Ich hänge unglaublich an der Wissenschaft, möchte sie sogar recht zu Ehren bringen, da sie vieler Ortens so traurig darniederliegt, schlecht behandelt und verkehrt beurteilt. Dazu aber ist viel Arbeit nötig, und bei ihr ist es mir wieder über alles angenehm, mit Dir über alles sprechen zu können. Du mußt mich noch so etwas in die Praxis hineinführen, mich auf Wichtiges aufmerksam machen. Damit hoffe ich, Dir einmal Ehre machen zu können.

Mein erstes wird wohl ein Studium des Hamburger Privatrechts sein, daneben aber will ich das Römische Recht nicht aus den Augen verlieren, vielmehr einzelne Materien desselben recht gründlich treiben. Vielleicht zunächst den römischen Zivilprozeß; er ist der Schlüssel zum Verständnis von allem im römischen Recht.

Überhaupt leuchtet mir noch immer eine wissenschaftliche Laufbahn vor, nicht für die erste Zeit, vielleicht nur für spätere Jahre. Ich kenne Deine Bedenken dabei und will auch nicht im Entferntesten Unlust am praktischen Leben ausgesprochen haben. Nur das will ich: mit der Wissenschaft so vertraut bleiben, daß ich fähig werde, wenn Gelegenheit sich finden sollte, sie auf dem Lehrstuhl würdig zu vertreten. Ob das dann dereinst kommen wird, zeigt sich dann ja später.

So hoffe ich dann bald, lieber Papa, als ein nicht unwürdiger Doctor iuris vor Dich hintreten zu können. Von meinem Examen im Einzelnen brauche ich nicht zu schreiben, erzähle Dir darüber später; es ist wenigstens befriedigend ausgefallen, und hoffentlich hat *Francke* nicht Unrecht, wenn er neulich sagte: ich würde meiner Wissenschaft Ehre machen. In den nächsten Tagen werde ich mein Diplom erhalten, dann warte ich nur Wilhelms Examen ab, um zu Euch zukommen.

Von ganzem Herzen in Liebe,
Dein Friedrich

10.13. Göttingen, den 4. Mai 1857 [Friedrich]

Lieber Papa,
Heute kommt wieder ein bittenreicher Brief zu Dir, nämlich, wie Du Dir denken kannst, ein Brief mit Geldbitten. Nachdem die Ausgaben für den Doctor durch die 100 L.d'or gedeckt, bleiben uns an sonstigen Bedürfnissen, incl. die Reisekosten und die während der Tage, die wir noch hier bleiben, noch auflaufenden Kosten, noch übrig zusammen 280 T. Die Summe ist zwar sehr groß, erklärt sich aber doch einigermaßen dadurch, daß wir im Ganzen 8 Monate continuierlich hier zugebracht haben, also fast so lange wie sonst, mit Berücksichtigung der Ferien, 2 Semester zusammen ausmachen. Ich glaube Dir mit gutem Gewissen versichern zu können, daß wir dies halbe Jahr sehr vernünftig gewirtschaftet haben. Wir hoffen, Dir als brauchbare, Tüchtiges wollende und könnende Söhne entgegentreten und als solche uns beweisen zu können. Das wird uns die nächste Zeit lehren.

Wann wir in Hamburg ankommen, läßt sich mit Bestimmtheit noch immer nicht sagen; ungefähr wird es der Sonntag vor Pfingsten, also der 24ste Mai sein. Wilhelms Examen ist jetzt auf Sonnabend, den 16ten, definitiv angesetzt; dann folgt noch für ihn die feierliche Promotion, die mir erlassen ist, bestehend in dem Vortrag eines lateinischen *praelectis* und der solemnen Überreichung des Doktordiploms. Er wird also eher am Ende der aufs Examen folgenden Woche hier mit allem fertig sein können. Die Sache hat sich unangenehmerweise so lange hinausgeschoben wegen der Pedanterie der Examinatoren. Diesen ist es unbequem, um eines Kandidaten willen zu einem Examen sich herabzulassen; gewöhnlich werden 3 zusammen examiniert; nun hatte W. keine Bekannten, die zur gleichen Zeit promovieren wollten, hatte deshalb sich allein gemeldet und war nun unter allerlei Vorwänden immer länger hingehalten. Nun kommt gestern plötzlich eine Mitteilung von *Conradi*, dem jetzigen Dekan, wonach sich zwei andere Kandidaten gemeldet haben, so daß W. nicht umhin konnte, um der Examinatoren willen einen nochmaligen Aufschub um 8 Tage sich gefallen zu lassen, um dann mit jenen zwei zusammen examiniert zu werden. So kommt er jetzt endlich 5 Wochen nach seiner Meldung zum Examen, während sonst nur 3 Wochen nach der Meldung nötig zu sein pflegen.

Ich bin nun sehr zweifelhaft, ob ich noch die 3 Wochen hier bleibe oder nicht. Wie Du Dir denken kannst, habe ich hier jetzt keine bestimmte Tätigkeit, so komme ich dann nur zur Lectüre, nicht zur eigentlichen Arbeit, während ich mich sehr sehne, in Hamburg möglichst bald die Tätigkeit, die meiner wartet, zu beginnen. Auf der anderen Seite ist es besonders der Besuch bei *Onkel Wilhelm* [in Einbeck], der dafür spricht, daß ich die Abreise noch abwarte. Es wäre doch nett, wenn wir ihn, und zwar zusammen, besuchten. Jedenfalls will ich in diesen Tagen die entbehrlichen Briefe etc. in unsere Kiste packen und vorausschicken, damit wir diese bei unserer Ankunft vorfinden.

Im Übrigen fängt hier der Frühling an, alles zu beleben. Es ist schon herrlich, draußen in Wald und Feld zu streifen, und habe ich diese Tage schon manchen köstlichen Spaziergang gemacht. Wilhelm kommt wenig von der Stube weg – hätte er nur sein Examen, vor dem er sich ganz unnötige Sorgen macht, erst hinter sich, um sich wieder etwas zu erholen. Er hat diesen Winter, wie überhaupt jedes Semester, gewaltig gearbeitet und seine Augen dabei etwas zu sehr, wie ich glaube, angestrengt. Krank ist er zwar nicht, leidet aber z.B. oft an Magensäure, wie denn von jeher die Verdauung seine stärkste Seite nicht war. Er sitzt zu viel; kommt er etwas in Bewegung, so gibt sich alles Leiden gewiß. Das Stubensitzen macht ihn auch oft dermaßen schweigsam, daß er Tage lang kaum etwas anderes als etwa medizinische Sachen spricht. Ich ließe ihn gar zu gerne etwas in der Natur umherlaufen, sich mit Menschen amüsieren und herumtummeln, statt dieser Examensnöte, die er am wenigsten braucht. Darum ist mir diese Zeit auch so unangenehm. Nun, sie ist ja bald vorbei.

In treuer Liebe,

Dein Friedrich, oder damit ich mich auch mal in meiner neuen Würde auf dem Papier sehe:

10.14. Göttingen, den 15. Mai 1857 [Friedrich]

Liebe Mutter,

Da die Zeit unserer Rückkunft nach Hamburg so nahe bevorsteht, so schreibe ich nur kurz. […] Ich freue mich auf den nächsten Sommer, von dem ich besonders für das Familienleben viel erhoffe. Ein herber Schlag hat gerade in diesem eine große Lücke gerissen, die gewiß schwerlich so verschwinden wird, besonders im Hinblick auf die Überlebenden hat mich der Tod des lieben Onkels [Charles Hanbury] tief berührt. Denn führte er auch still und ohne viel mitzuteilen sein Leben, so fehlt nun doch mit ihm ein Mittelpunkt, in dem manche teuren Bande sich zusammenschlossen. Tante Sophie [Hanbury] sich so ganz vereinsamt zu denken, ist gar sehr traurig und umso mehr, als sich für sie kaum ein Ersatz denken läßt. Wunderbar, wie schnell ein Kreis getrennt werden kann, von dessen nahe bestehender Auflösung, solange er bestand, gewiß nicht von Jedermann, der ihm angehörte, so recht ernsthaft und mit Bewußtsein aller Folgen der Trennung gedacht wurde. Wenigstens mir ging es so: wie viele Fäden sich doch um den Verstorbenen so eng zusammengeflochten, die nun jetzt verfallen sind, das sehe ich erst jetzt völlig ein, und gerade das greift mir ans Herz.

Der Flottbecker Kreis, wenn er mir auch oft eigentlich mehr wie ein Nachschimmer früherer herrlicher Tage erschien, hatte doch etwas äußerst Anziehendes, durch Gemütlichkeit, Liebenswürdigkeit Fesselndes. Mir knüpfen sich außer an Ritzebüttel vor allem an Flottbeck die liebsten Kindheitserinnerungen, mit der treu waltenden und liebenden Pflege der Tante und dem still freundlichen Wohlwollen dessen, der jetzt weggenommen ist. Er mußte ja freilich aufhören, und wunderbar erscheint es jetzt, daß es noch so lange dauerte, aber bitter ist es doch, Verhältnisse abgeschnitten zu sehen, von denen erst nun so recht klar wird, wie viel Wert sie in dem Ganzen der Familie hatten.

Das Alte zertrümmert; wunderbar rasch steigen neue Dinge auf, neue Lebenslagen, neue Liebe. Mir ist es ein besonders wunderbares Zusammentreffen, daß gerade in den Augenblick, wo in einer Weise die Familie wieder vermehrt wird und ein neues Leben in vieler Hinsicht beginnen soll, ein anderer Zweig abgenommen wird. Ist das nicht ein Hinweis darauf, daß nun, wo auf einer Seite verwundet ist, auf der anderen dahin gestrebt werden soll, neu aufzurichten, neue Liebe zu schenken, aufs Neue eng sich aneinander zu schließen? Liebe Mutter, das denke ich mir den schönsten Inhalt dieses Sommers und aller künftigen Jahre, in denen unserm Familienkreis noch Bestehen geschenkt wird: in ihm wird ein Haus nun gegründet und erhalten, in dem Liebe und Friede und Freude wohnt, unser Haus in der Neustädter Neustraße ist dafür so recht geschaffen, einen gemütlichen Kreis in sich zu schließen. Wenn auch die Räume eng und die Straße laut und schlecht ist, so sind es doch die Räume der Kindheit, der Anfänge, der Elternliebe, der tausend Elternwohltaten, von denen, wenn es möglich ist, ein kleiner Teil fortan durch Dankbarkeit und eifriges Streben vergolten werden soll. Mit den Gefühlen kehre ich nun zurück und sie machen mir die Aussicht auf das Leben in Hamburg schön. Nicht wahr, liebste Mutter, es wird ein trautes Zusammenleben und, will's Gott, so ersetzt Dir die tätige Liebe der Söhne in Etwas den schmerzlichen Verlust des teuren Bruders.

Lang ist's ja nicht mehr, bis sich dies alles verwirklicht. Morgen ist gottlob Wilhelms Examen, um 5 h fängt es an, dauert dann bis 10 h. Der Grad wird erst bei der Promotion zugeteilt, für diese ist noch kein Tag bestimmt. Dann machen wir den Besuch in Einbeck womöglich in nächster Woche ab, vielleicht am Himmelfahrtstag – es ist ja eine kurze Tour nach Einbeck. Wilhelm ist jetzt sehr nett wohl – nur bewegt er sich mir nicht genug; freilich einen Tag vor dem Examen kann man es auch nicht verlangen, hoffentlich fühlt er nachher Neigung, sich etwas zu tummeln und auszulüften.

Ich benutze meine Zeit jetzt nur dazu, in diesem köstlichen Maiwetter laufe ich nach Herzenslust umher in den Wäldern und Bergen, sehe noch einmal die schönen Punkte an, die ich nun seit Jahren nicht gesehen, nehme von ihnen Abschied – auf wie lange?

Es war doch eine herrliche Zeit, diese vier Jahre, ich lebe sie jetzt in Erinnerungen nochmal durch.

Zuletzt noch den besten Dank für die 280 T. Nur schade, daß sie so schnell verschwinden werden.

Mit herzlichen Grüßen von Wilhelm in Liebe,

Dein Friedrich

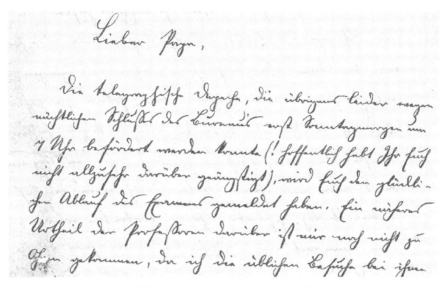

Abb. 65 Wilhelms Brief vom 18.5.1857 (Anfang)

10.15. Göttingen, den 18. Mai 1857 [Wilhelm]

Lieber Papa,
Die telegraphische Depesche, die übrigens leider wegen nächtlichen Schlusses des Bureaus erst Sonntagmorgen um 7 Uhr befördert werden konnte (!hoffentlich habt Ihr Euch nicht allzu sehr darüber geängstigt), wird Euch den glücklichen Ablauf des Examens gemeldet haben. Ein näheres Urteil der Professoren darüber ist mir noch nicht zu Ohren gekommen, da ich die üblichen Besuche bei ihnen gestern mit meinen beiden Genossen machte, die sich beide in manchen Stücken als recht schwach beschlagen gezeigt hatten. Doch glaube ich, im Ganzen mit mir ganz zufrieden sein zu dürfen; obgleich ich bei den Meisten eine bis zwei Fragen schuldig sein mußte, so betrafen diese doch entweder Feinheiten, deren Unkenntnis mir nicht zum besonderen Vorwurf gereicht, oder vollständig antiquierte Lehren oder endlich Sachen, die mich gar nichts angingen, wie z.B. das Vorkommen des Feldguts. Im Allgemeinen war übrigens die Geschichte fast zu einfach, und mußte man sich manchmal selbst schämen über die Einfachheit der gestellten Fragen. Gerade in den Fächern, in denen ich mich am besten gewappnet fühlte, in der Chemie, Anatomie und Chirurgie, blieben die Herren bei dem Oberflächlichsten stehen und gingen eiligst zu meinem Nachbar über, sobald sie sahen, daß ich in den elementarsten Dingen keine Fehler machte.
  Unglücklich traf es sich, daß *Hesse* den Tag verreist war und seine Stelle durch einen reichlich mittelalterlich gesinnten Herrn vertreten wurde, dem man mit neumodischen Ausdrücken fern bleiben mußte; doch gelang es uns ziemlich, uns in seine Anschauungen hineinzuversetzen. In der Botanik hatte ich das Glück, alle Pflanzen zu kennen; es waren z.B. *helleborus viridis, prunus paelus, fragaria vesca, menganthes trifoliata, asperula odorata, valeriane divica*; auch gelang eine Auseinandersetzung der Ernährung der Pflanzen durch die Wurzeln sowie der verschiedenen Gefäße in diesen; übrigens kamen auch wieder Subtilitäten vor,

denen wir nicht genügen konnten, wie z.B. Unterschiede zwischen 2 Arten von Kirschen, 2 Arten von Erdbeeren, zwischen *valeriana divica* und *val. officinalis*, worauf übrigens wohl kaum Gewicht gelegt wurde.

Der Professor, bei dem ich Kolleg gehört hatte, hat es mir vielleicht etwas entgelten lassen; jedenfalls brachte es mir wohl ziemlich das unangenehmste Kapitel, was ich fürchten konnte, nämlich eine komplizierte Zusammensetzung eines Brusttees, während die anderen die schönsten Kapitel, die man sich denken konnte, das Opium und die Spanische Fliege, bekamen.

Der Tag der Promotion ist noch nicht festgesetzt, ich muß dazu noch eine kleine lateinische Rede abfassen, die vorher noch bei der Fakultät zirkulieren muß, hoffentlich wird sie jedoch am Sonnabend gehalten werden können, so daß wir dann am Sonntag nach Hamburg reisen können. […]

Wie sehr ich mich freue, nach Hause zu kommen, könnt Ihr Euch gar nicht vorstellen; ich muß sagen, daß ich das Studentenleben herzlich satt habe und mich unbeschreiblich nach dem Zusammenleben mit der Familie sehne. […]

In kindlicher Liebe,
Dein Wilhelm

Abb. 66 Dres. Ernst Friedrich und Caspar Wilhelm Sieveking um 1860

11. Nach der Promotion: 1857

11.1. Helgoland, den 26. Juli 1857 [Wilhelm]

Liebe Mutter,

Da meine glückliche Ankunft hier, Dank sei es der Freundlichkeit des *Senator Geffcken*, Euch umgehend gemeldet worden ist, so werdet Ihr es nicht übel nehmen, daß ich eine Post habe vorübergehen lassen, um Euch nicht nur die ersten Eindrücke, die Leben und Leute hier auf einen noch unvollkommen Orientierten, vielleicht gar ein bißchen im Nachtaumel unerträglicher Seekrankheit Befangenen machten, wiedergeben zu müssen, sondern um Euch gleich sagen zu können, wie sich mein hiesiges Leben gestaltet hat und wie es der Wahrscheinlichkeit nach in gleichmäßigem Zuge bis zu Ende ablaufen wird.

Die Reise war eine höchst unangenehme, indem der anfangs erfrischende aber vollständig *contraire* Wind schon von Glückstadt an nach Laienbegriffen allmählich etwas sturmartig zu werden begann, dazu hin und wieder kräftige Regengüsse kamen. Schon früh suchte ich daher, durch meinen, auch jetzt noch bei den verschiedensten Gelegenheiten nicht genug anzuerkennenden Winterrock vor Kälte, durch den gleichfalls als vollkommen unentbehrlich sich herausstellenden Regenmantel vor Nässe geschützt, einen möglichst geschützten Platz am Schornstein auf, von dem mich bis zur Ankunft auf Helgoland nur die Neugierde, die *Alte Liebe,* das Schloß und andere Erinnerungen der Umgebung wieder aus der Nähe zu betrachten, für kurze Zeit in der apathischen Ruhe stören konnte. Sobald Cuxhaven im Rücken war, häuften sich die Leiden; zu den gewöhnlichen, bei mir ja unvermeidlichen und bei dieser Gelegenheit sehr erhöhten, kamen von Zeit zu Zeit vollständige Begießungen durch vorn ins Boot schlagende Wellen und ferner das Gewimmer einer armen Dame, die an einen nicht selten sich vorbeugenden Rücken gelehnt, in der beständigen Angst lebte, das Schiff werde jeden Augenblick auseinander brechen, und daher fortwährend trostreichen Zuspruchs bedurfte.

Erst nach 8 Uhr kamen wir glücklich auf der Helgoländer Reede an; da der Wind plötzlich sehr nachgelassen hatte, so ging die Ausschiffung in den Fährbooten, die zugleich unter dem Schutz des Felsens vor sich ging, ganz gut von Statten; die Lüsterallee wurde rasch mit möglichst gesammelten Blicken passiert, die allen Anforderungen der Bequemlichkeit aufs Vollständigste genügende Treppe rasch erstiegen, und bald war das Posthaus erreicht, wo für Herrn *Hagedorn* auf Bestellung eine Wohnung genommen war und wo auch ich glücklicherweise noch ein freundliches Dachstübchen mit kleinem Schlafcabinet unbesetzt fand und für billigen Preis mit Beschlag belegte; man hat daraus Aussicht auf See, Unterland, Leuchtturm, Kirche, untergehende Sonne (wenn sie noch nicht zu tief steht), Kartoffelfelder, Nordostwind etc. Sobald der Koffer, der glücklicherweise das Schicksal der Durchnässung nicht mit vielen seiner Genossen teilte, auch unter Dach gebracht war, überantwortete ich mich der Steinhärte einer Seetangmatratze und suchte durch 11-stündigen Schlaf die Gefahren der gleich langen Reise wieder auszugleichen.

Am anderen Morgen begann unter der Begleitung des Herrn *Hagedorn*, der hier schon zum vierten Mal ist, das Studium der Insel, der Gesellschaft, der Badefreuden, und seine Begleitung ist für mich doch von vielem Wert, da ich bei meinem nicht bedeutendem Anschließungsvermögen hier mich die erste Zeit sehr einsam gefühlt haben würde; es läßt sich sehr leicht mit ihm leben, und da ich auch nicht gern Zank anfange, so vertragen wir uns recht gut, sind je nach Bedürfnis bald viel, bald wenig zusammen, amüsieren uns besonders damit, die Badegäste zu beobachten und zu bekritteln, wobei einer den andern an kühnen Mutmaßungen und boshaften Auslegungen zu übertreffen sucht. Einige leise Anknüpfungen haben sich allmählich gemacht, doch keine, die etwas näherer Erwähnung bisher wert zu sein scheinen; die Freundschaft beschränkt sich noch so ziemlich auf Begleitschaften bei Segelpartien und dergleichen. Bei Tisch sitzen wir seit heute (nachdem wir die letzten Tage verschiedene Wirtschaften durchprobiert) *Senator Geffcken* gegenüber, der uns politisch-staatsmännisch unterhält, angenehm und freundlich ist; den übrigen Teil des Tages ist er nur selten zu erreichen, da er bei der pünktlichsten Einteilung seines Tages stark beschäftigt ist und nie an Unternehmungen irgend einer Art teilnimmt.

Abb. 67 Heinrich Geffcken (1792-1861)

Auch mein Tagwerk hat sich jetzt ziemlich reguliert; nach dem zwischen 8 und 11 eingenommenen Bade arbeite ich bis zum Mittagessen um 3 Uhr; der Nachmittag wird, je nach Wetter, der Ankunft eines Dampfschiffes, der augenblicklichen Neigung auf die verschiedenste Weise hingebracht, mit Segeln, Rudern, Spazieren, Laufen, Schwatzen etc. Das Seebad ist so köstlich, wie man sich es nur vorstellen kann; bisher immer famoser Wellenschlag, merklich kräftigend. [...]

Vorläufig herzliches Lebewohl,
Dein treuer Sohn Wilhelm

11.2. Hamburg, den 28. Oktober 1857 [Friedrich]

Diesen Brief, liebster Papa, erhielten wir vor einer halben Stunde, schicken ihn Dir sofort, in der Hoffnung, daß Du noch nicht ungeduldig über unser Schweigen gewesen bist. Wir dürfen annehmen, daß Du die Ankunft der *C. Lackmann* in London aus Lloyds Liste erfahren hast, und warteten daher mit Mitteilungen, bis *August* von sich hatte hören lassen. An *Lackmann*s hat er mit derselben Post geschrieben, übrigens, wie ich soeben von diesen erfahre, nichts, was nicht auch in unserem Brief stände, so daß wir über die mutmaßliche Zeit seiner Ankunft noch nichts Bestimmtes wissen. Hier ist alles gut, Mutter immer in Gange und noch nicht ganz wieder hergestellt, gönnt sie sich doch keine Ruhe, wirtschaftet in der Admiralitätsstraße [bei Henriette] und hier, als fehlte ihr nichts.

Wilhelm macht das mündliche Examen morgen 3h nachmittags, seine Operation ist ihm heute angezeigt: Unterbindung der *arteria axillaris* und Vortrag über Geschichte, Indikation etc. der Operation. Mit dem Präparate glaubt er heute fertig zu werden. Es wird Dich kaum überraschen zu hören, daß sich *Knorre* sowohl wie *Tüngel* [Ärzte am Krankenhaus St. Georg] über seine Arbeiten in der lobenswertesten Weise geäußert haben; letzterer hat ihm selbst gesagt: nicht nur gut wären sie, sondern mehr als gut. Die Operation ist leicht und somit Wilhelm des besten Mutes. *Lorenz* ist Montag nach Halle gereist, denkt morgen wieder hier zu sein. *Henriett*e geht es, von einigem durch *Frau Kuse* veranlaßten Hauskreuz abgesehen, vortrefflich, den Kindern immer wohl.

Meine Verhältnisse sind immer dieselben, *Knauth* sehr liebenswürdig – ich habe jetzt eine Klage fürs Ng. [Niedergericht] zu machen. [...]

Dir geht es hoffentlich wohl; davon ist <u>mir</u> wenigstens das bisherige Ausbleiben eines Briefes aus Marseille ein Beweis. Wie herrlich, wenn wir erst alle wieder beisammen sind und *August* unter uns ist. [Friedrich]

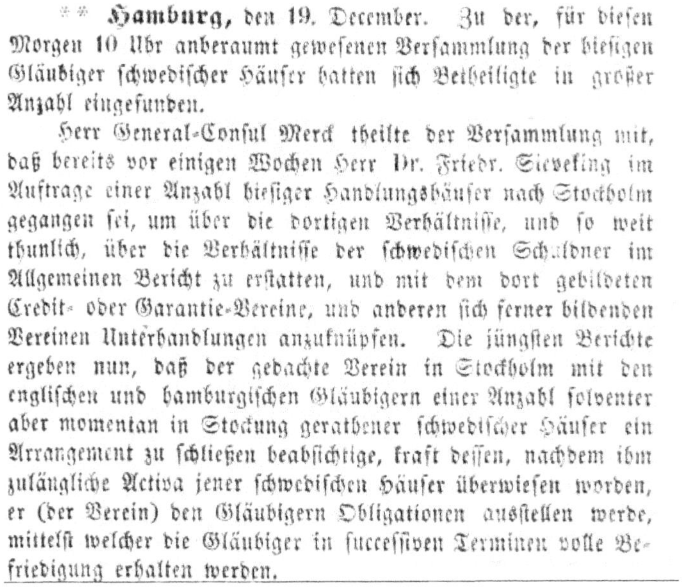

** **Hamburg,** den 19. December. Zu der, für diesen Morgen 10 Uhr anberaumt gewesenen Versammlung der hiesigen Gläubiger schwedischer Häuser hatten sich Betheiligte in großer Anzahl eingefunden.

Herr General-Consul Merck theilte der Versammlung mit, daß bereits vor einigen Wochen Herr Dr. Friedr. Sieveking im Auftrage einer Anzahl hiesiger Handlungshäuser nach Stockholm gegangen sei, um über die dortigen Verhältnisse, und so weit thunlich, über die Verhältnisse der schwedischen Schuldner im Allgemeinen Bericht zu erstatten, und mit dem dort gebildeten Credit- oder Garantie-Vereine, und anderen sich ferner bildenden Vereinen Unterhandlungen anzuknüpfen. Die jüngsten Berichte ergeben nun, daß der gedachte Verein in Stockholm mit den englischen und hamburgischen Gläubigern einer Anzahl solventer aber momentan in Stockung gerathener schwedischer Häuser ein Arrangement zu schließen beabsichtige, kraft dessen, nachdem ihm zulängliche Activa jener schwedischen Häuser überwiesen worden, er (der Verein) den Gläubigern Obligationen ausstellen werde, mittelst welcher die Gläubiger in successiven Terminen volle Befriedigung erhalten werden.

Abb. 68 Notiz aus der „Börsen-Halle" vom 19.12.1857

Während Wilhelm Friedrich schon im der Anwaltskanzlei Knauth arbeitet und im Zusammenhang mit der Hamburger Wirtschaftskrise, im Auftrag von Generalkonsul Ernst Merck, eine Dienstreise nach Stockholm unternimmt (s. Abb. 65), bildet sich Wilhelm in Berlin fort und lernt Ophthalmologie bei Prof. Graefe.

11.3. Berlin den 9. November 1857 [Wilhelm]

Meine liebe Mutter,
Jetzt sind es gerade 8 Tage her, daß ich zum ersten Mal Berlin betrat, und wie viel ist nicht in der kurzen Zeit schon des Neuen und Herrlichen mir fast im Übermaß entgegengetreten, so daß ich noch vorläufig vieles abwarten mußte, um nicht geblendet den Kopf zu verlieren. […]

Die neue Behausung, die mich aufnehmen sollte, entspricht auf den ersten Blick meinen Wünschen vollkommen. Sie liegt in einer eleganten, aber sehr stillen Straße, höchstens 5 Minuten von meinen Kliniken, kaum weiter von den nächsten Freunden entfernt; die Zimmer zu denen man nach Überwindung zweier, nicht gerade reinlichen Treppen gelangt, liegen nach vorne, gerade nach Norden; das größere, etwa von der Größe unseres schönen Zimmers in Leipzig, mit 2 Fenstern, hat einen Eingang mit doppelter Tür vom Vorplatze aus; die äußere Tür ist von außen nur durch einen Schlüssel zu öffnen; das zweite, etwa halb so breit, steht einmal mit dem vorigen, dann auch mit dem Wohnzimmer der Wirtsleute in Verbindung.

Es brauchte nur kurze Überlegung, um es klar zu machen, daß es notwendig sei, das kleinere Zimmer zum gemeinschaftlichen Schlafzimmer für mich und *Seebohm* zu gestalten; die besonders im Winter so unendlich große Annehmlichkeit, nicht im Arbeitszimmer zu schlafen, die große Ersparnis, die durch einfache Heizung und Beleuchtung erwächst; das der kleineren Stube benachbarte Wohnzimmer in dem 2 beständig schreiende Kinder verzogen werden; endlich die erprobte Leichtigkeit, mit *Seebohm* gemeinschaftlich ohne gegenseitige Störung und Unfrieden zu leben und zu arbeiten; alles dies zusammen machte den Entschluß leicht, eine Umsetzung der notwendigen Möbel vorzunehmen. Dadurch hat nun das größere Wohnzimmer einen fast eleganten und höchst komfortablen Anstrich bekommen: 2 Sofas mit 2 Arbeitstischen, sich schräg gegenüberstehend, 2 Sekretäre, auf denen eine Graziengruppe und eine schöne Vitrine in Gips sich stolz präsentieren, ein Schrank für die häuslichen Nahrungsbedürfnisse, ein Spiegeltisch, ein Bücherregal machen, abgesehen von dem kolossalen Ofen, den Stühlen und den etwas absonderlichen Schildereien, die mit einer Schwarzwälder Uhr an den blau gestrichenen Wänden hängen, ein höchst passend arrangiertes Meublement desselben aus.

Unsere Wirtsleute, die dieselbe Etage gemietet haben, scheinen ordentliche stille Leute; der Mann, der irgend etwas beim Militär vorstellt, ist mir noch nicht zu Gesicht gekommen; die Frau, welche die Aufwartung selbst übernimmt, ist still freundlich, gefällig, vielleicht etwas langsam von Begriff; selbst nicht allzu reinlich aussehend kann man ihr doch über das Halten der Zimmer keinen Vorwurf machen. Die Untugenden ihrer beiden Kinder von 2–4 Jahren habe ich schon erwähnt, im Übrigen scheinen sie freundlich und zutraulich zu sein. Von den übrigen Bewohnern bekommt man natürlich nichts zu hören und zu sehen. Nachdem ich schon wenige Tage nach meiner Ankunft die Kisten bekommen hatte, fühlte ich mich unter Freunden, Büchern und übrigen Geräten häuslicher Notdurft wieder vollkommen als Student, aber doch noch mit vielen anderen Gefühlen, anderen Plänen und Hoffnungen daneben.

Mir stand jetzt bevor, 2 Männer kennen zu lernen, von denen der eine durch seine Schriften, der andere durch seinen Ruf, mir schon seit längerer Zeit auf unerreichbarer Spitze des Ruhmes zu stehen geschienen. Du kannst glauben, daß ich in aufgeregter Stimmung war, als ich *Virchow* und *Graefe* zum ersten Male sehen und hören sollte, ob nun die Vorstellung, die ich mir von ihnen gemacht hatte, sich bestätigen würde, ob ihr persönliches Auftreten, ihre Rede denselben Zauber auf mich ausüben würde, wie sie ihn aus der Ferne auszuüben vermocht hatten. Ich kann heute nicht mehr auf eine genaue Schilderung der beiden Persönlichkeiten und ihres Eindrucks auf mich eingehen; jetzt will ich nur das hervorheben, das ich rasch gemerkt habe, daß hier der rechte Ort für mich, für meine gründliche wissenschaftliche Ausbildung ist und daß ich Papa nie dankbar genug sein werde, daß er mir Gelegenheit gegeben, hierher zu gehen. [...]

Bis jetzt bin ich nur bei *Dr. Wegener* gewesen und wurde von ihm und seiner Frau aufs freundlichste empfangen; als Arzt wird er mir hier gewiß zu vielem behilflich sein können. Zu *Flotows* mochte ich noch nicht gehen, um nicht in den Hochzeitstrubel hineinzugeraten; auch *Oldenbergs* Empfehlung werde ich erst im Laufe dieser Woche an den Mann bringen [Wichern?].

In zärtlicher Liebe Dein Wilhelm

11.4. Berlin, den 25.11.1857 [Wilhelm]

Meine liebe Mutter,
Habe herzlichen Dank dafür, daß Du mir die große Botschaft von *Augusts* glücklicher Ankunft so frühzeitig gemeldet. [Weihnachtspläne]

Ihr wollt mich doch haben zu Weihnachten? Ich käme wirklich allzu gerne; wenn es an Raum gebricht, so sind mir ja in Altona so liebenswürdige Anerbieten gemacht, und wenn Friedrich mich hier gern besuchen will, so wird sich schon noch ein anderer passender Zeitpunkt im Laufe des ganzen Winters finden. Es ist nun 3 Jahre her, seit ich das Fest zuletzt bei Euch feierte, und obgleich es damals in eine für uns so traurige Zeit fiel, so lebt es bei mir, im Vergleich zu den Weihnachten, die ich auf der Universität zugebracht, doch in der lieblichsten Erinnerung. Allein würde ich freilich auch keinesfalls sein, und doch weiß ich nicht, ob ich bei solchen Gelegenheiten nicht lieber ganz allein wäre, als mit solchen, die, was die Sphäre der Gefühle betrifft, nicht so recht durch und durch mit mir harmonieren.

Deine Besorgnis über meine Gesundheit kannst Du nun völlig bei Seite lassen; bis auf einen jetzt übrigens nur noch ganz geringen Schupfen, der der Erkältung zu guter Letzt die Krone aufsetzte, ist alles behoben; mein Ohr macht mächtige Fortschritte im Hörvermögen, was täglich genau vermittelst einer Taschenuhr vor und nach den Ausspritzungen geprüft wird; auf der Zweckmäßigkeit meiner Behandlung muß ich trotz Deiner Angriffe beharren, zumal da ich Wärme nebenbei, soweit es möglich ist, anwendete und nur als selbstverständlich nicht erwähnt habe. Übrigens gibt es hier wohl kaum ein Haus, wo die Grippe nicht grassiert. An meinen Freunden habe ich schon allerlei zu curieren gehabt; der eine hat die Pocken durchgemacht, der andere stöhnt unter der Grippe, ein dritter hat sich den Fuß verstaucht und so fort; Du siehst, daß ich Gelegenheit habe, mich in der Krankenpflege und im Ordinieren zu vervollkommnen.

In den Hospitälern habe ich das hier freilich nicht gefunden, wenigstens vorläufig nicht; doch hatte ich mich darauf schon lange gefaßt gemacht, und glaube ich, daß es für mich von viel höherem Wert ist, wenn ich hier alle Kräfte auf das eine Fach werfe [Augenheilkunde], was ja möglicherweise meine Carrière entscheiden wird und welches mir hier in einer Großartigkeit entgegengetreten ist, die ich nie geahnt hatte, als daß ich meiner vielleicht als ein Fehler zu bezeichnenden Anlage, an mehr Gegenständen Interesse zu haben, als ich ordentlich gründlich übersehen kann, zu sehr nachgebe. Je mehr ich lerne, desto deutlicher wird es mir, wie es unmöglich ist, alle Fächer so zu treiben, daß man sich mit gutem Gewissen als Arzt in Allem auszugeben wagen darf; da finde ich es nun einen ungeheuren Fortschritt unserer Zeit, daß das, was bisher eigentlich nur den medizinischen Dozenten zustand, jetzt auch ein Vorrecht der praktischen Ärzte zu werden beginnt, daß sie, ohne darum mißachtet zu werden, sagen können, von diesem oder jenem verständen sie nichts; natürlich daß das Nichts dabei nicht in seiner ganzen Schärfe genommen werden darf.

Ich habe bisher noch immer verschoben, von dem Eindruck zu berichten, den *Graefe* auf mich gemacht; ich wollte gern erst ein reines Urteil über ihn gewinnen, die Periode des reinen Anstaunens vorübergehen lassen; nun finde ich aber, daß diese Periode wohl nicht ablaufen wird, daß vielmehr hinter den blendenden Eigenschaften, die gleich anfangs hervortraten, noch so unendlich viel tiefer gelegene und später erst bemerkte Vorzüge verborgen sind, daß man lange beobachten muß, ehe man sie ausstudiert, sich über sie wird ausfreuen können. Als Privatmenschen kann ich ihn nicht beurteilen, wohl aber als akademischen Lehrer, als Schriftsteller und als Arzt, und da muß ich sagen, daß er mir in diesen Beziehungen als die großartigste Erscheinung, die ich bisher gesehen habe, entgegengetreten ist.

Da ist mein Bogen zu Ende, wo ich eben daran will, den großen Mann Euch näher zu schildern, aber im nächsten Brief will ich auch gewiß gleich damit anfangen. [...]

In Liebe Dein treuer Sohn Wilhelm

11.5. Berlin, den 9. Dezember 1857 [Wilhelm]

Mein lieber Lorenz,
Du glaubst nicht, welche Freude Du mir gemacht dadurch, daß ich von Dir einmal wieder von einem Brief überrascht worden bin; ich danke Dir für dieses Zeichen Deiner brüderlichen Liebe, das ich Dir treulich zu versichern suchen werde.

Daß Du Deine Krankheit glücklich überstanden, hat mich unendlich gefreut; ich glaube, Du bist so einer, dem jedes Unwohlsein doppelt schwer zu tragen wird, weil es an der zum Bedürfnis gewordenen anstrengenden Tätigkeit hindert.

Mich haben meine rheumatischen Schmerzen, die mir mehrere Wochen im Kopfe herumgingen, jetzt glücklicherweise vollständig verlassen, und fühle ich mich schon längere Zeit wieder so frisch und arbeitsfähig, wie ich es nur wünschen kann. Wenn ich hier mich so glücklich fühle, so schiene ich mir beim Gedanken an die schweren Zeiten, die jetzt in Hamburg durchzumachen sind [Wirtschaftskrise], des Glücks oft so unwürdig: so wenig ich im Einzelnen von dem Wesen, den Ursachen der Not verstehe, so fühle ich doch ihre ungeheure Bedeutung; ich gebe mir jetzt Mühe, allmählich etwas klarer in solchen Verhältnissen zu werden, weiß das freilich noch nicht so recht anzufangen; als guter Hamburger, wie besonders als Urenkel des alten *Johann Albert Hinrich Reimarus*, den ich mir zum Vorbild genommen [er war ein bekannter Arzt] und der ja gerade auch in solchen handelspolitischen Sachen einen großen Scharfblick gehabt haben muß, darf ich darin nicht fremd bleiben. Jetzt habe ich hier nun freilich wenig Zeit, mich auf andere Weise als durch Lesen der täglichen Zeitungsansichten oder durch Besprechen mit solchen, die auch nicht viel weiter sind, aufzuklären.

Abb. 69 Albrecht von Graefe (1828-1870)

Ich will doch hier das Neue, was sich mir von allen Seiten aufgedrängt hat, ausnutzen, und dazu ist ein Winter eine sehr kurze Zeit; gar Vieles läßt sich ja überdies gar nicht ausnutzen. Ich brauche dabei nur an *Gräfe* zu denken, so glaube ich, daß ich dem mein Leben lang mit Nutzen und Vergnügen zuhören möchte. Ich habe in meinen Briefen nach Hause wiederholt eine nähere Schilderung von ihm versprochen; jetzt will ich sie doch nicht länger aufschieben, so unvollkommen sie immerhin ausfallen muß.

Schon *Gräfes* Äußeres macht einen höchst auffallenden Eindruck; sein scharfes feingeschnittenes Profil entspricht allen Anforderungen der Proportionalität; eine weit vorspringende Stirn überschattet seine zurückliegenden tiefen dunklen Augen, die im Ausdruck schon die Genialität des Mannes allen verraten. Ein leiser Zug nur kommt zuweilen hinzu, der wohl Klarheit und Feuer derselben manchmal etwas zu verdecken sucht, und offenbar einer maßlosen körperlichen und geistigen Überanstrengung zuzuschreiben ist; er verschwindet aber, sobald er über einen Gegenstand in Eifer gerät; die Klarheit mit der er diesen dann auffaßt und wiederzugeben weiß, gibt auch seinen Augen ihre ganze Schönheit zurück. Seine körperliche Schwächlichkeit findet auch in seinem ganzen Wuchs, seiner Haltung ihren Ausdruck; er ist ziemlich groß, aber mager und von leicht eingesunkener Körperhaltung, die leicht den Eindruck der Erschlaffung macht; dabei sind aber alle seine Bewegungen von der äußersten Feinheit, von einer gewissen Vornehmheit geleitet. Doch das sind alles Äußerlichkeiten, die ich auch nur viel zu unvollkommen zu beschreiben vermag und die erst Wert haben, wenn sie seinem inneren Wesen entsprechen. Hier lerne ich ihn freilich nur von einigen Seiten kennen, und da ist besonders seine eminente Lehrgabe, die mir zunächst bemerklich und natürlich besonders wichtig geworden; eine größere Klarheit und Lebhaftigkeit des Vortrages ist mir noch bei Keinem vorgekommen; und dabei geht er überall mit einer Ehrlichkeit in der Mitteilung von Irrtümern, die er begangen, in der Aufdeckung der schwachen Seiten der Wissenschaft zu Werke, die man bei einem Professor, namentlich der Medizin, nicht leicht wiederfindet. Ein zweiter Punkt ist sein Auftreten den Kranken gegenüber, da wollen ihm Einige etwas brüske Manieren zusprechen; doch kann ich davon auch nicht das Mindeste finden; im Gegenteil behandelt er sie mit der größten Schonung und Freundlichkeit; nur kann er natürlich seiner Zeit wegen sich nicht auf lange Expositionen, die ihm weiter nicht zu seinem Zwecke, ihnen zu helfen, nützen, einlassen, und mag daher wohl manchen etwas ungeduldig und kurz erscheinen.

Ein anderes Mal mehr. Bald sehen wir uns ja auch hoffentlich. […]
Grüße alle aufs Herzlichste von Deinem treuen Bruder
Wilhelm

11.6. Berlin, den 19. Dezember 1857 [Wilhelm]

Mein lieber Papa,
Die Weihnachtswoche steht jetzt vor der Tür und damit die Aussicht, wieder eine Zeitlang bei Euch zubringen zu können. Leider kann ich, um hier nicht zu viel zu versäumen, erst am Tag des Weihnachtsabends selbst abreisen und muß wahrscheinlich früh wieder fort; ein Augenoperationscursus geht hier während der Festzeit weiter, doch wird vermutlich für eine Reihe abreisender Teilnehmer ein Ersatzmittel ausfindig gemacht werden.

Trotz der schrecklich traurigen Stimmung, die ich in Hamburg auch im Feste noch vorfinden werde, freue ich mich doch sehr hinzukommen und die Wirkungen des Unglücks aus der Nähe kennen zu lernen; wenn ich es auch noch schlimmer finde, als ich es mir hier auszumalen weiß, so ist doch die Gewißheit beruhigender als die peinliche Ungewißheit, ob und und in wie weit Nahe- und Nächststehende dabei schon betroffen wurden. Was ich aus den Zeitungen erfahren kann, tue ich, doch fehlen darin die Spezialitäten, die mir von Interesse wären; so quält mich z.B. besonders die Abwicklung der beiden *Sieveking*'schen Fallissements, namentlich das Altonaer [auch die Londoner Firma von Eduard S. ging bankrott], was wird aus den Söhnen? Ferner, ist *Hermann Sievekings* Vermögen durch die Klemme, in die *Merck* [Familie von dessen Ehefrau Mary] geraten ist, bedroht? Ist *Senator Meyer* gar nicht beteiligt [Familie des Schwagers Lorenz]? etc. etc. [Betroffen war auch *I.C. Godeffroy*, Familie der Cousine *Emmy Hanbury*].

Von diesen trüben Gedanken abgesehen fühle ich mich hier außerordentlich glücklich; der Quell geistiger Anregung nach allen Seiten hin ist unerschöpflich und wird namentlich nach Weihnachten, wo so manche Beziehungen, die sich jetzt so nach und nach geknüpft haben, sich weiter befestigen werden, noch viel reichlicher fließen. Allmählich fange ich an, bei meinen Besuchen die Leute nicht mehr beständig zu verfehlen, und wurde aufs Freundlichste aufgenommen und zu öfterem Kommen aufgefordert. So gelang es mir heute, endlich auch *Wichern* zu treffen, der mich gleich zum folgenden Abend lud. Durch ihn hörte ich heute, daß *Oldenberg* seine Mutter verlor; wie entsetzlich viel Trauriges hat er doch in dieser Zeit durchzuleben.

Am meisten verspreche ich mir von dem Umgang mit dem *Dr, Wegener*, der kürzlich mit seinem Prinzen [Friedrich von Preußen auf Freiersfüßen] aus London zurückgekommen ist, freilich im Januar wieder hinüber muß.

Fräulein *Alwine Frommann* [1800-1875, Vorleserin der *Königin Augusta v. Preußen*] suche ich hin und wieder auf, unterhalte mich sehr gern mit ihr, da sie viele Interessen hat, gut spricht und überhaupt ganz den Eindruck einer fein gebildeten Dame macht, daneben aber auch eine große Teilnahme an unseren Familienverhältnissen an den Tag legt.

Ihr werdet Euch wundern, daß ich von *Flotows* noch nie etwas geschrieben; mich wundert auch, daß ich von ihnen noch nichts zu schreiben habe; ich war bei ihnen, wurde auch vom Vater aufs Freundlichste willkommen geheißen, aber sei es, daß sie meine Wohnung vergessen oder daß in der Familie irgend etwas vorgefallen, genug, ich habe auf eine verheißene Einladung vergeblich gewartet; ich denke daher mich vor meiner Abreise noch einmal wieder bei ihnen in Erinnerung zu bringen durch ein Anerbieten, für die Tochter in Hamburg Sachen mitzunehmen. Gern wüßte ich, welchen Eindruck diese in Hamburger Kreisen gemacht, obgleich ich an einstimmiger Besätigung meines Urteils kaum zweifle.

Zuletzt, lieber Papa, möchte ich Dich noch bitten, mir zum Behuf der Bestreitung der Reisekosten, meiner monatlichen Miete und einiger sonstiger Rechnungen noch 20 Taler schicken zu wollen. Das Kreditsystem ist hier nicht so ausgebildet wie in kleineren Universitäten, und da ja kein eigentlicher Vorteil damit verbunden, so will ich lieber mich auch nicht bemühen, es für mich auszubilden, was mir bei meinen treuherzigen Wirtsleuten sonst wohl gelingen könnte. Bedeutend teurer als in Göttingen ist hier die Miete wie das Honorar für die Kliniken und Kurse; übrigens fallen letztere ja für die zweite Hälfte des Winters größtenteils weg.

Die freundlichsten Grüße; auf ein hoffentlich frohes Wiedersehen,
Dein treuer Sohn
Wilhelm

11.7. Berlin, den 6. Januar 1858 [Wilhelm]

Lieber Papa,

Dein Brief, den ich diesen Morgen erhielt, hat mich außerordentlich, aber auf das Angenehmste überrascht. Meine Ansichten über den Punkt stimmen vollständig mit den Deinigen überein, und war es mir leicht, einen Entschluß darüber zu fassen. Sollte aber so die Wendung wirklich eintreten, so müßte ich Dich bitten, meine Meldung zu übernehmen; so viel ich weiß, ist die Wahl zum Irrenarzt kurz nach Mitte dieses Monats; zu Ende desselben wird dann doch vermutlich die Neuwahl vorgenommen werden; um die Monate, die mir dann fehlen, tut es mir zwar leid, aber dieses Leid wird mehr als reichlich aufgewogen durch die Erfüllung einer sehr erwünschten und so fern geglaubten Hoffnung. Wenn Du *Knorre* siehst, sagst Du ihn wohl auch in meinem Namen den wärmsten Dank für seine Aufmerksamkeit und Freundlichkeit. Hinüberzukommen brauche ich ja wohl nicht, sondern kann ruhig das Resultat der Wahl hier erst abwarten?

Meine Herreise ist sehr glücklich verlaufen; von der Kälte habe ich nur bei der morgendlichen Ankunft etwas verspürt; Decke und Fußwärmer, die in Wittenberge erneuert wurden, schützten vortrefflich. Mit mir reiste *Dr. Geffcken*. Es gelang mir, viel zu schlafen; hier legte ich mich gleich zu Bette und schlief noch einige Stündchen. Diesen Morgen ist nun Vetter *Peter* mit meinem Collegen, *Dr. Moraht* hier angekommen, ersterer bleibt einen Tag, letzterer 6-8 Wochen, hat gleich im anstoßenden Hause ein hübsches Zimmer gefunden, mir eine sehr angenehme Vermehrung des Kreises jüngerer Bekannter, da wir uns seit Jahren aufs genaueste kennen.

In den nächsten Tagen muß ich nun überall die nötigen Besuche machen. In meiner Abwesenheit war *General von Flotow* bei mir gewesen, hatte mich für den Abend, wo ich Euch verließ, zum Tee gebeten; das traf sich unglücklich, nicht wahr? Sonst habe ich alles in bester Ordnung vorgefunden. *Graefe* scheint mir, wenn es denkbar wäre, noch vollkommener geworden zu sein; wenigstens ging heute ein förmliches Siderallicht von ihm aus!! Leider hat er den Dienstagmorgen ausgesetzt, so daß ich ebenso gut erst den folgenden Tag reisen könnte.

Heute gilt es, *Peter* [Sieveking] so viel von Berlin zu zeigen, wie an einem Tage zu sehen ist; ich kann daher nicht ausführlicher schreiben.

Mit großer Erwartung sehe ich weiteren Nachrichten von Hause über die mannigfachen Verhältnisse, die sich so plötzlich entwickelt haben, entgegen, namentlich den neuesten Nachrichten über *Friedrichs* und *Augusts* Schicksale sowie das Befinden des kleinen *Hermann* [Oldenbergs und Lollys Sohn].

Jedem Einzelnem die herzlichsten Grüße von Eurem treuliebenden Sohn
Wilhelm

Wilhelm erhielt eine Stelle beim Hamburger St. Georg-Krankenhaus, dessen Chefarzt Dr. Knorre war. Um seine medizinische Fortbildung zu vervollständigen, begann Wilhelm im August 1860 eine einjährige Reise durch Europa, die ihn auch wieder nach Berlin führte, Wilhelms Briefe von dieser Reise an seine Eltern und Bruder Friedrich sind in dem Band „Von Edinburgh bis Samarkand" wiedergegeben (Lit 1).

12. Epilog in Hamburg

Friedrich heiratete 1862 Olga Amsinck (Tochter des Kaufmannes Johannes Amsinck und seiner Frau Emilie, geb. Gossler) und hatte mit ihr sechs Kinder. Er wurde erfolgreicher Advokat, später Senator und ab 1879 Erster Präsident des neu gegründeten Hanseatischen Oberlandesgerichts in Hamburg. Eine Biografie von H. J. Schneider mit vielen Abbildungen schildert sehr anschaulich sein Leben (Lit 2).

Abb. 70 Olga Sieveking (1842-1922)   Abb. 71 Caroline Sieveking (1842-1915)

Wilhelm heiratete 1863 Caroline Ottilie Söhle (Tochter des Bankiers Johann Christian Söhle und seiner Frau Auguste, geb. Haller). Sie hatten sieben Kinder. Wilhelm arbeitete sein Leben lang als Praktischer Arzt und Augenarzt in Hamburg und unternahm viele große Reisen, die durch die Briefe an seine daheim gebliebene Frau viel besser dokumentiert sind als sein sonstiges Leben (s. Lit 1).

Abb. 72 Wilhelm (50) mit seiner Mutter (90), dem Bild des 1872 verstorbenen Vaters und seinem jüngsten Sohn Ulrich (7), dem Großvater des Herausgebers
(Fotografie um 1885)

272

Personenverzeichnis, Biografisches

I. Die Briefverfasser

Caspar **Wilhelm Sieveking** (27.2.1834-11.2.1917), Friedrichs Bruder, Medizinstudent, später praktischer und Augen-Arzt in *Hamburg* (Abb. 2 und 72)

Ernst **Friedrich Sieveking** (24.6.1836-13.11.1909), Wilhelms Bruder, Jurastudent, später Advokat und Präsident des Hanseatischen Oberlandesgerichts in *Hamburg* (Abb. 1)

II. Ihre Familie (mit **Beziehung** zu Wilhelm und Friedrich)

Dr. jur. Friedrich Sieveking (28.4.1798-25.12.1872), *Hamburg,* Briefadressat, **Vater,** Advokat, Senator, Amtmann von Ritzebüttel (1840-1844), Hamburger Bürgermeister (1861-1869) (Abb. 4), verheiratet in 1. Ehe mit **Louise v. Hennings** (1799-1837), **Mutter,** 1839 in 2. Ehe mit

Fanny Sieveking, geb. Hanbury (21.4.1795-12.3.1888), *Hamburg,* Briefadressatin, **[Stief-]„Mutter",** (Abb. 3 und 72)

Georg **August Sieveking** (1829-1863), *Hamburg,* **Bruder,** Kapitän, Kaufmann

Johannes Heinrich **Sieveking** (1832-1907), *Hamburg* und *Kalkutta,* **Bruder,** Ingenieur, Briefadressat, (Abb. 51)

Henriette Meyer, geb. Sieveking (1826-1883), *Liverpool* und *Hamburg* (Abb. 10), **Schwester,** verheiratet mit

Valentin **Lorenz Meyer** (1817-1901), Kaufmann in *Liverpool* und ab 1856 in *Hamburg,* **Schwager** (Abb. 9), Tochter:

Caroline **Louise Meyer,** *„Louischen"* (1851-1934), *Liverpool,* **Nichte**

Charlotte **Eleonore („Lolly") Sieveking** (1830-1854), *Hamburg,* **Schwester,** Briefadressatin, (Abb. 40), heiratet 1854:

Dr. theol. Friedrich Salomo **Oldenberg** (1820-1895), *Hamburg,* später *Berlin,* Pastor am Gefängnis Moabit, *Wichern*-Biograph, **Schwager,** Sohn:

Hermann Oldenberg (1854-1920), Hamburg, **Neffe**

Johann Peter Sieveking (1836-1885), *Altona,* **Vetter 2. Grades,** *Göttinger* Chemiestudent, später Ingenieur in *Chile,* Sohn von **Georg Heinrich Sieveking** (1800-1878), **Onkel 2. Grades** und **Therese, geb. Reincke** (1813-1882), „Altonaer Sievekings"

Eduard Heinrich **Sieveking** (1790-1868), *London,* Vetter des Vaters, **Onkel 2. Grades,** Kaufmann aus *Hamburg* (Abb. 7), verheiratet mit

Louisa Franziska **Sieveking, geb. Meyer** (1789-1861), *London* (Abb. 7)

Dr. med. Edward Sieveking (1816-1904), *London,* Leibarzt der Königin Victoria, Sohn von Eduard und Louisa, **Vetter 2. Grades**

Gustavus Adolphus Sieveking (1819-1897), *London,* Kaufmann in Fa. E. Sieveking, Sohn von Eduard und Louisa, **Vetter 2. Grades**

Alfred („Ami") Sieveking (1825-1858), *London,* Sohn von Eduard und Louisa Sieveking, **Vetter 2. Grades**

Caroline Sieveking, geb. de Chapeaurouge (1797-1858), *Hamburg,* **„Tante",** verheiratet mit **Karl Sieveking** (1787-1847), dem Bruder des Vaters; ihr Sohn:

Dr. jur. Johannes **Hermann Sieveking** (1827-1884), später Senatssekretär in *Hamburg,* **Vetter,** seit 1856 verheiratet mit

Maria Sieveking, geb. Merck, „Mary" (1835-1907), *Hamburg*

Carlota Sieveking (1831-1893), *Hamburg,* Tochter von Caroline und Karl, **Cousine**

Amalie Sieveking (1794-1859), *Hamburg,* Cousine des Vaters, **Tante 2. Grades**

Wilhelm v. Hennings (1796-1871), *Einbeck*, Offizier, Bruder der Mutter, **Onkel**;
Söhne: **Hans** und **August v. Hennings, Vettern**

Adeline v. Rumohr (1822-1876), *Rundhof/Meran*, **Cousine**

August Classen, Neffe 2. Grades, Göttinger Student (**„Vetter"**)

Charles Hanbury (1791-1857), *Hamburg,* Offizier, Staatsbeamter, Bruder der
Stiefmutter, „Onkel"

Sophie Hanbury (1797-1867), *Hamburg*, lebte zusammen mit Bruder Charles Hanbury
Schwester der Stiefmutter, **„Tante"**

Emily Rist, geb. Hanbury (1793-1859), *Hamburg,* Schwester der Stiefmutter, **„Tante
Emmy"**

Emilie Godeffroy, geb. Hanbury (1815-1894), *Hamburg* und *Dockenhuden/Elbe,*
Nichte der Stiefmutter, **„Cousine"**, verheiratet mit **Cesar VI. Godeffroy** (1813-1885)

Jaques **Henri de Chapeaurouge** (1780-1854), *Hamburg*, Kaufmann, **„Onkel"**,
verheiratet mit **Caroline, geb. Hanbury** (1789-1874), Schwester der Stiefmutter

III. Professoren, Dozenten:

Prof. Friedrich Wöhler (1800-1882), *Göttingen*, Chemiker (Abb. 25)

Prof. Jakob Henle (1809-1885), *Göttingen*, Anatom (Abb. 28)

Prof. Wilhelm Eduard Weber (1804-1891), *Göttingen*, Physiker (Abb. 19),
einer der „Göttinger Sieben", Bruder von Prof. Ernst Heinrich Weber, *Leipzig*

Prof. Friedrich Gottlieb Bartling (1798-1875), *Göttingen*, Botaniker

Prof. Rudolf Hermann Lotze (1817-1881), *Göttingen*, Mediziner und Philosoph (Abb. 23)

Prof. Wilhelm Franz Gottfried Franke (1803-1873), *Göttingen,* Jurist, Dekan

Prof. Georg Waitz (1813-1886), *Göttingen*, Historiker (Abb. 22)

Prof. Georg Julius Ribbentrop (1798-1874), *Göttingen*, Jurist (Abb. 30)

Prof. D. Friedrich Lücke (1791-1855), *Göttingen*, Theologe, Abt zu Bursfelde (Abb.27)

Prof. Heinrich Ritter (1791-1869), *Göttingen,* Philosoph

Prof. Rudolph Wagner (1805-1864), *Göttingen,* Physiologe

Prof. Georg Hanssen (1809-1894), *Göttingen*, Jurist

Prof. Wilhelm Theodor Kraut (1800-1873), *Göttingen*, Jurist

Prof. Emil Herrmann (1812-1885), *Göttingen*, Jurist, Kirchenrecht

Prof. Friedrich Ernst Mommsen (1818-1892), *Göttingen*, Jurist

Prof. Karl Heinrich Detlev Boedeker (1815-1895), *Göttingen*, Chemiker

Prof. Wilhelm Baum (1799-1883), *Göttingen,* Mediziner (Abb. 60)

Prof. Johann Heinrich Thöl (1807-1884), *Göttingen,* Jurist (Abb. 42)

Prof. Karl Ewald Hasse (1810-1902), *Göttingen*, Mediziner (Abb. 61)

Prof. Eduard Caspar v. Siebold (1801-1861), *Göttingen*, Mediziner (Abb. 64)

Prof. August Förster (1822-1865), *Göttingen*, Mediziner

Prof. Hans Karl Briegleb (1805-1879*), Göttingen*, Jurist

Prof. Ernst Bertheau (1812-1888), *Göttingen*, Theologe, Orientalist

Prof. Ernst Curtius (1814-1896), *Göttingen*, Althistoriker (Abb. 63)

Prof. Wolfgang Sartorius v. Waltershausen (1809-1876), *Göttingen*, Geologe (Abb. 62)

Prof. Johann Carl Friedrich Gauß (1777-1856), *Göttingen*, Mathematiker

Prof. Karl Friedrich Günther (1786-1864), *Leipzig,* Jurist

Prof. August Friedrich Günther (1806-1871), Leipzig, Mediziner (Abb. 46)

Prof. Carl Reinhold August Wunderlich (1815-1877*), Leipzig*, Mediziner (Abb. 47)

Prof. Robert Osterloh (1813-1884), *Leipzig,* Jurist

Prof. Wilhelm Eduard Albrecht (1800-1884), *Leipzig*, Jurist (Abb. 48),
einer der „Göttinger Sieben"
Prof. Gustav Dietzel (1827-1864), *Leipzig*, Jurist
Prof. Karl Georg v. Wächter (1797-1880), *Leipzig*, Jurist (Abb. 49)
Prof. Ernst Heinrich Weber (1795-1878), *Leipzig*, Mediziner (Abb. 54), Sohn:
Dr. habil. Theodor Weber (1829-1914), *Leipzig* und *Göttingen*, Mediziner

Prof. Gugel, *Jena*, Jurist
Prof. Albert Koeppen (1821-1898), *Jena*, Jurist (Abb. 55)
Prof. Johann Gustav Droysen (1808-1884), *Jena*, Historiker (Abb. 56)
Prof. Andreas Ludwig Jakob Michelsen (1801-1881), *Jena*, Jurist (Abb. 57)
Prof. Albrecht v. Graefe (1828-1878), *Berlin*, Mediziner, Ophthalmologe (Abb. 69)

IV. Freunde, Mitstudenten

[Ernst Adolph] Moraht (1834-1879) aus Hamburg, stud. theol., *Göttingen*
Julius Roquette aus Lübeck, stud. theol., *Göttingen*
Mollwo aus Lübeck, stud phil., *Göttingen*
[Rudolf Christian David] Schlesinger aus Hamburg, stud. phil., *Göttingen*
[Ludwig] v. Ußlar (1828-1894), stud. chem., Wöhler-Assistent, *Göttingen*
[Martin] Söhle (1832-1904) aus Hamburg, stud. jur., *Göttingen* (später Wilhelms Schwager)
Dr. Richard Dedekind (1831-1916) aus Braunschweig, Mathematiker, *Göttingen* (Abb. 36)
[Rudolf] Gaedechens (1834-1904) aus Hamburg, stud. phil., *Göttingen*
Catenhusen aus Ratzeburg, *Göttingen, Leipzig*
Bamberg, stud. jur., *Göttingen, Leipzig, Jena*
weitere: Redlich (Hamburg), Kirchner, Piegers, [Karl] Cropp, Trummes, Brüm, Höcker,
Nölting (Lübeck), Dibbers, Heineken, Schrader, Schulz, Bruhns (Lübeck), Gensch,
[Hans] Sommer, Hirsch, Stüve, Mothes, Sunder, Horn, Schrönn, Dr. Mahler

V. Sonstige, Familienfreundschaften

Prof. Franz Wolfgang Adam Ullrich (1785-1880), *Hamburg*, Lehrer am Johanneum
Georg Heinrich Bubendey (1806-1889), *Hamburg*, Lehrer am Johanneum
Dr. Joseph Baylee (1808-1883), *Birkenhead*, Pfarrer, Aidan College
David Jacoby Hirsch (1820-1898), *Liverpool*, Pfarrer, Deutsche Kirche
Prof. Julius Dedekind (1795-1872), *Braunschweig*, Jurist, Vater von Richard
Dr. Adolf Dedekind (1829-1909), *Braunschweig*, Jurist
Wwe. Borchers, *Göttingen*, Wäscherin des Vaters, ihr Sohn: **Franz Funk** in Honolulu
Friedrich Ahlfeld (1810-1884), *Leipzig*, Pastor, Nikolaikirche (Abb. 50)
Prof. Hermann Brockhaus (1806-1877), *Leipzig*, Orientalist
Dr. Wilhelm Crusius (1790-1858), *Leipzig*, Agronom
Dr. Karl Friedrich Wilhelm Frommann (1831-1892), *Jena*, Arzt, Sohn von
Friedrich Frommann (1797-1886), *Jena*, Verlagsbuchhändler, Abgeordneter
Dr. Christian Adolf Friedrich Widmann (1818-1878), *Jena*, Schriftsteller
Heinrich Geffcken (1792-1861), *Hamburg*, Senator, Helgoland-Reisender (Abb. 67)
Dr. Johann Carl Knauth (1800-1876), *Hamburg*, Advokat, Friedrichs späterer Sozius
Dr. Konrad Knorre (1809-1899), *Hamburg*, Chefarzt am Krankenhaus St.Georg,
Georg Karl Franz Tuengel, (1816-1873), *Hamburg*, Arzt
Alwine Frommann (1800-1875), *Berlin*, Vorleserin der Königin
Karl Friedrich v. Flotow (1791-1871), *Berlin*, General

Abbildungsverzeichnis:

Umschlagbild: Stadtansicht von Göttingen mit Maschmühle, um 1820,
Stammbuchkupfer von Ernst Ludwig Riepenhagen/Wiederhold
Titelseite: Stadtansicht von Hamburg, Binnenalster, um 1850 (Turmspitze fehlt
nach Brand von 1842), kolorierte Lithografie von Wilhelm Heuer

Verzeichnis der Briefe mit Inhaltsübersicht

279

Quellen

1. *Briefe von Wilhelm und Friedrich aus den Studienjahren 1852-1857*
   Aus dem Nachlass der Familie Sieveking im Staatsarchiv Hamburg wurden 117 meist vierseitige handschriftliche Briefe an Eltern und Geschwister sowie das *Göttinger Studienbuch von Wilhelm* in Fotokopie zur Verfügung gestellt; einige von Friedrichs Briefen wurden auch schon von Schröder (Lit. 2) zitert und kommentiert. In der Hand des Herausgebers befinden sich zwei weitere Briefe von Wilhelm, vom 4.7.1856 (9.9) und vom 15.1.1858 aus Berlin (der nur in Lit.1 aufgenommen wurde).
2. *Friedrichs Tagebuch* (beim Herausgeber)
   Ein schmales gebundenes Heft (20x16), Titel „Ostern 1853", enthält Friedrichs sehr persönliche Gedanken, die nicht für die Eltern oder andere bestimmt sind.
   Nach dem Anfangsabschnitt (I) vom 22.4.1853 mit guten Vorsätzen folgen (hier nicht wiedergegeben) vom Juli 1854 zwei Bibelzitate, Joh. 4 Vs. 7,8 und 21, über die Liebe. Der längste, im Original zehnseitige (hier gekürzte) Abschnitt (II) aus dem Jahre 1855 beschreibt detailliert die Osterferien in Göttingen mit Studentenkontakten.
3. *Genealogische und biografische Daten*
   Die meisten Daten wurden den Deutschen Geschlechterbüchern (vor allem Lit. 5) entnommen, einige aus Lit. 2; Informationen über die Familie der Mutter, geb. Hennings, stammen aus Lit 4. Das Internet lieferte viele Informationen über Professoren und andere Personen.

Abbildungsnachweis:

Die Familienbilder:
  aus eigener Sammlung: 1, 2, 3, 40, 51, 66, 70, 71, 72
  aus Deutsches Geschlechterbuch Bd. 23: 4 und 7; Bd.171: 9 und 10
  von Dr. Arnold Sieveking: 26 (bereits in Lit. 1)
Professorenbilder:
  aus dem Internet/Wikipedia: 19, 22, 23, 25, 27, 28, 30, 36, 41, 42, 46-49, 54-57, 60-64
Ansichten, Gemälde und Stiche:
  aus eigener Sammlung: 5, 6, 32, 33, 34, Umschlag- und Titelbild
  aus dem Internet: 16, 37
  aus Artikel von Henry Peet, The German Church in Renshaw Street (1933): 15
  von GdCh-Flyer 2019, „Historische Stätten der Chemie", Göttinger Chemische Gesellschaft, Universität: 29 (Chemisches Institut)
Zeitungsausschnitte:
  aus dem Internet: 14, 43, 68 (auf Hinweis von Kai Deecke)

Literatur

1. Caspar Wilhelm Sieveking: Von Edinburgh bis Samarkand, Reisen 1856-1916; Leverkusen, Books on Demand, 2017, Hrsg. Hans Ulrich Sieveking
2. Hans Joachim Schröder: Ernst Friedrich Sieveking, Erster Präsident des Hanseatischen Oberlandesgerichts, Hamburg University Press, 2009
3. Martin Haller: Erinnerungen an Kindheit und Elternhaus, Gesellschaft der Bücherfreunde zu Hamburg, 1985
4. Hans Wilhelm Ritschel: August von Hennings, Hamburg, Christians Verlag, ca. 1980
5. Deutsches Geschlechterbuch, Genealogisches Handbuch bürgerlicher Familien Bd. 23 (1913), Bd. 200/13 (1996) und Bd. 171/12 (1975)

Dank des Herausgebers

Meinem Vetter Dr. Hinrich Sieveking danke ich für den Zugang zum Sieveking-Archiv und Herrn Volker Reismann vom Hamburger Staatsarchiv für die Fotokopien von Briefkonvolut und Studienbuch.

Besonders danke ich meinem Lektor und Korrektor Moritz Päffgen für die geduldige Durchsicht der verschiedenen Fassungen, zahlreiche fachkundige Vorschläge, Anregungen und kritische Anmerkungen, vor allem aber für viele intensive Gespräche bei gleichbleibendem Interesse.